# 高效教學新突破

## 「學教合一」的理論與實踐

丁平 ◎ 著

本校心語點「教師可透過靜定的操作，讓談分辨非全金體受教
者同時著任服我者，學科教學的提供教育者升秘師，而是「團
隊跑著看」其由「名教師大部分能至全祐最生模成 學科
⋯⋯助教指教室主導上課」小素啊，「明練輔教」感悟」
關。

崧燁文化

# 目　錄

| 卷首語致信 | 001 |
| --- | --- |
| 緒論 | 005 |
| 　第一節　關於教學方法等概念的新認識 | 005 |
| 　第二節　本書的寫作目的、主題、主線與內容結構 | 007 |
| 　第三節　本書的研究方法、特色與閱讀對象 | 010 |

## 上篇
## 團隊型教育者施教法理論與先期工作

### 第一章　學教合一與團隊型教育者施教法 ............ 013
　第一節　班級授課制尚具何種隱性優勢 ............ 014
　第二節　受教育者能同時兼任教育者嗎 ............ 015
　第三節　學教合一論的核心理論 ............ 017
　第四節　團隊型教育者施教法與學教合一教學 ............ 022

### 第二章　團隊型教育者施教法實驗與相關理論 ............ 027
　第一節　成功智力與惰性智力概述 ............ 028
　第二節　為什麼學教合一是高效教學 ............ 031
　第三節　學教合一教學理論依據 ............ 034
　第四節　學教合一教學基本原則 ............ 042

### 第三章　實施學教合一的前期工作 ............ 045
　第一節　確立學教合一師生關係觀 ............ 046
　第二節　召開兩類動員會 ............ 049
　第三節　學教合一「發動機」論 ............ 053
　第四節　造就學教合一「主發動機」 ............ 056
　第五節　平行教育理論及其應用 ............ 060
　第六節　造就學教合一「副發動機」 ............ 064

### 第四章　學教合一創新教室力促課堂轉型 ............ 071
　第一節　常見的教室座位佈局利弊分析 ............ 072
　第二節　學教合一課桌椅與先進的教室佈局 ............ 074

| | 第三節 | 學教合一教室獨樹一幟的優勢 | 076 |
|---|---|---|---|
| | 第四節 | 學教合一課桌椅的實效性分析 | 080 |
| | 第五節 | 低高層「教學媒體」並肩助推課堂轉型 | 082 |

## 中篇
## 團隊型教育者施教法諸法細析與詳解

### 第五章　團隊型教育者直接施教法一 ...... 089
| | 第一節 | 分隊負責制教育法及其理論依據 | 090 |
|---|---|---|---|
| | 第二節 | 改考查個人為考查分隊 | 092 |
| | 第三節 | 分隊負責制教育法運用於課堂教學 | 094 |
| | 第四節 | 分隊負責制教育法運用於課堂德育 | 102 |
| | 第五節 | 分隊負責制教育法的優弱點 | 106 |
| | 第六節 | 團隊型教育者學生成員的一項獨門絕技 | 109 |

### 第六章　團隊型教育者直接施教法二 ...... 115
| | 第一節 | 議會兩級議事法 | 116 |
|---|---|---|---|
| | 第二節 | 議事法的理論依據、特點與特長 | 119 |
| | 第三節 | 組織議事的基本功與議事的常用方式 | 123 |
| | 第四節 | 團隊型教育者設計議題的原則 | 127 |
| | 第五節 | 學生自主設計議題的指導方法 | 136 |
| | 第六節 | 議事法的說明事項與應用優勢 | 142 |
| | 第七節 | 議事法正、反面課例與評析 | 146 |

### 第七章　團隊型教育者直接施教法三 ...... 175
| | 第一節 | 聯動式八語式啟智法 | 176 |
|---|---|---|---|
| | 第二節 | 八種教學語言的含義與應用例說 | 177 |
| | 第三節 | 「聯動」的概念詮釋與應用例說 | 189 |
| | 第四節 | 聯動式八語式啟智法的使用要求 | 193 |
| | 第五節 | 聯動式八語式啟智法的理論依據、原則及優勢 | 196 |

### 第八章　團隊型教育者直接施教法四 ...... 201
| | 第一節 | 小品表演式啟智法 | 202 |
|---|---|---|---|
| | 第二節 | 小品表演式啟智法的功能與例說 | 203 |

第三節　小品表演式啟智法的理論依據與應用優勢............212
　　第四節　「小品動作」設計指南............215
　　第五節　小品表演式課例與評析............220

第九章　團隊型教育者直接施教法五............227
　　第一節　打擂台啟智法............228
　　第二節　理論依據與原則扼述............231
　　第三節　兩種打擂台模式詳解............234
　　第四節　打擂台說明與備賽指導法............246
　　第五節　打擂台課例與評析............253

第十章　團隊型教育者間接施教法............271
　　第一節　間接施教法一：自辦期刊............272
　　第二節　間接施教法二：自編講義............280
　　第三節　間接施教法三：命卷考試............290
　　第四節　間接施教法四：交流手冊............295
　　第五節　間接施教法五：比武兩招............300

## 下篇
## 團隊型教育者施教法若干要點補述

第十一章　怎樣選用施教法與全書點睛............313
　　第一節　各種施教法的主要特點............314
　　第二節　十種施教法的補充詮釋............317
　　第三節　選用施教法的原則與辦法............319
　　第四節　學教合一論昇華與全書點睛............323

第十二章　怎樣培養學生的成功智力............331
　　第一節　培養成功智力的策略與方法............332
　　第二節　如何糾正形而上學的培養方式............336
　　第三節　培養成功智力的課例............339

後記............343

# 卷首語致信

致讀者的信（代序）

尊敬的讀者：

您好！

當您翻閱於此時，您即為我志同道合（一道求索教育真諦）的朋友了———至少我是這樣認為的，也是這樣期冀的！

我迫切祈望與您共同研討下面的問題———我苦苦思索了四十餘年的問題。

## 問題之一

您顯然知曉這樣一條經典名句：「教學有法，教無定法，貴在得法。」儘管這是教育界盡人皆知的真理，但若潛心深究，您很可能會產生不同程度的疑惑：

假如「有法」的「法」是指遵循教育教學客觀規律，那麼「無定法」的「法」該作如何解釋？

既無「定法」，我們應當怎麼去尋覓優效的教學法？

何謂「貴在得法」？符合什麼標準的教學法才堪稱「得法」？

這分明是一個「仁者見仁，智者見智，深者見深，淺者見淺」的問題。

您若窮究其義，恐有陶淵明詩裡「此中有真意，欲辨已忘言」之感。

因而，拙書欲邀您共探這樣一個富有吸引力與挑戰性的問題。

## 問題之二

自1970年代末伊始，我就開始興味盎然地關注各家各派首倡的新型教法（模式）。久而久之，我發現了一種奇異的宛若「五代十國」變換特徵的歷史週期律：

每每誕生一種新的教法（模式），在某個地區風靡一時，喧囂一陣，但幾年（有的幾月）之後便沈寂下來，終究經不起持久的實踐考驗，也無法真正推廣至

全國，而後便被另一種新的教法（模式）取而代之……如此循環往復。

這究竟是什麼原因？是教法（模式）本身存在問題？是受教育大環境的桎梏？抑或是其他原因？

朋友，這便是拙書欲與您共同探究的另一個問題。

## 問題之三

近年來，一個新概念———「高效課堂（教學）」應運而生，中國廣大教育工作者對其的研究熱度隨著課改的深化而持續升溫。「十大高效課堂模式」「九大高效教學範式」「十八所中國名校高效教學」猶如雨後春筍，目不暇接地湧現出來。為此我查閱了大量相關文獻和通過實地考察後得知，高效課堂或高效教學的眾多理論和辦法實際上可一言以蔽之：「讓學生動起來、讓課堂活起來、讓效果好起來」。其核心是一個「動」字。那麼，為什麼要「動」？為什麼「動」了就是高效課堂？怎樣的課堂堪稱高效課堂？高效教學最本真的內涵究竟是什麼？

朋友，這正是拙書欲與您攜手共探的主要問題。

## 問題之四

17世紀的大教育家誇美紐斯在撰寫《大教學論》時就試圖貫徹這樣一個信條：「我們這本《大教學論》的主要目的在於：尋求並找出一種教學的方法，使教員因此可以少教，但學生可以多學。」

人類歷史的進程早已跨入21世紀，然而教育界的「誇父」們依舊鍥而不捨地在追尋當年誇美紐斯提出的「艷日」———「教師可以少教，學生可以多學」的上乘教法。

尊敬的朋友，無論您信或不信，這個「艷日」百分之九十九就是「團隊型教育者施教法」！

咦，怎麼會是它？

它具備科學性，符合教育學與心理學的普遍規律嗎？

它經得起持久的實驗與實踐檢驗嗎？

它具有實用性、普適性與推廣價值嗎？

它具有較好的通透性與較強的可操作性嗎？怎麼操作？

朋友，這恰好是拙書欲與您共同探討的最主要的問題。

請諒解作者無意在篇幅有限的信中抽象地、指令式地給出上述問題的全部答案，因為這樣的答案空洞無物，缺乏說服力，而且這樣做可能會禁錮讀者的思維，

故希冀朋友您帶著問題自行閱畢全書,結合自己的思考找到答案,或者受到拙書的啟迪而給出別樣的答案。

  此致

  敬禮!

您的朋友 丁平

# 緒論

## 第一節　關於教學方法等概念的新認識

　　無論在教育理論層面還是教育實踐中，教學方法都佔據著極其重要的地位。但到底什麼是教學方法，對這個概念迄今並無一個統一的界定。

### 一、中國國內教育學專家對教學方法的界定

　　「教學方法是指教師在教學過程中為了完成教學任務所採取的工作方式和在教師指導下的學生的學習方式。」

　　「教學方法是完成教學任務所使用的方法。它包括教師教的方法和學生學的方法。」

　　「教學方法是為了完成教學任務而採用的辦法。它包括教師的教的方法和學生學的方法，是教師引導學生掌握知識技能，獲得身心發展而共同活動的方法。」

### 二、國外教育學專家對教學方法的界定

　　「教學方法是指教師的工作方式和由教師領導的學生的工作方式，借助於這些工作方式，可以使學生掌握知識、技能和技巧，還可以形成他們的共產主義世界觀和發展他們的認識能力。」

　　「任何教學方法都是教師的一整套有目的的動作，教師通過這些動作組織學生進行認識活動和實踐活動，使學生掌握教學內容，從而達到教學目的。」

　　從以上對教學方法的諸多解釋中可概括出一個共同點，即教學方法包括教師教的方法和學生學的方法。

## 三、本書對教學方法的再界定

經過實踐─認識─再實踐─再認識，拙書認為對教學方法需重新界定為：教學方法是為實現既定的教學目標，在教師的專業策劃與操作下，教師與全體學生和諧統一，融為一體，在這個民主平等的群體內，學生（教師）同時兼任施（受）教者，盡力使教育者的合力作用發揮至極，以求師生高度發展的活動。

顯然，這個新定義與傳統的定義存在較大的甚至本質上的差異，讀者只要閱畢拙書，便能體會到新定義是完全可接受的，而且是符合客觀規律與當今時代潮流的。

## 四、其他相關概念的界定

為方便敘述及避免引起誤解，拙書對部分專業名詞做如下概念定位。

1. 學教法、教學策略、教學模式、教學藝術

（1）界定學教法、教學方法、教學法、教法四者概念等同。

（2）教學策略是指單個的或局部的教學行為，是構成教學方法的細節，是微觀或宏觀層面上運用教學方法的技術。

（3）教學模式是在一定的教學思想指導下，圍繞著教學活動中的某一主題，形成相對穩定的系統化和理論化的人人當老師、人人教人人的模型範式。

（4）教學藝術是施教者在課堂上遵照教學法則和美學尺度的要求，靈活運用語言、表情、動作、心理活動、圖像組織、調控等手段，充分發揮教學情感的功能，為取得教學實效性與優效性而施行的一套獨具風格的創造性教學活動。

2. 施教法

「施教法」是拙書的一個特設名稱，它與「教學法」概念非同。它是教學方法、教學策略與措施、教學模式、教學藝術、德育方法、教育教學指導思想、學習方法的一個總稱。施教法不僅運用於課堂教學，還運用於課後活動。

3. 班級教學

拙書界定「班級教學」與「課堂教學」概念非同。「班級教學」是班級的學科課堂教學、課堂德育、課外學科教學、課外德育的一個總稱。

4. 高效教學

經查閱相關資料可以得知，關於高效課堂與高效教學的定義已達六十餘個（可能還不止），於今未形成一個令人折服的統一定義，拙書將在第一章第三節

給出一個雖獨具一格，但遵循客觀規律、符合客觀實際的新定義。

# 第二節　本書的寫作目的、主題、主線與內容結構

## 一、本書的寫作目的

　　持續了十餘年的第八輪課改引發了席捲中國神州大地的高效課堂教學改革熱潮，催生了中國多地多校各種各樣的高效教學改革模式。這些教學模式雖然具體操作互不相同，但都具有一個共性：互動與合作。

　　那麼，教學為什麼需要互動與合作？究竟什麼樣的互動與合作才能生成真正的高效課堂？

　　有鑒於此，拙書適時推介了「學教合一」思想及與其相對應的「團隊型教育者施教法」———耗時三十餘載探索研究逐漸形成的新理念與新穎施教法，運用這種教法（模式）不僅能大幅度提高學生的學業水平，有效促進教師的專業成長，而且能消弭或部分消弭眾所周知的應試教育弊端。

## 二、本書的中心主題

　　學教合一的教學是真正意義上的高效教學，在班級教學中，建構學教合一「發動機」與應用團隊型教育者施教法能夠實現學教合一。（注：「發動機」概念見第三章第三節。）

## 三、本書的主線與關鍵詞

　1. 主要線索

　　通過分析班級授課制的隱性優勢發現了學教合一論，學教合一論引出了「發動機」論與團隊型教育者施教法，團隊型教育者施教法開動了「發動機」，「發動機」推動了學教合一即高效教學的實現。

　2. 關鍵詞

　　高效教學；學教合一論；團隊型教育者；團隊型教育者施教法；「發動機」。

## 四、本書的內容結構

拙書由緒論、上篇、中篇、下篇四大模組構成，主要講述「學教合一論」（包括「發動機」論）及與其相對應的「團隊型教育者施教法」。

緒論：簡明扼要地說明瞭關於教學方法等概念的新認識、撰寫拙書的動機與目的、選題與主攻方向、主要內容構成、使用的研究思路與方法，以及「學教合一論」與「團隊型教育者施教法」的原創性與實用價值等。

上篇：（團隊型教育者施教法理論與先期工作）

第一章　通過分析班級教學最本真的內涵，發現施教者與受教者於性質上存在某種必然聯繫，由此獲得「學教合一論」的核心觀點，從而引出並研究「團隊型教育者施教法」的含義與特徵。

第二章　概述了成功智力與惰性智力，科學地論證、闡述了學教合一教學的高效性、理論依據及相關教學原則。

第三章　主要從操作層面上闡述了欲成功實施學教合一教學必須具備四個方面的先決條件（以造就「發動機」最為關鍵）。

第四章　從操作與理論兩個層面上分別介紹與說明瞭「學教合一」教室及其現代化課桌椅的創新性、先進性、實用性與有效性。

中篇（團隊型教育者施教法諸法細析與詳解）：

第五章至第十章團隊型教育者施教法由五種直接施教法與五種間接施教法構成，如下圖所示。

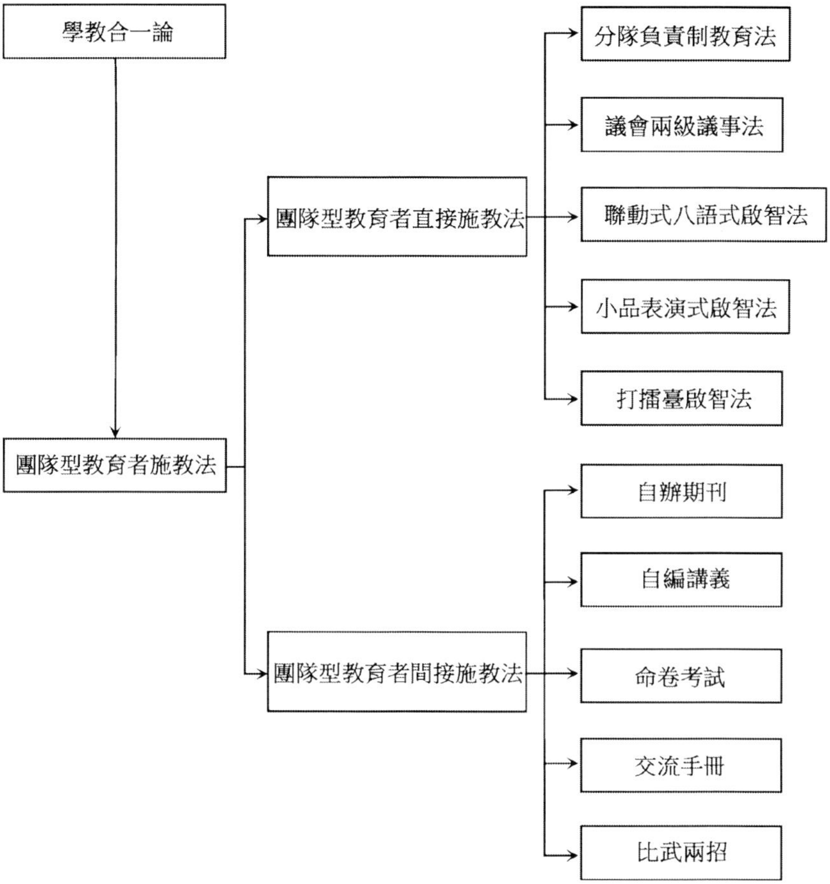

```
學教合一論
    │
    ▼
團隊型教育者施教法
    │
    ├──→ 團隊型教育者直接施教法 ──┬──→ 分隊負責制教育法
    │                              ├──→ 議會兩級議事法
    │                              ├──→ 聯動式八語式啟智法
    │                              ├──→ 小品表演式啟智法
    │                              └──→ 打擂臺啟智法
    │
    └──→ 團隊型教育者間接施教法 ──┬──→ 自辦期刊
                                   ├──→ 自編講義
                                   ├──→ 命卷考試
                                   ├──→ 交流手冊
                                   └──→ 比武兩招
```

　　對以上每一種施教法都從理論、實踐、效果等方面做了原創性探索、研究與闡述。再則，這十種施教法有的屬於教學方法，有的屬於教學策略，有的屬於教學模式，有的屬於教學藝術或技巧，有的屬於教學指導思想或原則，有的則兼而有之。

　　下篇（團隊型教育者施教法若干要點補述）：

　　第十一章　講述十種施教法的特點、選用原則與方法、學教合一論的昇華與全書點睛等。

　　第十二章　從理論與操作層面上闡述培養成功智力（學教合一教學目標之一）的策略與方法。

# 第三節　本書的研究方法、特色與閱讀對象

## 一、本書的研究方法

1. 文獻研究法

通過對有關文獻資料進行分析，把握世界各地關於課堂教學及其教學方法、模式、策略以及相關心理學的研究現狀與動態，為本課題研究奠定扎實的理論基礎。

2. 比較研究法

將運用「團隊型教育者施教法」的班級與不運用該施教法而運用別的先進教學方法、模式（如拋錨法、翻轉教學法等）的班級，進行以下兩方面的比較研究：其一，從近期的教學實效性上做比較研究；其二，從遠期的成功率上做跟蹤比較研究。再者，「學教合一論」主要是以現實態的理論和實踐為基本參照建構起來的，即該施教學說（對很多問題的理論闡述）主要是在比較中建構起來的。

3. 實證研究法

運用定量分析和實證主義的方法，通過案例分析、問卷調查、深度訪談、教學觀察，結合理論分析，研究「學教合一論」向行為轉化的內隱機制，及團隊型教育者施教的最佳方法、方式、策略與藝術等。

## 二、本書的特色

其一，「學教合一論」與「團隊型教育者施教法」原創於三十年餘前，長期持續的實踐與實驗均證明瞭它們的科學性、先進性與高效性。

其二，關於「學教合一論」的全部觀點不是集中在某一章或某幾章做單獨專述，而是分散在各章節結合具體問題進行針對性闡述，即「學教合一論」與「團隊型教育者施教法」不是兩塊孤立的內容而是緊密相連難以分割的。

其三，在「學教合一論」的指導下運用「團隊型教育者施教法」，既能提高學生的應試能力，又能發展或部分發展其成功智力，符合當前中國特色的基礎教育現狀與實際需求。

其四，每一種團隊型教育者施教法既有理論剖析又有實際操作的詳盡指導，並有典型案例的支撐，且涉及普通與非普通中小學各年級各學科，即為普通與非普通中小學跨年級跨學科的施教法。

其五，書稿結構清晰，言簡意賅，緊扣主題。文字闡述雖然專業性較強，但通俗易懂、形象生動。

## 三、本書的閱讀對象

拙書的閱讀對象特別廣泛，適合小學、初中、高中、職業學校、特殊教育學校、技工學校等各類教育機構的各學科各專業教師、教育教學研究人員、教育教學行政人員及高等師範院校的學生閱讀。

另外，拙書還可供願意在大學教學中嘗試應用「學教合一」和「團隊型教育者施教法」的高校教師進行研究、參考與借鑒。

本章概述和論證了：從發現班級授課制的隱優勢到最終形成「學教合一論」的過程，以及「團隊型教育者施教法」的內涵與特徵等。

### 上篇

# 團隊型教育著施教法理論與先期工作

# 第一章　學教合一與團隊型教育者施教法

　　本章概述和論證了：從發現班級授課制的隱優勢到最終形成「學教合一論」的過程，以及「團隊型教育者施教法」的內涵與特徵等。

# 第一節　班級授課制尚具何種隱性優勢

## 一、班級授課制的創立

工業革命以前，個別授課制（以學徒制為主）是自古以來主要的教學方式。學徒制採用的是現場教學、個別教學和師徒間的口傳手授，教學發生在真實的工作場所中，徒弟（學生）在師傅（老師）的指導下學習和實作。學徒制培養出了具有高超技術水準的技藝人員。

工業革命興起後，工廠的規模大幅擴大，當時急需大量具有一定知識和技能的生產者。這就是說，近代資本主義的興起要求廣泛普及教育，擴大教育規模，提高教學質量和效率，急需培養出大量受過良好教育的生產者。但是傳統的學徒制或其他個別授課制顯然難以滿足這一需求，於是一種全新的教學組織形式———班級授課制應運而生了。

班級授課制是以班級為基本單位，由教育者按照穩定的課時表安排授課內容，向固定的一群受教育者教授統一知識技能內容的一種教學組織形式。1632年，捷克著名教育家誇美紐斯在其著作《大教學論》中首次對班級授課制從理論上加以系統論證，使班級授課制確定下來。後來，德國教育家赫爾巴特對這一理論進行了補充說明，使其進一步完善。

## 二、班級授課制的優勢

下面來分析班級授課制相比原先的學徒制等個別授課制所具有的基本優勢，我們可以從中看出為什麼班級授課制順應了工業革命之需，並自其誕生以來一直延續至今，依然發揮著非常重要的作用。

第一，有嚴格的制度保證教學的正常開展，有利於受教育者在有限的時間裡掌握大量系統化的知識；第二，教育者可以進行「一對多」教學，可以大面積地向受教育者授課，提高了教育教學效率；第三，班級授課制按照「課」來確定統一的教學進度和學習要求，在教學中管理受教育者按照統一的步調執行即可，教學管理與教學檢查更為高效；第四，有利於發揮教育者的主導作用及受教育者集體的作用；第五，有利於發揮平行教育與合作學習的作用；第六，有利於培養受教育者的集體主義精神及德、智、體、美、勞諸方面的全面發展。

根據對中國期刊全文資料庫與中國知識資源總庫進行主題為「班級授課制的優勢」的檢索，沒有找到班級授課制相比個別授課制尚有其他獨立的明顯

的優勢。

### 三、班級授課制尚具一種隱性優勢

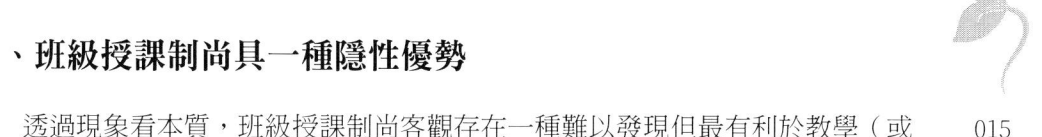

　　透過現象看本質，班級授課制尚客觀存在一種難以發現但最有利於教學（或者說最大）的優勢，那就是，在班級學科教學中，教育者實際上並非僅是學科教師一個人，而可以是一個團隊，或者說可以是一個團隊型教育者，這個團隊型教育者由一名學科教師及部分甚至全班學生構成。從表象上看，學生只是受教育者；但從本質上看，班級中的學生實質上具有雙重身份：首先，他們是理所當然的受教育者（當年的赫爾巴特早已對此下了定論），但同時也是處於休眠或半休眠狀態中的第二教育者，即他們客觀上具有或多或少的教育者潛質與潛能（尤其對於當今的學生來說），而一般只有在第一教育者（教師）的有目的的策劃與幫助下，才能成為事實上的教育者。顯然，一旦第二教育者（學生）們在教學中真正發揮了教育者作用，再加上教師的主要教育者作用，即傾全班之力施教，則教學效果與教學成績無疑是最佳的（集體的力量遠大於一個人的力量的道理無人不懂）。

　　但接下來的問題是，受教育者究竟能不能同時成為教育者？

## 第二節　受教育者能同時兼任教育者嗎

### 一、從一則印度經典故事說起

　　一位很有威望的印度教宗師臨終前對身邊的學生說：「我有成千上萬個老師，只告訴你們三個吧。第一位老師是個小偷。我曾和他同舍居住一個月，每天他空手而歸時，總是說：『明天我一定成功！』我苦修多年，有時難免失望，此際就會想起他的話。

　　第二位老師是條狗。一條口渴的狗去河邊，被自己的倒影嚇跑，強烈的口渴感使它再次去河邊又再次被嚇跑，但最後終於跳進水裡，倒影隨之消失。我頓時感悟：如果不敢衝上去，恐懼就永遠是恐懼。

　　第三位老師是個孩子。看到一個孩子將一支燃燒的蠟燭送往寺廟，我開玩笑地問她：『蠟燭的光來自哪裡？』小女孩吹滅蠟燭，說道：『您能告訴我它的光去了哪裡？』我知道了自己的淺薄，再不以學識淵博自居。」

　　孩子的見識有時可以讓成人增長見識，孩子的「理論」有時讓一代宗師覺悟，

因為這一「理論」是書上學不到的，只存在於孩子的心靈。記得一位著名的猶太教的拉比也曾說過類似道理的話：「從父母那裡我學到了很多知識，從老師那裡我學到的更多，可是從我的同學那裡我學到的最多。」

## 二、部分中外教育家的觀點

古羅馬教育家昆體良在1世紀提出了學生可以從互教中受益的見解，他始終強調一個觀點：大家一起學習，可以互相激勵，互相學習。

捷克教育家誇美紐斯認為：學生們不僅可以從教師的教學中獲得知識，還可以通過別的學生獲得知識。

「學習型組織理論之父」、世界管理大師、美國著名學者彼得·聖吉有兩句名言：一是我們的教育低估了學生的能力；二是教師解決不了的問題交給學生，學生都能解決。

英國教育家、伊頓公學前校長托尼·利特指出，「我當伊頓校長，有兩條重要體會：一是學生們從教室以外學到的東西跟他們從教室裡學到的一樣多；二是學生之間互相學到的東西，至少跟他們從教師身上學到的一樣多」。

中國現代著名教育家、中國教育學會名譽會長、北京師範大學資深教授顧明遠指出，我們「千萬別低估了學生的能力」，應「真正把學生的潛在能力充分挖掘出來」。

由此說明，處於被教育地位的學生完全有可能起到教育他人的作用，完全有可能發揮十分出色的教育者作用。

## 三、學生在知識佔有上出現重要變化

中國教育家吳康寧針對中國1980年代中期以來，隨著以電視普及為主要表徵的大眾傳媒的迅猛發展所導致的社會資訊環境的急劇變化，指出了學生在知識佔有方面出現了兩個重要變化：其一，是學生通過大眾傳媒，可以越來越多地獲取到教師在課內外未傳授的知識（包括價值、規範、態度、生活方式等），獲取到對教師所傳授的內容起到補充與深化作用的知識，獲取到自己認為比教師傳授的更具吸引力或更有意義的知識，教師傳播給學生的資訊量在學生可接受的資訊總量中所佔比重逐漸減少，教師在知識傳授方面已很難再享有壟斷地位；其二，學生通過大眾傳媒可以越來越多地獲取到教師本人尚未佔有的知識，教師在不少知識方面往往不是先學於學生，而是同學於學生，乃至後學於學生。

時至 21 世紀的今天，隨著以網路與多媒體迅猛發展為主要表徵的資訊時代的加速來臨，吳康寧教授所說的學生在知識佔有方面的兩個重要變化已更為凸顯。

「團隊型教育者施教法」研究人員通過切身的教學一線實踐，認識到學生在知識佔有方面尚有第三個重要變化：在全球範圍內，隨著生生互動式、合作學習式等先進的教與學的方式方法被人們越來越重視，推廣普及面愈來愈廣，學生們在課內外有意無意地通過各種方式、場景相互間汲取知識的情況日趨頻繁。

上述三個客觀存在的重要變化表明新時期的學生具有雙重身份（首先是受教育者，其次是異於教師的第二教育者）的觀點具有科學性與正確性。

### 四、實踐與實驗均證明受教育者能同時兼任教育者

對於學生究竟能不能在教學中真正成為第二教育者，或者說學生究竟能否在教學中真正有效地發揮教育者的實際作用這一課題，「學教合一」研究人員於 1980 年代初期就開始了長期的循序漸進的反覆思考、摸索與研究，並在當地教科所專業人員的配合下進行了數次教學實驗。實驗的結果（相關的實驗統計資料表在後文列出）證明瞭下述觀點的正確性：

儘管中小學班集體中的學生發揮的教育者作用一般達不到專業教師的程度（就單個個體而言），但他們的確可以在學科教師的特定設計與協助下，在各種場所（以教室為主）通過多種方式，在某些時間段單獨或非單獨地、直接或間接地發揮程度不一的教育者作用；並且，每一個個體發揮的教育者作用累加起來的「作用之和」是不容小覷的，在措施得當、方法合理的情況下一般會大於教師的作用。

由此進一步可以推出哪些更為重要的理念？

## 第三節　學教合一論的核心理論

### 一、班級教學的最佳施教者是誰

根據上一節的論述和推理，可知本章第一節提出的班級學科教學中的教育者，實質上可以是而且應該是團隊型教育者（學科教師加部分或全體學生）的觀點是成立的。而相關研究人員長期的實踐與研究的結果也足以說明，團隊型教育

者的教學效果、效益與效率，明顯比教師一個人單打獨鬥要好得多，即班級學科教學的最佳施教者並非是學科教師而是團隊型教育者。

## 二、學教合一論的核心理念

1.「學」「教」「合一」的含義

（1）學與教

學教合一論中的學與教指代這樣的對立事物：從狹義上講，其指學習與教授（動詞）；從廣義上講，其指①學習與教授；②學習者身份與教育者身份；③學生與教師；④學法與教法；⑤其它（如學習人員與教學環境、學習主體與教育客體、學生個體發展與教育團隊整體發展等，見後續各章節）。

（2）合一

學教合一論裡的合一含有以下兩層意思：①合一是指對立事物之間在一定的條件下、具體、動態、有機的統一，高度融合成一個相輔相成、相待而成、互補互促、優勢疊加的整體；②合一是指在某種特殊的條件下，某些關聯甚密的不同事物一時性嬗變為同一種事物。在拙書中，合一既作名詞用，更作動詞用。

經過前面步步推理論證，我們可獲得學教合一論的核心論點，即為下面的五個「合一」。

2. 學教合一（狹義）

毋庸置疑，在個別授課制下，學與教是相互對立、相互鬥爭的矛盾的兩方。但在班級授課制下，事物的性質隨即發生了天翻地覆的變化，因為在此環境中學與教的行為都是在集體而非個體中發生的，這時，上述所謂的「相互對立、相互鬥爭」其實僅僅是事物的表象罷了，剝去層層外殼，內中最核心的事物本質屬性卻是具有客觀實在性的矛盾之同一性與統一性。即，教就是學（顯然，在教他人的同時也明顯提高了自己的水準。愛德加‧戴爾的學習金字塔理論不難證明這個論點），而學在一定條件下能夠轉化為教（無論實踐、實驗還是唯物、唯心辯證法均可證明這個論點）。因此，在一定條件下，學與教完全能夠相互轉化達到同一。這裡的「一定條件」具體指：①在非個別授課制下；②造就能推動學教合一的「發動機」；③運用一至十種團隊型教育者施教法（可能還有別的施教法）；④採取一系列特定的輔助性措施。

所以，在學校的教育教學中，學與教的關係可以將其恰到好處地比喻成一對熱戀中的情侶，即學中有教，教中有學，二者互為表裡，不可分離。至此，我們可以順理成章地圓滿回答「卷首語致信」中提出的問題———高效教學最本真的

內涵究竟是什麼？顯然就是：在一定的時間和地點，創造「一定條件」，讓學與教實現同步且連續地相互轉化，以至於兩者實現合一（學即教，教即學），此謂學教合一（狹義）。

事實勝於雄辯。如果在學校教育教學中，真正做到學教合一，則學習的效率、效果與效益將獲得質變式提升；確鑿實行學教合一，即能消弭應試之弊；矢志執行學教合一，即可「拯救」「花朵」智力；徹底實施學教合一，方能達到上乘教學；切實踐行學教合一，方可止於至善！

3. 雙重身份合一（學生）

拙書在前面第一節中已經合乎邏輯地剖析闡明瞭學生實質上具備雙重身份，一種是顯性身份即受教者，另一種是隱性身份即施教者。由上面的「學與教合一」進一步可得，在一定的時間和地點，教師可以創造「一定條件」，致使班級中的學生在該條件下完全轉化成受教者與施教者之合一者，即讓受教者（學生）同時兼任施教者。譬如，在學科教師的某種特定操作之下，在學科課堂的某個階段會出現師生、生生合作互動的學習行為，且該學習行為又明顯反映出教授他人的性質（這種教授是有實效的，並且學習與教授幾乎在同一時刻進行）。這種現象表明相關學生已成為受教者與施教者之合一者。在某一教學活動的某一過程，當多數甚至全體學生都成為雙重身份合一者時，意味著學教合一在該過程基本實現。因此，學生是學教合一的主要落實者。

誠然，這種非同尋常的影響本質的轉化遠非一夜之間便能實現，這種雙重身份合一者絕非真經一念、搖身一變便能變成，而是需要在專業教師的一系列工作（包括思想動員、暗示教育、特定操作等）之後，經過數天或數月甚至更長時間逐步演變轉化而成。並且，每位學生的蛻變轉化過程所費的時間不一，難易程度不一，尤其是個別「學困生」往往有一個從量變到質變的階段。

4. 雙重身份合一（教師）

拙書在後面第三章第一節中論證了學校的教師同樣具有雙重身份：既是教育者，又是以學生為師的受教育者。故班級教學中的教師理應自覺地憑藉自身的意志力，驅使自己主動轉變成職業施教者與職業受教者之合一者。

這種合一具體表現在：教師一邊向學生施教一邊受學生之教———時刻接收學生所傳遞的對自己或當前教學工作有用的資訊。比如當某一位或某幾位學生倏地當堂指出教師所講的某句話或某個推理不符邏輯或缺乏嚴密性、科學性之際，教師應如何處置？真正的合一者不會想方設法去掩飾自己的錯誤以維護自己的「學術威信」———實際上反而喪失威信，而是果斷地與學生一道熱烈研討那

句話或那個推理究竟有沒有問題。若有錯則勇於當堂承認並予更正，若無誤則向學生解說清楚。這實際上是即時生成的一份新教材且往往優於原教材。又如某學生當堂提出比老師更勝一籌的學科成果時，則受益者不光是全班學生還有教師本人。更為重要的是，這種合一者（教師）能從學生的眼神、體態語言以及其他語言中獲知自己的教法是否受學生歡迎，自己的施教能否激起學生思維碰撞的火花，自己的策劃與操縱能否促

使受教者（學生）同時兼任施教者，以便及時靈活調整教學內容、方式、方法與措施，驅使學生實現角色的轉化。

任何一位教學水平十分高超的教師實際上都是這種施教者與受教者之合一者。在教學過程中單單任施教者的教師絕無可能成為傑出的教師，非合一型教師所教學生的成績不會很突出，專業發展的速度不會很快。

學生其實就像一面鏡子，教師從這面珍貴的鏡子中既可照出自身的優弱點，又可看出教書育人的門道。而且教書愈久愈能深刻感悟到「鏡子」的實效性與重要性。可以如是說，受學生之教已成為現代教師的一項職業工作。

5. 師生合一

所謂師生合一，是指教師與學生同屬於一個互教公社，共存於一個互學公社，相伴於一個互助公社，並融於一個互愛公社。在這個公社內，所有成員地位一概平等，師生雙方猶如管鮑相互尊重、共同發展、和諧統一、合為一體；這個公社實行「純粹民主」制，而非「有限民主」制更非「專制集權」制；這個公社有一個令學生倍感自豪的名稱，叫作「團隊型教育者」！

「團隊型教育者」是班級（學科）教學的最優施教者，無論課內外，教育教學活動基本上應由「團隊型教育者」施教。其施教方式有兩種，一種是直接施教，一種是間接施教（直、間接施教的含義見第五章、第十章）。在對某門學科實施學教合一教學（學教合一教學概念參見下一節）的初始時期，「團隊型教育者」由一名學科教師與班級部分學生骨幹構成，隨著時間的推移，「團隊型教育者」隊伍逐漸壯大，最終發展到由一名學科教師及全班學生組成。這正是學教合一教學已獲成功的一個外部表徵。

6. 兩法合一

兩法指學法和教法。根據教育內部諸因素之間的必然聯繫，由前面已經論述的四個「合一」勢所必然地推出第五個「合一」———學法與教法合一。合一之後的學（教）法即為中篇所介紹的團隊型教育者施教法，請參閱第五章至第十章，本處不予重複闡述。

## 三、五個「合一」的關係詮釋

這五個「合一」之間存在著矛盾的普遍性和特殊性的辯證關係，或邏輯學中演繹與歸納的邏輯關係。即，第一個「合一」相較於後四個「合一」來說可謂是原始理念或原理，換言之，前者可謂後者的理論支撐，而後者可謂前者通過演繹推理產生的衍生結論，或者說，後者是前者主要的四種具體表現形態。當然前者尚有其他多種相對次要的具體表現形態或延拓性具體表現形態，如形神合一、人隊合一、德育與智育合一、教學人員（師生）與教學環境合一、「有形聯動」與「無形聯動」合一、教育集體與教育個人合一、各學科「團隊型教育者」合一、培養成功智力與惰性智力合一，等等，將在後面幾章中予以滲透式表述。

再則，後四個「合一」之間是相輔相成、珠聯璧合的關係。比如，學生的雙重身份合一，可以能動或受動地推進教師的雙重身份合一（以能動為主），反過來，後者同樣可以能動或受動地推進前者；教師與學生的合一（建立「團隊型教育者」），從制度上、思想上、組織上保障了上面兩個「合一」的順利實施；而學法與教法的合一，則從教學常規工作的方法與手段上促進了學與教、師與生、「雙重身份」合一。如斯相得益彰、連珠合璧，便真正做到了學教合一。

一般地，五個合一統稱為學教合一（廣義）。

## 四、學教合一其他理念延後闡說

「學教合一論」的其他幾條理念如家校合一論、師生關係論、「發動機」驅動論、依託制度實現互動論、憑藉新式教室促進學教合一論、分隊負責制教育論、德才共軛論、「三梯次作戰」論、心育論（包括「逆反心理」論）、復合式幽默論、資源轉化論、榜樣教育論、以賽促學論、問題化學習論、各段各班各科「學教合一」合一論、德育智育心育體育合一論、個體發展與集體發展合一論、施教法與「發動機」合一論、初級階段存在論與互動教學進化論、大推力促成進化論與進化提速論，將在後續各章結合具體內容做分散闡述，此處不予集中抽象概述。

綜上，學教合一論既是教育觀又是方法論。

縱觀中外諸多教學法，無論是拋錨教學法、啟發式教學法還是討論教學法抑或其他的如合作學習法等，應用它們均未能實現真正意義上的學教合一。那麼，應用什麼方法的教學才能實現真正意義上的學教合一？

# 第四節　團隊型教育者施教法與學教合一教學

## 一、團隊型教育者施教法的含義

以「學教合一論」為基本指導思想與總的指導原則，以提高或培養學生的學業水平、成功智力、團隊協作能力、核心素養及促進學生的全面發展與個性發展為目標，以團隊型教育者為中小學各學科班級教學的主要執教者，所研究創設的一系列施教法，統稱為中小學各學科團隊型教育者施教法，簡稱為「團隊型教育者施教法」。（上述「班級教學」與「施教法」的含義已在緒論第一節中闡明。）

團隊型教育者施教法既是學法又是教法，它分為「團隊型教育者直接施教法」與「團隊型教育者間接施教法」（其界定見後續各章）。

## 二、對團隊型教育者施教法含義的若干補釋

1. 關於「主要執教者」

團隊型教育者施教法的含義中既然有主要執教者，則必有次要執教者，該次要執教者指優秀的學教分隊。在學教合一教學中，一般需要將全班學生劃分並建設成幾個優秀的學教分隊，其具體的劃分、建設及執教的方式方法詳見第三章第三、五、六節。

2. 關於「成功智力」

「成功智力」是斯騰伯格心理學的一個專用名稱，其概念的內涵非一兩段話能夠敘述清楚，又考慮到它的重要性，故另辟一節（即第二章第一節）予以專門集中分析與實例說明。

3. 關於「全面發展」與「個性發展」

所謂「全面發展」是指學生在德、智、體、美、勞等方面都得到發展，「個性發展」是指個體在需求、生活習慣、性格、能力、興趣、價值觀念等方面形成穩定的心理特徵。全面發展與個性發展之間在邏輯和哲學上不是對立關係，而是辯證統一關係，即全面發展是個性發展的基礎與前提，個性發展是全面發展基礎上的選擇性發展。

關於「培養學生的成功智力」與「促進學生的全面發展與個性發展」，兩者之間的關係本質上與邏輯上均為等價關係，亦即相輔相成、相互推出的關係。

4. 關於「核心素養」

「核心素養」的概念內涵自 1979 年由英國繼續教育學院首提以來，迄今各國教育界尚未對其形成一個全球性的統一定義。而中國對其的研究剛剛起步，亦未形成統一的認識。不過絕大多數中外教育家對「核心素養」所下的定義中均含有一個共同點：團隊協作能力與成功智力。並且這個共同點也是中國素質教育中「素質」的核心指向，因此，「團隊型教育者施教法」的核心目標是：①提高學業水平；②發展團隊協作能力與成功智力。

5. 關於「教」的界定

「學教合一論」「團隊型教育者施教法」中的「教」，非指教學的「教」，而指教育與教學的「教」，例如對於語文學科而言，這個「教」包括語文教育的「教」與語文教學的「教」。再則，團隊型教育者不單是智育教育者也是德育教育者及其他教育者。

## 三、「學教合一」與「團隊型教育者施教法」的區別與聯繫

1. 兩者的區別（對立）

前者既是一種理念，又是一種美好的境界；而後者則是一種教學方法（學習方法），或是一種教學模式（學習模式）等。即兩者所指代的事物的屬性截然不同。

2. 兩者的聯繫（統一）

其一，前者催生了後者，後者推動了前者的轉變（理論轉變為現實）；其二，前者包括「學法與教法合一」，而後者正好是學法與教法合一的「愛情結晶」。

## 四、陶行知的「小先生講課制」與「團隊型教育者施教制」的區別

「團隊型教育者施教制」與陶行知先生首提的其他教師在各個時期嘗試採用的「小先生講課制」或「小老師上課制」切莫混為一談，通過對關於「小先生講課制」或「小老師上課制」的文獻的廣泛搜索，知其與「團隊型教育者施教制」至少有下列八點區別。

1. 施教方式異

小老師講課制一般由一名學生（通常為優等生）上講台講課，形式較為單一，而團隊型教育者施教制為一個團隊（其中必有一位成員是教師）施教，施教形式與施教手段多樣，幾乎波及教學全程，且不主張讓一名學生直接上講台講

一節課。

2. 施教廣度異

小老師講課制僅發生在課內，且是零星發生（即不是經常讓學生講課），團隊型教育者施教制發生在課內或課外，並且非零星發生，而是持續發生。

3. 施教人員異

小老師講課制僅選擇個別優等生上課，團隊型教育者施教制則不然。由第三章第五、六節可知，施教人員中「學困生」並未排除在外。

4. 施教力度異

團隊型教育者施教制凝聚並利用了集體智慧，發揮出集體的力量，而小老師講課制發揮的是個體的力量。

5. 施教負擔異

小老師講課制可能會增加個別學生（講課人）的負擔，而團隊型教育者施教制會從整體上減輕全體學生的學業負擔。

6. 施教效應異

團隊型教育者施教制能調動全體學生的學習積極性，增強學習興趣，挖掘一切非智力因素，教學互動頻發，學生思維活躍。小老師講課制則不然，因為由一名學生講課，儘管他（她）的學習成績頂尖，但一般缺乏教學藝術與教學經驗，通常只能用最原始的填鴨式教法授課，不少學生因此難以集中注意力，少數學生會產生嫉妒心理，於是乾脆不聽。

7. 施教效果異

團隊型教育者施教制會導致師生、生生感情融洽，團結友愛，合作互助，自發地形成「命運共同體」，而小老師講課制本身是達不到這一境界的。

8. 施教目的異

實行團隊型教育者施教制的目的是為了真正達到「學教合一」的上乘境界，而實行小老師講課制無此目的。這一點是團隊型教育者施教制與小老師講課制最根本的區別。

說明：論點 6、7 僅為本研究團隊運用比較研究法進行小範圍（五個班級）實驗的結論。

## 五、學教合一教學的含義與特徵

1. 含義

本書把應用團隊型教育者施教法的班級教學，簡稱為「學教合一教學」。其非初始階段「學教合一教學」的最根本特點，是實現了真正意義上的學教合一。

2. 特徵

（1）制度化

「團隊型教育者施教制」是學教合一教學的一種基本制度，這種制度是「團隊型教育者施教法」區別於其他教學法的最主要標誌，所以團隊型教育者施教制是學教合一教學的本質特徵之一（另一個本質特徵是優秀學教分隊施教制，詳見第三章第六節）。

（2）宏觀化

假如我們把教學方法劃分為宏觀型與微觀型兩類的話，那麼「團隊型教育者施教法」是一種具有較大範圍指導作用、理論與實踐上適合中小學（包括職業中學及其他學校）各學科教學的宏觀型教學方法、模式、藝術與策略，而不是一種具體的針對某一學段某一學科的微觀型教學方法、模式與策略等。

（3）廣度化

「團隊型教育者施教法」不能僅僅理解為一種課堂教學法，而是以課堂教學法為主，涉及課內與課外、校內與校外（包括家庭）全過程的一種施教法。並注意施教法與教學法不屬於同一概念（「施教法」的定義見緒論第一節）。

（4）合一化

學生的角色，既是學員又是教員；教師的角色，既是教員又是學員。學與教的中心非教師而是學生，無論學還是教，教師恆為客體，學生恆為主體，教師的作用非主導作用而是引導作用。

（5）家校一體化

實行學教合一教學一般需要獲得家長的認同、配合與支持，若家長能共同參與則收效更顯著。故教師宜保持與團隊型教育者成員家長及其他學生家長的熱線聯繫，隨時溝通，及時瞭解相關資訊，對家庭教育提出正確的建議。

（6）互利共贏化

讓團隊型教育者施教固然能使其他學生獲益匪淺，但令局外人匪夷所思的是，反而是團隊型教育者成員自己受益最大（無論是間接施教還是直接施教）。

即團隊型教育者成員在主觀上教育他人的同時，客觀上會大幅提升自身的成功智力與惰性智力。

（7）制度確保互動化

學教合一教學的又一個特徵，是它能夠憑藉一種制度來保證應用「團隊型教育者施教法」的課堂教學必定是互動式教學（詳見第三章第四節）。

（8）永恆開放發展化

「團隊型教育者施教法」相比其他教學法尚有一點不同，即它是一種不斷修正、不斷充實、不斷創新、不斷發展的生長型施教法，而且對它的探索與研究可能永無止境。20世紀80年代前期「學教合一」研究人員正式將「學教合一論」付諸實踐時，僅以提高學生的學習成績作為唯一的達成目標；僅以調動學生的學習主動性與積極性，開展課上師生相互配合、避免課堂冷場作為唯一的研究目的。而發展到今天，學教合一教學無論在理論方面還是實踐操作方面，均已在早期的基礎上做了相當大的改進與拓展，尤其是增設了發展成功智力的教學目標。為什麼必須增設該目標？第二章第一節將給出充分的理由。

本章概述了成功智力與惰性智力、學教合一教學的理論依據與相關原則，科學論證了學教合一教學的高效性。

# 第二章　團隊型教育者施教法實驗與相關理論

　　本章概述了成功智力與惰性智力、學教合一教學的理論依據與相關原則,科學論證了學教合一教學的高效性。

# 第一節　成功智力與惰性智力概述

## 一、成功智力與惰性智力的內涵

20世紀末傑出的認知心理學家與教育家羅伯特·斯騰伯格提出了著名的「成功智力」理論。他把學生在學業上表現出來的智力即應試智力稱為「惰性智力」（也譯作「呆滯智力」），他認為惰性智力與現實生活幾乎不發生聯繫，它只能對學生的成績和分數產生作用，它所獲得的這種靜態知識的堆砌並不能使學生在學校以外的生活和工作中完全勝任；而成功智力則是一種用以達到人生中主要目標的智力，它能導致個體以目標為導向並採取相應的行動，是對個體的現實生活真正起到舉足輕重影響的智力。他這裡所說的成功，其一，是個體通過努力能夠最終達到人生理想目標的成功；其二，是每個正常的個體都可以發展的成功。

斯騰伯格認為在現實生活中真正起作用的不是惰性智力而是成功智力，並且前者的過度發展反而會抑制後者的發展。

## 二、成功智力的三種成分

成功智力是認識並充分發揮個人優勢的一組能力，是認識並彌補或改正個人弱點的一組能力，是適應、塑造和選擇環境的一組能力。這一組能力的三種成分是分析性能力、創造性能力和實踐性能力（又稱分析性智力、創造性智力和實踐性智力）。分析性能力是個體進行分析、評價、比較或對比時所需要的能力；創造性能力是人進行創造、發明或發現時所需要的能力；而實踐性能力是人進行實踐、運用或使用他所學習的知識時所需要的能力。個人獲得成功不僅需具備這三種能力，更需要在這三種能力間取得平衡。

**案例 1　以體育競賽為例說明三種能力的作用**

在一場關於某體育項目的比賽中，面臨一個對手時，首先我們要發展自己的特色，在技術上創新，這是創造性智力在發揮作用。其次，要看這個對手在以往比賽中的表現，分析他的優勢在哪裡，劣勢在哪裡，想想要學習他的什麼，如何利用他的弱點等。這些分析不僅可以抵擋對手的優勢，最重要的是可以打擊其弱勢，這是分析性思維在出謀劃策。再次，確立了練習內容的方案後，下一步就要付諸實施了，我們的預想是否可行，要用實踐來檢驗。同時，在比賽進行中可以靈活機動，運用各種戰術擊敗對手，這就是實踐性智力在唱壓軸戲了。

人們曾經認為，智力基本上是不可培養和發展的，但斯騰伯格認為智力是可以修正的，成功智力尤其具有發展的可能性，學生經過系統的教育和培養就可以獲得成功智力。

## 三、培養成功智力不容忽視

學業成績主要考查學生兩個方面的能力：邏輯思維能力和語言能力。而事實上人的潛能是多方面的，如人際溝通能力、領導管理能力、藝術創作能力、動手能力等，雖然這些在考試中難以體現出來，但是這些能力對一個人的成功非常重要。

### 案例 2 「A 現象」與「B 現象」說明瞭什麼？

1980 年代，「團隊型教育者施教法」研究團隊曾進行數次調查研究———對兩所重點中學（完全中學）的幾屆初中生與高中生日後的學業成長與事業發展做了跟蹤調查與觀察研究，發現了下面兩個匪夷所思的現象。

1.A 現象

某所完全中學 1984 屆初二年級（共 493 名學生）的前 35 名優等生（按初一學年考試總分排名計），在升入高中、大學，考上研究生之後，其中的 27 人學業表現平庸，有的人雖已考進重點大學，但竟因學年考試始終無法通過而不得不中途退學，有的人在以後的就業和工作中頻遭挫敗，甚至出現了個別人走向極端的痛心現象。相反，在年級中排名第 90 至 150 名的學生，其中的大多數卻在日後的學業與工作中蒸蒸日上，前途輝煌，有的成為博士、博士後，有的成為專家、學者，有的成為優秀工程師、實業家，有的成為省、市級勞模，有的成為某系統的業務骨幹或行政骨幹。

2.B 現象

某所重點中學 1986 屆高三年級約有 401 人考入大學，其中考入名牌大學約有 83 人。2000 年，這屆學生返校參加 1986 屆畢業生同學會，經同學間相互瞭解，獲知下述資訊：這 401 人中已成為精英人物（指事業有成的高級知識分子、高級管理人才、專家、企業家、成功商人、藝術家及縣局級以上的黨政幹部）的約有 37 人，其中非名牌大學畢業者佔 23 人。這說明參加工作後的名牌大學畢業生與非名牌大學畢業生相比，前者的工作才幹與業績並不一定優於後者，前者的經濟收入與幸福指數並不一定高於後者。比如，1980 年代末，某所中學的數學教研組同時分配進來兩名高校畢業生，一名畢業於北京師範大學數學系，另一名畢業於紹興師範專科學校數學系，結果前者的教育教學實際能力明顯弱於後者，經過

三四年，後者被評為教壇新秀，而前者竟原地踏步連續教了四年的高一。

A現象和B現象說明學業成績的高低及是否畢業於名牌大學並不完全決定一個人能否成功。在只重視學業成績的應試教育環境中，一些學生儘管成績優秀，但在其惰性智力發展時，成功智力的發展卻相對滯後了，反倒是A現象裡的「第90~150名」中多數學生的惰性智力與成功智力一直保持協調、平衡，其成功的概率相對較高。

## 案例3 「第一神童」遁入空門說明瞭什麼？

1978年被媒體廣泛報導且譽為「第一神童」的寧鉑，2歲半能背誦幾十首詩詞，3歲能數100個數，4歲掌握了幾百個漢字，6歲攻讀醫書並學會開藥方，13歲被中科大破格錄取，19歲成為全國最年輕的大學講師。此後在事業和家庭上遭受了一系列挫折，於2003年出家為僧，從此與世隔絕。

人的惰性智力或許有可能加速度培養，但人的成功智力是不可能加速度培養的。一般情況下，人的受教育過程需經歷從幼兒園、小學、中學到大學的過程，而「神童教育」卻貿然提前了學習時間，違反了教育規律和成功智力發展規律。從古至今無數事例可以證明，惰性智力發達但成功智力低下者難成大事。歷史上「江郎才盡」的實例———秦國神童甘羅十二歲後無突出成就等，豈不恰好詮釋了這一點嗎？

## 案例4 一則流傳於西方國家的故事說明瞭什麼？

一個人死後直奔天堂，天使領著他四處看看並告知有關注意事項。天使指著一個人說，此人是他所處的時代最偉大的詩人。此君驚訝萬分地說：「我認識這個人啊！他只是一個卑微的鞋匠而已。他甚至從未上過學，根本不知道如何寫詩。」「絕對錯不了！」天使回答道。由於從未發展他的才能，他的驚世才華被浪費殆盡了。

具有成功智力的人，不會出現這樣的遺憾。環境可能促使也可能妨礙我們發揮自己的才華，但具有成功智力的人會努力尋找一種不僅可以勝任工作，而且還能幹得與眾不同的工作環境。他們創造著自己的機會，而不是讓機會受他們自身所處環境的制約。

關於培養或發展學生的成功智力的策略、措施與辦法，參看第十二章。

綜上，將發展成功智力設定為學教合一教學的目標是必須的。下節欲證明該目標與其他既設目標通過努力均能達到。

# 第二節　為什麼學教合一是高效教學

實行「學教合一」必然是名副其實的高效教學。關於這個命題，前面幾節已經應用教育學、心理學、哲學等理論進行了分析、推理與論證。本節將運用嚴格的科學實驗方法來確證該命題。

## 一、關於對惰性智力與成功智力發展水平的評價

查閱成功智力的有關文獻知，學生的惰性智力與其學業成績存在中等及以上程度的正相關，相關係數通常在 0.6 至 0.9 左右，尤以惰性智力與數學成績的相關程度最高。然而，成功智力與一般的學科學習成績不存在必然的相關性，故對學生成功智力的發展水平的考核與評價的難度相對較大。

迄今為止，中國教育界對如何考核與評價成功智力尚未形成統一的評判標準。鑒於此，「學教合一」研究人員比較了眾多相關文獻中關於評價學生的成功智力的各種不同意見，決定在學教合一教學實驗中採用下面的定量與定性相結合的評價方法。

1. 定量評價

美國心理學家斯騰伯格認為：創造力是成功智力中極為重要的方面。成功有許多因素，但創造性卻是其中最為關鍵的因素之一。因而此處所述定量評價法就是對學生的創造力直接進行測試、分析與研究，測試時採用 A、B、C 三套測試卷。A 卷是美國普林斯頓創造才能研究公司的心理學家尤金・勞德塞設計的一套創造力測試題，B 卷與 C 卷是在參考了中央教科所、江蘇洋思中學與鄭州第 102 中學的測試卷後，「學教合一」研究人員自行編擬的兩套創造力測試題。

2. 定性評價

這種評價不採用數學的方法，而是根據評價者對評價對象平時的表現和狀態，運用觀察法、分析法、談話法、評議法、學生行為記錄法等直接對評價對象做出定性結論和價值判斷。成功智力包括三方面的能力，除創造力外，對另兩方面的能力（尤其是實踐性能力）的評價採用定性評價法。

## 二、學教合一教學的實驗及其結論

誠如第一章第四節所述，所謂學教合一教學即為實施「團隊型教育者施教法」的班級教學。

學教合一研究人員曾組織進行了三次學教合一教學的實驗：第一次在小學高年級，語文與數學兩門學科同時進行，該課題研究主要採用「准教育實驗法」，由嵊縣（現嵊州市）知名教師張玲輝主持；第二次在初中年級，語文、數學、政治三門學科同時進行，該課題研究主要採用「准教育實驗法」，由紹興地區知名教師丁邦直主持；第三次在高中年級，數學一門學科單獨實驗，由浙江省知名教師丁平主持。這三次實驗均獲成功，現將高中的實驗及其結論簡述於下。

　　實驗對象是1996年9月入學的高一新生（平行分班），兩個班的數學課均由丁平執教，這兩班被隨機分成實驗班（施行學教合一教學）與對比班（施行傳統教學）。實驗時間為1996年9月至1999年7月。兩班的教學內容、教學時間、課外作業、測試內容、評價標準均相同。

　　該課題研究主要採用「教育實驗法」，自變量採用學教合一教學活動，因變量為學生學業成績、成功智力、學業負擔、學生發揮的教員作用、學習興趣。下面簡錄了1999年9月底獲得的相關實驗結果與結論。

1. 喜歡上數學課、能積極發揮教育者作用的學生顯著增多

　　實驗教師對實驗班50名學生是否喜歡上數學課及能否積極主動地發揮教育者作用做了無記名問卷調查，結果如表2-1和表2-2所示。

表2-1 是否喜歡上數學課

| 程度 | 實驗前 | | | 實驗後 | | |
|---|---|---|---|---|---|---|
| | 不喜歡 | 一般 | 喜歡 | 不喜歡 | 一般 | 喜歡 |
| 學生人數（人） | 11 | 23 | 16 | 2 | 11 | 37 |
| 百分率（%） | 22 | 46 | 32 | 4 | 22 | 74 |

表2-2 能否積極發揮教育者作用

| 程度 | 實驗前 | | | 實驗後 | | |
|---|---|---|---|---|---|---|
| | 不能 | 一般 | 能 | 不能 | 一般 | 能 |
| 學生人數（人） | 34 | 11 | 5 | 7 | 9 | 34 |
| 百分率（%） | 68 | 22 | 10 | 14 | 18 | 68 |

2. 提高了數學教學質量

　　實驗期間，兩個班參加了6次考試：高一、高二學年考，高三（上）期終考，一模、二模及高考（前5次考試全市統一命題、閱卷）。成績如表2-3所示：

表 2-3 中考、五次市統考、高考數學成績統計表

| 考試類型 | 中考 x | 中考 cv（%） | 高一學年考 x | 高一學年考 cv（%） | 高二學年考 x | 高二學年考 cv（%） | 高三上期終考 x | 高三上期終考 cv（%） |
|---|---|---|---|---|---|---|---|---|
| 實驗班 | 61.3 | 38.7 | 73.5 | 38.0 | 76.8 | 37.2 | 80.1 | 36.5 |
| 對比班 | 61.2 | 38.5 | 63.0 | 50.0 | 65.0 | 52.3 | 70.3 | 48.2 |
| t 檢驗 | 1.21<1.98 α=0.05 | | 2.5>1.98 α=0.05 | | 2.31>1.98 α=0.05 | | 2.11>1.98 α=0.05 | |

| 考試類型 | 高三下一模 x | 高三下一模 cv（%） | 高三下二模 x | 高三下二模 cv（%） | 高考 x | 高考 cv（%） |
|---|---|---|---|---|---|---|
| 實驗班 | 85.4 | 35.0 | 84.3 | 23.5 | 86.0 | 22.3 |
| 對比班 | 74.9 | 52.5 | 73.9 | 63.1 | 70.3 | 53.2 |
| t 檢驗 | 2.23>1.98 α=0.05 | | 2.60>1.98 α=0.05 | | 3.01>2.62 α=0.01 | |

（説明：t 檢驗是用 t 分布理論來推斷差異發生的概率，從而判定兩個平均數的差異是否顯著的一種檢驗方法。x、cv 及 α 分別表示考試成績、變異系數及檢驗水準。）

從表 2-3 不難發現：

（1）兩個班的中考成績無明顯差別，而以後歷次考試成績實驗班均高於對比班，t 檢驗的結果顯示這種差別是顯著的，尤其是高考成績達到極顯著的水平。可見實施「團隊型教育者施教法」對學生數學學業成績的提高影響是明顯的。

（2）從變異系數上分析，對比班在高一學年和高三學年成績分化較嚴重，實驗班呈遞減趨勢，且每次均低於對比班，這表明實驗班有效地消除了學生在高一和高三成績分化嚴重的現象，學業成績得到普遍提高。

3. 減輕了學生的課業負擔

由於實驗提高了學生的數學能力，從而使他們原先過重的學業負擔得以減輕（見表 2-4）。

表 2-4 學生數學課外作業時間統計表

| 時間 | 10 分鐘以下 實驗班 | 10 分鐘以下 對比班 | 11~20 分鐘 實驗班 | 11~20 分鐘 對比班 | 21~30 分鐘 實驗班 | 21~30 分鐘 對比班 | 30 分鐘以上 實驗班 | 30 分鐘以上 對比班 |
|---|---|---|---|---|---|---|---|---|
| 人數（人） | 9 | 2 | 16 | 10 | 23 | 24 | 2 | 14 |
| 百分率（%） | 18 | 4 | 32 | 20 | 46 | 48 | 4 | 28 |

### 4. 提高了學生的成功智力

實驗教師於 1999 年 5 月底對兩班學生做了創造力測試，結果如表 2-5 所示。

表 2-5 創造力檢測

| 班級類別 | 對比班 | 實驗班 |
| --- | --- | --- |
| 樣本容量 | 50 | 50 |
| 統計均值 | 54.1 | 63.2 |
| 標準偏差 | 15.11 | 14.82 |
| Z 檢驗 | Z=3.04>2.58 ||

（說明：Z 檢驗是用標準正態分布理論來推斷差異發生的概率，從而判定兩個平均數的差異是否顯著的一種檢驗方法。Z 表示 Z 檢驗的統計量 Z 值。）

由表 2-5 可知，在發展學生創造力方面實驗班較對比班有顯著差異（前者優於後者）。

實驗教師再於 1999 年 6 月初運用定性評價法對兩個班學生的分析性能力和實踐性能力分別做了綜合評價與對比分析，結合表 2-5 的結果綜合得出結論：實驗班學生的成功智力總體上明顯高於對比班。此外，關於教師本身的專業成長速度，實驗教師明顯高於非實驗教師（前者被評為省特級教師）。

由此可下定論：第一，學教合一能夠在課堂教學中實現；第二，學教合一確為高效教學（教育教學效率和效果能夠有相當高的目標達成的課堂教學）；第三，學教合一論是經過教學實踐與教育實驗證明為正確的一種新理論。

學教合一教學的主要理論支撐是學教合一論，除此之外還有其他理論依據嗎？

## 第三節　學教合一教學理論依據

### 一、中國陰陽學說

中國古代漢族人民創造的陰陽學說是代表人類最高智慧的學說之一。

世界上萬事萬物或現象都存在相互對立的兩個方面，自夏代始國人將其概括為「陰陽」，即對立的雙方一方稱陰，另一方稱陽，並由此形成了觀察世界的方法論和世界觀。

1. 陰陽的主要特性

關聯性：用陰陽分析的事物或現象應在同一範疇、同一層次或同一交點上，即在相關的基礎上。不相關的事物或現象不宜分陰陽。

普遍性：凡屬於相關的事物或現象都可以用陰陽對其各自的屬性加以概括分析。如動與靜、學與教。

相對性：各種事物或現象的陰陽屬性非一成不變，在一定條件下可相互轉化。

2. 陰陽的主要關係

對立制約：陰陽兩個方面的相互對立、相互鬥爭，主要表現為它們之間的相互制約、相互消長，以達到陰陽的動態平衡。

互根作用：陰陽是對立統一的。陰陽都以對方的存在為條件，任何一方都不能脫離對方而單獨存在，這就是陰陽的互根作用。陰陽互根作用既是事物發展變化的條件，又是陰陽轉化的內在根據。

消長平衡：陰陽之間的對立制約、互根作用，並非恆處於靜止和不變狀態，而是始終處於不斷變化之中，即所謂「消長平衡」。

相互轉化：陰陽對立的雙方在一定條件下可以向其相反的方向轉化。事物內部陰陽的主次不是一成不變的，而是處於不停的消長變化之中，一旦這種消長變化達到一定的閾值，就可導致陰陽屬性的相互轉化。如果說「陰陽消長」是一個量變的過程，則陰陽轉化往往表現為量變基礎上的質變。

陰陽的矛盾對立統一運動規律是自然界一切事物運動變化固有的規律，世界本身就是陰陽二氣對立統一運動的結果。

## 二、維果茨基的社會建構主義

皮亞傑的個人建構主義強調，儘管個體是在同外部世界的交互作用中以所獲得的經驗為線索進行自我建構，但終究是個體通過自我控制和變換認知結構，自發性地形成自己內部的認識體系的。簡言之，皮亞傑的認知理論強調個體的自我建構。

然而，當今建構主義的總體發展趨勢是從個人建構主義轉向社會建構主義。

社會建構主義是指個體在社會文化背景下，在與他人的互動中，主動建構自己的認識與知識。維果茨基的社會建構主義強調個人知識的建構與他所處的社會文化的環境是相互聯繫、密不可分的。他認為個人的主觀知識經個體發表後而轉化為使他人有可能接受的客觀知識，這一轉化需要人際交往的社會過程，因此個人所建構的知識與社會文化有很大的關聯。個體建構的知識，雖然相當主觀，但

也不是任意建構的，而是在與他人的溝通、合作、交流中獲得的。因此知識的獲得代表個體與當時社會環境互動與溝通後的一種共識的達成。維果茨基指出個人的主觀知識須經他人的審視和評判後才有可能重新形成並成為人們可接受的客觀知識，即主觀知識只有經社會接受方能成為客觀知識。

此外，維果茨基還認為學習是一種「社會建構」，他強調認知過程中學習者所處的社會文化歷史背景的作用，重視活動和社會交往在人的高級心理機能發展中的地位。維果茨基強調兒童在學習過程中應注重文化與社會的角色，知識是個人與他人經由磋商與和解達成的社會建構過程。個人建構的知識是建立於與社會文化環境互動基礎上的。知識的建構是建立在團體中，透過經驗的分享、信念與價值的溝通，建立一致性而形成的。因此在這裡，知識的建構是一種社會產品。

維氏社會建構主義的教學觀認為，學生是積極參與意義建構過程的主動學習者，知識並非由個體孤立地建構（此處與皮亞傑觀點相悖），而是經由個體與社會的互動，及個人通過適應與發展而逐漸建構的個人理解。而「學習共同體」的社會環境對於學生個人的知識建構有其獨特的重要性。這就要求根本變革教學規範，從「獨白」走向「對話」，從「個體式學習」走向「團隊式學習」。這種團隊型學習不僅有利於學生通過合作形成主觀知識和客觀知識的雙向建構，而且可以增進師生之間、生生之間的相互理解與信任，以及讓學生掌握恰當處理人際關係的技能，學會交往，學會互助，形成健康的人格，發展真正的責任意識和義務感，從而促進學生建構知識的能力和學習社會性的能力和諧發展。

## 三、以學生為中心或以人為本的理念

中國教育界關於以學生為中心或以人為本的教育理念的論述頗多，也存在一些爭鳴，綜觀諸家意見，多家認同的或比較趨近的傾向性觀點為以下幾個方面。

1. 學生是教育的主體和學習的主人

從學生觀來看，以學生為中心就是堅持學生既是教育的主體，學習的主人，又是有待關心愛護和培養的生命。學生既是權利上的主體，依法享有各種權利，在學校教育中又是自我發展的主體和主人，具有自覺能動性和積極創造性。同時，中小學生處於人生發展的初期，尚不完全具備獨立的發展能力，還需要得到社會、學校、家庭的關愛、教育和培養，是有待關照的生命。以學生為中心的教育理念，要求我們以全面的眼光、教育的眼光、發展的眼光來看待學生。從師生關係來看，就是要建立師生民主平等、合作交流、教學相長、尊師愛生的新型師生關係。以學生為中心，要求改變傳統的師生關係模式。

2. 學生需要教師的引導和幫助

從教育教學過程來看，以學生為中心就是最大限度地激發學生樹立遠大理想、端正學習態度、掌握學習方法、提高學習能力、增強獨立自主性、提升生命價值。在各學科教學中要積極創設學生有效學習的環境與氛圍，重視對學生學習活動的指導與幫助，調動學生進行自主性學習、創新性學習，引導學生進行研究性學習和合作互助學習。在教育管理上，調動學生參與管理的積極性，提高學生參與管理和自我教育管理的能力，實行民主管理。在學生質量評價上，改變唯學業成績分數、唯知識的評價標準，致力於雙向平衡地發展學生的惰性智力與成功智力。

3. 樹立學生的個體發展價值觀和社會發展素質觀

從教育目的來看，以學生為中心就是要樹立學生個體優先發展的價值觀，確立學生全面發展的素質觀，形成多樣化的人才質量評價觀。從教育目的之價值取向上看，我們過去徘徊於個人與社會的兩極之中，結果是首鼠兩端，顧此失彼。以學生為中心，就是樹立學生個體優先發展的價值觀。社會的發展，表現為個體的發展，只有每個人都發展了，才有社會的發展。講個人優先發展的價值觀，還必須講全面發展的素質觀，這也是素質教育的核心。

## 四、交往教學論

交往教學論誕生於 1970 年代的西德（聯邦德國）。當時主要的代表人物有沙勒、捨費爾、溫克爾等。他們認為教學應關注人際的交往與互動。從總的理論觀點來看，交往教學論注重的是師生關係、師生交往與生生交往。其基本觀點是以下幾個方面。

1. 教學過程是交往過程

交往教學論認為教學過程實際上是一種交往過程，並認為人不能不進行交往，處在交往過程中的人都希望從交往中有所收穫，而不是因交往造成損失。交往教學論認為，教學的過程同時也是師生、生生互動與交往的過程。在教學過程中，教師不應唱「獨角戲」，搞「一言堂」，而應尊重學生的主體性，積極地同學生進行溝通與對話，可以說，沒有交往，就不存在真正意義上的教學。在交往中，學生希望從教師與同學那裡學到更多知識，獲得更多技能；同時教師也能通過交往教學增強自身素質，提高專業能力。捨費爾把交往分為兩種相互作用的形式，即對稱的形式與補充的形式。對稱的相互作用形式是指交往的參加者是教師和學生，「他們具有同樣的自由活動餘地，他們具有同等的說話權利，任何人都

沒有優先權，不允許任何人支配他人，也不允許壓制別人」。也就是說，教師要轉變「高高在上」的形象，跟學生分享平等的權利和自由。而補充的相互作用形式則意味著參與交往的人具有不同的交往的自由和權利，一部分人在交往中起著主導作用。

2. 教學最高目標是「解放」

交往教學論把「解放」作為學生學習的最高目標，致力於促進學生實現自我發展。受法蘭克福學派的影響，交往教學論將法蘭克福學派提出的「人性的實現」「個性的解放」作為教育的目的。所謂「解放」，指的是要求學校教學盡可能發展學生的個性，強調學生個性的「自我實現」，使學生通過教育達到成熟狀態，最終能夠擺脫教育，從受教育的狀態中解脫出來，從而具有獨立的人格及獨立的能力。獨立的能力也可以說就是自立的能力，這種能力包括了自我負責的態度及與他人合作的態度，能對一切事物做出獨立的判斷。只有當教學面向學生、強調學生參與時，才能達到

「解放」的教學目標。交往教學論強調，在教學過程中，學生同教師享有平等的自由，有同等說話的權利。這種自由不是教師施捨給學生的，而是學生本身應該得到的。這也就是尊重學生學習的主體性，促進學生的自主發展。

3. 沒有民主就沒有真正的交往

交往教學論還提出了合理交往原則，認為交往應建立在合作和民主的基礎上。交往教學論的倡導者對此作了深入的探討，他們認為，「合理的交往是一種合作式的交往」「參加交往的各方都應放棄權威地位，相互持平等的態度」。他們強調民主對於交往的重要性，但這種民主不能流於形式，而應該做到真正的民主。「合理交往將取得一致的認識，但並非一切合理的交往都必須達到一致的認識，尤其是不允許在交往終了時做出盲目的決定」。教師尤其要放棄權威的地位，民主、平等地進行教學，打破教師中心主義的傳統。教師要善於引導學生質疑，而不是誘導他們向所謂的標準答案靠攏；要鼓勵學生獨立思考，大膽發表自己的見解，並為自己的觀點找到恰當的理由。

## 五、社會互賴理論

20世紀初，格式塔心理學派代表人物考夫卡提出了社會互賴理論。他認為，團體是一個動態的整體，強調群體是一個動力整體，其中成員之間的互賴性是可以變化的。20世紀20至30年代，勒溫進一步闡述了考夫卡的觀點，指出團體的本質是其成員基於共同的目標而形成的互賴，由此促使團體形成一個整體，其中

任何成員或次團體的變化都會引起其他成員或次團體的變化。團體成員內在的緊張狀態可成為促進共同目標實現的動機。

勒溫的學生道奇認為，群體內的個體目標表現為「促進性的相互依賴」。也就是說，個體目標與他人目標緊密相關，而且一方目標的實現有助於另一方目標的實現。二十世紀末喬治·雅各布斯等在《共同學習的原理與技巧》一書中提出，當人們具有共同目標時，個人的結局既會受他人的影響，也會影響他人。社會正相互依賴表現在很多方面，至少有如下幾種類型：

目標正相互依賴：集體有一個共同的目標，大家必須齊心協力，才有可能達到目標；

角色正相互依賴：集體內各成員扮演不同的角色（如學員與教員），不同角色之間必須相互協助才有可能完成集體的任務；

外部對手正相互依賴：集體成員必須共同合作才能戰勝外部的對手，該「對手」不一定是人，也可以是「物」。如在特定時間內達到一定的閱讀量，掌握某一種概念及其性質；

資料正相互依賴：集體成員擁有不同的資料，他們必須共享這些資料才能完成任務；

想象正相互依賴：集體成員對一項學習任務具有不同的想象力，必須相互補充，才能更有效地完成任務；

身份正相互依賴：集體成員必須創造一個共同的身份，以鼓舞和激勵自己；

獎賞正相互依賴：集體成員獲得的獎賞因貢獻不同而不同，匯集起來可作為集體貢獻的見證；

環境正相互依賴：集體成員共同學習時緊緊圍坐在一起，「目光對視，促膝而坐」會使他們更容易交流，感到更加親切。

## 六、教育心理學原理

1. 未成年人的心理特徵

根據學生心理學與學習心理學中的有關論述，中小學生尤其是小學高年段以上的學生一般具有主觀上希望當小老師，在眾人面前發揮教育者作用的心理慾望或表演慾望。這是因為該年齡階段的學生恰好是由非成年人向成年人過渡的轉型期，而處於該轉型期中的人反而比成年人加倍具有在他人面前展示自己的才華與能力，提高自己在群體中的知名度的心理傾向。一般而言，青少年相比中、老年

人更希望自己能行，更希望自己勝人一籌、高人一等，更希望受到同伴、領導者或長輩的關注。因此，大多數這類學生由於其年齡與身份的特點，主觀上喜歡在班集體中表現自己的口才與學識，喜歡「秀課堂」，喜歡引人注目，以使自己的自我價值（包括工作價值）獲得大家的青睞與賞識（即使是學困生實際上也有這種潛在的慾望，而且比優等生還要強烈，只是他們由於高度自卑而將慾望深深隱藏在心底羞於外露罷了）。這實質上是學生的一種潛在的創新願望，實現其願望對發展其成功智力必有裨益。

2. 心理暗示理論

心理暗示是指通過語言、動作、環境或其他事物，以一種含蓄的方式，對他人（或自己）的認知、情感、意志以及行為產生影響的心理活動過程。

心理暗示所起的作用與人腦的工作方式有關。大腦對於一再重複出現的神經聯結，會形成一個記錄，相同類型神經元的聯結速度也會比較快。這便能解釋人們為何有時會「人逢喜事精神爽」，有時又越愁越憂鬱。瞭解大腦的動作模式，就知道改造學生的信念並非不可能的事。如果能夠經常保持正面積極的信念，大腦的神經元也就越能熟悉這樣的運作模式，不知不覺中，許多行為與態度也就跟著轉變。

心理學研究還表明，學生的發展常常會如標籤上註明的那樣進行，當學生自認為怎樣時，他的神經系統會傳達一個毋庸置疑的指令，「命令」其隨之發生相應的改變，這就是所謂的「標籤效應」。消極的標籤會給學生消極的暗示，在不知不覺中會失去信心，放棄努力，迷失前進的方向。相反，積極的標籤會給學生積極的暗示，讓其有面對困難的勇氣，努力施教與受教，經常對自己做出積極的暗示，能產生令人吃驚的積極效應。

## 七、學習金字塔理論

學習金字塔是美國緬因州國家訓練實驗室的研究成果，它用數字形式形象顯示了採用不同的學習方式（或教學方法），學習者在兩周以後還能記住所學內容的多少（即學習內容平均留存率）。它是一種現代學習方式的理論，由美國著名學者（學習專家）愛德加‧戴爾最先發現並提出（如圖 2-1 所示）。

學習金字塔

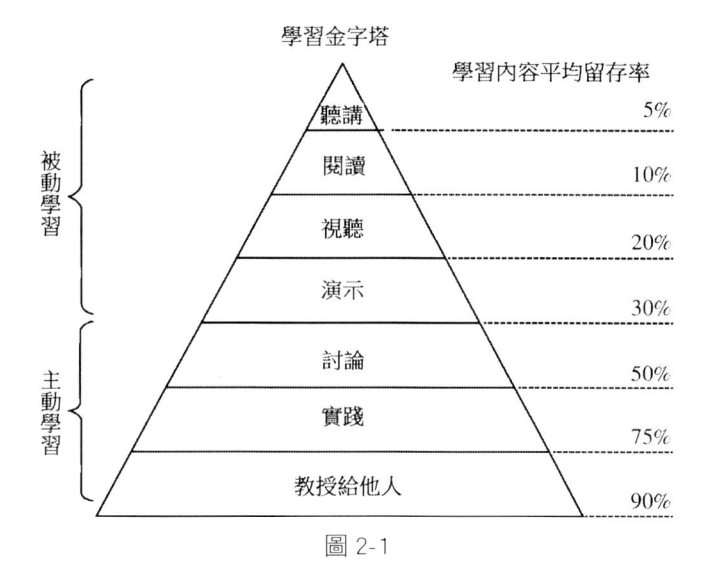

| 學習方式 | 學習內容平均留存率 |
|---|---|
| 聽講 | 5% |
| 閱讀 | 10% |
| 視聽 | 20% |
| 演示 | 30% |
| 討論 | 50% |
| 實踐 | 75% |
| 教授給他人 | 90% |

被動學習：聽講、閱讀、視聽、演示
主動學習：討論、實踐、教授給他人

圖 2-1

由圖 2-1 可知，在塔尖，第一種學習方式——「聽講」，即教師在上面說，學生在下面聽，這種被別稱為「注入式」或「填鴨式」的演講法的效果是最差的，兩周以後學習的內容只能留下 5%。

第二種，通過「閱讀」方式學到的內容，可以保留 10%。

第三種，用「聲音、圖片或視頻」等視聽的方式學習，可以達到 20%。

第四種，是「演示或示範」，採用這種學習方式，可以記住 30%。

第五種，「分組討論」（4 至 6 人，有負責人，好中差結合），可以記住 50% 的內容。

第六種，「做中學」或「實際演練」，可以達到 75%。

最後一種在金字塔基座位置的學習方式，是「教授給他人」，或對「所學知識立即應用」，可以記住 90% 的學習內容。

愛德加·戴爾提出，學習效果在 30% 以下的幾種傳統方式，都是個人學習或被動學習；而學習效果在 50% 以上的，都是團隊學習、主動學習或參與式學習。

從學習金字塔基座的底部可看出，學生的學習以能夠轉教給他人（即學生發揮教育者作用）的方式收效最佳，其原因有下列幾條：①學生是在主動思考、創造，多感官參與，多維視角刺激；②思維與實踐體驗緊密聯繫；③積極的學習情感；④適合意義的建構。

此外，還有一部分理論依據（如教育家或心理學家安·謝·馬卡連柯、羅布·楊、巴赫金、馬斯洛、戴爾·卡內基、梅拉比恩、瀧澤武久、海因·曼麥、蘇霍

姆林斯基、巴班斯基、塞瑞·B.迪恩、朱熹、斯維特洛夫、吉爾伯特·海厄特、M.鮑門、贊可夫、皮亞傑、麥克里蘭、特里普利特、奧蘇伯爾、斯騰伯格的理論，以及認知發展論、辯證唯物論、最近發展區理論、現代教學論、科學方法論與思維論以及各種心理學理論等）將在下述各章中結合實際內容予以針對性闡述。

## 第四節　學教合一教學基本原則

### 一、師生的關係與作用

1. 團隊型教育者施教原則

團隊型教育者施教原則是「學教合一教學」的核心原則，是「團隊型教育者施教法」成為高效教學法的一個根本性原因，也是該施教法區別於其他眾多教學法最主要的標誌。它體現了多種現代先進的教育教學理念，特別是「學教合一論」與「以生為本」的發展觀。

2. 師生平等原則

師生平等原則要求教師在教學活動中尊重學生的個性發展，與學生融洽相處，師生之間沒有尊卑之分，地位平等。教學活動中，教師不能擺出一副「我是老師，你是學生」高人一等的架勢。也不能用教師的身份來壓制學生的發展。否則往往導致學生畏懼老師，不敢在課堂上發揮其教育者作用。人人平等已是新世紀最明顯的標誌，師生平等也是教育最基本的原則。

3.「單主說」原則

中國教育界長期有一種意見，認為教學應以教師為主導，學生為主體，即所謂「雙主」說法，但學教合一教學主張主體唯一性原則，即宜改「雙主說」為「單主說」。在教學中學生是唯一的主體，教師發揮的不應是主導作用而應是引導作用。實踐表明，「雙主說」原則側重於提高學生的分析性智力，而「單主說」原則有利於整體發展學生的成功智力。

### 二、聯合互助與互惠共贏

1. 聯合互助原則

「團隊型教育者」成功施教是建立在全班師生精誠聯合與團結互助的基礎之上的。師生、生生之間彼此信任友好，相互切磋、交流、辯論、互教，能使學生

把深藏於心的甚至連自己都意識不到的看法、思想、智慧展示出來，表達出來。這個過程同時也是最具生成性和建設性的，它會形成許多有價值的新見解，並能增強學生的參與意識及主體意識，集體認同感和歸屬感，同時還能培養學生的團隊協作精神，提高學生的人際交往能力，這些都有助於發展學生的成功智力。

2. 互惠共贏原則

本原則是指在「團隊型教育者」聯合施教中，必須保證所有參與學生都能獲得一定的利益或精神滿足。這種互惠性需要從兩個方面加以保障：其一是學生在聯合施教中要樹立互惠的觀念。具體表現在協作過程中，學生要充分肯定他人的能力及對自己的幫助，在追求個體發展、任務完成的同時，也主動考慮他人的需要，為他人的發展提供幫助，從而真正實現資源共享，情感融合，以實現互惠共贏。其二是要從評價機制上保障互惠性。保證在「團隊型教育者」聯手施教中做出貢獻的學生能夠獲得一定的獎勵，而這樣做又會激勵「團隊型教育者」中其他成員爭相效仿，從而使「團隊型教育者」內全體成員受益，於是團隊型教育者的總體水平提高了，施教能力也提高了，水漲船高，進而使全班學生共同獲利。

## 三、施教的幾個要素

1. 目的性原則

目的性原則是指「團隊型教育者」在施教前，要有明確的、共同的、具體的和正確的目的，「團隊型教育者」中的個體之間能夠圍繞目的的達成，積極主動地調整各自的行為，從而保障「團隊型教育者」有效施教。目的是行為的出發點和歸宿，「團隊型教育者」在施教前是否有明確的目的，會影響各成員在合作施教過程中的態度、行為和決策，進而影響施教行為的效率和效果。因此，「團隊型教育者」內的師生宜共同制訂合作施教的目的，讓「團隊型教育者」中所有成員在清晰、明確的目的指引下，能夠自覺、主動地調整個體的行為，使之利於教學目標的達成。

2. 層次性原則

心理學家認為，學生之間的「智力不等性」幾乎是絕對的。因此，有效的交往必須從學生的不同智力程度出發，實施個性化教學，尊重學生的差異性和多樣性，激發學生的主動性和創造性，使不同層次的學生均有進步。

3. 自我發現問題原則

發現問題是解決問題的開端，從某種意義上說，它是最為重要的。如果你不能意識到問題的存在，解決問題就無從談起。在傳統教學中，教學的問題往往是

事先確定的，但是現實生活中的問題是不確定的，沒有固定的特徵。因此，教師應該摒除為學生想好問題的習慣，教學中的問題應該通過創設與學生生活、學習密切相關的問題情境，讓學生自己去發現。

## 四、關聯事物合一的原則

1. 學科知識與生活主題合一

學科知識與生活主題合一的原則是學教合一教學的一條重要原則。欲發展學生的成功智力，教學應立足於學生現實的生活經驗，著眼於學生的發展需求，把理論觀點的闡述寓於社會生活的主題之中，建構學科知識與生活現象，理論邏輯與生活邏輯有機結合的教學材料。為此，教師創設的問題情境要面向學生的整個生活世界，將學科知識與學生的經驗、背景知識結合起來，這能夠激發學生的學習熱情，培養學生學習的興趣。教育心理學認為：一般來說，學生往往注意那些引起他們情緒反應或自己感興趣的事件、形象和讀物，而缺乏對問題的興趣往往是學業不成功的原因。因此，教師將學科知識與生活主題和諧統一，能夠極大地激發學生自主活動的興趣，促使學生最大限度地處於主動激活狀態，積極參與記憶、思維、想象直至提出問題。

2. 其他的關聯事物合一

「關聯事物合一」貫穿於全書。其他的關聯事物合一如培養成功智力和培養惰性智力合一、個體發展和集體發展合一等，將在書的其他適當位置論述。

此外，還有一部分學教合一教學的原則（如開放性原則、尊重學生的原則、教學語言多樣化原則、教學媒體多樣化原則、通過德育推進智育的原則、「滾雪球」原則、心理暗示原則、平衡發展成功智力所含三種能力的原則、活用團隊型教育者施教法原則、愉快教學原則、榜樣教育原則等）將在後續各章中結合具體問題予以針對性闡述。

# 第三章　實施學教合一的前期工作

　　「良好的開端是成功的一半。」實行學教合一教學伊始必須首先做好四件準備工作：第一件，教師做好自己的心理準備工作；第二件，做好學生與家長的思想動員工作；第三件，造就推動學教合一的「主發動機」；第四件，造就推動學教合一的「副發動機」。

# 第一節　確立學教合一師生關係觀

第一件是思想上的準備工作，即教師自己首先需要從內心深處認可並確立「學教合一師生關係觀」：師生關係既非「師徒關係」亦非「母子關係」（此處的「母」並非只指母親而言），而是「合伙人」關係（狹義）和「夫妻」關係（廣義）。

## 一、「師徒關係」意味著「師道尊嚴」與教學專制化

### 1. 專制型教師能出高徒嗎

中小學教師在私底下交流教學心得時常常會說這樣一句話：哪位學科教師對學生「凶」（指對學生要求極端嚴厲），則他（她）所教的學科的班平均成績就會好，而且工作省心又省力，這是一條教學工作的捷徑。果真如此嗎？非也！事實上，一個對學生非常嚴厲甚至達到病態程度的老師，一個既不善於控制自己的情緒又不善於與學生溝通的老師，一個讓學生倍感害怕的老師，他（她）的教學成績（姑且不說育人成績）有且只有兩種可能：其一，他（她）所教的學科的班平均成績屬於差甚至很差的情況（學生產生了強烈的逆反心理而教師又缺乏本事彈壓不住）；其二，他（她）所教學科的班平均成績確實較好（師生間雖然產生了嚴重的對抗心理，但被教師用暴君式的高壓手段強行壓住）。但是，需要特別解釋與申明的是，對於第二種情況，是在付出其他學科（一門或幾門）成績下降的代價下得以實現的。因為在傳統的教學環境中用傳統的教學方法教出來的學生，其各科成績的總成績一般是遵守類似於物理學中的「能量守恆定律」的規律的，即對於某一個時刻來說，學生的各科成績總分從統計學意義上來講是守恆的。具體地說，學生由於過度害怕某教師，極不情願但又不得不在該教師所教學科上耗費過多的時間與精力，結果導致在別的學科上違心地少花時間甚至不花時間，致使別的科目成績因此而下滑。

### 2. 誰第二次傷害了學生

其實，上述「挖肉補瘡」的現象尚非最可怕，最可怕的是這類專制型、情緒型教師會對學生造成「二次傷害」！何謂「二次傷害」？由於迄今中國絕大多數學校的絕大多數教師仍在沿用傳統的應試教育理念和教法進行班級教學，這樣教育出來的學生其學科基礎知識固然十二分扎實，但這顯然是在付出學生的成功智力（尤其是創造能力與實踐能力）被嚴重扼殺的極其高昂的代價下換得的（這種交換實為一場慘劇），這就是教師對學生的第一次傷害（當然這個責任不全在一

線教師，需要多方承擔）。而對學生過分嚴厲且毫無民主意識的教師，高高在上、頤指氣使，對學生動輒高壓的教師，肆意擺出「強者」架勢及「權威」面孔且不善克制的教師，又會對學生的心智造成第二次傷害（這既可以從心理學與思維規律的角度獲得解釋，也可以在實踐與實驗中得到驗證）。這好比是對已負重傷的人再補上一槍，此乃何其毒也，又乃何其痛也！

3. 一個反例證明瞭什麼

某校曾有一位被校方看好的中年骨幹教師在教學中運用「團隊型教育者施教法」，這位教師的專業功底相當深厚，業務能力名列全校教師前茅，但頗為遺憾的是該教師儘管口頭上認可教學民主化，認可師生地位完全平等，但在實際工作中總是下意識地表現出「唯師獨尊」的一面，而且在學生面前難以克制易激動的壞情緒。於是儘管他主觀上非常努力實施學教合一教學，但最終實驗的結果是：實驗班與對比班（均為該教師執教）的學業成績與成功智力評價結果均無明顯差別。這個結果至少說明瞭：無論一個教師的業務功底有多麼深厚，若欲成功實施學教合一教學，則該教師必須具有真正的民主精神和平等意識，須知在專制式極權型教學中處於休眠或半休眠中的第二教育者們是無法被喚醒的。

## 二、「母子關係」的內質隱含了社會等級

1.「母子關係」的提出

所謂「母子關係」，指教師與學生的關係猶如一對父（母）子，教師應給予學生父（母）親般的愛。在中國，該觀點最早是由南京師範學院附屬小學的著名教師斯霞，於1959年在《江蘇教育》發表的文章中提出的。1963年5月30日《人民日報》所載的《斯霞和孩子》一文中再次宣傳了該觀點，但隨後便被有關權威部門認定為「毒草」及資產階級教育思想，遭受了全國範圍持續一年的大批判。時至1979年，《人民教育》第6期發文指出，教育部為過去批判斯霞同志的「母愛教育」問題，公開宣佈予以平反。於是，著名特級教師斯霞的觀點成為中國教育界的重要觀點。

2. 學生的觀點是什麼

今日的學生與昔日的學生已發生了很大的變化，前者在人生觀、價值觀、人格獨立性、自尊心以及知識與資訊的瞭解程度諸方面均與後者存在較大差別。特別是在愈演愈烈的應試教育環境下，前者對於師生關係應是什麼關係以及「尊師愛生」等觀點有了自己獨立的與老師的主觀想象並非一致的見解。

經過對嵊州市第一中學、杭州學軍中學及寧波柴橋中學等的學生具有統計學

意義的調查得知，今天的中學生最渴望獲得的其實並非是「母愛」，而是民主、平等與沒有尊卑的友誼，他們從心底裡期待老師做他們平等的摯友而非母親等長輩式人物，甚至對老師當面或背面稱呼他們是「孩子」也頗感不快。

3. 社會學理論支持新觀點

從教育學角度分析，愛生是一種道德責任，對教師而言不可或缺，但按照社會學分析，這種「愛」的內質往往隱含了社會等級與社會距離，是強者對弱者之愛，高位對低位之愛。中學生之所以多數不接受這種「愛」，原因即在於學生們更期待獲得老師對他們的尊重。由此我們是否可以這樣認為：在今天，提倡「尊師尊生」比提倡「尊師愛生」更符合實際和更有利於教育？

## 三、師生關係是「合伙人」關係（狹義）和「夫妻」關係（廣義）

實踐與實驗一次又一次地證明瞭這樣一個不可否認的事實：教師在促進學生發揮教育者作用的過程中，自己也向學生學到了不少新知識、新思想、新方法，甚至新教法與新學法。教育界著名學者吳康寧曾在 2003 年第 4 期的《教育研究》上載文指出：「在具體的教育場景中，當學生在活動所涉知識內容方面明顯多於、優於教師時，學生便會在實際上成為教師的一種『知識資源』，並至少在客觀上扮演著『知識傳遞者』的角色，而教師則會在實際上成為學生的一種『教育對象』，並至少在客觀上被置放於一種『知識學習者』的位置。」「在當今學校教育的日常實踐中，學生在創構的慾望與能力方面強於教師，在知識佔有方面先於、多於、優於教師的現象確實頻頻發生，比比皆是，學生一不小心便成了『先生』，成為教師的一種知識資源。由於這些『先生』的存在，教師在課堂內外意識到自己創構的慾望與能力處於低弱狀態，在知識佔有方面處於後知、少知、劣知乃至無知狀態的現象也確實頻頻發生，比比皆是，教師一不小心便成了『學生』，被置放於學習者的位置」。由此可知，「教師是學生之師，學生也是教師之師，教師與學生互相學習」。所以在班級教學中教師同樣具有雙重身份：既是教育者又是第二受教育者。

再者，欲在班級教學中順利運用「團隊型教育者施教法」，欲最大限度造福於全班每一位學生，教師必須和學生共同構成一個出色的具有相同奮鬥目標和實際執教力的團隊型教育者。在這種情況下，教師與學生顯然是一根繩上的螞蚱，合伙「投資」、合伙「經營」、唇齒相依、榮辱與共；教師與學生顯然是一對鴛鴦，互助互愛，平等相待，毫無尊卑，共同發展。

綜上分析，學教合一式師生關係理應定義為：就單個的教師個體與學生個體

而言，師生關係是一種「合伙人」關係；就班內的整個教師集體與學生集體而言，師生關係是一種「夫妻」關係。

如果教師真正確立了上述的「學教合一師生關係觀」，並切實地付諸實踐，那麼作為先天性弱勢群體的學生才能擺脫順從保守，自我阻抑的狀態，才能誘發學生的批判意識與創構激情，才能自信自強，成為合格的事實上的第二教育者，同時教師自身的專業水準也會因此而迅速提高，從而為成功實施學教合一教學奠定了堅實的基礎。

下面做第二件準備工作。

# 第二節　召開兩類動員會

## 一、召開學生動員會

在對班級的一門或幾門學科實施學教合一教學之前，需進行全班總動員，即大力對全班學生做好思想動員工作，主要宣講以下幾點：

1. 一人難挑千斤擔，眾人能移萬座山

「三個臭皮匠勝過一個諸葛亮」，欲使每一位學生的學科成績得以提高，成功智力得以發展，單靠學科教師一個人的力量是不夠的，必須有部分學生最好是所有學生參與當教員，與老師一起組成一個教員團隊。團隊的力量顯然大於一個人的力量，團隊型教育者施教的效益與效率顯然遠超一個人施教的效益與效率。團隊型教育者施教制將作為我們的教學制度，團隊型教育者施教法將作為我們的教學方法。

2. 凝聚集體大智慧，提升班級競爭力

如果班內每位學生都只顧及自己的學習，那麼最終在整個升學考試的隊伍中，作為一個班級的整體競爭實力就會大大削弱。但是如果同學之間相互合作、相互幫助，好的資源、好的想法、好的思路等等都拿出來與大家共享，那麼大家的成績都會提高，在同學之間就會出現雙贏的結果。所以每個人都有責任為班集體貢獻自己的聰明才智，我們的口號是「一人為集體，集體為一人」，而老師作為集體的代表，定會盡最大努力凝聚並利用集體的智慧助推每一位學生成功。

3. 老師勤把引領關，學生兼教成長快

讓學生當教員會額外增加學生負擔嗎？答案是否定的，因為無論是學生在

課內外間接發揮教育者作用，還是在課內直接發揮教育者作用，都是在第一教育者（老師）的精心策劃、專業操作與恰當引領下得以實現的，學生無須專門學習任何教學手段與教學技能，一切都在教師的掌控下水到渠成。人人教人人，人人皆進步。

4. 既可達到大目標，又可減輕重負擔

如果「團隊型教育者」內每位成員都義無反顧、自始至終堅持扮演雙重角色（學員與教員），則不但不會增加「團隊型教育者」成員的負擔，反而會大大減輕學生原先過重的學業負擔。得到減負結果的原因分析如下：首先，根據大文豪蕭伯納關於「蘋果交換論」與「思想交換論」的說法，假如「團隊型教育者」共有 18 位成員，大家相互交換自己的思想，則每人就擁有了 18 種思想；其次，根據「學習金字塔理論」，學生當教員固然能幫助他人進步，但更有成效的還是幫助自己（主動地促使自己熟練掌握了知識技能與思想方法，不經意間增強了自己的能力）；再次，「眾人拾柴火焰高」，「團隊型教育者」內各人均有各人的特色與擅長，八仙過海，各顯神通，故實施學教合一教學能產生事半功倍之效，能顯著提升學習效益，大幅提高學生（尤其是團隊型教育者學生成員）的各種能力，能力強了，學生的學習焉能不輕鬆？

此外，需注意兩點：其一，若一個班級有三門或三門以上學科實行學教合一教學，則宜請班導師出馬做上述思想動員工作，並請班導師擔負起統一管理與全面協調工作；其二，做了以上動員工作後還需向學生簡明扼要地解說「團隊型教育者」直接或間接、單獨或非單獨、課內或課外進行施教的具體辦法、措施及教法、學法與模式等（這些簡要而清晰的解說宜以表格形式印在一張紙上預先發給每位學生）。以便使學生有一個大概的總體的瞭解，並可起到良性的心理暗示效應，增強學生的信心。

## 二、召開主題家長會

蘇霍姆林斯基說：「教育的完善，它的社會性的深化，並不意味著家庭作用的削弱，而是意味著家庭作用的加強，如果整個社會沒有首先是家庭的高度的教育學素養，那麼不管教師付出多大努力，都收不到完滿的效果」。他還指出：「教育的效果取決於學校與家庭教育影響的一致性。如果沒有這種一致性，那麼學校的教學和教育過程會像紙做的房子一樣倒塌下來」。

鑒於此，在實施學教合一教學前宜專門召開一次以「培養成功智力、減負與合作」為主題的家長會，在會上主要宣講以下幾點。

1. 為什麼要培養成功智力

講述本書第二章第一節提及的「A 現象」和「B 現象」，並將調查統計所得的關於 A、B 兩類現象的詳細資料統計表全部印發給家長瀏覽（也可在螢幕上映出），然後說明出現這兩類現象的原因是過去的教學一邊倒地遵循「唯分數論」，僅僅培養且過度培養學生的惰性智力，而完全忽視了成功智力的培養。如果我們從戰略高度替學生一生的成功與幸福去著想，那麼培養成功智力的重要性遠遠超過單一培養惰性智力。

2. 為什麼要替學生減負

當今中小學生過重的學業負擔已導致下列嚴重後果。

（1）多數學生的身體受到嚴重影響

中國青少年研究中心 2011 年發佈的《中國少年兒童十年發展狀況研究報告（1999-2010）》表明，中國中小學生睡眠時間持續減少，其中近八成睡眠不足；2010 年教育部公佈的學生體質健康調研顯示，全國 7 歲至 12 歲小學生、13 至 15 歲初中生和 16 歲至 18 歲高中生視力不良率，分別高達 40.89%、67.33% 和 79.20%；2013 年 1 月 27 日《北京晨報》發表《中國中小學生體質連續 25 年下降，肥胖近視者急增》一文指出，中國青少年體質連續 25 年呈下降趨勢，其中力量、速度、爆發力、耐力等身體素質全面下滑……

（2）多數學生的心理受到極大衝擊

2006 年 11 月 3 日《中國青年報》刊登的《全國人大常委會委員認為應試教育可能導致犯罪》一文指出，由於高考競爭激烈，80% 以上的學生產生了「失敗者」的心態；205 年 1 月 24 日的《人民日報》指出，繁重的課業負擔讓學生失去了對學習的興趣，更制約了他們的精神成長；2014 年第 1 期《中國教育學刊》載文指出，在多數學生產生了失敗者心態的情形下，自殺悲劇便成為必然。

（3）多數學生的智力被扼殺

由於學生在課業上花費了太多的時間，每天的生活軌跡總是三點一線（住處———教室———食堂），學生已將全部精力傾注於頻繁的月考、期考、模考上，再無時間和精力去做其他方面的發展，尤其是成功智力的發展。

3. 一則新聞所揭示的真理

新華社北京 2017 年 6 月 10 日電，中國電子科技集團公司日前成功完成了 119 架固定翼無人機集群飛行試驗。有關權威人士表示，此舉打破了美軍保持 103 架無人機集群試驗的世界紀錄，無人機集群的數量未來將達到上千架甚至上萬架，超大機群抱團作戰將成為未來空戰的顛覆性技術。這則新聞所揭示的真理

體現在教育上即為：現在及將來的學校教育尤其是學科教學同樣需要全體師生抱團作戰，團隊型教育者無疑是學科教學的最佳教育者；同時，上述的「抱團作戰」顯然不應將家長完全排除在外。

4. 向家長提出建議

（1）切莫額外增負

無論你的孩子成績如何，都不要再額外給孩子增加學習負擔，即不要再購買參考書、試卷等自行增加孩子的作業量，不要再去就讀校外的補習班，對於家庭教師一般也是不請為宜。

（2）普及奧賽有害

孩子可以參加奧數等學科競賽（如果孩子有興趣的話），但不要去參加競賽培訓班，不要去聽競賽輔導課，更不要參加競賽強化訓練、模擬考試等活動。其實，一般學生（指無該方面的特殊才能）參加上述非常規教學活動，不僅會阻滯其成功智力的發展，而且也會降低其升學考試各科成績的總分（經常參加奧數培訓勢必會或多或少拖學生其他學科的後腿）。

（3）家校聯袂培智

家長最好能配合學校一起參與孩子的成功智力的培養。雖然創造性能力的培養對於一般家長來說勉為其難，但實踐性能力的培養是不難做到的。如讓孩子幫助家長做點家務，去外面辦點事情或處理某一件事，或修理某些器具，或表演一個節目、演練一項體育運動，或與小夥伴一起戲耍等。

（4）採用「抱團模式」

採用生生抱團、師生抱團、師師（任教同一班的老師）抱團、師、生、家抱團等四種模式，互利互惠互補，實現四種雙贏。

此外，每天無論如何要保證孩子有八小時的最低限度睡眠時間。要求家長支持孩子參與班級工作，參與年級工作或學校工作，以及參加「團隊型教育者」等，這些事既非多餘亦並非無益，這實際上是鍛鍊自己、培養能力、發展個性的極好機會。

# 三、家長會後家長的反應與要求

對於家長會上教師的主題演講，少數高級知識分子（尤其是大學教授）或其他精英人才的家長一般表示完全贊同，但不知何故其他家長（佔多數）並未完全贊同，出乎預料的是，他們這樣認為：1. 減負有無必要值得商榷，至少不宜大幅

減負，在未影響學生身體的前提下要保持最大限度的學習時間與學習量；2. 培養學生的成功智力固然重要，並表示願意配合學校力所能及地一起參與此事，不過有一個先決條件———確保學生的學業成績不下滑，即在確保升學成績領先的總前提下再考慮盡量發展成功智力。

鑒於家長的壓力，學教合一教學宜將提高學生的學業成績作為重要目標之一（當然另一個重要目標即發展學生的成功智力是絕對不放棄的），這一目標是容易實現的，因為讓「團隊型教育者」施教最有利於提高學科成績。只是有一點遺憾：一事物旺必致他事物衰———在學教合一教學中惰性智力發展快了，成功智力的發展自然會受到一定程度的干擾，儘管這種干擾的程度相比傳統教學要小得多。

欲做第三件準備工作，需先瞭解「發動機」論。

# 第三節　學教合一「發動機」論

拙書引用「發動機」這一直觀化比喻性的名稱，旨在使有關論述便捷、生動、形象、直觀、易於被理解、易於被掌握及節省文字，旨在向一線教師傳遞如此資訊———應將這樣一類特殊手段運用於課堂教學、課外教育。

## 一、主副「發動機」的相關含義

欲實現學教合一，必須先造就主、副兩台能有效推動學教合一實現的「發動機」。其中「主發動機」即為團隊型教育者，開動「主發動機」表示讓團隊型教育者在班級教學中施教；「副發動機」為優秀學教分隊（全班學生劃分成幾個學教分隊，詳見後續第五、六節）的集合體，開動「副發動機」表示讓優秀學教分隊的集合體在班級教學中施教。

如果把班級教學的教育者劃分成教育者與助理教育者兩類，那麼「主發動機」應為前者，「副發動機」應為後者。

## 二、主副「發動機」的工作性質

1. 兩台「發動機」的推動方式「發動機」開動後，「主發動機」與「副發動機」推動學教合一的方式迥然相異：對於前者，每位「團隊型教育者」成員是以個人為單位施教；對於後者，不以個人為單位施教，而以整個優秀學教分隊為單

位施教，即分隊內部形成共識後由一人或幾人（非團隊型教育者成員）代表全分隊施教（採用口頭發言與非口頭發言等方式）。代表者選擇不屬於「團隊型教育者」的其他學生至少有兩點裨益：①「團隊型教育者」成員本來就有獨立的施教任務，再添上其他學生施教，則使課上實際施教人數增加；②讓其他學生有一個鍛鍊的機會，能促使他們早日加入「團隊型教育者」，有利於「團隊型教育者」逐漸擴編。

2. 兩台「發動機」的使用要求

一般地，當「團隊型教育者」成員人數少於班級總人數的五分之三時，僅開動一台「主發動機」尚無力推動學教合一的實現，此時需主、副兩台「發動機」一齊開動才能達到該目的；當「團隊型教育者」成員人數不少於班級總人數的五分之三時，只開動一台「主發動機」便能達到上述目的（但有時同時開動兩台「發動機」效果會更好）。

說明：①上述的「五分之三」只是一個憑經驗所獲得的非實驗性資料，故該資料僅供參考；②當兩台「發動機」同時使用時，應力求做到「兩機合一」，以發揮盡量大的效能。

3. 兩台「發動機」的開動方法

欲實現學教合一，不但要造就兩台優質大推力「發動機」，更為重要的是還必須有能使「發動機」高速高效運轉的好的開動方法，開動不了等於兩台「死機」。拙書介紹十種較好的開動方法，即為十種團隊型教育者施教法（詳見中篇），當然讀者也可能會研究設計出更好的開動方法。

4. 兩台「發動機」的開動時限

不是每一節課的全部45分鐘都自始至終地開動「發動機」，即便「主發動機」亦不例外。應根據教學內容、教學要求、課型特點、學生特點、學情特點、教師特點、學科特點、年級高低、「團隊型教育者」成員數量等諸多因素，實事求是地確定各台「發動機」開動的時間段。例如某堂課若有數分鐘的學生個體自主探究環節，則該環節兩台「發動機」一般均處於休機狀態。若有短時的教師集中講授環節，則該環節「副發動機」處於完全休機狀態，等等。

另外，經驗表明在學教合一過渡時期的總課時數中，90%左右的課時需要開動「主發動機」，60%至75%的課時需要開動「副發動機」。

5. 兩台「發動機」的使用壽命

「團隊型教育者」自創建始即隨著實驗的進展而逐漸擴充。若最終擴充至全班，即當全體學生都加入「團隊型教育者」之際，「主發動機」的推力達到最大

值,則分隊已失去存在的價值(因為全班已質變成一個優秀大分隊),於是分隊施教制自行消亡,即「副發動機」自然退役。但「主發動機」一直待到學生畢業才功成退役。

## 三、「發動機」驅動論(部分)

1. 一個不可或缺的中介

「發動機」是學教合一論和教學實踐相結合的必然產物,是將學教合一理論轉變為現實的主要中介,是客觀存在於物質世界的一種潛在又重要的教育因素。可以如是說,沒有發動機,飛機無法起飛;沒有「發動機」或「發動機」一類的因素,學教合一無法實現。

2. 一個值得注意的結論

由長期的實踐(驗)可知,在學教合一教學的非初始階段,「發動機開動」(團隊型教育者施教或團隊型教育者與優秀學教分隊聯合施教),所產生的教學效果、效率與效益明顯優於通常意義上的課堂互動(生生互動、師生互動、小組互動、組際互動等)。造成該結果的原因眾多,在此難以也不必要做集中敘述,讀者閱畢後繼各章節自會明白,但有一個重要原因(柯爾效應)須在此預做一些簡介,以利讀者理解後續相關內容。

3. 一個起輔助作用的柯爾效應

全球著名的法國心理學家、教育家愛彌兒·柯爾(也譯作埃米爾·庫埃)於20世紀初創立了「新南錫學派」。他所發明的心理暗示與自我暗示的方法和由此導致的現象被稱為柯爾效應(關於心理暗示與自我暗示的定義見上一章第三節的第六部分)。中外心理學家概括了他的部分論點:

心理暗示具有無窮的力量。宗教的有力武器不過是心理暗示———你相信上帝會給你帶來某些東西嗎?那麼好吧,他一定會帶來的。宗教是集體心理暗示的結果。

主導人的不是意志力,而是心理暗示與自我暗示。最強的力量在內心,最好的教育者就是你!

從生到死,我們都是自我暗示的奴隸。我們的人生如何,完全由自我暗示決定,我們只是受其指揮,自我暗示才是萬能的統治者。

4. 中國對暗示心理學的研究成果

除上一章第三節所述之外,與「發動機開動」有關的還有以下四個「定律」

與四類暗示。

堅信定律：當你對某件事情絕對相信，它最終就會變成事實。

期望定律：當你懷著對某事物非常強烈的期望時，它就會出現。

重複定律：任何行為和思維，只要你不斷重複就會不斷加強。在你的潛意識裡，只要你不斷重複一些人、事、物，它們都會在潛意識裡變成事實。

慣性定律：任何事只要你能持續不斷地去加強它，它終究會變成一種習慣。

四類暗示：①直接暗示；②間接暗示；③自我暗示；④反暗示。

例如心理暗示使一個人甘願成為人體炸彈，使不少患者相信吃了張悟本的綠豆就會「豆到病除」，使偽氣功師宋七力變成被許多人頂禮膜拜的大師，等等。

關於「發動機」為什麼能在其他因素的配合或輔助下，驅動學教合一實現，以及「發動機」驅動論的其餘更深層次的觀點，將安排在後面（讀者獲得一定的感性認識之後）闡述。

下面可做第三件準備工作。

# 第四節　造就學教合一「主發動機」

## 一、「主發動機」的建構程序與方式

「主發動機」即「團隊型教育者」。如果在教學的初始階段即讓全班學生均加入「團隊型教育者」，則無異於搞形式主義，學教合一教學將幾無收穫，因為在這種狀況下團隊型教育者成員（除教師外的成員，下同）並無多大責任心，會導致「三個和尚沒水吃」的現象，達不到讓團隊型教育者真正施教的目的。所以「團隊型教育者」的組建絕不能畢其功於一役，宜讓學生逐步加入，採用「滾雪球」模式，即團隊型教育者隊伍宜一個批次接一個批次地漸進式擴編。在這期間尚需不斷反思、不斷修正，一步一個腳印，穩扎穩打，要做到每一屆「團隊型教育者」都是一個能夠實際施教且卓有成效的教育者。

既然「團隊型教育者」不能讓所有學生隨意加入，那麼就需要在全班學生中遴選團隊型教育者成員，選拔的方式通常有三種：①任課教師和班導師指定式；②班內學生選舉式；③個人自願報名式。第一種選拔方式易使部分學生（自認為應選上結果未選上）產生不滿情緒；第二種方式或多或少帶有盲目性與偶然性；第三種方式相對而言較為妥當，因為自願報名者一般事先對自己的水平與能力進

行了自我評估，且具有一定的責任心。

## 二、首屆「主發動機」的建構辦法與注意事項

「良好的開端是成功的一半。」根據「首戰必勝」指導原則與心理學中的「首因效應」，建構首屆「團隊型教育者」是整個「團隊型教育者」組建過程中最重要最關鍵的一個環節。如果首任「團隊型教育者」施教失敗，那麼後續的學教合一教學的難度就可想而知了，故首任「團隊型教育者」的遴選與組建必須慎之再慎，宜分下面四步走。

1. 公佈職責

首先向全班明確公佈團隊型教育者成員應履行的職責與任務：①團隊型教育者成員必須認真參加每一次的間接施教（詳見第十章）活動；②團隊型教育者成員在每一次直接施教（詳見第五至第九章）活動中，需至少發揮一次有實效的教育者作用（說明：由於首屆團隊型教育者成員數量少故有此要求，待日後「團隊型教育者」擴編到一定規模後，可改為在每兩次或三次的直接施教活動中至少發揮一次有實效的教育者作用）；③每星期向老師提供關於學教合一教學的改進建議，或措施辦法，或其他同學對學教合一教學的意見等；④若團隊型教育者成員認為老師講課或推理有某處不嚴密甚至有誤，或書本中所述所論有誤，則務請大膽地當堂當眾直言指出該錯誤，若團隊型教育者成員認為老師或書本上的結論與方法遜於自己的結論與方法，亦務請立即明確提出。

2. 考核遴選

其次對自願報名的學生進行必要的考核。考核包括甲、乙、丙三類考核，甲類考核是查閱報考者以往的學科測試成績與平時作業狀況（若該生平時解決問題有獨到之處或創新之舉，則無論以往考試成績如何，甲類考核均予通過）；乙類考核是進行面試或平時觀察，主要考察其組織能力、活動能力、口頭表達能力及在群體中說話的膽量；丙類考核是在課堂教學實際場景中進行，即觀察該生在課堂上是否能積極主動地施教且具有一定的效果（具體指發言正確無誤，語音清楚洪亮，符合教員基本要求等）。注意：因為是首屆，需做出榜樣，故考核要求較高，以後幾屆的考核要求逐漸放寬。

3. 課上頒證

考核合格者即發給「團隊型教育者」教員證，且應鄭重其事地在課上頒發教員證，這是為了達到心理學所述的羅森塔爾期望效應。

羅森塔爾效應：美國心理學家羅森塔爾一日來到一所普通中學，在一個班裡

走了一趟，然後就在學生名單上隨機圈了幾個名字，告訴該班的老師說，這幾個學生智商很高，很聰明。過了一段時間，羅森塔爾又來到這所中學，奇跡發生了，那幾個被他選出的學生真正成為班上的佼佼者。他這時才對該班老師說，自己對這幾個學生其實一點都不瞭解。這些學生的快速進步完全是他們接受了積極的自我心理暗示導致的。

4. 公約簽名

最後還須制訂一份施教公約。公約內容主要是前面已闡述的團隊型教育者成員應履行的職責與任務，公約上全體成員均須簽名（包括學科教師），另外還須班導師簽名。

說明：（1）為了確保首台「主發動機」能正常運行不出故障，首屆「團隊型教育者」的人員不宜過多，一般以 7 人至 11 人為宜，要精挑細選，優中選優，慎之再慎，選出真正能負起「團隊型教育者」教員責任並勝任其工作的人。

（2）如果出現無人自願報名的窘境，說明先前的教育說明未做好，此時有兩種處理辦法：一是召開學生座談會瞭解個中原因，然後對症下藥予以解決；二是再做一番說明後由全班同學投票選舉出團隊型教育者的後備成員，而後通過考核錄取其中數人為團隊型教育者成員（當然應以自願加入為前提）。至於以後幾屆「團隊型教育者」則不必擔心無人報名，因為多次實踐表明，首屆「團隊型教育者」執教一個月後，其效果會馬上顯現出來，這個效果就是團隊型教育者成員自己的學科成績進步較快，因而自然吸引了其他一些學生迫切希望加入「團隊型教育者」。

至此，首屆「團隊型教育者」成功建構完畢，即首台「主發動機」合格製成。

# 三、依靠一種制度就能順利實行課堂互動

組建成「團隊型教育者」後立即投入工作，即讓團隊型教育者直接施教或間接施教。讓團隊型教育者直接施教能立竿見影地顯現出一個優勢：上課時師生互動與生生互動明顯比往昔活躍與熱烈，並且不是呈現表面現象，而是學生的大腦真正地在積極思考。這是因為以往老師一個人施教較難帶動全班性的合作互動，而「團隊型教育者」群體式施教則情況儼然不同。一是團隊型教育者學生成員與其他學生本來就存在「直系親屬關係」，與老師相比他們對其他學生的影響力與感染力更大；二是由於部分學生骨幹率先領頭互動（積極探究，踴躍發言，相互研討），榜樣的力量是無窮的，於是推動全班，發生了多米諾骨牌效應。

事實上，如果一個教師的專業功底扎實但教師素質、教學藝術與方法欠佳，

並且又缺乏親和力與魅力，則該教師很難調動學生的積極性使課堂互動起來，而不得不使用最原始的講授法（目前人們常常定義其為「注入式」或「填鴨式」的教學方法），但若採用了團隊型教育者施教制，則無論你有沒有能力施行互動教學，都會使課堂掀起互動之潮。這說明任何合格的教師僅僅依靠一種制度（團隊型教育者施教制）就能順利實現課堂互動（當然，若你又具備高超的教學藝術，則互動教學會開展得更好）；而且，學教合一教學的初衷之一是替學生減負，結果替教師也減了負。

這裡須補充釋明兩點：其一，由團隊型教育者執教所產生的互動教學與教師一個人單憑自身的專長與努力而促成的互動教學，兩者有差別，前者優於後者（閱讀中編幾章即知）；其二，互動與學教合一不能畫等號，互動只是學教合一教學最顯眼的可直接觀察或感受到的優勢，學教合一教學尚有許多其他方面的優勢恕不一一列述，一概安排在後續各章中詳述。

## 四、「主發動機」必須定期升級與換代

借用航空發動機製造業的專業術語。首台「主發動機」屬於推力有限的「第一代發動機」，尚無力推動教學真正達到學教合一，故需要定期對「主發動機」進行升級換代———在「堅持標準，保證質量」的原則下，「團隊型教育者」進行定期漸進式人員擴編及原有人員素質進一步提升。這需要做好以下幾項不可或缺的工作。

1.建立評價體系

評價的基本原則：一是對團隊型教育者學生成員充滿正面積極期待的原則；二是保護學生成員的自尊心和自信心的原則；三是激發學生成員自主發展、受教與施教同時同步合一意識的原則。

評價的基本方法：一是團隊型教育者成員進行自我評價（個人建立受教與施教合一記錄卡）；二是團隊型教育者內部進行互相評價（班級建立團隊型教育者施教記錄簿，包括學生成員互評與學生成員對教師成員的評價）；三是全班學生對團隊型教育者成員進行評價（以無記名投票方式進行，包括對教師成員的評價）；四是教師對學生成員的評價（教師建立學生成員施教檔案）。

說明：（1）如果全年級都實施學教合一教學，則還須對各班團隊型教育者進行評價，即評出年級優秀團隊型教育者；（2）教師要善於對學生做恰當與適時的表揚，並採取公開表揚與私下表揚雙管齊下的措施；（3）對學生的評語評價需帶有激勵性、心理暗示性與及時性。

## 2. 應用獎勵機制

需要建立以精神獎勵為主物質獎勵為輔的獎勵機制（對於小學生與初中生需輔以物質獎勵，而高中生未必），即通過上述的四類評價，每隔一段時間評出若干名「團隊型教育者」中的優秀教員（以全班學生無記名投票為主），頒發感謝獎，再予以適量的物質（主要是學習用品與書籍）獎勵。根據學生心理學的有關觀點，對於小學生與初中生的評獎間隔時間與強化物（精神或物質獎勵）的強化程度，宜盡量符合美國心理學家斯金納在實驗中發現的「扇貝型曲線」的規律，以期獎勵效應接近甚至達到最大值。

## 3. 開展談心與座談活動

需要定期開展談心活動及召開團隊型教育者成員座談會，真誠地關心各成員的思想、生活、學習與工作，瞭解各成員並通過他們瞭解其他同學對學教合一教學的各種建議與意見，共同研討學教合一教學的新措施、新方案（注意有些好的教學手段與辦法，教師想不到而學生卻能想到）。開座談會本身就是凝聚並利用群體智慧、實施學教合一的一項得力措施。

## 4. 定期培訓與定向指導

需要對團隊型教育者學生成員進行定期、定向指導與培訓，這部分內容合併在本章第六節「造就學教合一『副發動機』」中闡述。

## 5. 定期調整與漸進擴編

需要對團隊型教育者成員進行階段性調整與改組，在第一學期每個月調整改組一次或兩次，第二學期每兩個月調整改組一次或兩次，以後則每一個季度調整改組一次或兩次，每次調整改組後團隊型教育者成員的數量漸增，但仍要保證成員的合格性（注意甲、乙兩類考核要求逐漸放寬）。如果哪一天全班所有學生都有資格進入「團隊型教育者」，則學教合一教學已接近白璧無瑕的程度了。欲做第四件準備工作，須先瞭解「平行教育」及其應用。

# 第五節　平行教育理論及其應用

## 一、平行教育論概述與例說

### 1. 平行教育論概述

蘇聯傑出教育家安·謝·馬卡連柯在高爾基兒童勞動教養院、捷爾任斯基公

社任教期間，把由一批問題學生組成的班集體劃分成幾個分隊，每個分隊10至12名學生。他以分隊作為教育對象，通過分隊來教育個人，結果大獲成功，由此總結出「平行教育」，並給平行教育下過簡單的定義：教師只和分隊發生聯繫，不和個人發生聯繫。後來，馬卡連柯在《論共產主義教育》一文中又做了進一步的補充說明：「學校集體就是蘇維埃兒童社會的細胞，它首先應當成為教育工作的對象。在教育單獨的個人的時候，我們應當想到整個集體的教育。在實踐中，這兩個任務只有同時用一個共同方法來解決才行。每當我們給個人一種影響的時候，這種影響必定同時應當是給集體的一種影響。相反的，每當我們涉及集體的時候，同時也應當成為對於組成集體的每一個人的教育。」

馬卡連柯認為，教育一般不以個人為單位而以集體為單位，這樣能發揮學生集體作為教育主體的作用。他對個別教育的弊端進行了如下總結：一是個別教育會令學生感到自己的思想行為與分隊無關，用不著對分隊負責，只需對教師個人負責；二是分隊被剝奪了對個人約束監督的權力，不可能對個人產生有利的影響，而且分隊本身也不可能取得培養人的經驗，無從獲得發展；三是離開學生分隊，教師不僅難以發揮作用，而且窮於應付，以致束手無策。故平行教育成為避免這些缺點的正確途徑。同時他還認為，分隊不僅影響個人，也能影響別的分隊。

此外，馬卡連柯還強調了師生一起自覺建設好分隊的重要性。他認為，良好的分隊必須有共同的目的、一致的行為，必須有正確的輿論、必要的制度和紀律，以培養分隊的集體義務感、責任感和榮譽感。他還特別指出應將分隊的輿論視作「完全是一種物質的、可以切實感觸到的教育因素」。

總而言之，「在集體中，通過集體，為了集體」。

2. 平行教育論例談

#### 案例 1

彼得連柯去工廠晚了，晚上馬卡連柯得到了關於這件事情的報告。馬卡連柯把彼得連柯所屬的分隊隊長叫來，對他說：

「你的隊裡有人上工遲到了。以後不要再有這樣的事情。」

「是，以後不會有了。」

彼得連柯第二次又遲到了，馬卡連柯把全分隊集合起來。

「你們分隊裡的彼得連柯第二次上工遲到。」

馬卡連柯批評了全分隊，他們回答說，以後不會再有這樣的情形了。

此後，馬卡連柯就注意著會有什麼樣的情形發生。全分隊的人都來教育彼得

連柯，並對他說：「你上工遲到了，這就等於說我們全分隊都遲到了！」

該分隊以後就把彼得連柯作為分隊的一個成員，當作整個集體的一分子而向他提出了許多嚴格的要求，而彼得連柯在集體的影響下，永遠克服了遲到的現象。

評註：馬卡連柯通過對整個集體提出要求，明確提出集體需努力的方向，並通過集體影響個人，使集體成了彼得連柯的「教育主體」。這也告訴我們，在日常教育中，我們要讓學生明白集體是由無數個體組成的，缺少了任何一個個體，集體都是不完整的。

## 案例 2

捷爾任斯基公社某支隊的某分隊 10 名隊員，在年終評級考核中有 8 名隊員獲優等生，且該分隊總分位列全支隊第一，獲得看馬戲團表演的優先權。雖然成績平平的隊員作為分隊的一分子也可享此殊榮，但這兩名隊員因自己的成績未達到優等，跟 8 名優等生同去劇院看演出時感到難為情。自此之後，這兩名隊員嚴格要求自己，發奮學習，努力工作，後來也變成優等生。

評註：學生分隊作為一種教育因素，不僅起到了管理作用，還對人的內心變化產生了深刻的影響。

## 案例 3

黑龍江省鶴崗市私立育苑小學高春梅老師曾經講過這樣一個故事：「陳鵬是一個自私、霸道、唯我獨尊的孩子，一次調座位後發現自己的椅子比別人的矮，他覺得坐著不舒服，於是提出要與別人換椅子，可此前很多同學坐過這把椅子，沒有一人提出這種要求。面對他的無理要求，我告訴他：『你去與同學商量吧，如果同學願意，可以換』。可誰知陳鵬回到座位後，硬逼著同桌與他換椅子，同桌不肯，他就動手搶，兩人僵持不下。我要制止時，坐在陳鵬身後的胡文玲提出與他換椅子，這事才算平息。班會課上，我把『搶椅子』的一幕講給同學聽，請大家發表看法。同學們言辭激烈，紛紛指責陳鵬自私，稱贊胡文玲謙讓，並給陳鵬提出了中肯的勸告。大家紛紛表示，他們不願與自私的人交朋友。在集體輿論壓力下，陳鵬站起來承認了他的錯誤……」

評註：高老師提供了一個「在集體中，通過集體，為了集體」的生動範例。若一位教師常常為教育管理和學生思想工作所累，常常心急火燎地忙著當「消防隊員」，則應當反省一下，自己是否忽視了「集體」這一教育手段和教育資源。若個別教育總是很難見效，而且付出很多也無濟於事，則應問問自己：可否「通過集體」來解決？

一言以蔽之：人管人累死人，分隊管人管好人。

## 二、建立班級分隊制

將平行教育論應用於學教合一教學，就是效仿《馬卡連柯全集》所述的成功做法，在學教合一教學中建立班級分隊制，即把圍坐於同一圓課桌的六人劃為一個學教分隊（即既學又教的分隊），從而全班劃編成六七個學教分隊。

至於稱「分隊」而不稱「小組」的原因有兩點：一是避免與班級行政小組相混淆；二是避免與西方國家普遍實施，中國也有教師在實施的「合作學習小組」的概念相混淆。

1. 劃編分隊的辦法與原則

劃編學教分隊的辦法有多種多樣。那麼，按照何種因素來劃編學教分隊比較有效呢？經驗告訴我們，按照社會人際關係來編隊比根據心理能力來編隊，更能促進社會性的交互作用。但是，倘若完全按人際關係編隊也有一個不利因素，即隊與隊之間的平均智力水準可能會出現較大的差異，從而不便於對各學教分隊的表現業績做出公正評價，也不便於團隊型教育者發揮教育者作用。故在組隊時應考慮到這一因素，具體做法是先讓每一位學生寫下他（她）願意一起學習和工作的同學的姓名。由於個人的喜好影響學生的社會性的支持，因此在人際關係編隊中應該注意下面一些原則：

第一，在劃編學教分隊時應考慮到把互相選的放在一起。

第二，孤立者（沒有被別人選中者）應給他們第一位選擇，在任何一個學教分隊中應盡量少地安排孤立者。

第三，「明星」（被別人選的較多者）就不必按其選擇來考慮其所在分隊（雖然也不必故意不給他所選的分隊），因為他們的「明星」地位標誌著他們有能力去適應不同的性格。

第四，每個學教分隊必須有「團隊型教育者」的學生成員。

第五，各學教分隊的總體學業水平及心理能力水平盡可能地趨近。

2. 組建分隊的注意事項

（1）保持分隊相對穩定

建成學教分隊後最好能在一個較長的時期內保持不變，即不要頻繁地重組學教分隊。當然，根據新情況的變化也難免需要經常做一些局部調整。

（2）新生如何組建分隊

若需要在新生剛報到入學之際就組建學教分隊，由於新生之間相互不瞭解，則組建工作完全由老師操作，此時的組建原則是：其一，根據新生的入學成績，每個學教分隊好、中、差三檔學生合理搭配；其二，每個學教分隊均有團隊型教育者成員（團隊型教育者建構在先，分隊組建在後）；其三，每個學教分隊均有男生與女生。

（3）隊員分工各司其職

每個學教分隊的六名隊員有明確的分工，他們分別擔任隊長、發言人、副發言人、記錄自評員、監督彙報員、對外聯絡員。隊長應為團隊型教育者成員，但需分隊內民主選舉產生（選舉前老師宜強調隊長須有組織能力），若選出的隊長非團隊型教育者成員，則一般破格吸收其為團隊型教育者成員。其餘五個職位大家輪流擔任（口齒不清者最好不擔任正副發言人，但前提是不能讓其知情）。以上的選舉與職位調整每月進行一次。

下面可做第四件準備工作。

## 第六節　造就學教合一「副發動機」

「副發動機」即優秀學教分隊的集合體，故造就「副發動機」等同於將一至幾個學教分隊建設成優秀的學教分隊。一般地，建設一支優秀分隊至少須做如下幾方面的努力。

### 一、應重視文化建設與骨幹引領作用

1. 學教分隊的文化建設

學教分隊的組建工作一結束，就要求各分隊在分隊長的組織帶領與團隊型教育者成員的輔佐下，制訂一條隊訓與一份合作公約。隊訓是分隊的共同信念、共同口號。公約內容包括：①既學又教，全員參與；②分隊榮譽，人人承責；③互勉互助，共同進步；④嚴遵隊規，自控守約；等等。合約上，全體隊員要簽名，班導師和學科教師要簽名認可。這樣可以使學教分隊更有凝聚力，使分隊成為有效的學教共同體，在這個共同體裡，全體成員一榮俱榮，一恥俱恥，為了分隊榮譽，每個隊員都竭盡全力。

2. 團隊型教育者成員的骨幹引領作用

學教分隊內的團隊型教育者成員是全分隊的核心，是全分隊的火車頭，是分

隊內的小小「黨支部」。在許多時候，他們可以起到教師無法起到的作用。在他們的積極努力下，使全分隊逐步形成堅強的集體意志，良好的集體輿論與集體風格，等等。因此，欲建設好學教分隊，必須首先建設好團隊型教育者組織（該問題詳見第三章第四節）。

## 二、應重視分隊長的定期培訓指導

分隊長是學教分隊建設中至關重要的人物，直接關係著分隊建設的成敗。真正好的分隊長不是單靠選出來的，也不是天生的，而是在民主選舉的基礎上再加以定期、定向培養產生的。

1. 做好分隊長的思想工作

在建設學教分隊的實踐中，教師應該學會扮演觀念引領的導師角色，充分調動分隊長工作的主動性和積極性，讓其知道當分隊長是培養和鍛鍊自己能力的良機，是施展自己才能的舞台。

2. 指導互動的組織與安排工作

指導分隊長組織學教分隊互動探討時，要先進行有序的安排，如鼓勵隊員大膽發言，讓會的先發言，不會的先傾聽，促使不同的人得到不同的發展。

3. 指導交流的溝通與協調工作

指導分隊長在交流過程或其他活動中進行靈活溝通與協調。如對於回答較好的學生報以掌聲；當出現意見分歧時，隊長應問「為什麼」，請隊員說出理由；當發言中出現學生因語言不流暢佔用時間或冷場現象時，隊長應帶頭先發言，起表率作用。

4. 指導經驗的總結與互學工作

定期組織各學教分隊的分隊長介紹成功經驗或反思不成功的原因，以此培養各分隊長的組織、安排、協調、管理、調解矛盾及處理事件的能力。

5. 指導學教的互查與評價工作

分隊長要對本分隊成員或其他分隊的上課學教情況、學習習慣做出評價。例如，上課學教情況評價，即分隊長對隊員進行分工，組織全分隊研討，並從上課發言、遵守上課紀律等方面對隊員做出分隊內評價並做好評價記錄；學習習慣評價，即分隊長對其他分隊預習、復習、記筆記、作業等方面進行隊間相互檢查，並報給課代表和相應分隊的分隊長備案。通過組織評價活動，充分調動了分隊長的積極性，使他們真正成為團隊型教育者中合格的核心成員，同時促進他們組織

能力、協調能力、交往能力的發展。

說明：關於「團隊型教育者」的其他學生成員的培訓工作可參考上述方法施行。

## 三、應重視學教分隊與個體的評價

如果對學教分隊與個體沒有評價或評價不到位，那麼學教分隊就形同虛設。前面已經談了教師如何指導分隊長進行評價，以下再談評價的原則與一般措施。

1. 評價原則

原則1：堅持對學教分隊的評價與對學教分隊成員的個體評價相結合，側重於對學教分隊的評價。

原則2：堅持以個體對學教分隊所做貢獻的大小及分隊在課堂教學中施教的實際效果之優劣作為評價的主要指標。

原則3：堅持過程性評價與終結性評價相結合，以過程性評價為主。

2. 評價措施

措施1　關於課堂表現優劣的評價

每一節課的反饋由任課教師及各學教分隊的記錄自評員負責，根據前面第二小節第5條所述的評價做法，再依據評價細則給予量化，由此確定該節課的最佳學教分隊，併發給該分隊一面流動「紅旗」（小型直立式雙面均印有「最佳學教分隊」的塑製品）。至月底統計出各分隊獲流動「紅旗」的次數，由次數的多寡評出金牌分隊、銀牌分隊與銅牌分隊，再發給各分隊相應的獎狀。

措施2　關於非智育方面的評價

對學教分隊內個體的評價，由分隊長組織評議，半數以上成員認可就可以作為某同學的評定等級（分A、B、C、D、E五等）；對學教分隊的整體評價，採用團隊型教育者評價與各分隊自評及互評相結合的方式，最後由教師或總執行教員（其含義見第五章第六節）提議，獲得大多數學生認可即可（也是實行五等的等級制）。

措施3　關於學業成績的評價

學生學業成績的評定是家長們最關注的一件事，將特闢一節（第五章第二節）做專題論述。

## 四、應重視「副發動機」升級換代

在以上三個方面的評價基礎上，再從全班幾個學教分隊中，每隔二至六周通過綜合考核評選出一個優秀學教分隊。評上優秀的學教分隊立即改稱「施教分隊」，並在課上像模像樣地發給每一名隊員一張「施教分隊教員證」（這是非常有效的榜樣暗示法、心理暗示法與自我暗示法）。施教分隊的產生意味著「副發動機」造就。

注意在每一次綜合考評中最多只能評出一個施教分隊（若每個分隊均不符合要求則寧可暫不評選而勿濫竽充數）。每評上一個施教分隊所產生的效用，可比喻為將「副發動機」做了一次升級換代（推力提升）。如果全班所有學教分隊都評上施教分隊，則「副發動機」一舉躍升為推力最大的最先進的「副發動機」。這種逐步量化考核、定期精細評審的做法能產生暗示心理學所稱的「定期考評效應」。

說明：「施教分隊教員」的業務層次低於「團隊型教育者教員」。

## 五、應重視低年級建設分隊的特殊性

哲學告訴我們應重視矛盾的普遍性和特殊性的辯證關係。以上所述的內容是造就與升級「副發動機」的一般性辦法，但對於小學低年級而言，在班級中劃編組建學教分隊雖不難，可是在建設優秀學教分隊方面頗有難度，主要障礙是小學低段學生的相互配合、相互協作的能力水平極低（尤其是剛入學的一年級新生）。這是一個特殊問題，欲解決該問題唯有設法培養他們具有起碼的群體合作與協調的基本意識與基本能力。而要達到這個目標，單靠老師日積月累地給他們講道理（如一根筷子易折斷，一把筷子難折斷等）通常難以奏效，最有效的辦法是上幾節既有價值又有趣味的活動課，讓兒童在趣味活動中體驗，在趣味活動中領會，在趣味活動中理解，在趣味活動中形成這種能力。

案例 4　一節培養兒童團隊協作能力的活動課簡錄

遊戲 1　吃水果

師：同學們，老師給你們帶來好吃的水果了！但是要考考你們用什麼辦法，才能吃到水果呢？先請大家看螢幕上寫的遊戲規則：

（1）兩人合作，在一定距離之外，吃到水果。

（2）腳不能超出規定線，超出則退出。

（3）最先吃到水果的一組獲勝，得獎。學生看明白遊戲規則後，老師請四位同學上台，兩人一組，先拿到水果的一組獲勝，獎勵獲勝組再吃另一類水果。

師：祝賀你們二人獲勝！能採訪一下獲獎後的心情嗎？

生：很快樂，很開心喲！

師：是啊，你們的臉上寫滿了喜悅，這就是合作帶來的好處！

### 遊戲 2　豆豆要分家

師：豆豆們這幾天正吵著要分家哩，說是夏天到了，氣溫升高，擠在一起太熱了！每個分隊都來動動手吧。請看遊戲規則：

（1）把紅豆、黃豆、黑豆、綠豆分開，各自放在大盤旁的四個盤子裡。

（2）數出紅豆、綠豆各有幾粒。

（3）在最短時間內完成的分隊獲勝，有獎。

隨後六個分隊的學生一起進行遊戲，結果二分隊獲勝。

師：二分隊真神速，能談談成功的秘訣嗎？

生：先商量，事先分工，說好每個人做什麼。

師：看來，合作需要大家先商量，事先分工，說好每個人做什麼，然後齊心協力，獲得勝利！

### 遊戲 3　合作大舞台

師：（緊接前述話語）其他分隊的同學們，聽明白了嗎？

生：聽明白了！

師：好，方法在手，合作不愁！看，機會來了，現在請各分隊挑選下面一種遊戲，合作完成，看哪個分隊合作成功，合作快樂！

（螢幕顯示）

### 遊戲之一　拔地而起

遊戲規則：

（1）各分隊先派兩名隊員，背靠背坐在地上。

（2）兩人手臂胸前交叉，合力使雙方同時站起來。

（3）每次增加一人，人數最多而且用時最少的一組獲勝。

## 遊戲之二　齊心協力

遊戲規則：

（1）全分隊隊員站在一張鋪開的報紙上面。

（2）全分隊隊員站在一張對折後的報紙上面。

（3）全分隊隊員站在一張再次對折後的報紙上面。

隨後六個分隊自由選擇遊戲進行活動。

（活動畢）

師：請大家都回到自己的座位，比一比哪個分隊最快、最安靜。

師：四分隊表現最佳！請問是什麼讓你們分隊合作成功？合作成功後，心情怎樣？誰來談談？

生：合作成功，我們心裡樂開了花！

師：無論小孩，還是大人，幹任何事都要靠合作。你們知道嗎？「天宮二號」發射的背後，參與的科研院所就有一百多個，單位多達三千多家，技術人員超過十萬人。假設這項工作由一個人來完成，他需要苦戰二十多萬年。由此可見，我們要學會合作！

……

至此，兩台主、副「發動機」均已造就。下一章將研究一種學教新環境，師生置身於這種學教環境較易實現學教合一。

# 第四章　學教合一創新教室力促課堂轉型

　　拙書稱實施學教合一教學的班級的教室為「學教合一教室」。為了使學生不再成為應試教育過程中知識灌輸的對象，學校教育亟須變革，學校教育的變革在於課堂教學，而課堂教學變革的突破口則在於課桌的形制與教室的佈局。

# 第一節　常見的教室座位佈局利弊分析

## 一、「秧田式」編排

在中國絕大多數學校的教室裡，學生的座位一律是「秧田式」排列。

1. 優勢

第一，可以有效地利用班級空間，容納較大規模的學生數量；第二，有利於教師在課堂上進行權威宣講和對課堂活動進行有效監控。

2. 弊端

第一，教師高高在上，壟斷著話語權，學生需要「仰視」講台上的教師。這就隱含了師生之間的不平等，暗含了教師是知識的化身，無形中強化了學生遵從或順從教師言行的心理認同，使教室形成了一個特殊的教化空間。師生之間是一種「支配」與「從屬」、「規訓」與「被規訓」的管理關係。學生變成被規訓的對象，面對「高高在上」的教師，學生學會了服從、聽話、接受，而不是自主、思考、批判；學會了只認識不生成，只模仿不創造。

第二，不同的座位，學生對資訊的感知效果存在著明顯的差異。處於最後一排及靠牆的兩個邊排的學生不易看清楚黑板上的板書與板畫或者螢幕上映出的文字與圖形（邊排學生的視線常被施教者的身體遮住）。此外，教師的聲音強度隨距離的擴大而減弱，故易造成後排學生聽覺的疲勞，進而導致其精神不集中。

第三，1970年亞當斯和比德爾研究發現：教師在授課時目光習慣於落在前、中排的學生並與其交流密切，他們將這個區域稱為「行動區」。在「行動區」之外的區域則是教師視覺上的「盲區」，處在教師視野「盲區」的學生很難參與課堂活動，很難與教師進行雙向交流。

第四，「秧田式」教室內通道太少，這會導致一部分學生走動便利而另一部分學生走動困難。然而學教合一教學特別需要課堂互動，當某位團隊型教育者成員起身前往黑板板書或講解時，可能需要旁座的同學先起身離開其座位讓道。此外，教師在巡回課堂觀察學生的探究或學習情況時也會遇到類似困難：對於一部分學生，教師很容易走到其身旁近距離觀察或點撥；而對於另一部分學生，教師則很難走到其身旁，無法近距離觀視其練習本上的演算或答題過程。這種弊端（通道過少）既束縛了生生、師生交往，又透視出教育過程的不均等性。

## 二、「馬蹄形」編排

「馬蹄形」（弧形式）的座位排列就是把學生座位排成「U」字形或弧形。

1. 優勢

第一，有利於教師控制整個課堂教學活動；第二，可以方便地在每個學生身邊走動，觀察他們的學習情況，並在必要時給予幫助。

2. 弊端

第一，「馬蹄形」模式只能容納 20 人左右就座，即僅適用於小班教學；第二，每位學生僅方便與鄰座同學間的交流研討，而不方便所有學生之間的互助、互學、互研與討論。

## 三、「扁圓形」編排

「扁圓形」的座位排列就是把學生座位排列成一個扁圓形或圓形。

1. 優勢

第一，從空間特徵上看，該編排模式消除了座位的主次之分，使每個學生都能夠平等地參與課堂教學；第二，每個學生都能相互看到，有利於開展集體討論與合作學習。

2. 弊端

第一，該編排模式可容納的學生人數較少，僅適用於小班教學；第二，黑板與多媒體螢幕無法發揮作用，不利於上新授課。

## 四、「會議桌」模式

「會議桌」式就是在教室內僅擺放唯一的一張大型課桌（類似於開會議事用的會議桌），全班學生與任課教師圍坐在會議桌旁進行教與學。

1. 優勢

第一，充分體現了杜威的「兒童中心論」，突出了師生平等、民主化與開放性；第二，上課猶如開圓桌會議，有利於開展生生、師生之間的互動討論與辯論；第三，有利於發展學生的創造力。

2. 弊端

第一，課堂內能容納的學生人數比前述幾種座位模式可容納的人數還要少；第二，非常適合上討論課、探究課但不適合上其他課型；第三，不利於大面積提

高學生的學習成績。

下一節將告訴你一種既具備或初步具備上述所有座位模式的優勢，又基本消除上述所有模式劣勢的課堂座位編排模式與教室空間佈局模式。

## 第二節　學教合一課桌椅與先進的教室佈局

所謂學教合一課桌椅是指能圍坐一個合作學習小組成員的一張大課桌以及相應的座椅。

### 一、學教合一課桌椅式樣

1. 初級式

學教合一課桌的桌面呈圓形，桌高為 0.78 公尺左右，圓桌面下有 5 個或 6 個抽屜，每張圓課桌可圍坐 5 名或 6 名學生，五人型與六人型課桌桌面的直徑分別為 1.18 公尺左右與 1.65 公尺左右。學生座椅為可向順時針或逆時針方向任意旋轉的軸式轉椅。

2. 高級式

高級式圓課桌桌面是一個近似於正五邊形（正六邊形）的「圓形」，所謂「近似」是指正五邊形（正六邊形）的五個角（六個角）非尖角狀而為圓弧形。這樣做的裨益為：①佔地面積略微減小；②學生伏案書寫較為舒適；③提升了視覺美感。

高級圓課桌的最大亮點是桌面上特置旋轉式圓白板，即在桌面中央部位裝置一塊能旋轉可書寫的圓形白板（與酒店裡圓形餐桌的中央部位裝有一塊能旋轉的放置菜餚的圓形小桌面有些類似），並配有白板擦和馬克筆。

高級式學習座椅既能旋轉又有靠背及左右扶手，且右側扶手框裝有活動式手寫板（即手寫板既可收起藏於扶手框內亦可隨時取出使用）。

3. 補充說明

其一，學生座椅無論是初級式還是高級式市場均有現貨，但學生課桌無論初、高級式均需去工廠定制；其二，學教合一研究人員曾經隨機抽取高一、高二年級的十個班級，進行了一項為期七周的實驗研究，結果表明在總體互動水平上六人組略高於其他人數的小組，在談話和互相影響兩個特質上，六人組的得分也略優於其他人數的小組，且六人組能夠產生更多的認知衝突。故學教合一教學採

用六人座課桌。但考慮到有的學校教室的實用面積較小，倘用六人座課桌會使周邊通道變得狹窄，則應改用五人座課桌（在上述實驗中五人組得分第二）。

## 二、圓課桌分布辦法

圓課桌的分布與排列需遵循下列三條原則：第一，能容納班級全體學生；第二，使師生在課桌之間可任意穿行且最為便捷；第三，能充分體現出自然美與幾何美，使教室客觀上兼具美育功能。

為此，有以下幾種排列方式：

五桌式：五張圓課桌放置在一個正方形的中心及四個頂點處，該正方形的邊與牆面平行。這種排法可容納25至30位學生就座。

六桌式：六張課桌安置在一個邊長相等的凸六邊形的六個頂點上，該六邊形有兩條邊平行於教室的側牆（有窗戶的牆）；或者安置在一個長方形的四個頂點及兩條長邊的中點處，長邊平行於側牆。這兩類排法可容納30至36位學生。

七桌式：七張課桌放在兩個正方形（有一個頂點重合）的七個頂點上，這兩個正方形各有一條對角線重合於一條直線，該直線經過重疊的兩個頂點，正方形的任意一條邊所在直線均與任一牆面所在平面成45度角。這種排法可容納35至42人。

八桌式：八張桌置於一個正七邊形的中心及七個頂點處，該正七邊形的一條邊靠近且平行於置有黑板的前牆。這種排法能容納40至48人。

九桌式：九張桌置於一個正方形的一個中心、四個頂點、四條邊的四個中點處，該正方形的邊平行於牆面。這種排法可容納45至53人。

（注：要求以上幾種平面幾何圖形既呈軸對稱又呈中心對稱）

## 三、教室內六塊黑、白板與一塊螢幕的設置

教室前後設置兩塊大型黑板，前黑板旁置有多媒體螢幕，講台不放在黑板前而移至黑板旁的靠牆處。再在每列側牆的每兩扇窗戶之間的牆面上各置兩塊小型豎直狀長方形白板（可與牆面融為一體，也可採取懸掛式）。即學教合一教室內共有兩塊大黑板、一塊螢幕及四塊小白板（學生課桌上的旋轉式圓白板不計在內）。

## 四、班級圖書櫃、器材櫃、「創意角」、心理驛站與學生「第二抽屜」的設置

班級圖書櫃與器材櫃分別設置在兩塊大黑板下方的牆面內與外。圖書櫃內藏有工具書、文學書、科技書、藝術書等，但無訓練型、模考型等應試資料，報紙與班級自辦期刊也整齊地疊放在圖書櫃內；器材櫃內置有健身器材（拉力器、彈跳繩、球類）、實驗器材與手工勞作器材（如鉗工工具、製作材料等）。

在教室的非靠門的一個牆角處安置一個橫截面為等腰直角三角形的木櫃，緊貼在該牆角處。木櫃共有三層隔板，用於展示學生的小製作、小發明及富有新意的詩作與論文等，故稱該牆角為「創意角」。此外，在木櫃的上面安置一個心理信箱，每位同學都可將對老師或同學不方便說出來的話，以書信的形式投放在該信箱裡，每週三次由團隊型教育者成員在指定時間打開信箱，瞭解學生所思所想，故又稱該牆角為「心理驛站」。

再者，在兩列側牆窗戶下方的牆面內外製作了學生個人的含鎖藏書櫃，作為學生的「第二抽屜」。此舉旨在避免學生將過多的書刊資料堆放在課桌上，以致影響同桌六人間的互動研討。

下一節將說明上述學教新環境優勢頗多。

# 第三節　學教合一教室獨樹一幟的優勢

學教合一教室的新式課桌椅與標新立異、獨具一格的空間佈局，具有下列無可替代的教育教學優勢。

## 一、教與學的優勢

1. 適合上所有課型與應用所有學法教法

學教合一教室的空間佈局模式適合任何一種課型（新授課、練習課、復習課、講評課、探究課、實驗課與自學課等）的教學，也適合任何一種教學方法與教學模式的運用。比如上新授課，無論施教者（本書提及的「施教者」包括教師和學生）站在哪一個角落、哪一塊黑板、白板前講授或發言，轉椅的優越性使學生可齊刷刷地轉向施教者；又當學生轉向某方向聽講而不是正對課桌面時，在需要之際可隨手調出座椅右側的活動式手寫板，即無論轉向何方都不會妨礙學生的聽課記錄或演算。再比如上課時若需運用分組討論的教學模式，則圍坐於同一課桌的

六人正好是一個天然形成的討論小組。

2. 有利於充分調動一切智力與非智力因素

學教合一教室既具有傳統的「秧田型」教室的長處———教師利於控制與管理整個課堂教學活動，又具有「馬蹄形」「扁圓形」「會議桌式」等模式的益處———有利於輕鬆和諧的課堂教學氛圍的形成及友好平等的師生關係的培養。於是，按照生理學家兼心理學家伊凡・彼德羅維奇・巴甫洛夫的學說，此舉容易引發學習者大腦皮層的高度興奮與持續較久的無意注意力，激發學習者強烈的學習興趣與探索慾望，敢於在課堂上表現自我，敢於發表別具一格的異見，敢於提出超乎尋常的新問題，從而強力促進了學生的成功智力尤其是創造力的發展。

3. 學教合一教室是學教合一的助推器

在傳統教室中，帶有象徵意義的教師領地———講台，高出學生所在地面一米左右以高姿態聳立在學生的前面、教室的前面，學生們被排成一行行、一列列，面向教師，面向「前面」。這種頗似宗教教堂的環境會強烈地暗示學生：教師是「紅衣主教」式的知識傳道士，學生是虔誠信徒般的知識接受者（非建構者）。而先進的學教合一教室完全消除了這類弊端。如這種教室內不存在講台，黑板旁靠牆處的長方形講台狀桌子主要用於安置電腦等設備及放置一些上課必需的教本、備課本、教具、粉筆、黑筆等器具。當需要集中講授時，教師也不經常站在學生的前面（事實上學教合一式課堂已無「前面」與「後面」之分），而是散步般地走向學生群體間同時微笑著邊打手勢邊說話，學生則愜意地坐著轉椅隨著老師的緩行而緩轉（心理學與生理學表明在輕鬆愉悅的狀態下學生不易分心，而在刻意緊張的狀態下注意力僅能短時集中）。

## 二、學習環境的優勢

1. 存在兩個「特別多」

學教合一教室相比傳統教室有兩個「特別多」：一是通道特別多，四通八達，行走便捷，每個學生座位均是一個「站點」；二是黑、白板特別多，室內四周牆上總計有六塊黑、白板，再加上每張圓桌都附有白板，故便於團隊型教育者核心成員自由拐彎穿插行走到任何一位學生跟前貼近觀察或解惑，便於各個合作學習小組的組內交流與組際交流，從而形成一種網狀互動的交流與合作學習狀態。

2. 不存在「行動區」與「盲區」

學教合一式課堂不存在亞當斯與比德爾所稱的「行動區」與「盲區」（家長分別俗稱為「好位置」與「差位置」），所有學生都被教師與總執行教員（總執

行教員的含義詳見第五章第六節）均等地關注。因而消除了由於家長們紛紛托人說情希冀自己的孩子坐在「好位置」而給班導師帶來的不小的煩惱，並且杜絕了傳統教室中末排個別學生故意在課桌上累疊高高的書籍本子以擋住老師視線來遮掩自己的不良行為。

3. 獲得學生深度贊美

實際運作中曾發生的一個細節可以證明學生對學教合一教室學習環境的滿意程度：某班學生體驗式地進入這種新型教室學習數日後便拒絕返回原先的「秧田式」教室，他們給出的理由極其簡單：「我們覺得『學教合一教室』是『趣味教室』『好玩教室』『最美教室』『快樂教室』，在『快樂教室』裡我們一定會學得更好，請老師大可放心！」

## 三、心理學角度的優勢

1. 具有較強的正面暗示力

暗示心理學告訴我們，特定的環境、情境或情狀能給予人們一種非自我式的心理暗示，它既能起正面作用也能起負面作用。如本章第一節的第 1 條言及的傳統教室給學生的暗示就起了負面作用。而學教合一教室內的學生課桌以其造型的創新性與結構的特殊性，客觀上給圍坐者做出如下正面的積極的暗示：其一，暗示六名圍坐者是一個關係緊密且穩固、榮辱與共的小團隊；其二，暗示六名圍坐者在需要之際可展開互助、互學與合作。而事實也表明瞭心理暗示的強大力量不可低估。例如在上自修課期間（除小學外中學老師一般不在現場），在沒有老師的有意安排與要求下，圍坐於同桌的六人由於上述客觀存在的物性暗示，一旦需要合作時他們也能自發地進行互動交流與合作探究。久而久之，水到渠成地培養了他們較強的團隊協作能力———21 世紀人才的必備能力。

2. 具有較強的心理教育力

由學生心理學與教學心理學的原理可知，學教合一教室牆角處的一個小信箱起了大作用：它可以成為學生發聲、諫言、傾聽的心理空間；它可以成為學生的情緒發洩器與心理驛站；它可以成為師生、生生間的心理交流道與感情加熱器；它可以輔助團隊型教育者成員對問題學生（如孤僻或曾有心理創傷的學生）的心理健康做定期「體檢」，以便及時疏通他們的心理「塞車」；它可以讓教師知己知彼，百「教」不殆。

## 四、素質教育方面的優勢

1. 利於美學教育的滲透

中國權威雜誌《人民教育》特約評論員在該刊 2015 年第 15 期首頁載文《美學是未來的教育學》中，將美育提高到前所未有的高度。文中指出，「美育事業是全部教育的使命」，「高品質教育的需求是中國教育當前最為迫切的任務。而美育的健康發展是高品質教育的最重要象徵———這一結論只要對比中國與發達國家的教育差距就不難發現。」全文突出並強調了當前學校美育的重要性。顯而易見，學教合一教室的這種極富創意的桌椅與既呈軸對稱又呈中心對稱的幾何學排列，完全符合美學規律，充分體現了下述美學思想：新異美、對稱美、幾何美、秩序美及和諧美。這種排列客觀上起到了美育的潛移默化的滲透式教育功能，而圖書櫃內的美學書刊與器材櫃內的健身器材又強化了這樣的功能。這是「秧田式」「弧形式」「扁圓形式」「會議桌式」等座位編排模式皆難以企及的。

2. 利於素質養成及「積極休息」

學教合一教室內特設的兩櫃（圖書櫃與器材櫃）一角（創意角）的素質教育功能不可小覷：不單單有利於全面提高學生的德、智、體、美、心理等各種素質，有效發展學生的成功智力特別是創造性、實踐性智力，而且有利於實施學生課間十分鐘的「積極休息」。伊凡·彼德羅維奇·巴甫洛夫在伊凡·米哈洛維奇·謝切諾夫的學說基礎上創立的高級神經活動類型學說認為，課間伏案閉目養神反而是一種「消極的休息」，而做或看一些與前後兩節課內容絲毫無交集的動作或書刊則是一種「積極的休息」（謝切諾夫與巴甫洛夫均指出大腦皮層某一區域神經細胞的高度興奮會誘使別的區域細胞的高度抑制，例如運動中樞的高度興奮必然加強其他中樞的抑制過程）。

3. 所有物理空間都在說話

教育家蘇霍姆林斯基有一句生動而形象的教育哲言：讓教室的牆壁也說話！學教合一教室恰好體現了這句名言所蘊含的思想。這種新型而先進的教室的所有物理空間包括整體空間、座位空間、牆角空間、黑（白）板空間和牆壁空間都在說話！它們不單純是物理意義上的存在，而是能傳遞教育價值的載體；它們不僅是具有多元價值的教育場域，而且從本質上看都是課程的有機組成部分。學教合一式課堂的全部空間實質上已與課程渾然一體，共同發揮育人的綜合效應。

學教新環境具有上述諸多優勢，其中最關鍵的因素是學教合一課桌椅。

# 第四節　學教合一課桌椅的實效性分析

最近有關媒體介紹了中國某所名校發明的合作式課桌椅，但這種合作式課桌椅恰好是往昔被學教合一研究人員所淘汰的。學教合一教室的學教合一課桌椅並非一蹴即至、突發靈感設計出來的，而是走過了一段較長的從量變到質變的路程。下文將對此做過程簡敘與合作學習實效性簡析，以幫助讀者對上述名校的合作式課桌椅的合作學習實效性做出自己的判斷，並瞭解其他合作式課桌椅的合作學習實效性。

## 一、學教合一課桌的嬗變革新歷程

1980年代學教合一教學探索之初，受中華人民共和國成立初期廣大農民大辦互助合作組（為人民公社生產隊的雛形，當初為解決糧荒問題起過積極的作用）的啟示，考慮在學科教學中沿用這一名稱將班級學生劃分成若干個互助合作組（說明：開始稱「組」，後改稱「分隊」），試圖通過學生之間的互助合作來大面積提升教學質量。

第一階段：四人一組，即雙人課桌前後兩排共四名學生構成一個互助合作組，上課欲討論時由前排兩名學生轉向後排，即四人圍坐在一張雙人課桌展開討論。實踐幾個月後收效不佳，經分析有兩個原因：其一，四人小組人數偏少（以後的學教合一教學實踐表明六人一組的互動效果最佳）；其二，這種依據地理位置自然形成的小組之間，各類因素的差別太多（有的組四人均為學困生或均為優等生，有的組四人均為內向寡言型，有的組四人互有矛盾……）。該方式遂予以淘汰。

第二階段：將六、七張方形單人課桌拼擺成圓狀，讓六、七人圍坐成圓狀展開互助合作學習。經過一段時間的實踐，學生率先提出此法不妥，上述拼湊成的所謂「圓課桌」中央部位有一面積很大的空洞，不便於學生之間將文本資料、演算簿等物品相互推送展示交流，使討論無多大實效，近乎流於形式。經考慮遂決定淘汰此方案。

第三階段：將四張長方形雙人課桌拼合成長方形大桌面，這種做法雖不存在「中央部位有一面積很大的空洞」，但又生新的弊端：其一，每次搬動雙人課桌會發出高分貝噪聲干擾別班；其二，每次臨時性的搬拼對學生的心理暗示力（上一節所述的起兩類積極作用的心理暗示力）不強，討論時學生思維並不活躍，且被學生私底下說成作秀。既然連學生自己也認為在作秀，可見這種討論仍屬形

式主義。

　　第四階段：吸取第三階段的經驗教訓，學教合一研究人員考慮將四張課桌長久保持拼合狀態，但這樣做又有不妥。其一，不適合上所有課型；其二，四張課桌雖拼合一體但經常會移動走樣（低年級班級表現更甚），導致教室內的通道有的過寬，有的過窄，有的歪歪斜斜，顯得凌亂。

　　第五階段：為避免上述弊端，學教合一研究人員索性請木工製成若干大型的桌面為正方形的課桌，每張課桌由幾名學生圍坐（文首提及的某校課桌即與此同）。經過實踐發現其既有優點也有缺點，優點是這種大課桌確能給學生以這樣的暗示，即現在的合作學習是一種動真格的非臨時性也非作秀式的合作學習。缺點之一是由於需考慮到整齊美觀的因素，這種桌面為正方形的課桌就座人數一般為 4n（n 為正整數）人，如四人或八人或十二人等，故在構成小組的人數上受到了限制與約束；缺點之二是這種方課桌的佔地面積較大（顯然大於圓課桌佔地面積），教室內擺上九張大方桌使其通道變得狹窄，且轉彎處為直角，常發生學生穿行拐彎時被桌角撞痛甚至撞傷了身體又影響了旁人的情況。

　　第六階段：為消除上述缺點，學教合一研究人員遂考慮將方課桌改製成圓課桌，結果實踐證明圓課桌有許多優點，除第三節中所述外尚有下列優點：其一，圓桌座位無主次之分，無尊卑之分，圓桌能暗示全體圍坐者無論是組長、團隊型教育者成員還是普通組員的地位身份一律平等，故相比方桌更易增進組員間的感情與合作的自覺性、積極性；其二，學生一致提出方形教室搭配圓形課桌能予人一種視覺與美的享受，因此，他們十分喜歡「靈巧美觀」的圓課桌而不喜歡「刻板僵硬」的方課桌。然而這種圓課桌並非最理想，尚存在缺點，如任何一位組員與鄰座組員交流很方便，但與非鄰座者交流仍欠方便，尤其是與正對面組員的交流很不方便，需立起身彎腰將資料遞送過去同時俯身桌面與對方討論，這樣也會影響旁人，若起身走到對面學生處又會浪費時間。此外，當需要全體組員共同研討某個問題時同樣感到不十分方便。

　　第七階段：針對上述的交流、展示、討論不太方便的問題，學教合一研究人員給每張圓課桌配發一塊小型白板及幾支書寫黑筆，旨在便於六人的集體交流。但在實際使用時學生反映仍不是很方便，且小白板放在桌上會佔去很大一塊桌面，有點礙手礙腳。此時有學生建議將長方形的小白板特製成圓形小白板以縮小其佔用面積，後來又有學生提出乾脆將圓白板中心固定在桌面中心處，且像酒席餐桌中央部位的圓桌面那樣能轉動。於是，先製作一張這種樣桌讓學生試用，結果收到了意想不到的極佳效果（這也再次說明學生們在許多時候確實能勝過老師，團隊型教育者施教確實有益且宜大加推廣）。

第八階段：學生們進一步提出將圓桌面削去六塊弓形狀面板，即桌面呈正六邊形但六個角仍為圓弧形，且桌面下安裝六個與正六邊形的邊相平行的抽屜（注：原先的學生「抽屜」為便攜式小木箱）。至此，學教合一教室的課桌結構與式樣最終定型。

## 二、學生座椅嬗變發展過程簡述

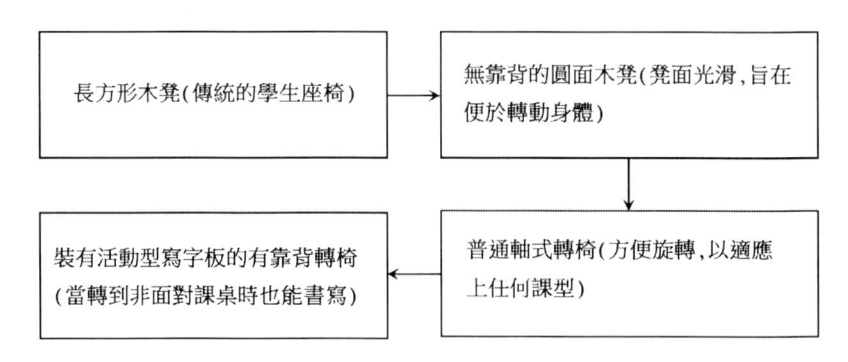

```
長方形木凳(傳統的學生座椅) → 無靠背的圓面木凳(凳面光滑，旨在便於轉動身體)
                                              ↓
裝有活動型寫字板的有靠背轉椅        普通軸式轉椅(方便旋轉，以適應
(當轉到非面對課桌時也能書寫)  ←    上任何課型)
```

學教新環境具有諸多優勢的另一個關鍵因素是低高層「教學媒體」。

# 第五節　低高層「教學媒體」並肩助推課堂轉型

低層「教學媒體」是指小組內學教合一課桌上的旋轉式圓白板，高層「教學媒體」是指學教合一教室內的六塊黑（白）板與多媒體螢幕的集群。

## 一、低層教學媒體的主要功能

1. 暗示功能

前面已經講過，圓課桌以其外表的特殊性能給予學生較強的心理暗示力（暗示這是真正合作學習而非作秀式合作學習），而圓桌面上的低層教學媒體則是青出於藍更勝於藍。

2. 展示功能

旋轉式圓白板的可轉動性致使它具備靈活而強大的展示互學功能。每一名組員只需將經自主學習後所獲成果擺在圓白板上的己方一側，就能使任何組員很便利地審閱、互查、互學其研習成果。

3. 互研便捷功能

將一個新生問題、須互研的疑難問題以及須在課上做小組發言的若干提要，用專用黑筆（馬克筆）板書在圓白板上，六名圍坐者不必挪動體位便能看得一清二楚，非常方便全體組員的共同探討。

　　4. 以繪促思功能

　　上幾何課、理化生課、藝術類課及其他學科的課型時，當需要之際，可直接在圓白板上繪幾何圖形、打表格、描座標系與曲線、畫力學示意圖與生化分子結構以及另外形式的各種「塗鴉」，以供小組集體研究。這種以圖助思，以畫促思的學習方式有利於培養學生的想象力。

　　5. 組際交流功能

　　將組內合作研討獲得的共同成果或組內無力解決的疑惑之題醒目地板書在圓白板上，便於跨組交流求索，便於「團隊型教育者」核心成員在稍遠處也能一目瞭然，即擴大了交流範圍與互動空間。

## 二、高層教學媒體的主要功能

　　1. 突出團隊型教育者施教的理念

　　學教合一教學的主旨是倡導第二教育者（學生）最大限度地發揮教育者作用，而學教合一教室的高層教學媒體是一個大集群———四面八方布滿黑、白板。這個大集群一方面暗示學生：舊式課堂僅有一塊黑板讓老師獨霸的「專制嚴冬」已經結束，學生和老師一樣發揮教員作用的「民主春天」已經喜臨；另一方面也為團隊型教育者學生成員或其他學生提供了直接施教、相互學習、取長補短的優越而便利的客觀條件。

　　2. 水到渠成改進教法

　　舊式專制型課堂是舊式專制型教法的溫床：舊時被稱作「教師爺」的教師猶如教主或堂主般高高在上地站立在學生面前授課，一個宛若衙門案桌式的講台，把教師和學生分隔在兩個等級迥異的物理空間，使得教師與學生經常保持著一段物理距離進而保持著一段心理距離。這種原始落後且帶有集權化色彩的授課方式，除非教師有表達天賦否則很難真正打動學生的內心，引發學生的心靈共鳴。而高層教學媒體集群的圍繞式佈局既向教師暗示了先進教法理念，又賦予了教師「尚方寶劍」，即教師有十分優越的客觀條件，水到渠成地改變專制型教法，從而順理成章地轉化為走群眾路線，走入學生腹地，深入學生內心，無論行在何處均可就近舉手板書，而無須像傳統教室那樣隨時需要返回講台前板書以致來回折騰徒耗時間。

3.「輕疾組治，重疾課治」

高層課堂媒體是學教合一教學中的最高交流平台。如果把合作學習小組比喻成縣級醫院，課堂比喻成省級醫院，則如同縣級醫院治不了的患者勢必送省級醫院治療，組內解決不了的問題亦必升級提交到課堂解決，而高層教學媒體正好是課堂解決問題不可或缺的展示與研討的重要平台。

4.其他主要功能（優點）簡述

首先，遍布四周的高層教學媒體群使所有學生的視覺與聽覺感知效果的優劣程度就整節課而言基本相同，不會出現視覺或聽覺等感官的疲勞現象；其次，利於課堂後階段各小組發言人闡述本組成果時能就近配以板書；再次，偌大的黑、白板空間可容納多名學生在同一時刻板書或板畫，經驗表明一次能解決 28 名左右的學生在黑、白板前做主角展示的問題，大大節省了教學時間，提高了教學效率，同時也提高了學生參與的熱情。

## 三、低高層媒體「聯合作戰」功效顯著

學教合一教室設置雙層次「教學媒體」，可以交替使用，搭配使用，互補缺點，兩者「聯合作戰」能產生一加一大於二的積極效應，主要在三個方面效果突出：

1.合作、民主的課堂形態的打造

兩個層次的教學媒體雙管齊下，照顧到了不同學生之間的差異和特長，使得一些薄弱學生也參與到課堂中，在交流、討論、思考、書寫等學習過程中，感受到同伴的作用和學習的快樂。學生們在大小「學習共同體」中，在高低兩層教學媒體上，快樂競爭，各抒己見，弱者得到幫助，不善言者也不被遺忘。學生從怕回答問題，到自覺搶答問題，寫出想法。因而充分發揮了團隊型教育者核心作用，真正實現了合作學習。

2.學與教的方式轉變

低高層教學媒體運用於課堂，充分考慮每個學生的基礎和特點。基於小組的科學建構，課堂中呈現生生和師生互動合作的最優化。利用「雙層次媒體」的學與教的方式，可以全面記錄學生的思維過程，可以生成新的教學內容。例如，學生將小組的所想、所思書寫在黑、白板上，團隊型教育者可以從書寫的過程中分析學生的思考、運算、操作過程，及時瞭解學生的學習情況，便於教師即時調整學與教的策略。

3.課堂開放度的增加

低高層教學媒體的聯合運作，最大限度地保留了學生的課內作業，更方便地呈現且保留課堂生成，同時也拓展了即時展示學生作業的空間，有利於轉變作業佈置、批改及評價方式，實現當堂作業———當堂批改———當堂展示的教學評價，使生生、師生互動反饋落到實處，課堂評價即時生成。記錄「雙層媒體」的課堂生成，可以產生新的教學資源。如果在課堂上利用攝像或者拍照工具，可以及時把學生書寫在黑、白板上的內容拍攝下來，作為新的教學素材和資源，便於鞏固教學和生成新的教學問題。

## 四、怎樣消弭學教合一教室的木桶效應

### 1. 客觀存在一塊缺點

　　從哲學視角看問題，任何事物均具有兩面性，均為矛盾的集合體。學教合一教室裡的學教合一課桌椅與空間設計模式，既存在本章所述的眾多優勢，亦存在一塊十分現實的缺點，即建構這種新型教室所花經費顯然高於傳統教室所耗費用。如果學校的所有教室都建構成學教合一教室，則會大幅增加學校的財務支出，基於目前的經濟現狀，通常只有私立學校、貴族學校才有財力達到這樣的目標。

### 2. 如何彌補缺點

　　對於財力不如私立學校的公辦學校而言，可從下列幾個方面考慮以便減輕財務負擔甚至可以達到與傳統教室的開支相同：

　　第一，班級圖書櫃內的圖書改由師生自願捐贈（號召大家資源共享）；第二，器材櫃內僅購置少量健身用品，其他器材或自願捐贈或不安置；第三，將學生座椅改換成既無靠背又無活動式手寫板的簡易轉椅，甚至改換成更節儉的無靠背普通圓面木凳，只要做到凳面極光滑，學生照樣可憑藉自己的身體部位與凳面的滑動來實現自身的轉動，上課需筆記時可用書本或硬皮筆記本代替手寫板；第四，學教合一型標準圓課桌的桌面應為正六邊形或正五邊形（但其六個或五個角仍為圓弧形），欲節制開銷可將桌面改製成完全的圓形，並將整張課桌改用木制式。

　　此外，對於欠發達地區的學校，若欲試行學教合一型圓課桌教學模式（或先在某個班級搞試點），且在試驗階段不想絲毫增加財務開支，則可將圓課桌暫時定製成木制簡易圓桌，即桌面下無抽屜，而以一個便攜式簡易小木箱代替抽屜擺放在學生座位旁的地面上。

## 五、未來課桌椅形制與教室佈局的發展趨勢

　　綜合本章可知，學教合一式的課桌形制和教室佈局非常有利於達到「人桌合一」和「人室合一」（從而促成「人組合一」和「組組合一」）的至高境界。因此，我們有理由作前瞻性預測，在不久的將來，隨著經濟的高度發達，在中國範圍（首先是沿海地區）：第一，單人型或雙人型的傳統課桌很可能被本章所述的學教合一型圓課桌取而代之（至少能成為未來多樣化課桌的一個主要選項），而傳統的學生座椅也終將被安裝有活動式手寫板的轉椅所取代；第二，頗似「標準化生產車間」的傳統教室，很可能被類似於學教合一教室的多功能教室、個性化教室所取代，或許被比之更先進的未知型教室所取代。

　　學教合一教學的所有準備工作均已做畢，後繼的重要工作是研究並掌握「發動機」的開動方法（團隊型教育者施教法），下編將對十種開動方法予以細析與詳解。

# 第四章 學教合一創新教室力促課堂轉型

## 第五節 低高層「教學媒體」並肩助推課堂轉型

# 中篇

# 團隊型教育者施教法諸法細析與詳解

# 第五章　團隊型教育者直接施教法一

「團隊型教育者直接施教法」是指施教者在「學教合一論」及其他先進教育教學理念的指導下，應用有效的學與教的方法、策略、手段與技巧，通過口頭語言及其他七種教育教學語言（其中口頭語言必定含有，但其他語言未必均含有），向受教育者傳遞各種知識，啟迪其思維，提高其各類素質，發展其成功智力與團隊協作能力的施教法。

關於上述八種教育教學語言的含義在第七章第二節中有詳述。

本章介紹最基本的團隊型教育者直接施教法：分隊負責制教育法。

# 第一節　分隊負責制教育法及其理論依據

## 一、方法起源

　　分隊負責制教育法的靈感源自教育名著《馬卡連柯全集》第一至第七卷中介紹的馬卡連柯的教育教學思想、方法、方式與策略。特別是馬卡連柯「通過分隊影響個人」的平行教育理論（第三章第五節已予闡述）。

　　再者，分隊負責制教育法部分汲取了 1970 年代初興起於美國的「合作學習法」、保加利亞心理學家洛扎諾夫所創的「暗示教學法」以及其他先進教育教學方法的精華並加以改進。

　　為方便敘述，以後將第三章第五、六節所定義的學教分隊簡稱為分隊。

## 二、含義概述

　　分隊負責制教育法（這裡的「教育」包括「教學」）是這樣的一種直接施教法：①應用「學教合一論」與馬卡連柯「在集體中，通過集體而進行教育」的平行教育論，將教育個人改變為教育分隊，然後在老師的協助下由分隊負責在德育與智育等方面教育好每一位隊員，即實行分隊負責制；②該施教法的「教育」包括隊員的自我教育、隊員接受班級團隊型教育者的教育、隊員之間互相教育以及各分隊之間的跨隊教育；③在課堂學科教學中，無論團隊型教育者成員人數少於還是不少於班級總人數的五分之三，都同時開動兩台學教合一「發動機」，並且教學流程的基本架構特徵是「三梯次作戰制」（「三梯次作戰制」參見本章第三節）。

## 三、補充說明

　　1. 關於個體自我教育

　　分隊隊員的個人自我教育的發生有三個原因：一是受分隊的影響（主要原因），二是受個人意志內驅力的作用，三是受團隊型教育者（包括其他分隊的團隊型教育者成員）的影響與說服。

　　2. 關於分隊的權力

　　運用分隊負責制教育法並獲得成功，須滿足兩個必要條件：一是將分隊建設成具有強大教育影響力的分隊（需要團隊型教育者發揮堅強的核心與引領作用）；二是教師應毫不吝嗇地將一部分權力下放給分隊，至少是對本分隊隊員在德、

智、體方面的評價權務須下放給分隊。其中第二個必要條件又是第一個必要條件的必要條件。

3. 關於該法應用的範圍

分隊負責制教育法的運用主要體現在以下三個方面：一是運用於課堂學科教學，「學教合一」教室就是專門為實施該教法而設計與建構的，自主學習與合作學習也屬於其範疇；二是運用於課堂道德教育（課堂德育）；三是運用於課後教育，這方面所涉及的場所與範圍較廣，如自修學習，課外活動中的體、智鍛鍊，校外活動中的調查與實踐，學習之餘的聊天與玩耍，寢室內的起居生活，各種形式的工作與勞動等。

4. 關於該法應用的方式

分隊負責制教育法的教育方式主要包括以下四種類型：一是分隊內一人或數人在教室內外對本分隊某位隊員或數位隊員進行教育；二是分隊隊員個人的自我教育（包括自我批評、自我反省、自我反思、自主學習及自主探究等）；三是由全分隊交流討論、合作學習、相互教育、共同進步；四是各分隊之間的跨隊教育，即各分隊互相發生聯繫、交往與互動，如攜手共探、聯合研究，各取所長，或展開競爭（競爭也是一種教育），各分隊在友好的競爭中共同提高。此外，還包括班級團隊型教育者對任何一個分隊的成員的教育。

## 四、理論依據

1. 平行教育理論（第三章第五節已述）

2.「學教合一論」關於分隊的論述

（1）分隊內具有不同的道德水平、智能水平、知識結構、思維方式、認知風格的隊員，相互間進行互補；

（2）分隊內部團結互助及分隊的共同目標為個人提供了能量與動力；

（3）隊員們互勉、互助、互學、互愛為分隊提供了動力，增強了活力。

3. 社會建構論、交往教學論、社會互賴論（第二章第三節已述）

4. 動機理論動機理論主要研究的是學生活動的獎勵或目標結構。認為合作性目標（與競爭性相反）創設了一種只有通過分隊成功，分隊成員才能達到個人目標的情境。為此，分隊成員必須幫助其他隊員做任何有助於分隊成功的事。

5. 認知發展理論

皮亞傑提出的「守恆研究」及維果茨基提出的「最近發展區」表明，同伴的

相互作用能幫助非守恆者成為守恆者，同伴在彼此最近發展區的操作具有現實的重要性。

註：「守恆」是指人們能忽略事物外部知覺特徵的變化，把握其本質上不變成分的一種能力。

6. 同體效應與羅布・楊理論（詳見本章第六節）

由於應用分隊負責制教育法必定開動「副發動機」，故造就特大推力的「副發動機」顯得尤為必要，而欲達此目的，務須進行以下重要改革。

## 第二節　改考查個人為考查分隊

19世紀中葉印度一位印度教著名人士曾經說過這樣的話：一個人對於自己所處的小集體的集體意識，一般比他對於自己所處的大集體的集體意識要強烈。並為此打了一個比喻做解釋，若某一個城邦中的某一位家族成員犯了罪行，他可能會感到無顏面對自己的整個大家族，但一般不會覺得或者不太會覺得無顏面對自己所處的整個城邦。

### 一、實施改革

學教合一教學實踐印證了上述觀點，一個學生通常不會由於自己學業考試分數低而感到對不起班級（當然也有少數學生會感到對不起老師），但他會覺得很對不起自己的分隊，這是因為：①分隊人數少，是一個相對於班級來說的小集體；②分隊有正確、一致的興論導向及必要的制度和紀律；③全體隊員都圍坐於同一張圓課桌，大家朝夕相處榮辱與共，所以每一位隊員都有程度不一的分隊義務感、責任感和榮譽感。

因此，分隊負責制教育法中的一項重要改革舉措就是改考查個人為考查分隊（指學業成績的考查）。但這不是說在學業考試時由全分隊成員合作共答同一張考卷，而仍然由每位學生答卷（這一點與傳統考試一樣無形式上的變化）。所要改變的是：將傳統的評分排名方式（按學生個人考分進行全班排名次，並做全班公示且將名次表寄送家長），改為按分隊平均分將七個分隊排名次，並做全班公示且將名次表寄送家長。

## 二、優點略述

### 1. 維護了人的尊嚴

傳統的評分排名方式會損害一批學生的自尊心，從嚴格意義上講屬於侵犯了學生的隱私權，學困生通常不會由於自己排名末位而奮起直追，反而會產生逆反心理與厭學心理。而新式的做法則完全消除了上述弊端。

### 2. 通過集體影響個體

新做法把個人計分改為分隊計分，將整個分隊作為考查與評分對象，旨在通過分隊影響個人，故新做法尊重了學生的個體差異，有利於提高學生的學習自覺性與主動性。而對於學困生來說，既不會傷害他們的面子，又能為了同桌同學的共同榮譽而主動追求進步。同時，隊員們也會顧及分隊的榮譽而主動幫助後進者的學習。

### 3. 利於促成「人隊合一」

新做法還能起到建設分隊、增強分隊施教能力的作用。因為將分隊的平均成績排名次，意味著分隊之間展開競爭，競爭能鞭策分隊隊員努力將自己的分隊建設得更好，然後反過來好的分隊又能更有效地影響每位隊員，使之進步，於是造成良性循環：隊員進步促進分隊整體進步，而分隊整體進步又反過來促進隊員更大進步。如此循環往復有利於最終實現分隊建設的最高目標———「人隊合一」（詳見第九章第二節）。

## 三、具體做法

### 1. 分隊自計分隊平均分

對於每一次期中和期末考試（多數學校還有月考），由圍坐一桌的分隊隊員（而非老師）共同計算出本分隊六名隊員的平均考分。非得讓學生們自己計算平均分的目的有兩個，一是給低分者或退步者一種無聲的心理暗示：我必須加油了，否則全分隊都會來勸我（這比別人向他挑明要好）；二是使全分隊當場明確了誰是幫扶對象。當然，低分者的分數僅限於本分隊的隊員知道，這一點需要教師事先教育。

### 2. 執行教員自排分隊名次表

由七名執行教員（即七名分隊隊長）根據各分隊平均分自高至低排出名次表，並報送老師核准後予以立即公佈，以便及時推動各分隊自我反思、查找原因、自我更新，或自我總結，使之更上一層樓。

### 3. 分隊排名表告知家長

學生個人的考試分數原則上不告知其家長，而將全班各分隊平均考分的排名表告知家長（排名表上附有各分隊平均分、班平均分及各分隊隊員姓名）。

### 4. 家長詢分靈活處理

如果某家長執意向教師索要自己孩子的考分，則須分兩種情況考慮：一是若該生分數較高，則可無所顧忌地給予提供；二是若該生得分較低甚至很糟糕，則除不得已向家長提供其考分外，尚須採用特殊的教育手段抵消低分可能會給家長帶來的極為不利的負效應，避免因此而影響該生，使其也產生學習負效應。比如向家長故意

推說此次考試全年級總平均分也較低等等（馬卡連柯認為偶爾撒善意的謊言也是一種特別且有效的教育手段）。當然若該家長諳熟教育之道則無須做此遮掩。

經過以上改革，分隊的凝聚力與向心力進一步加強，「副發動機」的推力增大到理想程度，從而可將分隊負責制教育法成功地運用於課堂教學。

## 第三節　分隊負責制教育法運用於課堂教學

為方便敘述，本章把運用分隊負責制教育法進行教學的課堂簡稱為「分隊制課堂」。

### 一、分隊制課堂的一般教學流程

無論上新授課，還是上復習課抑或上其他課型，教師用於講授的時間宜少不宜多。若一節課為 45 分鐘，則教師累計講解時間以不超過 25 分鐘（高中）、20 分鐘（初中）、15 分鐘（小學）為宜。應將大部分教學時間用於各分隊內部的運作與各分隊之間的運作，其一般的教學流程為：

流程形式（一）

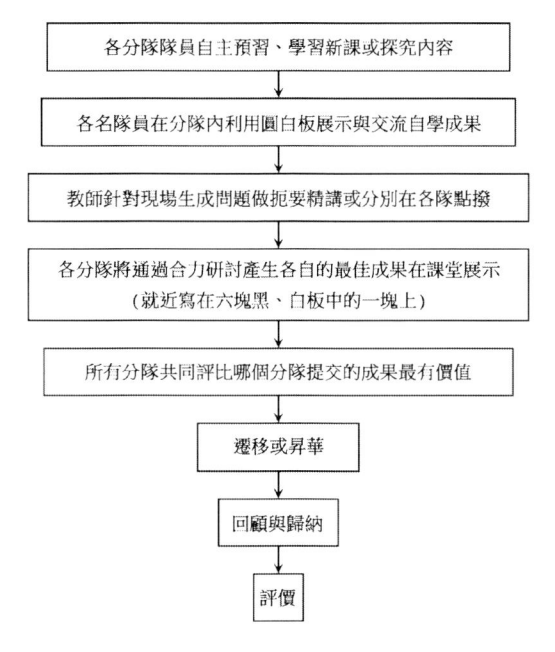

```
各分隊隊員自主預習、學習新課或探究內容
          ↓
各名隊員在分隊內利用圓白板展示與交流自學成果
          ↓
教師針對現場生成問題做扼要精講或分別在各隊點撥
          ↓
各分隊將通過合力研討產生各自的最佳成果在課堂展示
     （就近寫在六塊黑、白板中的一塊上）
          ↓
所有分隊共同評比哪個分隊提交的成果最有價值
          ↓
       遷移或昇華
          ↓
       回顧與歸納
          ↓
         評價
```

## 流程形式（二）

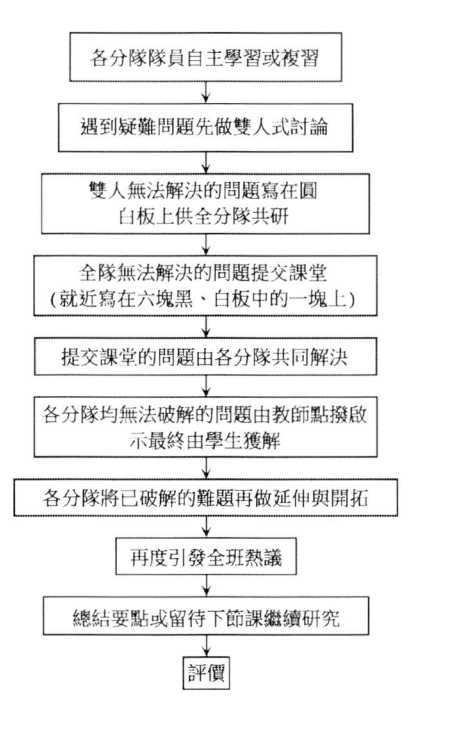

```
各分隊隊員自主學習或複習
          ↓
遇到疑難問題先做雙人式討論
          ↓
雙人無法解決的問題寫在圓
白板上供全分隊共研
          ↓
全隊無法解決的問題提交課堂
（就近寫在六塊黑、白板中的一塊上）
          ↓
提交課堂的問題由各分隊共同解決
          ↓
各分隊均無法破解的問題由教師點撥啟
示最終由學生獲解
          ↓
各分隊將已破解的難題再做延伸與開拓
          ↓
    再度引發全班熱議
          ↓
總結要點或留待下節課繼續研究
          ↓
         評價
```

## 流程形式（三）

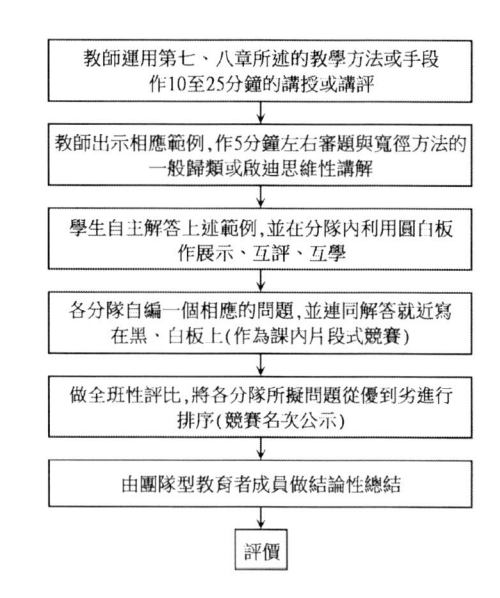

```
教師運用第七、八章所述的教學方法或手段
     作10至25分鐘的講授或講評
                ↓
教師出示相應範例，作5分鐘左右審題與寬徑方法的
        一般歸類或啟迪思維性講解
                ↓
學生自主解答上述範例，並在分隊內利用圓白板
          作展示、互評、互學
                ↓
各分隊自編一個相應的問題，並連同解答就近寫
   在黑、白板上(作為課內片段式競賽)
                ↓
做全班性評比，將各分隊所擬問題從優到劣進行
        排序(競賽名次公示)
                ↓
      由團隊型教育者成員做結論性總結
                ↓
              評價
```

說明：（1）流程形式（一）多用於探究課或新授課；流程形式（二）多用於復習課或習題課；流程形式（三）多用於新授課或講評課。

（2）有一種情況要求學生不能預習新課：若教材中對某個新概念的萌芽、發展、形成過程敘述得較為詳細，而教師又需要運用「發現法」或「再創造法」，使學生親歷新知識的生長過程，自主發現或再創造這一新知識點，以便培養學生的創造力。對於這種情況，教師須事先向學生闡明教學意圖並強調勿預習新課。

## 二、分隊制課堂一般教學流程例說

以前文所述的「流程形式（一）」為例擇一課時設計述說於下。

案例1　初中化學《物質在水中的溶解》第一課時教學流程示意表

| 教學流程 ||||| 
|---|---|---|---|---|
| 教學環節 | 教學內容 | 學生活動 | 教師活動 | 說明 |
| 分隊隊員自主學習 | 1.復習：澄清透明的河水是純淨物嗎？為什麼？<br>2.自學提綱：<br>（1）溶液、溶質、溶劑的概念及區分。<br>（2）電離的微觀過程。<br>（3）物質溶解時溶液溫度的變化及其原因。<br>（4）乳化作用及原理。 | 按照自學提綱閱讀教材內容 | 展示投影及時糾錯巡回指導 | 學會自己學習 |

| | | | | |
|---|---|---|---|---|
| 分隊內部展示與交流自學成果 | （1）溶液、溶質、溶劑的概念及區分。<br>（2）電離的微觀過程。<br>（3）物質溶解時溶液溫度的變化及其原因。<br>（4）乳化作用及原理。 | 自主交流生生互教典型發言 | 巡回指導資訊反饋適當點撥 | 提高人際交往能力與語言表達能力 |
| 教師精講現場生成問題 | （1）溶解的微觀過程。<br>（2）物質溶於水時能量變化的原因、乳化作用的原理 | 邊聽、邊思、邊記 | 從微觀角度精講溶液的實質 | 掃清學生認識上的障礙 |
| 課堂展示互動鞏固 | 物質在水中的溶解<br>一、溶解過程<br>（一）溶液<br>（1）定義<br>（2）特徵：均一性、穩定性<br>（3）組成：<br>溶質：可以是固體、液體、氣體<br>溶劑：一般是液體<br>（4）命名<br>（5）溶液的用途<br>（二）溶解過程中的能量變化<br>（三）溶解的過程：電離<br>（四）乳化作用 | 總結重難點、方法或規律<br><br>互相檢查<br>互相質疑<br>互相學習 | 師生交流總結教師點撥規範 | 達到互教目的鞏固所學知識 |
| 課堂評比以評促學 | 各分隊提交的成果 | 分隊內部展開互議，統一意見七個分隊長舉手錶決評出最佳成果 | 引導學生互學與評比 | 評比是為了促進隊際競爭競爭是為了促進分隊合作合作是為了高效學習 |
| 遷移昇華 | 鞏固練習題 | 自主完成練習，分隊共擬練習題的變式題 | 教師指導糾錯，教師點評各個變式題 | 培養分析性智力與創造性智力 |
| 回顧歸納 | （一）溶液<br>（1）定義<br>（2）特徵<br>（3）組成<br>（4）命名<br>（5）用途<br>（二）溶解過程中的能量變化<br>（三）溶解的過程：電離<br>（四）乳化作用 | 師生回顧知識師生交流<br>全班交流<br>師生總結<br>知識體系 | 教師補充<br>教師展示<br>知識體系<br>佈置下節課的任務 | 培養歸納能力 |
| 評價 | | 分隊自評 | 教師評價確定優秀分隊 | |

需要指出的是，根據唯物辯證法原理與現代教學論，課堂教學流程中的每一個步驟、每一個細節絕不可能是形式僵化、次序不變的，而是隨著教學對象、教學內容、教學情境、教學方法及施教者本身的實際情況之變化而變化的。

尚須強調的是，分隊制課堂教學流程形式也絕非僅有上述三種，還有許多種流程形式，前述三種只是相對比較典型而已。但無論是何種流程形式，其基本的步驟與要旨是三梯次「作戰」：

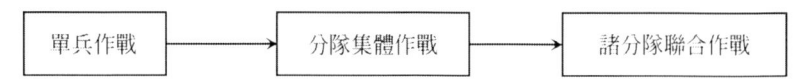

單兵作戰 → 分隊集體作戰 → 諸分隊聯合作戰

## 三、分隊制課堂的「三梯次作戰制」

「三梯次作戰制」是分隊制課堂的一個本質特性。

1.「三梯次作戰」釋義

第一，「三梯次作戰」並未排除團隊型教育者的作用，以上框圖中的寫法僅僅是對文字內容的高度抽象與凝縮提煉。

第二，「單兵作戰」意指兩個方面，一是每位學生自主學習或探究（安排在課內或課外），二是教師精講學生聆聽。

第三，「分隊集體作戰」指：分隊內隊員進行展示、互評、互助、互探、互研、互議、互教、互學等。

第四，「諸分隊聯合作戰」指：在教師的引導和幫助下，諸分隊之間進行課堂展示、課堂評價、課堂共研、課堂共議、課堂解決、課堂競賽、課堂評分、課堂總結等。

說明：（1）「諸分隊聯合作戰」可以在以下兩條戰線同時進行或交替進行：一條是優秀分隊施教即開動「副發動機」，另一條是尋常意義上的互動與合作。此外，三類「作戰」（以下簡稱「三戰」）的次序有時需改變，某些階段有時需重複。

（2）單從形式上講，「三梯次作戰」容易辦到，但其本質屬性「三戰合一」卻較難達到，而欲實現「三戰合一」的關鍵在於先實現「人隊合一」和「隊隊合一」。

（3）學教合一並非始終貫穿於課堂全過程，如「單兵作戰」階段一般不施行學教合一。至於一堂課內學教合一與非合一所佔時間的比例為多少最合適，則應視具體課型與實際情況而定。一般來說，一節課內學教合一所佔時間應多於或

遠多於學教非合一所佔時間。

2.「三梯次作戰」例說

## 案例2　高中語文《大堰河———我的保姆》教學實錄

團隊型教育者：同學們，本堂課我們學習著名詩人艾青的傑作《大堰河———我的保姆》。

第一階段：自主探究階段（「單兵作戰」）

團隊型教育者：現在進入自主探究階段，這個階段要求獨立安靜！

學生進行自研自探，並將自研成果呈現在筆記手冊上。教師巡視，對自研有困難的學生輕聲提示與點撥。

教師根據自研狀態與筆記手冊的完成情況，對分隊進行星級評價，並將結果呈現在各分隊圓白板上。

第二階段：合作探究階段（「分隊集體作戰」）

教師宣佈自主探究時間結束，學生進入合作探究階段。

第一步：雙人對子學習。對子之間互換預學案，對自研成果（筆記手冊）進行評點，並互相釋疑。教師巡視指導。第二步：分隊合作互助學習。6名學生圍繞互動話題進行探討，並完善自己的筆記手冊。第三步：分隊內共同評選決定本分隊的展示內容，並進行展示前的準備。教師巡視指導。

（各分隊的成員在各自的圓白板上，有的記上要點，有的描繪插圖，有的尋閱資料，有的進行分析準備……）

第三、第四階段：展示提升階段、質疑評價階段（「諸分隊聯合作戰」）教師針對分隊互動與展示前的準備狀況對分隊進行星級評價，並宣佈進入展示與質疑階段。

二分隊：同學們，我分隊展示的主題是「普通的保姆，真誠的頌歌」。我們創設了不同的朗誦形式，希望能讓大家走進詩歌的意境中，想象大堰河生活的畫面，用心體會詩人的情感……

二分隊展示完畢，其他分隊開始評價、補充。

五分隊：剛才二分隊的展示，讓我們瞭解了大堰河普通而偉大的一面，感悟到了艾青對「保姆」那份真摯的情感。二分隊板書清晰美觀，善於創設情境，形成了與其他分隊的互動局面，但是他們的表情與本文應有的情感基調不符———朗誦這首詩，怎麼可能出現微笑呢？所以我們分隊給二分隊2顆星（最高3顆星）。

五分隊：感謝二分隊的展示，我分隊展示的主題是「樸實的文字，深摯的情感」。我們希望通過對詩句的賞析，讓大家瞭解詩人抒發情感的方法。

五分隊：請大家與我分隊齊讀第4節（全班齊讀）。這一節連用8個「在你……之後」的句式，起初，我並沒有在意，我家在農村，這些畫面似曾相識。後來，我瞭解本詩的寫作背景之後，改變了看法，（故作沈思狀）你們知道為什麼嗎？

四分隊：因為大堰河的勤勞給你的印象很深，人們對幸福容易忘記，而對苦難記憶深刻。

二分隊：這好像是描寫大堰河一天到晚做的活，可能是表明大堰河的勤勞。

團隊型教育者：雖然很苦很累，但作者在那裡，還能感到溫暖。

五分隊：老師的話啟發了我！難怪這一節的開頭和結尾句都是「你用你厚大的手掌把我抱在懷裡，撫摸我」。「厚大的手掌」是勞動人的一種標誌，雖然粗糙，但在她的懷裡能感到溫暖，大堰河太善良了！

團隊型教育者：其實，這種排比式鋪陳是本首詩的基本句式，值得揣摩，我們再找找看。

五分隊：第7節連用了6個「她含著笑」的句式。從6個方面描寫了大堰河的勞動細節，但我們分隊有不同的意見，我們懷疑艾青這種寫法的真實性———生活太艱辛，她笑不起來呀！希望其他分隊來解答我們的疑惑。

（教室裡一下子安靜下來，但隨即議論聲四起……以下略。）

說明：在拙書的所有案例中，提到的「團隊型教育者」一詞，均指團隊型教育者教師成員或學生成員，以後不再重複解釋。

## 四、不可忽視的八個操作細節

1. 訓練分隊內部運作速度教學過程的每個階段實施前，教師宜宣佈該階段所花時間為多少分鐘。有了時間限制，學生就會有緊迫感，行動起來會迅速一些。同時，在評價各分隊成績時，對於完成任務的時間快慢應予區別。

2. 保證弱者有鍛鍊機會

分隊的正、副發言人最好分別由學困生、中等生（非團隊型教育者成員）擔任。如果分隊內存在性格內向、沈默寡言的隊員，則應動員其擔任發言人。實行「弱者先說，大伙補充，強者概括，共同分享」策略。

3. 以分隊為單位不以個人為單位

若分隊發言人一開始就說「我認為……」「我覺得……」，則教師應予制

止。合理的說法是「我們分隊認為⋯⋯」「X 分隊（各分隊定名為一分隊、二分隊⋯⋯）覺得⋯⋯」。即發言人通常應陳述分隊的共同觀點。

4. 教師需把握隊際互動有效性

各分隊發言時要避免各說各的、彼此無交流的隔離狀態。若要引發隊際互動，生成隊際資源，教師及時發出清晰的指令要求最為關鍵。如在一分隊發言之後，教師宜提出：隨後發言的分隊發言人，對於前面分隊發言中已講過的內容勿重複，可針對其發言，要麼補充發言，要麼提問質疑，要麼提出不同觀點，在此基礎上再進行總結陳述。

5. 隊員各司其職、分隊高效運作

各分隊長與監督彙報員要搞好控制與管理，記錄自評員應及時做好記錄與自評，對外聯絡員在需要時機應及時做好與別的分隊溝通聯絡有關事宜，其他隊員均要各司其職。

6. 不允存在旁觀者與旁聽生

展示和點評應全員參與，嚴防課堂變成幾個同學的獨角戲。展示的問題要滿足不同層次學生的需求，班級要創設一種安全的環境，讓每一位學生都敢於展示、勇於點評、不懼說錯。

7. 教師課內兼職兩份工作

教師在各分隊間緩慢穿行觀察，一邊發現問題做好指導或誘導工作，一邊逐步做好評價表的評定登記工作（同時參考各分隊記錄自評員記下的資料），最好在上課一結束就宣佈各分隊所得分數。

8. 資源共享全班受益

要充分利用差異資源，或者讓好的分隊面向全班介紹其運作經驗，把分隊資源變成全班資源；或者讓好的分隊派出代表，甚至全隊隊員參與或加入到不好的分隊之中，手把手地進行指導，即學生教學生。如此一來，不僅不好的分隊得以受益，學到了有益的方法，好的分隊也能夠在指導交流中提升自己的表達能力與群體協作能力。

## 五、不可忽視的一個重要原則

拙書雖然以研究教學方法為主，但經驗表明，拋棄德育，單純研究課堂教學方法是不會真正成功的，任何一位高明的學科教師，若無德育工作的積極配合與輔佐是幾乎不可能真正做好教學工作的。因此「學教合一論」主張非班導師的學

科教師都應做班導師式的學科教師,即他們應當成為不是班導師的班導師,通過德育工作來推進教學工作,即通過德育促進智育,這是學教合一教學的一條重要原則。那麼,有哪些促進辦法?

## 第四節　分隊負責制教育法運用於課堂德育

### 一、直接促進法

所謂「直接促進法」,是指學科教師為瞭解決一些影響學科正常教學的實際問題,或者為了提高學科教學質量而專門開設一節相關的德育課(通常將原來的學科教學課改為德育課),選擇恰當的教育內容,採用恰當的教育方式與手段,以達到預期目的(有效推進學科教學)的一種辦法。

需加說明的是:①教師無須擔憂這樣做會浪費教學課時,滯遲教學進度,這實質上是一種「以退為進」的策略,退一步可能進百步;②這種將學科教學課改上德育課應是偶爾為之與確實需要而為之;③學科教師也可向班導師提出要求將班會課改上自己預定的為達到某種目的的德育課。

案例 3

某校初一年級某班三分隊有一名學科成績特別差、經常違反紀律拖全分隊後腿的學生,該生脾氣異常古怪,性格迥異,無論三分隊其他成員怎麼勸說都聽不進。無奈之下,三分隊成員一致要求其退出三分隊,而其他分隊也不願接納其加入。針對這一窘境,團隊型教育者決定開設一堂德育課,預先設計了「班級模擬法庭」的活動。圍繞「是否將該生開除出三分隊」的法庭辯論主題,辯護律師小組(由七位「團隊型教育者」執行教員即七位分隊長組成)前後準備了一個多月,深入該生的生活和家庭中去挖掘其優點和長處,一步步地幫助他改正自己的缺點。在正式的模擬法庭(德育課)上,辯護律師小組挖掘的優點打動了法官,大家逐步瞭解他、接納了他。他也在活動中深受教育,從活動一開始就在慢慢地發生著變化,到活動結束時已經成了一位遵守紀律、認真學習的學生。

### 二、間接促進法

所謂「間接促進法」,是指在學科教學中滲透德育,逐漸提高學生的德育水平,從而反過來又促進智育的方法。這是一種相比直接促進法更常用的方法,運

用時須遵循以下幾條原則。

1. 滲透無痕

在教學中，教師要盡量淡化德育痕跡，隱藏自己的德育意圖。蘇霍姆林斯基說過：「教育者的教育意圖越是隱蔽，就越是能為教育的對象所接受，就越能轉化成教育對象自己的內心要求」。

2. 層次無缺

各學科教師在課程教學中要挖掘出貼近學生年齡和心理特徵、貼近學生認知水平和接受能力的德育因素。這就要求教師對課程和教材中的德育因素進行梳理，使滲透的德育目標和內容呈現系統化和層次化、系列化和模組化的有機結合，由淺入深、循序漸進地滲透，以求得良好的整體效應。

3. 浸潤無聲

學科教學中的德育滲透，不是涇渭分明的或僅在某個或某幾個環節中的滲透，而是全方位、全領域、全過程的滲透。除了教學內容外，教師的行為舉止、教學形式和教學過程等教學的其他諸要素都是開展教育的重要載體。

4. 融合無形

各科教學本身包含著許多重要的價值或道德教育的因素。美國當代德育學家托馬斯·里考納認為，各學科對德育來說是一個「沈睡的巨人」，潛力極大。所以，不利用各科教學進行價值與道德教育就是一個重大的損失。學科德育要以知識為載體，以育人為宗旨，實現知識與道德、教學與教育、教書與育人的合一。德育滲透要從教材的具體內容出發，附著於知識講授當中，使德育和學科知識教學有機融合，和諧合一。

## 案例 4　初二語文《生命生命》的教學片段

（一）新課引入略。

（二）感知課文

1. 生命是什麼呢？作者杏林子為我們講述了三個事例，請你閱讀課文，想想是哪三個事例？你能用簡潔的語言概括出來嗎？

（學生交流彙報，團隊型教育者板書「飛蛾求生，瓜子抗爭，靜聽心跳」。）

（三）感悟文本

1. 生命是什麼呢？我們來看作者杏林子為我們講述的第一個事例，找出讓自己感受深刻的句子、詞或者一個標點，可以把自己的閱讀感受批注出來。

（學生按要求學習，然後交流彙報。）

（1）飛蛾並沒有說自己要逃生，作者杏林子怎麼感受到了飛蛾心中的想法呢？我聽說過言為心聲，其實行動也能代表一個人或動物的心聲，那麼，飛蛾極力鼓動著翅膀，它在對自己說什麼呢？

（2）是啊！此時作者杏林子手中捏的不是一隻小小的飛蛾，而是一個不屈的生命，杏林子真切感受到，原來生命就是飛蛾掙扎的聲音，生命就是飛蛾鼓動的雙翅，生命就是飛蛾求生的慾望。

（3）無論怎樣危險，無論能否逃生，小飛蛾都沒有放棄求生的努力：它掙扎著……

（4）生命是寶貴的，這個世界正是因為有了生命才顯得生機勃勃，生命如此美好，飛蛾又怎能不留戀呢？所以它掙扎著……

老師相信，這只頑強不屈的飛蛾不僅寫在了書本上，投映在我們的大螢幕上，同時也印刻進每位同學的心裡，就請同學們多讀幾遍，把這只有著強烈求生慾望的飛蛾記憶在我們的腦海裡。

2. 生命是什麼呢？下面我們來學第二個事例。學之前，請同學們回想一下，我們學第一個事例的時候，都用了什麼方法來學的？

（梳理學法———自學第二個事例———同桌交流———全班交流。）

同學們讓我們一起來感受一下這只頑強的小瓜苗吧！

（學生齊讀第二個事例。）

3. （出示作者杏林子圖片）杏林子不僅關注到了弱小飛蛾的那種強烈的求生欲，關注到了小瓜苗的頑強生命力，她也關注到了自己的生命。（指名朗讀第4段，並出示：「我可以好好地使用它，也可以白白地糟蹋它。」）小飛蛾和小瓜苗好好使用了嗎？是怎麼好好使用它們的？在你看來，怎樣才算好好地使用它，怎樣又是白白地糟蹋它呢？你能結合身邊的小事談一談嗎？

下面讓我們一起再來感受一下這三個故事吧！（學生齊讀三個事例。）

（四）昇華情感

能對生命有如此深刻領悟的作者杏林子是一個什麼樣的人呢？

（杏林子資料介紹。）

在杏林子的眼裡，也許她是一隻弱小的飛蛾，也許她是一棵生長在磚縫中的瓜苗，但無論所處的境遇怎樣艱險，只要擁有樂觀、向上、積極的心態，一定能綻放生命的精彩，下面就讓我們齊讀杏林子對生命的感悟。

（學生齊讀最後一段。）

無論是奮力求生的飛蛾，頑強生長的瓜苗，還是自己沈穩而有規律的心跳，都讓作者杏林子感到生命的偉大，於是她發出了深深的感慨⋯⋯

杏林子從小病魔纏身，身心都受到了極大的折磨，但她並沒有因此虛度年華，反而更加珍惜熱愛生命，因為她知道⋯⋯

是啊！有了生命，向日葵才能擁抱太陽；

有了生命，花兒才能綻放；

有了生命，蝴蝶才能飛舞；

有了生命，鳥兒才能翱翔。

（五）心靈延伸

同學們，與杏林子相比，我們是幸運的，我們擁有一個健康的身體，在今後的學習和生活中，你打算怎樣做呢？

課文學到這，我們知道作者用「生命生命」這兩個重複的詞語為題，是在告訴我們———要珍惜、熱愛生命。

作者寫這篇文章是在告訴我們———要有樂觀向上的心態，要有不畏艱險的堅強意志；不要虛度一生，要在人生大道上勇敢地前進！

（以下略。）

## 三、團隊型教育者促進法與分隊促進法

所謂「團隊型教育者促進法」或者「分隊促進法」，是指團隊型教育者學生成員對特定教育對象施加學生特色的影響，或者通過分隊對特定教育對象施加集體性質的影響，從而促使受教育者進步的方法。

這是最主要也是最有效的教育方法之一，由於它是學教合一教學所獨有的特色教育方法，又由於具體闡述其做法、措施及優效性原因剖析等需要花費較長的篇幅，故將其獨設一節（本章第六節）予以專門敘述與論證。

下一節的重點內容是將分隊負責制教育法與目下流行的小組合作學習法做一對比分析，以進一步理解分隊負責制教育法及弄清何種方法更有實效。

# 第五節　分隊負責制教育法的優弱點

## 一、分隊負責制教育法為什麼具有高效性

為長期實踐與實驗所證實的分隊負責制教育法的高效性是毋庸置疑的。那麼導致該結果的原因是什麼呢？毫不懷疑，正是該施教法的固有特性———能同時開動兩台學教合一「發動機」高效運作所致。尤其是「副發動機」所產生的巨大推力（優秀分隊施教力）與「主發動機」一道直接推動了學教合一教學成功地實施。而欲達到這般高度，其實質是達到「人隊合一」和「隊隊合一」。

在一個班級中的若干分隊初創時期，學生分隊是教師的「教育客體」，教師通過不斷的要求指導分隊前進的方向，並通過分隊影響個人，此時學生分隊只是發揮了中介的作用。當學生分隊已經從精神上形成並日趨強大之際，它便蛻變為個體學生的「教育主體」。換言之，每個學生都是分隊的「教育客體」，實質上是學生的自主管理、自我教育、相互監督、相互教育。之所以能達到如此自治與主動的程度原因有以下三點：

（1）教師充分尊重學生自主管理的權利，決不越權干預完全可由分隊自主處理的事務和自主解決的問題。

（2）堅強的團隊型教育者組織自始至終都在發揮無可替代的猶如「軍隊指揮部」式的核心作用。團隊型教育者和學生的關係宛如一對連體嬰兒，前者是對後者影響力與號召力最大的教育者，非團隊型教育者的教育者是絕無可能建設出有「戰鬥力」（指通過分隊影響個人的力量）的分隊的。

（3）學教合一教室內的先進佈局與新式的學教合一課桌椅，無論在客觀環境方面，在採用先進的學與教的方法的便捷性、有效性方面，還是在強大的心理暗示功能方面，都在潛移默化地影響著分隊的建設與成長，這種影響是十分有力的，客觀上起到了建成優秀施教分隊的推波助瀾的輔助作用。

## 二、分隊負責制教育法與小組合作學習法孰優孰劣

這個答案需要通過兩種方式的比較才能闡明。

1. 範疇比較

分隊負責制教育法的範疇遠遠大於小組合作學習法的範疇。

在保持分隊教育性（指通過分隊影響個人的教育特性）的前提下，分隊負責

制教育法含有講述、講解、練習、探究、討論、演示、表演、自主學習、合作學習、再發現、再創造、說服、勞動、工作及實踐活動等多種教育教學方法和手段。當然，不能說這種教育法包含了講述教學法、練習教學法、探究教學法、討論教學法、合作學習教學法等等，原因是這種教育法有一個自成一家的本質屬性：分隊教育性。再則，單就學科課堂教學而言，這種教育法尚有另一本質屬性即三梯次作戰制。

2. 分隊與合作學習小組的比較

學教分隊與目前流行的合作學習小組（以下簡稱「小組」）有下列幾處相異。

（1）組合標準有異

組建分隊時，首先考慮社會人際關係的因素，其次考慮別的因素（如學業水平因素、能力智力因素等）；組建小組時，主要不是按照社會人際關係來分組，有的根據學習能力、知識水平和技能來劃分，有的根據所在位置區域來劃分，有的根據心理能力、性格特徵、性別差異等因素來劃分。

（2）組合時間有異

分隊一旦組合併建設成功，則要求盡可能地保持較長時間不加變更，至少要保持一個學期不變，但根據實際需要，其間做個別人員的局部調整還是允許的。而小組編成後並非一成不變，有的每隔一段較短時間（如一周、一個月等）須進行重新組合，有的在運用合作學習或討論法時臨時性地在課前分組，當不運用上述方法時則自行解散。

說明：組建分隊時採用上述兩點與組建小組相異的做法，其目的是為了將分隊建設成一個有較強凝聚力和戰鬥力的相對穩定的優秀施教分隊。若按照上述小組的組建做法，則分隊會變得過於鬆散以致缺乏「戰鬥力」（因為經常流動變化會導致隊員們難以樹立起必須具備的分隊集體觀）。

（3）教育功能有異

賈可、路海東、李環宇在《現代中小學教育》2015 年第 3 期中撰文指出：根據對世界各地研究總結和對部分合作課堂的觀察發現，學生合作學習小組主要存在以下幾種消極活動方式。第一，組內成員缺乏合作的情況將阻礙小組學習功能的發揮，最終使得小組活動難以繼續進行。第二，消極的社會情緒會導致組內活動短路，限制組內成員問題解決和新知識的獲得，影響到整個小組的成績表現。第三，消極的小組學習模式是責任擴散。責任擴散使得一部分組員變成了寄生者，他們認為自身能力不足，努力無法被認可，在小組中的地位是可有可無的，因此便不去思考，把提問、答疑、討論的學習任務都交給了組內其他同學，責任

擴散的現象也會慢慢降低小組內學習能力較強學生的學習討論興趣，削弱他們對小組共同進步所做出的貢獻，最終導致小組合作難以開展。

為什麼分隊不會出現而小組會出現上述弊端？原因皆在於分隊是德育（包括馬卡連柯式的集體教育）、智育、愛彌兒‧柯爾式的心理教育、學教合一的有機結合物，因此分隊至少含有三種教育功能：一是「平行教育論」下的教育功能；二是「合作學習」的教育功能；三是肩負施教任務後產生的柯爾效應式自我暗示與自我教育功能。而小組一般沒有第一條與第三條功能。換言之，拙書提出的「分隊」實際上是合三為一（馬卡連柯筆下的「分隊」、合作學習小組、施教小團隊）的產物，不過卻是 1+1+1>3 的產物（讀者閱讀下一節即明其理）。

於是，關於兩種方法孰優孰劣的答案就不言自明瞭。

## 三、如何克服分隊負責制教育法的弱點

哲學告訴我們，事物總是一分為二的。除了上面強調的分隊人員的相對穩定性，也會發生下面的「副反應」：

1. 久居末位者恐會喪失信心

由於分隊人員較少流動，故可能會出現某個分隊在考試成績上連續多次排名末位的窘境。此時，該分隊可能會毫不氣餒，更加積極合作，抱團直追；也可能會倍感沮喪，失去了信心，失去了前進的動力。

對於後一種情況，解決辦法有四個：其一，設法激勵落後分隊重樹信心，凝聚集體的力量，鼓足幹勁奮起直追；其二，教育落後分隊積極向先進分隊取經，教育先進分隊主動伸出援手，手把手地指導落後分隊；其三，鼓勵落後分隊在非學業領域的競爭（如校運會比賽及其他多種類型的競賽）中獲取高分，以便在總分上追上或超過別的分隊，從而驅散頹喪陰雲，增強自信，促使其在學業上也能躍馬追上；其四，若上述三種辦法均無效，即落後分隊已完全失去了信心，則下學期開學初必須重新調整，重新保持各分隊成績基本持平（調整時仍將社會人際關係因素放在第一位），然後在新的學期內再一決高下。

2. 隊隊之間恐會發生矛盾

由於隊員對本分隊的認同感與歸屬感較強，因此有可能產生「小集體主義」的副作用，具體表現在分隊之間的競爭中可能會產生一些團體性的矛盾與糾紛，此時需要依靠團隊型教育者組織出面協調解決。若學生成員解決不了，則由教師親自出面調解。

總之，保持分隊的相對穩定性（便於實現「人隊合一」）是利遠大於弊的。

前面討論了分隊負責制教育法的內涵、在班級學科教學與德育教育中的應用、分隊的組創特色與其獨特的優勢、評價對象的改革、團隊型教育者從中所起的作用以及該教育法勝出小組合作學習法一疇的論證等。下一節將再挑選一個角度，借此觀察該教育法在其他方面的應用優勢，從而進一步闡明該教育法具有獨樹一幟的實效性與優效性。

## 第六節　團隊型教育者學生成員的一項獨門絕技

### 一、團隊型教育者學生成員直接施教的途徑與方式概述

　　關於團隊型教育者學生成員的直接施教，通常有下列幾種主要的常用的方式或途徑：

　　第一，「團隊型教育者」內部成員（包括教師）間互議、互研、互學、互教（包括學生向教師獻計獻策，學生參與制訂教學方案）。

　　第二，在課內起到領頭羊作用與骨幹作用。即帶頭探究，帶頭討論，團結合作，互動生成，發言點評，破疑解難，促進交流，反思總結，通過「紙面語言」間接施教，以及協助老師處理課堂突發事件等。

　　第三，在課外起到熱心助人作用與組織者作用。即熱心幫助同學（尤其是學學較弱的學生）理解知識、掌握技能，替人答疑解惑，向他人傳授學習技巧與解決問題的竅門以及間接施教等。並組織同學積極參加課外活動、課外勞動、課外調查與學習，促進學生自我發展成功智力（如實踐性智力）。

　　第四，團隊型教育者學生成員中有七名為「執行教員」，他們分別是七個分隊（未必是七個，根據班級人數而定）的隊長，這七名執行教員中有一名是「總執行教員」（經選舉產生）。遇到上活動課與學習方法經驗介紹課，則由他們負責主持與主講。此外，遇到上作業或試卷講評課也偶爾讓他們主講（上述「主講」非一人講而是多人輪流講）。

　　第五，教師在採用某些特殊的教學方法或手段上課時，課上需要一至數名團隊型教育者學生成員積極配合才能進行。如課上需要配合老師實施「八種語言」的教學，需要一起參與表演片段式或綜合式的「小品節目」或「小品動作」，需要一起配合老師說「相聲」，或者單獨由幾位團隊型教育者學生成員表演（老師編好的）快板語、順口溜、三句半、詩歌朗誦等等，詳見下面各章。

　　第六，在運用「打擂台啟智法」及其他幾種施教法進行各學科各課型的教學

時，在老師的幕後特殊操作下，幾乎全部需要各分隊的學生代表直接施教（詳見第九章及其他章節）。

第七，「團隊型教育者」全體成員合力組建好七個分隊，各分隊內的「團隊型教育者」成員發揮「小小指揮部」的核心作用，團結全分隊隊員盡力將自己分隊建設成優秀的分隊，建設成具有強大號召力、影響力與教育力的分隊（完成這項任務的過程就是直接施教的過程），然後利用集體影響與教育個體。需要說明的是，「集體教育個體」中的「教育」不僅指德育與心理教育，也指智育。

第八，運用「學生教育學生」的手段。即讓「團隊型教育者」學生成員而不是老師去教育學習不夠主動、不夠積極或學法不當、習慣不良的學生（此處所言「教育」其意是指「說服」或「勸說」），使不求上進的學生蛻變為主動好學的學生，使由於學習方法不正確或其他原因導致成績欠佳的學生轉化為學業水平較高的學生。

第一至六條是治標式的施教法，第七、八條是治本式的施教法。而第五、六、七、八條是教師一人不可能辦到的，尤其是第八條，教師更難做到。閱下面兩個真人真事的例子即知。

## 二、勝於雄辯的事實

1.「學教合一論」關於「逆反心理」的觀點教師的某種教育失誤會導致學生產生程度不一的逆反心理。長期觀察與研究可以得知，學生的逆反心理可分為「埋於心底不露式」與「態度言行外露式」兩類，學教合一研究人員分別稱這兩種心理現象為「隱匿型逆反心理」與「顯露型逆反心理」。一般地，前者僅發生於性格內向孤僻者，且含前者比含後者更具危害性。對中國頻發的學生自殺、殺害同學及弒師案做心理分析可知，這些案件多數是性格內向者的這種惡性封閉型心態持續惡化的結局。

2. 兩個典例，見微知著

案例5

有這樣一位剛從外地轉學進來的高三學生，他的智商與逆商均較高，性格外向，反應靈敏，個性倔強，特別喜歡交友，與同學相處不錯，但非常貪玩。其氣質類型屬於多血質、膽汁質與黏液質的混合型（以多血質為主）。由於他過於愛好打籃球與玩網路遊戲，故經常逃課且作業幾乎天天不做，以致在高三第一學期期中考試中其各科總成績居全年級末位。原為窮困農民後發家致富的家長，起初由於忙於經商而無暇顧及其在小學、初中及高一、高二階段的學業，現在已臨

高考見此狀況又急又怒，對其子採用棍棒教育的方法，非但未奏效反而致其子強硬對抗。班導師、教務主任反復對該生做了大量的輔導教育均告無效。

萬般無奈之下教務主任只得令該生每節課均坐在教務處辦公室自習（注：該做法屬於精神體罰，這種侵犯學生權利的行為是被教育部明令禁止的），但該生「身在曹營心在漢」，非但未見絲毫收效而且對教務主任也產生了「顯露型逆反心理」。

之後，老師與班級中一個多數隊員與該生交情較深的五分隊相商，能否將該生安排進五分隊，結果五分隊立即爽快地接納了該生，於是，事情漸漸出現了轉機。一方面，該生由於自己分數太低導致全分隊得分排名倒數第一而頗感難為情；另一方面，該生被其兩位關係最密切常在一起進餐同住一寢室的團隊型教育者成員勸說成功！

通過高三第二學期的努力學習，該生奇跡般地考上了重點大學。後被公派留美學成博士，在國際權威學術期刊上屢屢發表有獨到見地的論文，並先後在密歇根州立大學、麻省理工學院任教，現已歸國作為人才引進任某著名大學資訊科學技術學院教授與副院長。

## 案例 6

有這樣一位智商中等但情商尤其是逆商偏低的高一學生（權稱其為 A 生）。A 生性格孤僻，敏感，多疑，善愁，雖膽小自卑卻又極易衝動，但 A 生有一長處：學習毅力較強。其氣質類型屬於抑鬱質為主的抑鬱質與膽汁質混合型。由於生怕旁人瞧不起他，抑或是其他原因，A 生的學習相當刻苦，刻苦程度位居全班前列，但學業總成績卻居中下（主要是數學特差）。究其原因是學習方法不當，突出表現在兩個方面：

（1）碰到難題自己不深思，而是暗中拿了多名優等生的作業本認真地看，把各種不同的解法完全看懂後再以一題多解的方式認真地寫在自己的作業本上，但每種解法均非自己原創（他後來解釋說在難題上過多耗費時間於整體學習不利）；

（2）上課時他不發一言，從不參與討論，從不主動提問，只是一味地聽同學講聽老師講，聽不懂從不詢問老師也從不求詢於同學，表現出一種儘管耗時較多但十分被動與低效的學習方式。

分析 A 生的表現，他已得了美國認知心理學家馬克·阿什克拉夫特所述的「數學焦慮症」（此非醫學上的焦慮症而是「干擾到數學表現的一種緊張、畏懼或恐慌的情緒」），於是老師以十分溫和的態度找他誠懇交談數次，且盡量不在

辦公室與人多處，但交談時他很少講話，有幾次幾乎一言不發，只是卑恭又不安地一個勁地點頭稱是，然而不良的學習方式與方法卻一直未改絲毫。有一次他遠遠遇見老師時，以一種試圖不讓人察覺的十分謹慎的方式有意避開。疑惑之際，老師乍然意識到很可能由於對其過分而持續的關注，反而致其難以承受日趨增大的心理壓力，從而導致其產生了一種「隱匿性逆反心理」。

由此，老師及時果斷地停止了對 A 生的個別談話並佯裝不特別關注，未露聲色地觀察數日，發現他有一名（也是唯一一名）交情尚好的 B 生，而 B 生則是善良有擔當、成績良好、氣質為抑鬱質與黏液質混合型的團隊型教育者成員。於是老師立即與 B 生相商問其能否對 A 生施以援手，B 生欣然同意。老師當即以 B 生提出要求為理由安排 A 生與 B 生同桌鄰座，且住同寢室上下鋪。又囑 B 生至少兩周後才可實施勸說並避用老師用過的說理式方法。此後，這兩位性格近似的同學感情進一步升溫，常在一起掏心掏肺地交談。約過了一月有餘，A 生奇跡般地更正了不正確的學習習慣與方式，數學成績也在一步一步地小幅度提升。後來他被吸納進「團隊型教育者」（加入「團隊型教育者」能起到一種強烈的心理暗示作用），結果完全消除了其自卑感，膽量也比以前大多了，學年結束時他被評上了三好學生。兩年後 A 生參加高考考上了重點大學。目前他在某省心理研究所任理論心理學研究員，近悉喜訊：他被評為省級學術技術帶頭人。由此可見 A 生的成功智力發展良好。

誠然，諸如此類的真實事例不勝枚舉。

## 三、緣何學生勸學生勝過老師勸學生

### 1. 羅布・楊理論

英國皇家特許心理師兼精神分析學家羅布・楊對於此類勸說他人有效性問題做了長期的調查與研究，發現了內中規律，總結出相關理論。他於 2015 年 10 月在倫敦接受美國著名《石英》雜誌記者專訪時，對於為什麼「老是勸不了別人」，提出了「感情比邏輯更具說服力」的論斷。他說，「即便你掌握了所有事實論據，你也可能無法用邏輯說服別人同意你的觀點。這會令人倍感沮喪。」「就大多數大論題而言，人們並不會被邏輯所說服。」例如，「在西方世界，大多數人都知道吸菸有害，也都知道減肥的各種道理，但這並不足以促使他們做出改變。事實與道理並不能說服人，你需要從情感的角度切入。」「這種情況的發生要比我們希望的更多。原來，最有效的策略是用感情，而不是用邏輯去說服人。」「這一理論得到了神經科學的支持：研究人員發現，不能處理感情的患者也很難做出

決定。這表明，感情對我們的決策能力發揮著關鍵作用。」同時也從醫學腦科學的角度論證了「感情勸人的有效性」（上述羅布・楊理論摘自美國石英財經網站2015年10月10日所載《專家解析感情比邏輯更具說服力》一文）。

2. 同體效應

在社會人際交往中，如果雙方關係緊密，一方就更容易接受另一方的某些觀點、立場，甚至對對方提出的難為情的要求，也不太容易拒絕。這在心理學上叫作「同體效應」，又稱「自己人效應」。所謂「自己人」，是指對方把你與他歸屬於同一類型的人，「自己人」說的話更容易被對方所信賴與接受。

同體效應與社會心理學的「喜歡機制」是一脈相承的，人們喜歡那些和他們「相似的人」（指年齡、性格、愛好、身份地位、文化程度與價值觀等方面相似的人）。例如，對於同樣一種主張，如果是自己喜歡的人、和自己相似的人說的，往往很順利地被自己採納；如果是自己不喜歡、和自己不相似的人說的，往往會本能地加以抵制。

同體效應與管理心理學的「信任機制」也是一脈相承的，即如果你想讓你的部屬信任你，並按照你的意見行事，那你就首先需要人們喜歡你，否則，你的嘗試就會失敗。

一百多年前，美國著名政治家林肯引用一句古老的格言，說過一段頗為精彩的話：「一滴蜜比一加侖膽汁能夠捕到更多的蒼蠅，人心也是如此。假如你要別人同意你的原則，就要先使他相信：你是他的忠實朋友即『自己人』。即用一滴蜜去贏得他的心，你就能使他走在理智的大道上。」

3. 緣由剖析

以上權威學者羅布・楊的理論及「自己人效應」足以解釋為何學生勸學生比老師勸學生更有效。可以想見，一個學生從幼兒園直至高中歷經十幾年，他可能已被家長或老師個別談話教育了幾百次，類似於「勤奮學習」「努力鑽研」「積極動腦」「主動提問」「相互討論」「互幫互學」的說理式話語，他也可能聽了幾百次甚至上千次，他已經對這類道理（他並非不懂）聽膩聽厭了，已經產生了一定程度的逆反心理。更何況充當智力劊子手的應試教育與過重的學業負擔，又進一步加劇了學生對老師或部分家長說理式教育的逆反心理（據調查甚至連學優生也存在此類輕度的逆反心理）。再由於師生間年齡差別較大，可能存在代溝，還有身份地位、興趣愛好、文化水平、思想觀點、人生目標、生活方式與心理特徵等也存在一定的差距。故對於今天的部分學生，老師的教導實際上已經很難讓其做到既口服又心服，能夠做到口服已算很不錯了（當然也有個別教師例外）。

而學生勸學生卻不一樣，因為他們相互視對方為「自己人」「相似的人」，他們年齡相同，身份相同，志趣相投，毫無利益衝突，互相談話的特點與形式都一樣。平時吃在一起，睡在一起，學在一起，走在一起，玩在一起，樂在一起，惱在一起，其親密程度與師生關係有質的區別。學生勸學生並不像老師那樣擺事實講道理，而是述說一種極普通極尋常卻極有效的話語。究竟是什麼樣的話語我們無從知曉，但事實是他們說服成功了。團隊型教育者學生成員確實能辦到專業教師所辦不到的某些事。經驗表明，任何高明的教師若失去了學生的輔佐，非但其教育教學業績不可能出色，甚至有時會寸步難行。

至於學生是否反而會被其好友（同學）勸壞，從羅布‧楊理論與「自己人效應」上講完全存在這種可能，在現實生活中由於交友不慎而致墮落者也確實不乏其例。但對於團隊型教育者學生成員而言，由於種種原因（經過選拔，經過培訓，經過暗示，經過教育），迄今為止，尚未遇見某團隊型教育者成員拒按師囑故意將自己的同學勸壞的個案。

鑒於此，根據中國目前中小學教育的實際情況，的確有必要在每所學校的每個班級建構合格的團隊型教育者以及同時具有三重功能（平行教育功能、合作學習功能、施教功能）的分隊。

綜合上一章及本章內容可知：第一，由團隊型教育者施教制、分隊負責制（包括優秀分隊施教制）、三梯次「作戰」制、德智共軛法及圓桌圍坐聯學制的有機融合構成了高效的「分隊負責制教育法」與生成了高效的「分隊制課堂」；第二，分隊負責制教育法既是一種教育方法（指德育方法、學習方法、宏觀式教學方法與心理教育方法），又可視其為一種教育教學的指導思想。

# 第六章　團隊型教育者直接施教法二

　　本章介紹團隊型教育者常用的一種直接施教法：議會兩級議事法。

　　這種常用直接施教法與上一章講述的基本直接施教法的區別與聯繫是：分隊負責制教育法是一種具有思想指導性與原則指導性，既包含智育又包含德育，既包含課內教育又包含課外教育的宏觀式、綜合性、全方位的教育方法；而議會兩級議事法是一種以智育為主、以課內教學為主的相對狹義的教學方法（模式）。

# 第一節　議會兩級議事法

## 一、起源

　　世界上幾乎每個國家都有國會（又稱議會或別的名稱，如中國稱「全國人民代表大會」），儘管各國議會的形式和內容千差萬別，但有兩個共同的特點：

　　（1）議會是商議國是、決定國策的機構，議長一人無權決定大政方針，須由全體議員（代表）共同討論商榷決定；

　　（2）議會召開期間一般須分兩個層級進行議事：第一層級，各州（省）議員團（代表團）進行分議；第二層級，大會集中全體議員（代表）進行群議，最終定案。

　　把上述兩個特徵（方法或方式）移植到學教合一教學中，再借鑒先前已嘗試實踐過的討論教學法經驗，通過不斷探索、實踐與改良，逐步形成了「議會兩級議事法」。

## 二、含義

　　在本章中，將「議事」一詞做如下重新界定：「議事」是指在分隊內或課堂內，針對團隊型教育者提出的一個或幾個議題，在教師的引導或協助下，學生之間通過「多種語言」相互傳遞資訊，多角度全方位交換資訊，共同達成預期教學目標（議題解決）的一種思維活動與學習活動。

　　註：①「議事」既是名詞，更是動詞；②上述的「多種語言」指口頭語言、「平面語言」、「立體語言」、「圖畫語言」等，其含義詳見下一章；③上面提及的「議題」一詞的含義稍後闡述。

　　於是，議會兩級議事法的內涵可形象地濃縮描述為：在「課堂共和國」（即課堂教學）中，只存在「議會」而不存在「總統府」，「課堂共和國」全體公民（即全班師生）均任議員，教師兼任議長，上課猶如召開議會議事。議長的權力主要是三個方面：一是參與議事，把准方向；二是議事不決時，恰當引導；三是推動集體表決，最終拍板。

　　因此，議會兩級議事法是指在個人自主學習的前提下，在施教者的組織與指導下，在整個課堂教學或課堂教學的某個階段進行雙層級議事。第一層級議事指各分隊內部成員之間進行議事，第二層級議事一般指以分隊為單位的課堂集中議

事（即一般指「副發動機」的運作）。議會兩級議事法是旨在加深和運用所學理論知識，發展與培養學生的團隊協作能力、口頭表達能力與成功智力，且以分隊成績為評價標準的一種施教法。

## 三、補釋

1. 議事過程扼述

在議會兩級議事法中，主要的學習方式或學教活動就是議事。議事的過程包括個體知識建構階段與社會性聯合建構階段。

2. 議事性質扼述

議事具有探究性，議事不是一種簡單的淺交流，而是具有批判性的深探究；

議事具有創造性，議事不是對預設結論的程式化演繹，而是對未知結果的創造性探尋；

議事具有有效性，議事不是漫無目的地言說或毫無邊際地爭論，而是有聚焦、有秩序、有效率的理性發言或板書；

議事具有協作性，議事不是水火不容的矛盾與對立，而是自由自主與協作共享的和諧統一。

3. 議事程序扼述

為方便闡述，本章將第一層級的議事簡稱為「分議」，第二層級的議事簡稱「合議」，則議事的進程表現形式主要為以下三種。

（1）先分議後合議；

（2）先合議後分議再合議，或分議與合議交替進行數次；

（3）分議與合議同時進行。

其中形式（3）或含於形式（1），或含於形式（2），或單獨出現。

註：尚有兩種不常見的議事形式，一種是某一分隊與另一分隊之間的橫向溝通、交流與研討；另一種是「兩黨議」，即課內因故自發（非預設）形成兩大群體進行議事。

## 四、議題

1. 議題的含義

一般來說，議題是一種在學與教的活動中專門用於學生群體內部探究、互

議、磋商或辯論的課題，這種課題是指在資訊和目標之間有某些障礙需要尋找新辦法加以克服的情境。

議題一般由「給定」「目標」和「障礙」這三個成分有機地結合在一起，既包含了學生學習的信心，也包含了期待的學習結果，「障礙」的克服，同時表現為一種學習過程或認知程序。

特別地，沒有答案的課題必是議題。

2. 議題的類型與性質

議題依照其作用和價值一般劃分為以下三種主要類型。

類型一：有助於提高學生的應試能力與分析性智力的議題；

類型二：有助於提高學生的創新性智力的議題；

類型三：有助於提高學生的實踐性智力的議題。

對於類型一，議題具有定向性，即它規定了認識的方向，劃定了探究的範圍，指明瞭思維的視角；對於類型二，則不具有上述的嚴格的思維定向性；對於類型三，則不一定具有思維定向性。

然而，這三類議題的共性較多：

其一，都具有組織的功能，都是認知活動的樞紐，都是心理能量和心理資源的分配器。

其二，都是今天新課改背景下倡導的「有效學習」「高效教學」的重要「工具」或技術支撐。

其三，都具有激發的功能，可誘發大腦皮層的高度興奮，創造出引人入勝的學與教情境，有效地激勵學生學習的動機、興趣、情感、意志等動力系統。

其四，都具有評價的功能，可以驗證人們思考的深度、掌握的程度。

3.「議題」與「問題」的區別

問題的範疇遠比議題廣泛，如問題包括課本中的思考題、練習題、討論題、定理、定律，包括所有的封閉題與開放題、事實性題與非事實性題、探究題與非探究題，還包括老師或學生提出的各式各樣命題、習題等。而議題則是一種具有特定功能的沒有現成解決方法或模式的開放型、非事實型、探究型問題。簡言之，議題是一種特殊的問題。

註：①關於議題的具體例子參看本章第四、五節；②為方便敘述，議會兩級議事法可簡稱為「議事法」。

下一節的重點內容是將議事法與日下流行的討論法做一對比分析，以進一步理解議事法及弄清何種方法更有實效。

# 第二節　議事法的理論依據、特點與特長

## 一、理論依據

第一，蘇聯哲學家米哈依爾・巴赫金的「對話理論」：生活就其本質來說是對話的，包括生活意味著參與對話，如提問、聆聽、應答、贊同等。人是整個地以其全部生活參與到這一對話之中，包括眼睛、嘴巴、雙手、心靈、精神、整個軀體、行為。

第二，美國心理學家馬斯洛的「需要層次理論」：人的行為內驅力來自人自身的需要。在學校生活中，交往與交流的需要、求援與互學的需要、歸屬與快樂的需要是影響學生學習的主要需要。

第三，蘇聯心理學家維果茨基指出：教學創造著最近發展區，主要體現在與同伴的合作之中，通過小組內部的爭論、磋商、協調等方式，小組達成某個問題的共同意見與解決辦法，這是心理發展的社會關係的淵源。在他看來，兒童間的合作活動之所以能夠促進成長，是因為年齡相近的兒童可能可以在彼此的最近發展區內操作，表現出較單獨活動時更高級的行為。

第四，求同式與求異式理論：以往的教學只引導學生遵循同一標準、同一途徑達到同一目標。這種方法在教育心理學上叫作「求同」式，其弊端是無法做到因材施教，無法培養學生的思維能力及創造力。與此相反的方法就是引導學生「求異」，「求異」式能給學生以更大的自由度，為學生創造一個適於他們各自發揮其獨特才能的機會與場所，使學生能成為學習的主人。

第五，社會建構論、交往教學論、社會互賴論（第二章第三節已述）。

第六，認知發展理論中的「教學相互作用論」、戴爾・卡內基理論（後文有闡述）。

## 二、特點

1. 環境寬鬆，容易打破僵局

將議會兩級議事法運用於課堂教學，如果一開始就在整個課堂上集中議事，

學生很難做到踴躍發言，所以第一層次通常先安排分議，即各分隊進行內部議事，且無教師參與，則圍坐於同一張「學教合一課桌」的學生都能很快從各自的側面進入議事的氛圍。

2. 材料新穎，知識更新迅速

以往採用一般的討論教學法時，常因知識結構上的欠缺而「卡殼」。而採用議會兩級議事法則沒有這樣的現象，學生議事的內容多數是該議題新穎的內容。如議論生物進化時，有的學生所提出的材料是從國際互聯網中查到的最新資訊。可見在這種氛圍下，學生在記憶中搜索資訊的能力異常活躍。

3. 協作互補，資料成果共享

不管是分隊內的議事，還是分隊間的審閱，對於知識本身的學習過程是互相補充的，使認識趨於較全面。對於新資料和其他分隊的評議，全體學生都會給予極大的關注，一反以往採用討論法時那種學生任意發散式發言，課堂氣氛混亂的情況，使每一個學生提出的見解都得到全班的思辨或認同。

4. 精神集中，議事思路專一

由於團隊型教育者學生成員的積極作用，再加上議事內容（議題）明確與清晰，分隊議事和分隊彙報時，學生注意力始終高度集中於議事內容上，即便議論「青春期性心理」這種容易引起學生興奮的議題，也不會出現「跑題」現象。

5. 集思廣益，調動思維潛力

分隊相互審閱起到兼收各種意見和思路的作用。理解其他分隊的看法，並能調動大腦快速活動對此做出評價，雖然課堂上只是短暫的一瞬，但對於學生的能力是一種鍛鍊。由於分隊議事和發言都以文字為依據，所以分隊商議的結論和評價，遣詞造句都比較準確。

## 三、特長

將議會兩級議事法與討論教學法（以下簡稱討論法），做一比較研究，分析兩者之間的聯繫與區別，即知前者的特長。

1. 議事法與討論法的聯繫

（1）部分理論依據一致

需要理論、社會互賴理論、發展理論、對話理論、以生為本理念等是議事法與討論法的共同理論依據。

（2）教學互動特點一致

議事法與討論法中的「互動」都是指生生之間的討論、展示、爭辯、操作等的「同時互動」（含有團隊型教育者的引導作用），而不是一問一答式的「即時互動」。

（3）教學相長特點一致

由於議事法、討論法都是學生在課堂舞台上程度不一地唱主角的學法或教法，故相比應用傳統的注入式講授法，需要教師有更強的業務水平方能真正地成功實施議事法與討論法，於是迫使教師不得不由「教書匠」向學者型教師轉變。教師的轉變，促進了學生的智力、能力的發展，而學生的進步又促進了教師的再進步，如此循環往復，實現了真正意義上的教學相長。

此外，還有其他一些共同點，如都能程度不一地促進學生的交流技能（如敢於表達、善於表達等）的提高，優化學生的思維品質和發展學生的創造力，拉近師生間的心理距離，增進師生間的感情，等等。

2. 議事法與討論法的區別

（1）教師操控程度有別

相關資料顯示，教師與學生之間的雙向誘導式討論（即通過教師的誘導操控，將生生之間的討論逐漸引向一個教師預設的情境，進而達成某種預定的教學目標），也屬於討論法的範疇，然而該種類型的討論不屬於議事法的範疇。

（2）基礎理論支撐有別

多數資料顯示，討論法突出「雙主」地位（即以教師為主導，學生為主體）而並未以「學生中心論」為其理論支撐。但議事法突出「師生合一」與「雙重身份合一」，並不機械地劃定誰是主導誰是主體，主張由每個階段的實際情況決定師生分別扮演何種角色。

（3）評價對象、標準有別

討論法以學生個體作為評價對象，以學生個體的成績作為評價標準；議事法以整個分隊作為評價對象，以分隊成績作為評價標準。

（4）運行操作方式有別

議事法實行兩級制議事，即必定含有分隊一級的議事活動（也可能存在某個分隊與另一分隊間的橫向交流），但討論法未規定必須分小組討論，如果分小組討論，則該種小組的性質、功能與分隊也是大相徑庭。

（5）議事、討論概念有別

將兩種教學法中的關鍵詞「議事」與「討論」抽出來作一比較。首先，從前

面對「議事」一詞的界定上來分析，議事應包括討論、研討、商討、商榷、磋議、探討、商議、切磋、磋商、探索（非個體性）、研究（非個體性）等，若單從字義上去理解「討論」，則討論僅包括議論、爭論、辯論、爭辯（有的是同義詞）等，故「議事」的範疇大於「討論」的範疇；其次，兩者雖然都是通過語言來相互傳遞資訊，但在語言的種類上也存在明顯差異，「討論」僅用一種有聲語言，而「議事」需採用多種語言（包括非有聲語言）。例如，課堂的某一教學片段為學生的自主鞏固練習，此時課堂內相對較為安靜，而當某一分隊由於實際需要必須針對某個問題進行磋議時，則宜採用「圓白板語言」（即各人用麥克黑筆在課桌上的旋轉式圓白板上書寫）作為交流中介。

（6）培養協作能力有別

在運用議事法時，為了完成分隊的共同任務，隊員們能積極承擔個人的責任；在運用討論法時，如果採用分小組討論的形式，學生一般只是對自己的學習任務完成與否負責，而不對小組負責。事實上也毋需對小組負責，因為討論法中的分小組討論純粹是為了方便學生之間的近距離溝通與交流，讓盡可能多的學生實際參與討論。所以，在培養團隊協作能力方面討論法遠遜於議事法。

3. 議事法與討論法的本質區別

學教合一程度有別。從討論的參與率與學教合一的實際程度來看，議事法與討論法差別較大，議事法遠優於討論法，這主要得益於獨一無二的兩台「發動機」的強力推動作用。

具體地說，其一，在運用議事法時，每位學生都具有替自己分隊負責與爭光的意識與意志，而這一特點在運用討論法時不存在，即一個是為了分隊，一個是為了自己。馬卡連柯告訴我們，對於非成年人而言，前者所顯示的學習動力遠大於後者所顯示的學習動力。於是當分隊發言人或其他隊員代表全分隊施教時，他們的發言往往凝聚了全分隊的智慧。其二，在學教合一教學中，學生與老師均以教育者的身份進行討論（注意團隊型教育者組織是在不斷擴大的，最終擴大至全班），作為教育者的學生會意識到自己的發言已非尋常學生的發言，在自我認定為教育者後會產生強烈的自我心理暗示，鞭策其嚴肅、主動且負責任地對待討論，於是避免了應用討論法時容易產生的兩種常見缺陷：一是討論時過於發散遠離主題，或未做實質性討論而流於形式甚至冷場；二是討論中教師有可能一時解答不了當堂突生的新問題或出現誤解（尤其是高中理科難題），導致冷場或誤導學生，延誤時間或起反作用。對於第二個問題，在學教合一教學中，部分尖子生常常會自覺地及時聯手替老師解圍，以免徒費教學時間，這實際上就是團隊型教育者在發揮直接施教的作用。因此，在學教合一教學的非初始階段，議事法切實

做到了學教合一，而討論法充其量只能說略接近於學教合一，這是該兩種教學法之間的本質區別。

另外，議事法與討論法還有一些其他的區別，如議事法既是一種教學方法又是一種教學模式，而討論法僅是一種教學方法。又如在各門具體學科教學中運用兩法時在方式、程序、操作上存在一些差異等。

綜上，議會兩級議事法是確鑿實行學教合一，基本達到團隊型教育者施教法既定目標的一種施教法。而欲掌握議事法，則需要掌握最為關鍵的四步。下節將學習第一步，需要掌握組織議事的基本功與議事方式。

# 第三節　組織議事的基本功與議事的常用方式

## 一、教師組織兩級議事的基本功

### 1. 揣摩功

在課堂議事中，教師常常需要隨機應變，即時性（非預設性）提出議題，這是教師的一項重要基本功。那麼，教師應在何時何處提出議題？教育家葉聖陶說：「宜揣摩何處為學生所不易領會，即於其處提出問題。」所謂揣摩，就是思索推求之意。思索推求，不是憑空進行，而應以掌握教材和瞭解學生為依據。在組織課堂議事中，既要在規律性與特殊性的問題上引起學生的思考，還要瞭解學生的認知結構，使教師提出的議題適合學生的認識程度。這樣，教師提出的議題就能揣摩到學生的「不易領會處」，就能產生「一石激起千重浪」的效果。如對於語文《晏子使楚》一課的教學，教師在引導學生剖析研討第二次交鋒過程中，提出了「晏子是怎樣對付楚王的」這一議題。這一議題提得妙，妙就妙在它抓住了課文的關鍵之處和學生的「不易領會處」；妙就妙在它具有一定的難度，學生只有通過一番獨立思考加合作研討的過程，才能且必能「摘到果子」。教師的這種提問的「揣摩功」正是建立在對學生的深入瞭解和熟練駕馭教材的基礎上。

### 2. 點撥功

要促進學生智能的發展，教師提出的議題要有一定的難度。沒有難度充當磨刀石的話，那麼學生的思維、意志、情感就得不到磨煉。怎樣使學生在具有一定難度的議題面前積極思維、熱烈議論，而又不使研討活動滯塞不前，即什麼樣的課堂議事符合學生的最近發展區呢？請看某教師在組織課堂議事中恰到好處的點撥功。如一個學生在回答該教師提出的「第二次晏子是怎樣對付楚王」時說：「晏

子是先承認自己不中用,接著說按齊國的規矩,訪問上等的國家就派上等人,訪問下等的國家就派下等人去,我是一個下等人,就被派到楚國來了。」顯然,這種回答是膚淺的,沒有觸及問題的本質。對此,該教師不是採取簡單的否定,而是在肯定的同時,以巧妙的反問句予以點撥:「在這裡晏子承認自己不中用,是最下等的人,同時,他還間接地說明什麼呢?」「他還說明楚國是一個不中用的國家,是一個下等的國家。」看!絕妙的點撥啟發學生的思維向縱深發展,從而加深了其對教材的分析和理解。

3. 引導功

課堂兩級議事是一個動態的複雜過程。在「分議」或「合議」中,人人都在探究研討,所持觀點常常相左,作為教師,怎樣引導他們一步一步地深入議論,使議事達到應有的效果?這就要求教師必須具備隨機應變的引導功。在上述《晏子使楚》教學中,有一位學生突然提出:「我有一個問題,晏子反擊楚王應該是理直氣壯的,可為什麼他在說話之前要裝著『很為難的樣子』,說完之後還故意笑了笑呢?」此時,教師並不是直接回答,而是由此引導大家去思考(若有所思地):「是啊,晏子為什麼會這樣呢?」從而把學生向老師的提問巧妙地轉化為學生共同研討的議題。又一個學生提出這樣一個問題:「晏子既然已經知道怎樣回答楚王了,為什麼不直接回答,而要先裝著很為難的樣子呢?」另一學生怯生生地說:「我想晏子可能是怕楚王發火。」這時,教師因勢利導,啟發問道:「晏子為什麼怕楚王發火呢?」學生有所領悟:「這是因為他要說的話太厲害了!」教師順水推舟:「啊!因為他要出口的話太尖刻了,怕楚王聽了生氣,所以他要裝著很為難的樣子,那麼他這樣做的目的是什麼呢?」學生恍然大悟:「晏子是想要楚王催他說,允許他說!」看,隨機應變的引導,使學生終於明白了晏子要這樣做的目的。至此,一個能言巧辯、大智大勇的晏子形象通過課堂上的「分議」或「合議」活生生地展現在我們面前。

## 二、兩級議事的常用方式

1. 對話式

師生對話式議事或隊隊對話式議事是「合議」階段的一種常用方式。大家在民主平等的氛圍中共同對議題展開研討,相互問答進行思想交流,這種對話式議事能達到師生情感交融、寓情於理的理想教學效果,也使學生從中得到了教育,學到了知識,規範了言行,能有效地調動學生參與施教的積極性以及想象力的發揮。對話式比較適用於針對第一、二兩種類型議題(第一節所述)的議事。

## 2. 發揮式

發揮式議事是避免孤陋寡聞、見識短淺的最佳手段。《禮記》：「獨學而無友，則孤陋而寡聞。」學生們在議論中盡情發揮，發表自己的見解，這樣可以集思廣益，加深理解，相互啟發，取長補短，提高認識。同一個議題，有時是「橫看成嶺側成峰」，互相交流，往往能使人視聽廣開，對議題理解得更為全面深透，收益甚多。

## 3. 辯論式

開展辯論式議事，能訓練學生的求同思維和求異思維。科學理論深刻地反映著事物的本質、規律，是從矛盾的特殊性中抽象概括出來的普遍性，欲使學生掌握科學理論，教師必須使學生和自己處在尋求同一結論的同一思維過程中，即進行求同思維。謬論是對事物本來面目的歪曲反映，要糾正謬論，必須在矛盾的普遍性指導下深入分析矛盾的特殊性。而求異思維是由矛盾的特殊性引起的，只有求異思維才能把握矛盾的特殊性，才能糾正謬論。如初二思想政治課《正確行使公民權利，自覺履行公民義務》一課，有不少重要的知識點，如「公民在法律面前人人平等」「中國公民的權利和義務具有一致性」等，這些知識必須進行求異思維才能使學生理解其科學性、嚴謹性。但教學不能就此止步，因為學生的求異思維沒有得到有效的訓練，一遇到實際生活中的議題就會無所適從。因此，要在教學中設置辯論式探討，來訓練學生的求異思維，以增加學生的社會經驗。如就「公民在法律面前人人平等」的觀點提出議題，通過對議題的深入辯論，學生認識到統治階級的意志上升為國家意志才能成為法律，法律一經國家確定或認可，便對全體社會成員具有普遍約束力，「王子犯法與庶民同罪」便是其體現。這一辯論開闊了學生的視野，加深了學生對「公民在法律面前人人平等」內涵的理解，訓練了求異思維。

## 4. 評論式

評論式議事就是對教材中的思想內容、寫作方法進行評論，它有助於提高學生的評判能力。在教學《為了忘卻的記念》一文時，有的老師設計了這樣的議題：戊戌變法失敗後，譚嗣同認為變法不流血則國不能昌，毅然決然選擇了死；而魯迅在「左聯」青年入獄後警方搜捕他時卻因還有「生之留戀」而「逃走」，你如何看待這兩種做法？這樣的議題，能讓學生以聯繫的眼光去探掘兩位偉人所處時代的特點，他們做出如此選擇的背景，他們各自精神的可貴，並進一步加深對譚嗣同「去留肝膽兩崑崙」的偉大人格和魯迅的鬥爭藝術的認識。當學生商議後由衷地下結論———生得偉大，死得光榮時，你已知道，學生的思路被打開了，認識深刻了，看事物也更加客觀、辯證和科學了。這樣的教學，無疑可不斷加深學

生的思想深度。

### 5. 情景式

情景式議事是指教師有意識地創設特定的情景，以情境來感染學生。例如，通過運用生動的畫面、動聽的音樂、有趣的節目、觀看錄像、展示圖表等，組織學生進行第一層級議事。運用這種方法的好處是，能夠在教材內容和學生求知心理之間設置一種聯繫，把學生引入一種與議題有關的情景中去。例如，有位教師在講初二思想政治課《法律規定經濟活動中的各種規則》一課時，設計了一組漫畫，並配有滑稽的音樂。其內容是這樣的，一位青年農民正在農貿市場上銷售兩頭自家產的豬仔，由於質量不佳，為求快速出手，青年農民喊道：「一窩12個豬仔現已賣出10個，只剩2個，質優價廉，誰買趕緊來噢！」正在此時，工商稅務人員來到青年農民眼前，讓其交稅。根據此事，教師提出了以下三個第一節所述的第二種類型的議題：①青年農民應當交幾頭豬仔的稅；②在經濟活動中應遵守什麼規則；③這件事情說明瞭什麼。學生在生動有趣的議事中弄清楚了老師的議題，也掌握了課本上的知識。以學生身邊發生的感性材料為基礎，巧設議題，進行議事，通過學生仔細研讀課本的理論和對身邊感性材料的觀察分析，激發了學生理解所學知識和運用所學知識解決實際問題的興趣，使學生的創造力得到了鍛鍊。

### 6. 質疑式

質疑式議事是指施教者依照教學內容與教學要求拋出疑點式議題，讓學生順著疑竇探究根源，得出結果，於水到渠成中達成教學目標。以《琵琶行》為例，少諳世事的學生不易理解白居易左遷江州失落壓抑的情感，讀詩時對作者為何詳寫琵琶女的嫻熟技藝與悲慘遭遇更是大惑不解，教學時不妨就著疑點拋給他們一個議題進行分議或合議：為什麼聽完曲子後江州司馬泣下最多？從而從他們共同的不幸境遇、共同的無奈與不平中找到「同是天涯淪落人」「似訴平生不得志」的點旨之筆，較為準確地把握詩歌的思想內涵，領悟詩歌「控訴摧殘人才的現實」的社會意義。

### 7. 咨詢式與調研式

咨詢式議事與調研式議事是鍛鍊學生的發散思維與聚合思維的有效方式。通過設置咨詢式與調研式切磋，抓好學生發散和聚合思維的培養與訓練。在課外閱讀材料中，多角度提煉觀點是學生不可或缺的能力，讓學生多方位看問題就是優化學生的發散思維品質，而把多方向的分觀點上升為一個總觀點，就是優化學生的聚合思維品質。如在解決初一思想政治課上冊前言課的課後分析說明題時，

教師設置了咨詢式研討：「英模李向群身上體現了哪些良好的心理品質？這些良好的心理品質來源於哪？閱讀後，你有哪些收穫和體會？」學生們通過相互商榷、相互探討、相互咨詢，鍛鍊並提高了獨立思考能力、創新思維能力及組織應變能力。

此外，尚有其他不少議事方式，如熱點式（根據學科知識的有關熱點議題組織學生自由發表觀點），典例式（根據一些發生在學生身邊的典型事例開展相關的討論），命題導引式（對教學中需要解決的一些議題，可以有針對性地指導學生閱讀一些書籍，看一些優秀影視片，參觀一些展覽，然後引導他們聯繫所學內容開展有關命題的研討），實踐式（即拋出第一節所述的第三種類型的議題，通過學生們的親手實踐，如實驗、演示、測量、手工勞作及實際場景重現等，進行合作研究、群體攻關，獲得成果，從而達到發展學生的實踐性智力與團隊協作能力的成功智力教學目標），等等。

欲掌握議事法，第二步要掌握設計議題的原則。

## 第四節　團隊型教育者設計議題的原則

團隊型教育者（主要指教師成員）設計議題包括課前預設與課內根據學情即時設計兩類，以前者為主，後者為輔。

### 一、針對性原則

針對性原則是指要從教育教學要求出發，根據學與教的實際需求，針對教學重點與難點、認知困惑點、矛盾分歧點、內容繁雜點，圍繞課堂教學的主線，有計劃、有步驟、有層次、有目的地設置議題，通過對議題的引入、認知、討論、解決，實現預期的學與教的目標。

1. 針對教學重、難點設置議題

每節課都有教學的中心內容，即教學的重點和難點。議題的設置應圍繞它們來開展：抓住教學的重點內容，由淺入深，由點到面，由易到難；抓住教學的難點、關鍵，化大為小，化繁為簡，化難為易。

案例 1　關於針對重、難點設置議題的操作例說

對於平面解析幾何「曲線與方程式」這一課時而言，其教學重點是曲線的點集與一個二元方程式的解集之間的對應關係，教學難點是「曲線的方程式」和「方

程式的曲線」為什麼必須同時具備純粹性條件與完備性條件。

　　對於上述的重點和難點，首先尋找到兩者之間的內涵聯結點，即曲線的點集與一個二元方程式的解集之間的對應關係和兩個條件（純粹性與完備性）從本質上來看是等價的。於是設計了如下議題：

　　曲線 C 上點的座標與方程式 F(x,y)=0 的實數解具備什麼樣的關係，就能用方程式 F(x,y)=0 表示曲線 C，同時曲線 C 也表示方程式 F(x,y)=0？為什麼要具備這些條件？

　　明確提出以上議題後，使學生的思維有明確的指向。通過對「二元方程式 F(x,y)=0 的實數解標誌著 x、y 之間所受的約束，曲線 C 上的點的橫座標、縱座標受某種條件的制約」的強調，引導學生在「分議」時主動選擇資訊，並以自身已有的知識經驗為基礎對新的知識資訊進行加工、改造，從而通過意義建構與社會建構逐步得出曲線 C 上點的座標與二元方程式 F(x,y)=0 的實數解之間的關係為：

　　條件①：曲線 C 上點的座標都是方程式的解；

　　條件②：以方程式的解為座標的點，都是曲線 C 上的點。

　　然後再經過「分議」與「合議」，使學生進一步認識到：條件①與②缺一不可。於是，這兩個條件確定了直線與方程式完整的對應關係，所以得出結論：方程式可以表示這條曲線。

　　隨後各分隊長組織隊員再度磋議，並在教師的引導下自主推廣、下定義，最終經過各分隊「合議」予以終審通過。

　　2. 針對學生的認知困惑點設置議題

　　教師在備課的「備學生」一環中，應預測學生思維可能會在教學過程或教學內容的何處出現混沌、困惑或迷惑狀態，則應於該處預設解惑式議題（有經驗的教師在教學中可能會即時即景臨時想到），在課堂上的必要時機及時拋出議題，組織學生進行兩層級（同時進行）議事，通過生生互動與隊隊互動，促使學生自主澄清疑點，加深理解。

**案例 2　關於針對認知困惑點設置議題的操作例說**

　　在初中數學「在生活中的軸對稱」一節的學議活動中，當學生自學或教師講解了兩個圖形成軸對稱的概念後，學生往往對「軸對稱」與「軸對稱圖形」這兩個不同概念感到困惑與混沌（缺乏教學經驗的教師通過自己的精心備課、查閱資料、咨詢老教師，或根據自己過去的學習經驗也能預測到這一點）。

在這一關鍵時刻，教師順應學生的思維立即拋出預設或即時設置的議題（恰為學生心中的困惑）：

「軸對稱」與「軸對稱圖形」這兩個概念相同嗎？如果相同，請說明理由；如果不同，請說出它們之間的區別和聯繫。

然後組織各分隊先行「分議」，在隊內形成共識得出結論，再在分隊之間展開辯論。

……

學生在激烈的語言交流中「自檢」和「學他」。經歷由模糊到清晰、螺旋漸進、分化整合的過程，最終對這兩個比較抽象的概念有了正確的認識，能從圖形的個數、對稱軸的條數等方面區別兩個概念，也認識到它們的許多聯繫，兩級制議事充分發揮了它的作用和實效。

3. 針對學生的矛盾分歧點設置議題

當學生們對某個問題產生了觀點上的矛盾與歧見，這是一個十分難得的培養能力、發展智力的極佳時機。此刻教師切莫表態給出答案，而應以此作為議題立即讓學生展開「分議」與「合議」，形成濃厚的研究探討氛圍。這種施教法有助於擴展學生的思維，激發學生的靈感，形成獨特的認識，於不經意間發展了學生的成功智力。

**案例3　關於針對矛盾分歧點即時巧設議題的操作例說**

向滴有酚酞的稀 $NaOH$ 溶液中通入 $SO_2$ 氣體，紅色褪去。有的學生認為是 $SO_2$ 具有漂白性，與紅的酚酞作用，使其褪色，原理與 $SO_2$ 使品紅溶液褪色相同。另一部分學生認為 $SO_2$ 是酸性氧化物，能與鹼反應生成鹽和水，鹼消耗掉了，所以紅色褪去。

此時，雙方發生了觀點上的矛盾與分歧，自發引起熱烈爭論。在爭執不下之際，有的學生求詢教師意見，有的學生要求教師立即出面表態以平熱議，教師一概斷然拒絕，當機立斷借題發揮，乘勢將該爭議點立為議題展開「分議」與「合議」，而全然不顧有可能會導致原定教學任務完不成的後果。

「議會兩級議事法」一般要求分隊內形成共識，然後開展課堂合議。但此時同一分隊內出現相持不下的兩派意見，無法統一認識，在此情況下教師靈活而果斷地改變教法，即不以分隊為單位進行辯論，而是將全班學生劃分成兩大派別，即形成像辯論賽中的正方和反方，要求各派設計方案證明自己一派的觀點是合理的，然後依據自己的方案進行實驗，揭示褪色的本質。

4. 針對教學內容的繁雜性設置議題

　　某些課時的授課內容涉及的知識面較廣，內容繁多駁雜，如果單靠教師講授或學生自學則難以理清頭緒與理解徹底。此時，宜將繁雜的教學內容按照意義分解成幾個小塊，然後根據這幾個小塊內容設置幾個議題，進行「分議」與「合議」，如此方能收穫良效。

### 案例4　關於針對內容繁雜性設置議題的操作例說

　　高一化學的緒言「化學———人類進步的關鍵」這節課內容繁多，教材簡單概括了古代化學、生命科學、材料科學、能源、化學基礎理論研究、環境科學等方面取得的成就及發展趨勢，體現了化學是一門中心學科，是人類進步的關鍵這個論點。教師將該節課的教學內容按照意義的區別分解成七個小塊，然後據此設置了七個議題：①中國古代化學的成就；②化學基礎理論研究現狀；③生命科學成就及研究現狀；④材料科學成就及研究現狀；⑤能源現狀及發展趨勢；⑥環境污染的現狀與危害性；⑦解決環境污染問題的化學對策。

　　將上述七個議題分派給七個分隊，要求各分隊通過課外閱讀教材、查閱參考資料和相關科普讀物以及上網查找資料等方式，各自完成議題的議事活動，課上各分隊推薦一名發言人上前講解，時間不超過5分鐘，有的分隊將發言稿做成多媒體課件，讓全班學生共享學習與研究成果。

　　最後，教師或總執行教員根據學生發言講述情況補充完善，提煉昇華。

　　本節課運用「議會兩級議事法」的效果格外顯著。

## 二、啟發性原則

　　啟發性原則是指要從教育教學目標出發，根據學與教的實際需求，設置能誘發或促使學生積極思維並且能夠更加深入探究事物本質的議題，通過對議題的引入、認知、研討、解決，使學生深刻理解新舊知識間的邏輯關係，順利完成對新知識在心理意義上的建構。

　　真正的啟發性議題能夠強烈地激發學生的思維活動，創造學生學議活動的最佳情境，誘導學生自主思考，真正實現學生在學與教活動中的中心地位和教師的引導地位。

### 案例5　設置三角形「正弦定理」的啟發性議題

　　議題1　何謂正弦定理？為何要學習它？如何推出它？

　　（欲解斜三角形，單有畢氏定理是不夠的，我們需要尋找別的途徑。此議題

旨在讓學生瞭解正弦定理與學習掌握它的必要性，並引導學生用向量推導正弦定理，讓學生理解建構一種解決議題辦法的策略和途徑。）

議題2　你能從哪些方面去深刻理解正弦定理？

（引導學生從以下幾個方面去思考和感悟。）

內涵及其拓展：

1 正弦定理是為瞭解斜三角形而尋找的一種方法；

2 文字語言：在一個三角形中，各邊與其對應角的正弦比相等；

3 符號語言：分式給出的形式；

4 圖形語言：結合圖形分析講解，讓學生「心中有圖」。

外延及其拓展：

①各種三角形的定理形式展示、比較、分析；

②正弦定理可以直接解決的兩類三角形問題：一是已知兩角和任一邊，求其他兩邊和一角；二是已知兩邊和其中一邊的對角，求另一邊的對角。

議題3　怎樣延拓正弦定理？有何現實意義？

（為解決三角形問題開闢了更廣闊的空間。）

變式1：

$$a=2RsinA , b=sRsinB, c=sRsinC ;$$

變式2：

$$sinA=\frac{a}{2R} , sinB=\frac{b}{2R} , sinC=\frac{c}{2R} ;$$

變式3：

$$a:b:c=sinA:sinB:sinC 。$$

經過變式，正弦定理得到了引申，實現了通過定理把「邊」變為「角」、把「角」變為「邊」，從而為判斷三角形的形狀和性質提供了一種策略，即解題中，我們可以通過把「邊」變為「角」、把「角」變為「邊」來實現命題的轉化。

這樣，學生既親歷知識發生的過程，知曉定理的「來龍去脈」，從而對知識的學習有較深刻的認識，又在整個學習過程中有「題」可議，激活了思維，保持了較高水平的思維訓練，達到了通過議題引導啟發學生思考的目的。

## 三、循序性原則

最近發展區理論告訴我們：人的認識水平就是在「已知區」「最近發展區」和「未知區」三個層次之間循環往復，不斷轉化，螺旋上升。所以，應在「已知區」與「最近發展區」的鏈接點上設置議題，這有助於原有認知結構的鞏固，也便於將新知內化，從而使學生認知結構中的「最近發展區」上升為「已知區」。

循序性原則是指要綜合考慮學科知識的邏輯順序、學生的認知順序和心理發展順序，在「已知區」與「最近發展區」的鏈接點即知識的「增長點」上，設計一組使學生「跳一跳夠得著」的由淺入深、由易到難的漸進式議題，幫助學生理解新舊知識間的邏輯關係，完成對新知識在心理意義上的建構。

**案例 6　設置化學課「鹽類的水解原理」的循序性議題**

在鹽類水解第一節中，先拋出一個能引發學生認知衝突的議題：「NaCl 的水溶液呈中性，則所有的鹽溶液都顯中性嗎？」

各分隊通過做實驗、觀察、思考，顛覆了原有的認知結構，得出新的結論：「並非所有的鹽溶液都如 NaCl 的水溶液一樣呈中性。」把這節整體知識要點「鹽類水解的定義、實質、影響」和重要規律「有弱才水解，無弱不水解，誰強顯誰性，同強顯中性」等呈現出來，讓學生初步體驗到本節的整體內容目標，起到提綱挈領的作用，為下面探究奠定了基礎。

接著，在探究「為什麼」時，按照學生認知心理拋出一組循序性議題：

①考慮 $CH_3COONa$ 溶液為什麼顯鹼性？和什麼因素有關？（設疑。）

②在 $CH_3COONa$ 溶液中存在幾種離子，它們之間相互作用的情況如何？存在

幾組電離平衡？（啟發、用舊知識分析。）

③在 $CH_3COONa$ 溶液中，$CH_3COO^-$、$H^+$ 和 $CH_3COOH$ 之間的電離平衡對水的電離平衡有何影響？（進一步啟發，知識遷移，建立新舊知識間的聯繫。）

④在 $CH_3COONa$ 溶液中，新的平衡建立後，溶液中 $[OH^-]$ 與 $[H^+]$ 之間有何關係？溶液顯什麼性？（遷移、過渡到新知識。）

⑤ $CH_3COONa$ 溶液顯鹼性是由於 $CH_3COONa$ 溶於水，跟水發生了相互作用，我們把這種作用叫作鹽的水解反應。請分析鹽跟水相互作用的實質和結果，試得出鹽類水解的概念。（形成新概念。）

用以上條理清楚、系統連貫的「議題組群」展開教學內容，為討論鹽類水解的原因、實質和結果建立了清晰的框架，既揭示了矛盾，又引導學生步步深入地

進行思考，幫助學生學會用平衡移動的原理全面、辯證地分析問題，有效地促進學生形成新概念。

## 四、開放性原則

開放性原則是指根據課堂教學目標或學與教的階段性目標，設計一種沒有唯一標準答案，沒有現成的解題模式，在尋求答案過程中可促進主體認知結構重建的具有不確定性的開放型議題，以培養學生的探究能力、想象能力、合情推理能力與創新能力。

### 案例 7　在小學語文《金色的魚鈎》一課中設置開放型議題

教師讓學生限時閱讀課文《金色的魚鈎》。閱畢，教師拋出一個開放型議題：「老班長的最大優點是什麼？」然後先「分議」後「合議」。

（合議剛開始）一分隊生 A：老班長的最大優點是捨己為人、品德崇高。

五分隊生 B：我們認為老班長的最大優點是信守承諾！

二分隊生 C：剛才五分隊發言錯誤，老班長並沒有信守自己的諾言，相反是違背了自己的諾言！

（此言一出，課上立馬議論紛紛，教師見狀心生一計，立時拋出一個並未預設的開放型議題。）

教師：剛才五分隊與二分隊的觀點截然相反，大家都在小聲議論，既然如此，下面我們索性針對「老班長究竟有沒有信守自己的諾言」再次展開先「分議」後「合議」。

（分議畢）六分隊生 D：我分隊一致通過決議支持二分隊觀點，即老班長的確沒有信守承諾。理由有兩條：一是老班長曾親口答應過指導員，無論多麼艱難，一定把三位小戰士帶出草地，而在還有二十多裡地就要走出草地時，老班長卻沒有用堅強的意志力挺住自己而臥地長眠了；二是在老班長奄奄一息之際，他自己也說「我沒有完成黨交給我的任務」。

三分隊生 E：我們反對六分隊觀點！我們分隊全體隊員反覆地逐字逐句研究了課文，最終一致認定老班長實質上信守了承諾。

七分隊生 F：什麼叫「實質上信守了承諾」？請講出充足的理由。

三分隊生 G：有以下兩條理由：

老班長總把吃的東西讓給三位小戰士。課文寫得很清楚：「我從來沒見他吃過一點兒魚……他坐在那裡捧著搪瓷碗，嚼著幾根草根和我們吃剩的魚骨頭。」

正是由於天天忍餓而使其生命走向盡頭。

第二條，老班長之所以要這麼做，課文中也講得很明白，老班長說：「眼看你們的身子一天比一天衰弱，只要哪一天吃不上東西，說不定就會起不來。真有個三長兩短，我怎麼去向黨報告呢？難道我能說『指導員，我把同志們留在草地上，我自己克服了困難出來啦』？」

所以我們覺得，老班長答應指導員要把三位紅軍小戰士送出草地，事實上三位小戰士平安地走出了草地，老班長實質上說到做到了，他是以自己的生命作為代價信守了自己的莊嚴承諾！

……

## 五、效益性原則

效益性原則是指設置議題應以提高課堂學與教的實際效果、效率與效益為根本且唯一的目的。

1. 突出主題，緊扣學與教目標的需要

教學組織中設計的議題應圍繞目標展開，從學與教的實際需要入手，抓住學與教的主題與關鍵（主要矛盾），綱舉目張，設計出能起到事半功倍作用的議題。務須避免為了設置議題而設置議題的形式主義做法，力避亂設、濫設，要精設、巧設。

2. 面向全體，讓人人都能議都能獲益

設置議題應注重面向全體學生，注意學生之間學習能力、探究能力與表述能力的差異，努力設置具有層次性、梯度性的議題，使不同水平的學生都能參與議事，都能在原有的水平上再上一層樓。

3. 機動靈活，「該出手時就出手」

哲學理論指導我們，課堂中的學與教活動是時刻變化的、不斷在運動的，而絕非一成不變的、始終靜止的。這就是說，教師應根據課堂的變化、學情的變化，以及良機的突然出現而果斷地迅速調整預案（死扣預案授課必會大大降低效益）。這體現在三個方面：其一，可能須對預設的議題做局部修改；其二，可能須全盤否定預設議題而重起爐灶即時出題；其三，可能要將學生在認知衝突之際提出的新問題作為議題（必須議的話）。

例如在前述案例 7 中，二分隊生 C 的一番發言無意間引起了學生強烈的探討欲望，此時教師果斷機動、靈活應變，不惜放棄課前精心準備、認真撰寫的教

案，當即借題發揮，提出了一個非預設的議題：「老班長究竟有沒有信守自己的諾言？」這種隨機應變式的施教法誘發了學生的無意注意，激起了所有學生饒有興趣的探討與熱議，極大地提高了教學效益。

## 六、團隊型教育者施教的原則

團隊型教育者施教（開動「主發動機」）原則是學教合一教學的一個總原則，但在此處特指以下兩條微觀原則。

1. 徵詢團隊型教育者學生成員意見的原則

當教師設計畢議題後，尚應在課前徵詢團隊型教育者核心成員（執行教員）的意見。具體做法是，將設計好的議題寫在幾張紙條上送給執行教員即分隊長審閱（審閱以自願為原則）。這樣做一則利於團隊型教育者課上施教，二則便於學生預做準備（寫有議題的紙條往往會擴散傳至圍坐於同一張課桌的隊員），三則使議題更切中學生的實際。需要說明的是，雖未規定分隊長一定要審閱（因為他們有時無暇審閱），但只要有一位分隊長提出反對意見，則教師須重新思考議題的合理性、可靠性與實效性。當然，也可能某位執行教員的反對意見其實是不正確的，對此，教師應向該執行教員做充分解釋。即教師無論如何必須尊重團隊型教育者成員與學生，必須從心底裡認可團隊型教育者學生成員的教育者身份，認可其為自己的友好同事與親密合作者。

2. 引導團隊型教育者學生成員擬題的原則

長期的教學實踐（包括對畢業後學生的跟蹤調查）告訴我們，如果由學生自己來發現與設計議題，然後通過分議、合議解決議題或將議題昇華，相比老師出題讓學生被動議事的效果不知要好多少倍。這是因為，儘管同樣都是議事，議題由老師擬還是學生擬，兩者的最大差異是，前者是「學會」，後者是「會學」。用學習心理學的理論來解釋，後者在元認知水平上超越於前者。所謂元認知，就是關於認知（對客觀事物的一種認識的過程）的認知，是對自己學習的自我認知與監控，它是實現自主學習的核心認知能力。

欲掌握議事法，第三步要掌握學生自主設計議題的指導方法與若干技巧。

# 第五節　學生自主設計議題的指導方法

## 一、宏觀層面指導法

　　運用議會兩級議事法之初，完全應由教師設計議題，待學生在議事過程中對議題的表象、特徵、結構與內涵有了感性認識並漸漸上升到理性認識之後，教師方可著手指導學生自主擬題。

　　1. 教師指導的三種通法

　　首先，在上課時教師應見縫插針或順勢地告訴學生哪些議題有價值，為什麼有價值，是從哪個角度提出的；哪些議題雖然偏題了，不是我們這次學習的重點，但從另一角度說，它潛在的價值是什麼。其次，當學生提出較多問題時，應指導學生對這些問題進行分類，弄清哪些是主要的，哪些是次要的，哪些是關鍵的，哪些是非關鍵的，哪些值得研討，哪些不值得研討，然後將篩選出的問題升格為議題。最後，應指導學生怎樣將提出的問題聚焦為議題。比如，拆散與重組，合併同類項，或是去粗存精，提取精粹內容等。

　　2. 各學科具體設計方法

　　學科教師鬚根據本學科的特點，指導學生設計具有學科特色的議題。如在理科教學中可引導學生運用觀察法，能從「這是什麼」「為何是這樣」等角度對周圍事物提出議題；運用假設法，對現象的成因提出可能的假設，猜測是由何種因素引起該種現象的，前人是否曾有相似的發現，前人用了何種辦法；運用驗證法，研究如何證明假設，為何如此設計，能否變更方式；運用分析法，分析為何該因素與現象存在因果聯繫，深層次的原因是什麼，該命題若換個題設是否仍成立，在應用上有何價值。又如在歷史教學或政治學科教學中，可從歷史發展的脈絡處，或者從歷史與現實的聯繫處，或者從歷史的唯物辯證論與唯心辯證論的碰撞處設計帶有學科探討特色的議題。再如在語文教學中，可誘導學生在「對比」與「類比」處試設議題，或抓住文中不合理之處、疑惑之處試設議題，或探覓文本中心，於中心處試設議題等。

　　總之，無論什麼學科，都須在學生的認知衝突的焦點處設置議題。

案例 8　小學六年級語文課《養花》（作者老舍）教學片段（學生自主設計議題）

　　……

師：剛才各分隊通過協作設計好了准議題，下面請各分隊發言人亮出各自的准議題，然後大家一起來評出哪一個才是本節課的核心議題。

　　二分隊生A：為什麼「花草自己會奮鬥」？如何理解其含義？

　　一分隊生B：作者為什麼要感謝花草？

　　七分隊生C：作者為什麼把養花當作生活中的一種樂趣？養花究竟有哪些樂趣？

　　四分隊生D：為什麼憂與淚也是養花的樂趣呢？

　　六分隊生E：「不勞動，連棵花也養不活，這難道不是真理嗎？」說明瞭什麼道理？

　　七分隊生F：作者再次提到「腰酸腿疼」與「熱汗直流」，這是作者在抱怨養花勞累嗎？為什麼？

　　三分隊生G：為什麼養花「有益身心，勝於吃藥」？

　　五分隊生H：作者養花的目的與動力是什麼？

　　（經過教師引導，課堂合議，一番激烈辯論之後，大家意見趨於一致：四分隊提出的准議題應當成為本節課的核心議題，即為什麼憂與淚也是養花的樂趣？這是因為：第一，它具有深層次機理與礎議的必要性，具有研討的價值且符合學生整體的最近發展區；第二，從文章的內容結構及各段落大意上分析，「有喜有憂，有笑有淚」這句話應該是全文的中心句，也是作者老舍在文章中最想要表達的意思。）

　　……

## 二、課外擬題指導法

　　當教師對如何設計議題向學生做了宏觀方法上的指導後，接著就需要讓學生進行實踐，並從中再予以微觀方法上的指導。這樣的實踐分課外與課內擬題兩條途徑。所謂課外擬題是指：如果某一節教學內容須上兩課時或兩課時以上，則待第一課時上畢，老師不是給學生佈置練習型的作業，而是讓學生首先選擇自己認為有價值的課文內現成的各種問題，或是課文後的思考題，或是其他各種類型問題，然後將選出的問題進行加工與改造，使其蛻變為一個全新的問題（這一過程簡稱「舊題新編」），最後由教師閱題評分。判分採用5分制，得5分（滿分）的堪稱優秀議題，得4分的為一般性議題，得3分或3分以下的是問題而非議題。待進行第二課時的教學時，先在螢幕上映出獲5分的議題連同擬題人姓名，由學

生思考片刻通過舉手方式評出 1~3 個議題，隨後便對此開展「分議」或「合議」。

舊題新編一般有下列若干方法或技巧：

（1）變更題設結論法。變更原題的某一個或幾個條件，觀察結論有何變化，或變更結論的某一部分觀察題設有何變化。

（2）變式開拓法。將原題做變式、引申、推廣，獲得更一般的規律或假想。

（3）特定限止法。將原題置於某種特殊的情境中，看是否仍成立或發生新變化、出現新現象。

（4）遷移環境法。將原問題遷移到另外一種與原先截然不同的環境中，觀察其有何反應，會產生什麼新景象、新狀態。

（5）比較分析法。將原問題做縱向與橫向聯想，與相近事物做類比分析或與相反事物做對比分析，找到異同，發現新議題。

（6）實踐（驗）觀察法。將原問題置於實踐或實驗之中，通過調研、實地演示、實驗操作等方法，分析實踐或實驗的結果，據此提出議題。

（7）逆向思考法。運用逆向思維方式將正面的問題反過來思考與探索，以求發現新狀況，形成新議題。

（8）自我反思法。通過多條途徑嘗試解決原問題，然後自我反思解題的歷程，獲得這種思考歷程的經驗提升，在這種不斷地反思及螺旋式提升的進程中發現新狀態，產生新議題。

（9）團隊型教育者學生成員施教法。在學習自主提（擬）出議題的過程中，往往是能力相對較強的團隊型教育者學生成員率先掌握了相關方法與技巧，於是通過「兵教兵」，在合作互助的氛圍下使尚未學會擬題方法的學生也漸漸悟出門道。

誠然，設計議題的方法與技巧遠非上述幾種，尚有多種如因果聯想法、頭腦風暴法、「what-if-not」法（由美國學者布朗與沃爾特提出，其本意是：如果不是這樣的話，那又可能是什麼？）等方法，均可嘗試運用。

此外尚須向學生講明獲得的新問題未必是議題，議題是具備一定條件（前面已述）的可議、該議、需議、須議的特別問題，或者是某些帶有一定程度的批判性和挑戰性的問題。

## 案例 9　關於舊題新編及如何確定議題一例

[原題] $\begin{cases} x=3, \\ y=4, \\ z=5 \end{cases}$ 是三元二次方程式 $x^2+y^2=z^2$ 的一個解。

根據以上所述技巧可得下列一系列新題：

由技巧（4）或（5）可得：

[題1]　若 $x, y, z$ 分別是任意直角三角形的三條邊長，且 $z$ 為斜邊長，則 $x^2+y^2=z^2$ 成立；

由技巧（7）可得：

[題2]　若 $x, y, z$ 不是直角三角形的邊長，則 $x^2+y^2=z^2$ 成立嗎？

由技巧（1）可得：

[題3]　如果 $\begin{cases} x=3, \\ y=4, \\ z=5 \end{cases}$ 不成立，那麼 $x^2+y^2=z^2$ 還成立嗎？

由技巧（2）可得：

[題4]　若結論改為 $x^2+y^2>z^2$，則使結論成立的條件是什麼？

由技巧（7）可得：

[題5]　若條件改為 $x^2+y^2<z^2$，則推出的結論應是什麼？

由技巧（2）可得：

[題6]　使 $x^2+y^2+z^2=t^2$ 成立的條件是什麼？

由技巧（1）可得：

[題7]　若條件為 $x^2+y^2+z^2>t^2$，則可推出什麼結論？

由技巧（7）可得：

[題8]　若以 $x^2+y^2+z^2<t^2$ 為錯誤結論，則提設一定是 $\begin{cases} x=3, \\ y=4, \\ z=5, \\ t=6 \end{cases}$ 嗎？

……

下面針對上述問題按學生整體的不同知識水平篩選確定議題：

若學生剛學了畢氏定理但尚未學習其逆定理，則［題2］或［題3］可選作議題；

若學生學習了三角函數餘弦定理，則［題4］或［題5］可作為議題；

若學生學習了三維空間的基礎知識，則［題6］可作為議題；

若學生學習了空間二面角的概念，則［題7］可作為議題。

……

## 三、課內擬題指導法

所謂課內擬題是指教師在上課期間選擇時機，創設必要的恰當的問題情境或應用元認知提示語，由此促使學生發現或擬出新的問題或議題。

1. 例說創設情境的方法

上面所述的「必要的恰當的」問題情境應當包含下列幾個要素，即指向知識核心的、呈現刺激性問題資訊的、引起認知衝突的、喚起好奇心及引起發現欲的、誘發質疑猜想並喚醒強烈的問題意識的、符合學生經驗的，是學生迫切希求探索、研討與解決的問題。

### 案例10 教師課內創設情境，學生自主擬題一例

在初中數學「簡易方程式的應用」的教學中，教師創設了這樣的問題情境：「媽媽給小王20元錢，叫他買學習用品。文具店裡的練習簿價格是3元一本，圓珠筆是2元一支……」在老師的引導下，通過「分議」，學生在課上共提出了30多個相關的問題，然後通過「合議」與「分議」並進，教師適當點撥，學生從中確定了兩個符合議題條件的問題作為議題。

①如果買10本以上的練習簿9折優惠，那麼買13本練習簿還剩多少錢？（較新穎的發展性議題。）

②買多少本練習簿和多少支圓珠筆能把20元錢用完？（難度系數較高的探索性議題。）

隨後教師讓學生自主分析並解決自己提出的議題，引起了學生極大的學習興趣，給學生創造了廣闊的思維空間。其中，有些學生提出了二元一次不定方程式的求解問題，超越了該節課的教學內容，但又為學生所理解。這個簡單的數學情境，教師將其在該班「二元一次方程式組的應用」教學中再次呈現，通過「分議」學生又提出了20多個相應的問題，教師引導學生通過「合議」從中篩選三個符合議題條件的問題作為議題。

①用20元錢買練習簿和圓珠筆共9件，能買多少本練習簿？多少支圓珠筆？

②若買圓珠筆的數量是練習簿數量的 2 倍少 1，那麼 20 元錢能買練習簿和圓珠筆各多少？

③買多少本練習簿和多少支圓珠筆恰好把 20 元錢用完？

然後，讓學生對這些議題進行自主解決或切磋解決，同樣產生了良好的教學效果。

註：教師創設的上述問題情境誘使學生發現並提（擬）出了很多新問題，然後教師引導學生對眾多問題進行了篩選、歸類，最後保留了符合議題條件的問題作為議題讓學生研討解決。同時，對於學生提（擬）出的看似「超綱」的問題，教師做了靈活處理，並很好地把它運用到其他內容的學習中去。需要說明的是，並非任何創設的情境都能使學生提（擬）出問題，教師在創設問題情境時要注重科學性、探究性、教育性、趣味性。同時，還要考慮情境對問題的指向性與暗示性，以有利於誘發學生提（擬）出與教學內容密切相關的問題。

2. 例說應用元認知提示語的方法

元認知是對於認知的一種反思。一般地，元認知被廣泛地定義為任何以認知過程和結果為對象的知識或是任何調節認知過程的認知活動。

為了加速培養學生提（擬）出議題的能力，在課堂內教師要善於應用元認知提示語（教學提示語通常分為認知性提示語與元認知提示語）來引導學生提（擬）出議題。

### 案例 11　高一數學「指數函數與對數函數的關係」一課的教學片段

上課伊始，教師引導學生復習了指數、對數函數的概念和性質。

師：當我們學習完一些知識後，要有一個習慣，就是想想能否將這些已學知識做橫向聯繫或橫向類比。那麼請大家思考一下，你覺得指數函數與對數函數之間有沒有聯繫？

生：政治課老師叫我們要用唯物辯證法宏觀指導學習各門具體學科，由此看來，這兩種函數儘管不同，但不可能相互孤立，不可能不存在聯繫！

師：說得好！我們現在就來研究這兩種函數的關係，那麼你認為這兩種不同函數之間客觀存在著什麼關係？你打算怎樣去尋找並研究這種關係？

……

註：教師未明確告訴學生本課時欲研究什麼，而是用一個方法論提示語（屬於認知性提示語）暗示了該課教學內容即為指數、對數函數的關係，這種教法相比直接告訴學生今天研究的是什麼課題要好得多。然而，使用認知性提示語對開

發學生自主發現、自主提（擬）出議題的能力並無十分顯著的效果，如果教師能改用元認知提示語來引導學生提出本節課欲研究的課題，則效果會更好。比如教師可這樣說：「前面我們已經分別深入研究了這兩種函數的知識，那麼接下去應該研究什麼？」若學生啟而不發處於「憤」和「悱」的狀態，則有兩種辦法：法一，立即抓住良機展開「分議」與「合議」；法二，若時間不允許則教師可追問：「大家應當站在辯證法的哲學高度上去審視問題，由此可得出什麼結論？」

經常在元認知提示語的啟發下，由學生自主提出課題或其他問題，無疑能加速發展學生自主發現或設計議題的能力。

欲掌握議事法，第四步要掌握教師對介入時機、介入程度及「學議合一」規律的把握能力（含於下一節）。

# 第六節　議事法的說明事項與應用優勢

## 一、主要說明事項

1. 要恰當把握介入議事活動的時機

當分隊遇到困難時教師勿急於介入，而要仔細觀察，掌握火候，適時介入。一般而言，教師介入的時機有三個：①在議事過程中，當某分隊所有隊員思維受阻時，教師應及時介入以避免低效率的議事活動；②在議事結束後，教師要針對課堂實況進行「畫龍點睛」式的總結，系統歸納所獲知識，提升方法與規律並予適當拔高，對表現突出的施教者應做出合理的肯定與表揚，對一時難以取得一致結論的議題允許存疑，容課後進一步探討；③在整堂課結束後，教師應對相關知識進行檢測，根據檢測結果對共性問題進行分析講解，強化課堂學習效果。

2. 要恰當把握介入議事活動的程度

實踐與研究發現，教師給予幫助的程度和學生獨立提出與解決議題的能力、分隊協作提出與解決議題的能力呈負相關。如果教師在第一時間沒有理解學生的想法，他就不知道真正使學生困惑的是什麼，往往會採取介入程度較深的直接幫助和指導，這樣教師所給予的幫助就不能發揮良好的作用，反而會對分隊的進步產生阻礙。因此，介入不是越深越好，也不是越多越好，只有和學生想法密切相關的介入才是最有效的，只有用「過程幫助」代替「結果幫助」才是最合理的。

3. 要求做到「學議合一」

「學」指獨立思考、自主學習、「議」指議事。「學」是一個內化的過程，「議」是一個交往的過程。「學」是「議」的前提，使「議」有實效；「議」是「學」的昇華，使「學」更高效。故應寓「學」於「議」，寓「議」於「學」，二者莫要偏廢，應在對立中實現互補，達到平衡。在教學過程中，教師要恰當處置兩個實際問題：①何時該「學」，何時該「議」；②「學」「議」時間如何分配。

　　註：關於如何恰當把握介入的時機和程度、如何做到「學議合一」的說明性例子，置於下一節（本章第七節）第四小節的課例以及其他小節的課例中。

## 二、其他說明事項

### 1. 採用「半自主設計」法逐次提高擬題能力

　　在學教合一教學中，培養學生創造力的最有效途徑是學生自主提（擬）出問題尤其是議題，但這是一種難度頗大的學習活動。因此，在培養學生自主設計議題能力的初始階段，可以採取「半自主設計」（即分隊合作擬題）的方式，通過一段時間的教師指導、分隊合作共擬、學生之間相互交流擬題經驗以及團隊型教育者成員發揮骨幹作用，必能逐步提高學生自主提（擬）出即設計出議題的能力。

### 2. 什麼教法最浪費教學時間

　　教師大可不必擔憂運用本章介紹的施教法會浪費教學時間、影響教學進度，導致完不成上級部門額定的教學任務。實踐與經驗表明，那種為了趕進度，為了應付考試而採用的注入式講授法，進行近乎死記硬背式的教學，看上去似乎課堂密度高、資訊容量大，教師講得「滿頭大汗」，但實際上是真正地浪費了教學時間！教師只是「單相思」般地獲得某種自我心理安慰罷了，而事實上除尖子生外多數學生根本無法接受老師所傳遞的全部資訊（國外有人研究得出，45分鐘後能夠記住的知識資訊量不會超過教師講授的全部知識資訊的百分之二十）。

### 3. 學教合一教學要求多種施教法輪換使用

　　誠然，若每一堂課均無一例外地運用會議兩級議事法進行教學也是不明智、不恰當的。一則，學生的特點是「喜新厭舊」，倘長期用同一種施教法他們必然會心生厭倦；二則，現代教學論認為不可能存在一種適合所有學科所有課型的萬能教學方法（模式）。因此，連續一個時期的教學理應多種施教法交替運用，而且在一堂課內也未必只採用一種施教法，如本章施教法可與下面幾章介紹的施教法或者其他書刊介紹的教法（模式），同在一節課內交替使用。

### 4. 在應試大環境下如何運用議事法

　　縱觀中國的眾多的教學方法（模式），不存在一種能培養學生既具有中國式

應試能力又具有美國式創造能力的超級教學方法（模式），本章介紹的施教法即議事法也同樣無此超級功能。那麼，議事法對學生的創造力與應試能力的培養就力度而言孰大孰小？這要取決於三個關鍵點：第一個關鍵點是議題由誰設計，若由教師設計，則對後者力度稍大，若由學生設計，則對前者力度更大；第二個關鍵點是教師介入的時機與程度，介入時機略提早或介入程度相對較深則後者力度稍大，否則，前者力度更大；第三個關鍵點是議題有無標準答案，若有答案則後者力度稍大，否則前者力度更大。

既要適應目前應試教育仍唱主角的現實大環境，又必須對整個國家與民族的前途與命運負責，則①議題由誰設計需要教師勇頂壓力，獨立而慎重地把握，一個折中的參考方案是師生同擬或交替擬題；②介入的時機與程度以及是否需設計無答案的議題亦須教師自行權衡與仔細斟酌。

## 三、若干應用優勢

應用議會兩級議事法進行教學有很多優勢，但有不少優勢在前面已有所提及，或在其他書刊上介紹其他方法時也有相似的闡述，故在此不欲再提以往已有的陳舊話語，僅精要選述其中的三條。

1. 有利於中學與大學的教育銜接

不少高中學生升入大學特別是重點大學後，在最初的一個學期或幾個學期內很難適應大學的教育方式，其原因主要有兩個，一是應試教育培養出來的大學新生有很多是高分低能者，二是傳統的中學教學方法與大學尤其是重點大學的教學方法大相徑庭。另外，隨著中國初中生、高中生愈來愈多地留學於西方國家，無法適應國外教育方式的資訊反饋也愈來愈多，主要反映在許多學生在國外高中或大學課堂教學中無法自主提出問題，也不知如何參與群體交流與切磋。由此看來，在中小學教學中，大有必要選擇一定數量的課時運用議會兩級議事法以徹底消除上述弊端。

2. 有利於培養 21 世紀最重要的能力

當今世界有大量學者在研究基礎教育界的新熱點———核心素養，但對核心素養的內涵與涉及範圍迄今尚未形成統一的認識，較多的學者認為團隊協作能力必含於其中，而且認為這種能力是 21 世紀最重要的能力。

被譽為 20 世紀最偉大的心靈導師、成功學大師與美國現代成人教育之父的著名教育家、心理學家戴爾‧卡內基，在其被譯成 20 多種文字廣傳全球的名著《人性的弱點》一書中指出：一個人事業上的成功，只有百分之十五靠他的專業

技術，另外的百分之八十五要靠人際關係，即與他人相處和合作的能力，也就是團隊協作能力。顯然，實行分隊捆綁式評價與分隊負責制的議事法在課堂上的多次運用，通過「分議」與「合議」的兩級制議事，最有利於提高學生的團隊協作技能或能力（包括社交與人際溝通能力等）。

這是因為，議事法有助於將知識內化為學生頭腦中的智力活動，幫助學生把握知識間的內在規律，使學生成為知識的共同創造者。與此同時，議事法還增強了學生對含糊或複雜事情的關心程度與容忍度，發展了學生清晰明白地交流思想和看法的能力，並使學生形成了開放的胸襟、民主的態度、合作的意識、競爭（指分隊間的競爭）的意識與集體觀念，以及養成了學生良好的心理品質與社會交往素質等。這些因素的集合體直接促進乃至大幅提升了學生的團隊協作能力。

當然，運用議事法還能培養其他方面的能力，如語言表達能力、聆聽能力、邏輯思維與合情推理能力、認知與元認知能力、批判與想象能力、多向思維能力及成功智力等。

3. 議事活動本質上是團隊型教育者施教活動

首先，讓·皮亞傑開創的認知發展理論告訴我們，學生群體圍繞合適的學習任務所開展的交互作用能促進他們對重要知識的理解與掌握。關於維果茨基提出的「最近發展區」與讓·皮亞傑提出的「守恆實驗」（守恆是指不論事物的形態如何變化，仍能認識到該事物的某些特性並未改變的能力），已有大量事實與實驗結果表明，扮演施教者與受教者雙重角色的學生之間的交互作用，能夠有效協助非守恆者成為守恆者，學生們在彼此最近發展區操作的必要性與重要性也已被實踐與實驗所證實。

其次，世界各地對於同伴互教活動的長期研究發現，在學業成績方面，在成功智力的發展方面，在核心素養的培養方面，施教者與被教者確實均能從中獲得程度不一的好處而非單方面受益。

再次，在運用議會兩級議事法的實踐中，經過觀察與研究可知，各分隊全體隊員均能積極參與議事，均能合作互助、相互獲利、共同進步，並不存在「討論教學法」研究者所說的「少數學生在討論時被冷落、被邊緣化」的現象。這主要得益於兩台「發動機」的有效推動作用，即團隊型教育者施教作用與優秀分隊施教作用。再者，學教合一課桌本身具備的客觀條件與優勢也較易促成「人桌合一」，進而促成「人隊合一」。

綜上，不難理解議事活動本質上是同伴互教活動，而同伴互教活動的核心是團隊型教育者施教活動。「自己人效應」表明這樣的活動無疑是效果最佳的學與

教活動。

　　由於本施教法的採用稍多於其他施教法，故下節特設六個成功與失敗課例詳釋其應用。

# 第七節　議事法正、反面課例與評析

　　本節的前面五個正面案例分別為五種常見課型的課例（片段式課堂實錄），後面一個失敗課課例作為反面教材，幫助讀者進一步認識並掌握議事法。

## 一、新授課課例（片段）與評析

　　心理學家認為，每個人都有一顆好勝心，都想在大庭廣眾之下表現自己，想得到大家的認同與讚揚。所以，運用「議會兩級議事法」等團隊型教育者施教法，就會讓學生力求最大限度地表現自己，努力使自己成為有益於分隊或班級的被大家認可的施教者。而欲達到這一目標，他們就會鞭策自己主動積極地在課前預學該課的教學內容。

　　1. 新授課

　　新授課是傳授新知識、新內容、新技能的課。學生主要通過新授課學習新知識，故新授課的質量從根本上決定著學生的學習質量。

　　應用議事法上新授課，在多數情況下含有以下四個環節：①展示交流，教師精講；②個人探究，分隊群議；③分隊展示，課堂合議；④生成新題，再掀議潮。

　　2. 課例（片段）

　　高中語文觀摩課《讀伊索寓言》（作者錢鍾書）

　　教師在前一日給學生佈置的作業為預習新課，併發下相應的導學稿（一張八開紙）。導學稿含三部分內容：第一部分是作者簡介，寓言的含義及《伊索寓言》簡介；第二部分是導學，即引導學生如何預學新課（採用問題引導法或述要助讀法）；第三部分是針對性較強的精幹練習題。

　　導學稿要求課前上交，教師審閱導學稿中的答題情況，即做二次備課（閱畢再下發），充分瞭解學情，力求成竹在胸。

　　下面是該節課四階段學議過程片段式實錄。

　　第一階段　展示交流，教師精講

　　團隊型教育者：請各分隊隊員將自己的導學稿置於圓白板上，六名隊員輪流

批閱他人導學稿，並做短暫討論與評議，評出第一名。限時 4 分鐘。

（注：因為上課最初 3 分鐘學生注意力最難集中，所以採取「評出第一名」與「限時 4 分鐘」的策略來提高課堂效率）

隨後教師結合教材內容，針對導學稿中存在的問題，針對實際學情，做集中精要講解。

（註：新授課不宜整節課都運用議事法，而宜與其他教學方法相結合，如本節課前面部分採用了講解法。）

第二階段　亮出議題，分隊先議

教師精講完畢即板書議題：是否該讓小孩讀寓言？

團隊型教育者教師成員（鄭重其事地）：從此刻起，大家的身份發生了突變，我們都變成「語文共和國」的國會議員，本人兼任議長。現在正式召開大會研討該議題（教師手指板書處）。議程為：①各隊分議；②大會合議。在各隊分議前每位議員先做獨立思考，然後再合作研議，形成分隊共識。在大會合議之際，若出現意見相左，則各分隊需要一邊分議一邊合議（分議與合議的意思學生已知曉）。本階段限時 8 分鐘。

教師言訖，七個分隊在分隊長的組織下立即開始了緊張而有序的運作。

……

第三階段　課堂合議，隊際激辯

這一階段的特點是：一方面各分隊在課堂上發表本分隊觀點，即各分隊之間在課上各抒己見，展開辯論；另一方面在反駁某分隊觀點時，分隊內部仍須共同磋商，六名隊員獻計獻策，一起尋找與確定駁斥的論據。簡言之，兩個層級的議事須同時進行。

團隊型教育者：估計各分隊的研討已基本上取得共識了吧，下面就開始進行大會合議……

（教育者話音未落）四分隊發言人生 A：讓我分隊先講吧。我們對盧梭「讀寓言會壞心術」的觀點甚感不解。因為在小學期間，我們曾讀過語文課文《烏鴉和狐狸》，彼時，我們都覺得狐狸是壞蛋，烏鴉是笨蛋。剛才，我分隊討論了一下，大家認為這是由於東西方文化的差異而導致了觀點上的差異。

四分隊隊長生 B：我們再補充兩句。中國學生自小接受的是道德二元論思想，即非好則壞，非壞則好，而西方學生接受的是多元化自由化思想。因此西方的一些學生可能會認同某些壞人的言行，故盧梭認為讀寓言會壞心術的原因即在於

此。此外，課文末尾有錢鍾書的一段話：「盧梭是原始主義者，主張復古，而我呢，是相信進步的人———雖然並不像寓言裡所說的蒼蠅，坐在車輪的軸心上，嗡嗡地叫道：『車子的前進，都是我的力量』我分隊對這段話頗感疑惑，期盼與兄弟分隊共同研討。

團隊型教育者：四分隊能從東西方道德評價上的差異作為切入口來做出解釋，有新意！請其他分隊發表高見。

一分隊生C：一分隊的看法是，人的思想是隨著社會整體意識的變化而變化的。盧梭是十八世紀法國的思想家，是一位原始主義者即復古主義者，他在晚年所著的《懺悔錄》中也體現出這種強烈的復古主義傾向。他認為人們應當回到從前的純樸狀態，而讀寓言會使小孩子學會壞心術，失去天真，失去純樸性，所以他反對小孩子讀伊索寓言一類的寓言。而錢鍾書是「相信進步的人」，因為他認為小孩讀伊索寓言，會把原本就純樸的孩童教得更簡單更幼稚了，會誤認為人類社會中是非的分別、善惡的回報，也會像低等動物社會中一樣公平合理，結果長大了就會處處碰壁，中人奸計。作者主要是從社會整體意識的變化、人性變化的角度來闡述其論點的。所以一分隊認可作者觀點，即確實不該讓小孩讀寓言。

五分隊生D：非也，非也！五分隊認為理應讓今天的孩童讀寓言，因為社會是不斷發展的，資訊時代的孩子已非18世紀的孩子，也非民國時代的孩子，他們心智的成熟程度與辨別能力已遠超往昔，作者的看法純屬杞人憂天！

團隊型教育者學生成員E：我代表我個人做些說明。讓孩子們讀伊索寓言不僅不會起副作用，反而能讓孩子們從生動的故事裡懂得許多道理與真理，使他們學會善良，學會做人，我覺得這一點很需要。我們完全不必擔心小孩子會永遠沈浸在理想的童話世界裡，隨著年齡的增長與社會經驗的豐富，他們必然會逐步地認識客觀世界，認識現實社會。所以我認為錢鍾書多慮了。而且我認為，讓孩子們學會善良及學會做人能淨化社會，能推動社會進步，所以應該提倡孩子們讀伊索寓言一類的寓言。

三分隊生F：我分隊認為上述觀點完全錯誤！我們完全贊成錢鍾書的看法，即小孩子確實不適宜讀伊索寓言。現在有些父母親喜歡對自己的小孩講寓言故事，還有幼兒園老師也常常向幼兒講寓言故事，這實在是不智之舉！因為寓言僅僅反映了社會的某個側面，儘管對該童認識社會有一點點幫助，但是這類寓言故事猶如夢境，過於單純，而現實社會並非世外桃源，其錯綜複雜的程度難以想象。如果小孩子頻頻讀聽這類過於理想化的寓言故事，他們就會狹窄地甚至歪曲地認識事物與瞭解社會，把複雜事物簡單化、理想化，嚴重脫離冰冷的現實，在處置事件方面可能會效仿寓言裡的處理方式，一旦受挫就會導致心靈受傷，個別

嚴重者甚至會走向極端，以結束生命的方式來表達他們對現實社會的極度不解與極度恐懼。

　　七分隊生 G（迫不及待地）：我們反對三分隊危言聳聽的觀點，孩子們完全可以而且應該讀聽寓言！因為寓言能給兒童們提供無限的想象空間，雖然兒童們的遐想純真又奇異，但是如果這種想象力被遏止，那麼人人都會變得世俗平庸，社會就不再有創新，所以讀聽寓言是培養兒童想象力與創造力的一條有效途徑。

　　二分隊生 H：我們的論點與七分隊相同，但論據與七分隊不同。誠然，我分隊全體隊員都十分崇拜錢鍾書先生的高超才學，但令人遺憾與不解的是，他在這篇文章中卻匪夷所思地變成了「杞國」的優秀公民，他竟然杞人憂天塌（學生大笑），擔憂孩子們讀寓言會變得太簡單、太幼稚，這實在是錢鍾書先生的一種不切實際略帶病態的臆想。因為兒童們自出生之日起就生存於一個複雜的社會，非烏托邦式的社會，而現實社會的高度複雜性勢必會促使他們逐漸趨於成熟。

　　團隊型教育者：略。

　　……

　　第四階段　突生新題，再生激辯

　　團隊型教育者：現在距大會結束還有 10 餘分鐘，請問各位議員，你們自己有無新的議案需要提交大會審議？

　　四分隊生 I：我分隊在第一階段分議期間，曾討論了《狐狸與烏鴉》的寓言故事，由此來佐證我分隊的觀點，現在我分隊在討論中產生了一個新問題，即如果一位小孩聽了寓言故事《狐狸與烏鴉》後，其母親對他說：「你要羨慕狐狸。」其祖母對他說：「不，你要憐憫烏鴉。」那麼，孩子該聽母親還是祖母的話？

　　（這個即時生成的極富挑戰性與趣味性的難題，立即引發了熱烈的分議與隨後跟進的激烈的合議。為限制篇幅，略去教師的一些教語及以下分議與合議的內容。）

　　3. 評析

　　這是一堂主要運用「議會兩級議事法」的公開課，參與聽課的有校內外骨幹教師、名師、特級教師及教科所相關專家與領導。現將主要的幾條評課意見實錄於下：

　　（1）評課人 A：施教「老師」遍布教室

　　這是一堂我以前從未聽過的完全新穎的課，它充分體現了「學教合一」的理念。每位學生都表現出濃厚的學習興趣與強烈的探討慾望，我特意留心觀察整個

課堂，卻從未發現有哪位學生置身於學議活動之外，注意力都高度集中，而且學生的膽量也特別大，講話直言不諱，解剖問題一針見血，這才是真正的高效課堂。

（2）評課人B：新生議題棋高一著

執教老師根據教材《讀伊索寓言》設計的「該否讓小孩讀寓言？」是一個精妙絕倫的議題，其優點在於：①它是一個沒有唯一答案的開放性問題；②它是課文主題思想的縮影，是全文的精髓；③它是一個符合學生整體的最近發展區，促使學生饒有興趣廣泛深入地聯想與思考的創新題。

此外，學生在課上自主提出的一個問題並不簡單，即一位孩子聽了寓言《狐狸與烏鴉》後，其母對其曰「你要羨慕狐狸」，其祖母則要求其憐憫烏鴉，問此時孩子究竟應聽誰的話？我認為學生提出的這個兩難型無標準答案的問題，相比教師提出的議題更富有創意與挑戰性，這說明學生已具有較強的創新能力。

（3）評課人C：學生能力不可低估

這堂課給我一個最大的警醒，就是高中學生實際上不乏人才，有的學生有雄辯的口才，有的學生思維敏捷，知識面廣，有的學生具有不淺的哲學思想，有的學生具有較強的批判能力，有的學生（如分隊長等）組織溝通能力很強。我從教三十餘年，以前一直用講授法上課，學生只是被動地聽，所以我從未發覺學生中多有藏龍臥虎之才，今天聽了此課，才感覺到學生不簡單，他們在某些方面的知識高度，教師還真達不到，教師真的需要向學生學習。

（4）評課人D：課堂轉型勢在必行

這堂課給我的最大感悟是，資訊時代的學生與昔日的學生在智力與能力上已不可同日而語，當然這與該班教師長期運用以生為本的先進教學方法有最主要的關係，假如該班一直運用傳統的注入式教法，恐怕他們達不到現在的水平、能力與膽魄。因此，我認為關鍵還是要轉變教學理念，轉變學法與教法。

（5）評課人E：學教合一勢在必行

由於資訊時代互聯網的高度發達，今天的學生確實可以成為施教者。從剛才兩個層級的討論中可以看出，在相互辯論之際所有學生實際上既是施教者又是被教者。大家在積極互動中都從對方那裡自覺不自覺地學到了不少知識、方法與思想，而且根據蕭伯納提出的「思想交換論」與心理學家提出的「自己人效應」，這樣的學習最高效，這種高效性單靠教師一人施教是絕無可能辦到的。

所以，現代的班級教學的確應由團隊型教育者施教，這是當今教學發展的大勢所趨！而辨別一種教學先進與否，有一個很簡便又很明確的鑒別標準：是教師一個人在施教？還是整個團隊型教育者在施教？

（6）評課人 F（教科所人員）：發展能力勢在必行

我談談四點意見：第一，這種學習方式最適合培養學生的發散性思維與創造性思維，最擅長發展學生的創新能力；第二，教室裡的這種合作型課桌非常適合學生的合作研討與交流學習，在客觀上起到了推波助瀾的作用，建議各區各校對此做進一步探索；第三，每個分隊成員之間團結友愛，配合默契，互助互學，群體效應發揮到極致，當然這可能與第二點有關；第四，有一位學生的發言缺乏修養，他稱錢鍾書先生為「杞國」的優秀公民，略含嘲諷之意，而教師未立即抓住時機予以教育，我認為課堂教學與道德素養教育應同步協調進行。

……

（註：這場評課活動持續時間較長，各方發言甚多，囿於篇幅，僅實錄一小部分評語。）

## 二、復習課課例（片段）與評析

### 1. 復習課

復習課是依據記憶規律，通過特定的課堂教學活動對學生已經建構的知識進行鞏固、變式與拓展，進一步系統地掌握基礎知識、基本技能和基本方法，完善知識結構，提高綜合運用知識分析和解決問題的能力的課型。

復習課教學應充分發揮學生的自主性，讓學生積極、主動參與復習全過程，尤其是要讓學生參與歸納、整理的過程，不要用教師的歸納代替學生的整理。在復習中要體現：知識讓學生疏理；規律讓學生尋找；錯誤讓學生判斷。

### 2. 課例（片段）

高中數學觀摩課「平面向量」單元復習

以下是該節課的兩級制議事過程簡述。

第一階段　由相同的題設，提不同的問題

高中數學人教 A 版必修 4 第 120 頁 B 組複習題 5：已知向量 $\overrightarrow{OP_1}$、$\overrightarrow{OP_2}$、$\overrightarrow{OP_3}$ 滿足 $\overrightarrow{OP_1}+\overrightarrow{OP_2}+\overrightarrow{OP_3}=\vec{0}$，且 $|\overrightarrow{OP_1}|=|\overrightarrow{OP_2}|=|\overrightarrow{OP_3}|=1$，求證 $\Delta P_1P_2P_3$ 是正三角形（以下簡稱「題 5」）。團隊型教育者將其改為如下開放性議題，讓學生自主探索結論：

若向量 $\overrightarrow{OP_1}$、$\overrightarrow{OP_2}$、$\overrightarrow{OP_3}$ 滿足 $\overrightarrow{OP_1}+\overrightarrow{OP_2}+\overrightarrow{OP_3}=\vec{0}$，且 $|\overrightarrow{OP_1}|=|\overrightarrow{OP_2}|=|\overrightarrow{OP_3}|=1$，則可得到什麼結論？並怎樣加以解決？

（下面各分隊開展分議。）

（分議畢）五分隊生 A：向量 $\overrightarrow{OP_1}$、$\overrightarrow{OP_2}$、$\overrightarrow{OP_3}$ 都是單位向量，且任意兩個向量的

和與另一向量是互為相反向量。

六分隊生 B：點 O 是 $\Delta P_1P_2P_3$ 的外心。

一分隊生 C：向量 $\overrightarrow{OP_1}$、$\overrightarrow{OP_2}$、$\overrightarrow{OP_3}$ 的兩兩夾角均相等。

七分隊生 D：向量 $\overrightarrow{P_1P_2}$、$\overrightarrow{P_2P_3}$、$\overrightarrow{P_3P_1}$ 的長度均相等。

團隊型教育者教師成員：很好！大家已探索出各個結論，但數學有一個特點：希冀抽象出一個最能揭示問題本質的結論。請問，是怎樣的結論？

團隊型教育者學生成員 E：$\Delta P_1P_2P_3$ 是正三角形。

團隊型教育者教師成員：E 成員說得非常恰當，那麼怎樣證明其真呢？

第二階段　解相同的問題，覓不同的思路

（該階段各分隊以及團隊型教育者學生成員總計提供了五種證明 $\Delta P_1P_2P_3$ 為正三角形的思路，略。）

第三階段　變同一個問題，獲不同的命題

團隊型教育者教師成員：你們能將「題5」通過變式、引申或開拓，自主提出一些新問題嗎？要求各分隊均能提出一個新問題。下面開展隊內合作，隊間競賽，試看哪一分隊最先發現新命題！

一分隊生 F：（命題1）把「題5」的第二個條件改為 $|\overrightarrow{OP_1}|=|\overrightarrow{OP_2}|=|\overrightarrow{OP_3}|>0$，其他不變，則結論仍成立。

七分隊生 G：命題1缺乏足夠的新意，我分隊發現了：（命題2）若向量 $\overrightarrow{OP_1}$、$\overrightarrow{OP_2}$、$\overrightarrow{OP_3}$ 滿足 $|\overrightarrow{OP_1}|=|\overrightarrow{OP_2}|=|\overrightarrow{OP_3}|=1$，且 $\Delta P_1P_2P_3$ 是正三角形，則 $\overrightarrow{OP_1}+\overrightarrow{OP_2}+\overrightarrow{OP_3}=\vec{0}$。

團隊型教育者：命題2是「題5」的逆命題，它成立嗎？

四分隊生 H：我分隊也得出命題2，且已證其真：∵ $\Delta P_1P_2P_3$ 是正三角形，由題意 O 為其外心，故必為其重心，於是命題2成立。

團隊型教育者學生成員 I：同理可證命題2之逆亦真，即（命題3）若 $\Delta P_1P_2P_3$ 為正三角形，且 $\overrightarrow{OP_1}+\overrightarrow{OP_2}+\overrightarrow{OP_3}=\vec{0}$，則 $|\overrightarrow{OP_1}|=|\overrightarrow{OP_2}|=|\overrightarrow{OP_3}|$。此亦為題5之逆。

六分隊聲 J：我分隊將題5做了升維拓展，（命題4）若向量 $\overrightarrow{OP_1}$、$\overrightarrow{OP_2}$、$\overrightarrow{OP_3}$、$\overrightarrow{OP_4}$ 滿足 $\overrightarrow{OP_1}+\overrightarrow{OP_2}+\overrightarrow{OP_3}+\overrightarrow{OP_4}=\vec{0}$，且 $|\overrightarrow{OP_1}|=|\overrightarrow{OP_2}|=|\overrightarrow{OP_3}|=|\overrightarrow{OP_4}|>0$，$P_1$、$P_2$、$P_3$、$P_4$ 構成凸四邊形，則四邊形 $P_1P_2P_3P_4$ 為正方形。

團隊型教育者：命題4頗有創意，能證明其真嗎？

五分隊生 K：（經過短暫討論）我分隊發現命題 4 假。反例：以 O 為圓心 $|\overrightarrow{OP_1}|$ 長為半徑的圓的內接矩形（非正方形）亦符合題設。但若將命題 4 的結論改成「四邊形 $P_1P_2P_3P_4$ 為矩形」，則所得命題（命題 5）成立。事實上，由題設得，

$(\overrightarrow{OP_1}+\overrightarrow{OP_2})^2 = (\overrightarrow{OP_3}+\overrightarrow{OP_4})^2$，即

$\overrightarrow{OP_1}^2+2\overrightarrow{OP_1}\cdot\overrightarrow{OP_2}+\overrightarrow{OP_2}^2 = \overrightarrow{OP_3}^2+2\overrightarrow{OP_3}\cdot\overrightarrow{OP_4}+\overrightarrow{OP_4}^2$，

$2(\overrightarrow{OP_1}\cdot\overrightarrow{OP_2})-(\overrightarrow{OP_1}-\overrightarrow{OP_2})^2 = 2(\overrightarrow{OP_3}\cdot\overrightarrow{OP_4})-(\overrightarrow{OP_3}-\overrightarrow{OP_4})^2$，

故得 $|\overrightarrow{P_1P_2}|^2 = |\overrightarrow{P_3P_4}|^2$，即 $|\overrightarrow{P_1P_2}| = |\overrightarrow{P_3P_4}|$，

同理 $|\overrightarrow{P_1P_4}| = |\overrightarrow{P_2P_3}|$，$|\overrightarrow{P_2P_4}| = |\overrightarrow{P_1P_3}|$。

故四邊形 $P_1P_2P_3P_4$ 是矩形。

二分隊生 L：我們發現命題 4 雖假但其逆卻真，即：（命題 6）若向量 $\overrightarrow{OP_1}$,$\overrightarrow{OP_2}$,$\overrightarrow{OP_3}$,$\overrightarrow{OP_4}$ 滿足 $|\overrightarrow{OP_1}|=|\overrightarrow{OP_2}|=|\overrightarrow{OP_3}|=|\overrightarrow{OP_4}|>0$，且四邊形 $P_1P_2P_3P_4$ 是正方形，則 $\overrightarrow{OP_1}+\overrightarrow{OP_2}+\overrightarrow{OP_3}+\overrightarrow{OP_4}=\vec{0}$。

二分隊生 M：我分隊發現命題 6 可進一步推廣為：（命題 7）若向量 $\overrightarrow{OP_1}$,$\overrightarrow{OP_2}$,$\cdots$,$\overrightarrow{OP_n}$ 滿足 $|\overrightarrow{OP_1}|=|\overrightarrow{OP_2}|=\cdots=|\overrightarrow{OP_n}|>0$，且 n 邊形 $P_1P_2\cdots P_n$ 為正 n 邊形，則 $\overrightarrow{OP_1}+\overrightarrow{OP_2}+\cdots+\overrightarrow{OP_n}=\vec{0}$。

團隊型教育者：很好！命題 7 具有一般性。但能證明其真嗎？

二分隊生 N：當 n 為偶數時，利用圖形的對稱性易證。但當 n 為奇數時，須另作轉化……

一分隊生 O（迫不及待地）：我分隊又發現一個一般性命題：（命題 8）若向量 $\overrightarrow{OP_1}$,$\overrightarrow{OP_2}$,$\cdots$,$\overrightarrow{OP_n}$ 滿足 $\overrightarrow{OP_1}+\overrightarrow{OP_2}+\cdots+\overrightarrow{OP_n}=\vec{0}$，且 n 邊形 $P_1P_2\cdots P_n$ 為正 n 邊形，則 $|\overrightarrow{OP_1}|=|\overrightarrow{OP_2}|=\cdots=|\overrightarrow{OP_n}|$。

（話音剛落）團隊型教育者某學生成員：我又有新發現：（命題 9）若 $\overrightarrow{OP_1}$,$\overrightarrow{OP_2}$,$\cdots$,$\overrightarrow{OP_n}$ 滿足 $\overrightarrow{OP_1}+\overrightarrow{OP_2}+\cdots+\overrightarrow{OP_n}=\vec{0}$，$|\overrightarrow{OP_1}|=|\overrightarrow{OP_2}|=\cdots=|\overrightarrow{OP_n}|>0$，$P_1$，$P_2$，$\cdots$，$P_n$ 構成凸 n 邊形，且 n 為大於 2 的奇數，則 n 邊形 $P_1P_2\cdots P_n$ 為正 n 邊形。並已找到證法……

（未及言畢）三分隊生 P：我分隊又發現一個更具創意別具一格的命題 10……（下課鈴響。）

第四階段　探究延伸課後，發現永無止境

團隊型教育者教師成員：下面佈置課外作業，①解決上述未解決之題，如又有新發現，請各分隊交流共享成果；②小結本堂課所蘊含的數學思想以及探索開

放題、變式延拓問題、多方向解決問題的方法。

（說明：為限制篇幅，略去前面教師成員巡迴各分隊時適當指導的教語。）

3. 評析

各地聽課專家、名師評價本節課的亮點主要為：

（1）新穎的復習課

傳統的單元小結課都是先羅列知識，再講解題型，最後作強化練習。而該節課一反常態，將一道教材習題改擬為開放題，讓學生由相同的題設，提不同的問題；解相同的題目，找不同的思路；變同一個問題，得不同的結論，從而給不同層次的學生提供多種想象空間，充分發揮各自的個性和才華。這種開放型的「學教合一」式教學無疑會極大地優化學生的思維品質（如思維的發散性、創造性等）及發展他們的創新能力，同時也有利於提高教學質量。

（2）新穎的施教法

該班為非重點中學普通班，整堂課學生的興趣會如此濃厚，思維會如此活躍，在短短的20多分鐘竟能連續提出10個新問題且又有一定深度，這是該班長期實施「學教合一」式教學的結果，特別是「圓桌圍坐，合作研討」的這種「議會兩級制議事」模式既新奇又有效，值得各地進一步試驗乃至推廣。

（3）新穎的「發動機」

本節課能成為高效課的原因可形象地概括為：由於學教合一的兩台「發動機」同時開動，相輔相成，高速運轉，使該堂課自始至終都處於學教合一的高級狀態，充分調動了整個集體的一切智力與非智力因素，充分挖掘了整個集體的一切施教潛力，全體學生都成功地扮演了受教者與施教者的雙重角色。

（4）新穎的課外作業

將課堂小結佈置為課外作業富有新意，這或許是因為下課鈴響，執教者表現出的教學機智，或許是執教者事先安排。

（5）新穎的教學原則

「學教合一」式教學的各條新穎原則在該課中貫徹落實得頗為成功，尤其是原則①②③的落實程度幾達極致。

# 三、講評課課例（片段）與評析

1. 講評課

講評課，指以分析學生作業與考試情況、糾正其存在的共性錯誤、彌補學與教上的遺漏為主，幫助學生牢固掌握所學知識的一種課型。

　　傳統的講評課是由教師一人來完成講評任務，這無疑是最低效的講評方式。而將「議會兩級制議事」運用於講評課，就能實現由「團隊型教育者」甚至所有學生都參與講和評的目的，這樣的課才是最先進和最受學生歡迎的講評課。

2. 課例（片段）

語文期中考卷講評課（講評作文題）實錄

　　（團隊型教育者在全班學生考卷中精選一篇有較高「議事」價值的作文，隱去學生姓名，作為該節課的「議題」，上課伊始發給學生人手一份。）

　　團隊型教育者：語文評卷一般將作文分為兩個等第，一個是基本等第，另一個是提高等第。對於基本等第，閱卷時要求文章達到四項基本要求：一是基本切題；二是中心基本明確；三是結構基本完整；四是語言基本流利。而提高等第就是需要作文中有亮點，即有精彩點或創新點。考場作文想獲高分，一般須在精彩點上下功夫。讓我們先來回顧一下考卷裡的題目，請一位同學朗讀一下。

　　生 A：（朗讀）乘飛機的人會有這樣的體驗，當飛機在一定的高度上飛行，俯瞰是一片鉛灰色的雲層，下面的世界傾注著大雨，而艙窗外卻是伸手可及的藍天，碧空如洗，纖塵不染。永恆地記住：在某個高度上，就沒有風雨雲層。假如你生命中的雲層遮住了陽光，那是因為你的心靈飛得還欠高。請以「讓心靈飛到雲層之上」為題，寫一篇文章。立意自定，角度自選，體裁不限，字數不限。

　　團隊型教育者：要達到上述四項基本要求，最為關鍵的是什麼？

　　生 B：基本切題。

　　團隊型教育者：講得好，這是一個首要前提，在此基礎上再達到另三項基本要求，則文章就能得 65 分左右。這是一個主要的評分尺度，所以要十分重視審題。評判考生作文的優劣首先看文章的審題立意。如果題意未審清楚，則分數一般上不去。那麼如何來審「讓心靈飛到雲層之上」這個題呢？下面請各分隊分議。

　　（分議畢）一分隊生 C：（分隊內部達成共識）題目中的關鍵詞是「雲層」，它富含比喻的意義。題目中「雲層」是鉛灰色的，下面傾注著大雨，擋住了陽光，能比喻人生中的挫折、失敗、苦難等所有不如意之事；雲層之上，是伸手可及的藍天，碧空如洗，纖塵不染，能比喻戰勝一切困難的堅強意志力，超越所有痛苦的良好心理素質。

　　團隊型教育者：說得好！下面請各分隊依據兩個方面共評議題作文：一是文章有否達到四項基本要求？二是文章有沒有亮點，如何提高文章的層次？就審

題、立意、佈局、語言等某一方面嘗試升級。

（分議畢）團隊型教育者：下面請各分隊發言人發言。

五分隊生 D：該文的優點是書寫較規範，語言較流暢；缺點是文章分論點的設置欠合理，兩者之間有交叉現象。

二分隊生 E：文章開頭直接套用提示語，缺乏新意，難以引起閱卷老師的興趣。

三分隊生 F：文章的第二個材料舉例不當，與觀點之間銜接欠緊密。讓人感到未講清楚。

……

團隊型教育者：大家都講得很好。下面哪個分隊將你們升級的內容呈現出來供全班品鑒。

六分隊生 G：我分隊對文章的第一段是這樣升級的。（投影）

讓心靈飛翔到雲層之上，自由自在伴你隨行。「秉天地之正，而御六氣之辯」，莊子能在雲上悠閒信步，源於他高飛的心靈。濮水之邊，他飄然而去，留下楚使的瞠目與嘆息。在那個遍地狼煙、龍爭虎鬥的時代，他將自己的內心對準了我們，推心置腹地告訴我們怎樣解脫人世的繁役，鼓勵我們飛上雲霄，尋覓自由；他含蓄地啟示我們在人生道路上應有自己的精神守望；他指引我們超越於雲層之上，使我們的心靈抵達上乘境界，讓我們的靈魂找到皈投與依託。

團隊型教育者：這段升級文字與原作相比有何特點？

生 H、I：層次感強，對題意善於分析。

生 J、K：辭藻華麗，辭意深長。

團隊型教育者：請各分隊分議後發言，談談文章怎麼寫方可提升檔次？

（分議畢）二分隊生 L：文章貴在立意深刻。我們應仔細審題，吃透題意，深入挖掘。如果寫議論文單單就提示語做一般性展開，則文章檔次就低了。

團隊型教育者補充：例如寫一篇以「好奇心」為題的文章，如果僅寫「好奇心」能給人帶來成功、發明、創新的，得分最多就在 50 多分；但若能看到好奇心的負面效應，做到辯證分析的就能上升一個檔次。

三分隊生 M：文章貴在構思新穎。構思務必要有自己的東西，選例應有創新，不要老是重複別人的事例，陳舊而無新意的文章別人看了厭煩。

團隊型教育者補充：例如寫「好奇心」，用牛頓的例子最多得基本分，很多閱卷老師都感嘆，「被蘋果砸頭」的作文最多，但用新的例子就能給閱卷人耳目

一新之感，得分就會直線上升。

四分隊生 N：文章貴在底蘊豐厚。文化底蘊深厚的文章往往顯得大氣，成為高分作文。例如寫「好奇心」，可選用莊子《逍遙游》，以鯤和學鳩為主人公，鯤對天邊的一輪「圓盤」背面是否通向南冥，那裡是否有一個春水連天、春色如波的碧綠世界感到好奇，而學鳩則安逸享樂，膽小怕事。最終鯤撕開北冥的天空，六月的風從裂縫中一湧而入，鯤緊閉雙目縱身一躍，化成展翅九萬裡的大鵬，駕著長風穿過圓盤。

團隊型教育者補充：這種底蘊深厚又善於想象的寫作才能寫成拔尖之作。

一分隊生 O：文章貴在語言靚麗。語言優美的作文與語言一般的作文要相差一個層次，故宜巧用修辭，讓語言充滿靈性。語言升格三原色：名句、名作、名事、名人素材；引用、排比、對偶、比喻等修辭；整句、散句、長句、短句等句式。例如寫風，甲同學寫成：「微風吹來，讓人倍感涼爽。」乙寫成：「風微微地拂過臉頰，激活了我全身的細胞；風就這樣吹進了心房，思緒像一朵朵春花綻放，一個叫『好奇心』的東西也悄悄萌發。」

團隊型教育者補充：乙同學用擬人、比喻的手法一下子就抓住了讀者的眼球。甲、乙兩位同學相比其分值要相差 5 至 10 分。

團隊型教育者：下面請大家對照要求嘗試升級自己的作文。

……

團隊型教育者：即將下課，請哪個分隊來總結全課？

一分隊生 P：一分隊認為要想拿到作文高分，平時就要注意尋找個人寫作的提升空間，在審題立意、選材謀篇、語言表達各方面都要下功夫。

二分隊生 Q：二分隊認為閱讀品味往往決定了寫作品味，因此平時要研讀經典名著，接觸經典文化。

三分隊生 R：有心的人總能情思飛揚地把獨特的人生感悟提升到思想的高度，從而使撰寫的文章升級到一個嶄新的高度。

團隊型教育者補充：寫作文應滿足四項基本要求，併力爭凸顯作文的亮點，那麼你的作文也一定會衝出雲層，直上九霄，抵達無窮的境域！

（熱烈的掌聲與下課鈴聲恰好摻雜在一起，彷彿形成了柴可夫斯基交響樂。）

3. 評析

各校聽課教師對本節研究課的評價要點為：

（1）講評人越多收益越多

低劣的講評課是教師一個人在講評。無論你（教師）的水平有多麼高，哪怕你具有愛因斯坦的水平，你也絕對低於團隊型教育者的水平，當然團隊型教育者包括你在內。下課時學生自發而熱烈的掌聲告訴人們他們喜歡採用議會兩級議事法上講評課。

（2）作文講評必須突出重點

面面俱到的講評只能是蜻蜓點水，浮光掠影，不能使學生形成鮮明的印象，所以作文講評宜做到有的放矢。本節課的最大優點是教師把講評重點放在段落的升級上，讓學生就某一具體段落嘗試升級，進而通過分議與合議總結出升級的途徑。

（3）作文講評應重視範文引路

本節課立足於對學生自己的文章評價交流，雖然團隊型教育者的潛力被充分挖掘出來，但該堂課仍有缺憾。即應在學生評析自己作文的基礎上，給出較為典範的文章，讓他們通過比較感悟好文章的標準。儘管「文無定法」，但如果在課上給出範作讓眾人評點，讓眾人由此悟出「文章這樣寫即可獲得成功」，才能真正實現作文的臨界突破。

## 四、探究課課例（片段）與評析

1. 探究課

探究課是指在教師引導下學生參與包括探索、研究、發現、再創造在內的獲得知識、方法與思想全過程的一種課型。

對教師而言，探究課的主要任務就是創設情境培養興趣，鼓勵質疑與創新；對學生而言，探究課的目的就是學習探索的方法與策略，拓展自己的發散性與創造性思維空間，提高自主探究能力。

2. 課例（片段）

高三數學第一輪總復習（關於數列求和的探究課）

在本節課中，教師引導學生通過對一個簡單的數列求和問題的層層探究、步步深入、合作研討、合情推理，最終發現了一個新定理。以下是該節課五階段探究過程簡述。

第一階段　提出問題，延拓引申，創設情境

問題　數列求和：

① $\dfrac{1}{1\cdot 3}+\dfrac{1}{3\cdot 5}+\cdots+\dfrac{1}{(2n-1)\cdot(2n+1)}$；

② $\dfrac{1}{1\cdot 3\cdot 5}+\dfrac{1}{3\cdot 5\cdot 7}+\cdots+\dfrac{1}{(2n-1)\cdot(2n+1)\cdot(2n+3)}$。

學生大都運用「裂項法」在短時間內使問題獲解。

教師：請諸位認真反思，該問題能延拓引申嗎？

生 A：能！設 $\{a_n\}$ 為等差數列，且 $a_n\neq 0$，

求和：$\dfrac{1}{a_1a_2\cdots a_k}+\dfrac{1}{a_2a_3\cdots a_{k+1}}+\cdots+\dfrac{1}{a_na_{n+1}\cdots a_{n+k-1}}$。

教師：此題如何求解？能否類比原題①或②，運用裂項法？

生 B：能！設公差為 d，則

$$\dfrac{1}{a_ia_{i+1}\cdots a_{i+k-1}}=\dfrac{1}{(k-1)d}\left(\dfrac{1}{a_ia_{i+1}\cdots a_{i+k-2}}-\dfrac{1}{a_{i+1}a_{i+2}\cdots a_{i+k-1}}\right)$$

$(i=1,2,\cdots,n)$。

生 C：生 B 解法不嚴密，需要分 $d=0$ 與 $d\neq 0$ 兩種情況加以討論。

教師：說得對。下面開始研討本節課的首個議題，對於生 A 提出的問題，除生 B 的解法外，再探尋另外的解法。

各分隊立即展開「分議」，約 3 分鐘未獲結果。

教師：剛才生 B 是類比②的方法，那麼能否類比①的方法，即把各項分別裂為 $\dfrac{1}{a_i},\dfrac{1}{a_{i+1}},\cdots,\dfrac{1}{a_{i+k-1}}$ 的和 $(i=1,2,\cdots,n)$？

「分議」持續約 2 分鐘仍無進展。

教師：我們不妨以 $\dfrac{1}{a_1a_2\cdots a_n}$ 代表各項，則能得到 $\dfrac{1}{a_1a_2\cdots a_n}=\dfrac{x_1}{a_1}+\dfrac{x_2}{a_2}+\cdots+\dfrac{x_n}{a_n}$ 嗎？

第二階段 特殊探路，合情推理，大膽猜想

各分隊成員先各自在紙上演算，然後集體在圓白板上一邊演算一邊展開熱烈討論……

生 D 搶先跑到黑板板書：設公差 d ≠ 0，則

$$\frac{1}{a_1 a_2} = \frac{1}{d}\left(\frac{1}{a_1} - \frac{1}{a_2}\right), \frac{1}{a_1 a_2 a_3} = \frac{1}{2d^2}\left(\frac{1}{a_1} - \frac{2}{a_2} + \frac{1}{a_3}\right),$$

$$\frac{1}{a_1 a_2 a_3 a_4} = \frac{1}{6d^3}\left(\frac{1}{a_1} - \frac{3}{a_2} + \frac{3}{a_3} - \frac{1}{a_4}\right), \cdots, \frac{1}{a_1 a_2 \cdots a_n} =$$

（思維受阻，生 D 退下）。

教師：遇此情況，①仔細觀察各項係數的變化規律；②聯想舊知，新舊接軌，大膽猜測！

生 E：可能與二項式係數相關。遂上黑板書寫：若 $\{a_n\}$ 是公差為 d 的等差數列，且 $a_n \neq 0, d \neq 0$，則對 $\forall n \in N^*$ 恆有

$$\frac{1}{a_1 a_2 \cdots a_{n+1}} = \frac{1}{n! \, d^n}\left[\frac{c_n^0}{a_1} - \frac{c_n^1}{a_2} + \cdots + (-1)^r \frac{c_n^r}{a_{r+1}} + \cdots + (-1)^n \frac{c_n^n}{a_{n+1}}\right] \cdots\cdots(\ast)$$

教師：猜得好！接下來我們應做什麼重要工作？

生 F：證明該命題是真命題或是假命題。

教師：對，我們將這個證明作為第二個議題，下面搞一次競賽，看哪一個分隊最先獲證。

第三階段　競爭合作，證明猜想，創造定理

通過分隊內積極合作，分隊間激烈競爭，教師巡回指導，五分隊率先派生 G 板書一個反例欲證其假，結果被其他各分隊發現其證有誤，而後六分隊代表生 H 板書的證明（證明為真命題）獲得全體師生一致認可———

證明：（1）當 n=1 時，等式（＊）顯然成立。

（2）假設 n=k 時等式（＊）成立，即 $\dfrac{1}{a_1 a_2 \cdots a_{k+1}} =$

$$\frac{1}{k!\,d^k}\left[\frac{c_k^0}{a_1}-\frac{c_k^1}{a_2}+\cdots+(-1)^r\frac{c_k^r}{a_{r+1}}+\cdots+(-1)^k\frac{c_k^k}{a_{k+1}}\right] \quad ①$$

及 $\dfrac{1}{a_2 a_3 \cdots a_{k+2}} =$

$$\frac{1}{k!\,d^k}\left[\frac{c_k^0}{a_2}-\frac{c_k^1}{a_3}+\cdots+(-1)^r\frac{c_k^r}{a_{r+2}}+\cdots+(-1)^k\frac{c_k^k}{a_{k+2}}\right] =$$

$$\frac{1}{k!\,d^k}\left[\frac{c_k^0}{a_2}-\frac{c_k^1}{a_3}+\cdots+(-1)^{r-1}\frac{c_k^{r-1}}{a_{r+1}}+\cdots+(-1)^k\frac{c_k^k}{a_{k+2}}\right] \quad ②。$$

由 ① − ② 得：$\dfrac{a_{k+2}-a_1}{a_1 a_2 \cdots a_{k+1} a_{k+2}} = \dfrac{1}{k!\,d^k} \cdot$

$$\left[\frac{c_k^0}{a_1}-\frac{c_k^1+c_k^0}{a_2}+\cdots+(-1)^r\frac{c_k^r+c_k^{r-1}}{a_{r+1}}+\cdots+(-1)^k\frac{c_k^k+c_k^{k-1}}{a_{k+1}}+(-1)^{k+1}\frac{c_k^k}{a_{k+2}}\right]。$$

∵ $a_{k+2} = a_1 + (k+1)d$，又 $c_k^0 = c_{k+1}^0$，$c_k^r + c_k^{r-1} = c_{k+1}^r$ $(r=1,2,\cdots,k)$，$c_k^k = c_{k+1}^{k+1}$，

∴ $\dfrac{1}{a_1 a_2 \cdots a_{k+1} a_{k+2}} =$

$$\frac{1}{(k+1)!\,d^{k+1}}\left[\frac{c_{k+1}^0}{a_1}-\frac{c_{k+1}^1}{a_2}+\cdots+(-1)^r\frac{c_{k+1}^r}{a_{r+1}}+\cdots+(-1)^{k+1}\frac{c_{k+1}^{k+1}}{a_{k+2}}\right]。$$

即當 n=k+1 時等式（*）也成立。由（1）（2）得 $\forall n \in N^*$ 等式（*）恆成立。

教師：同學們棒極了！今天你們又做了一回數學家，即你們完全自主發現並證明瞭一個新定理（*），我們把它命名為……

生J：因其外貌很像二項式定理，不妨稱其為「第二二項式定理」吧！

第四階段　類比聯想，創造習題，探究應用

教師：類比二項式定理的應用，你們能自編應用「第二二項式定理」的習題嗎？各分隊所擬習題如下：

一分隊：$\dfrac{c_{2n}^0}{1}+\dfrac{c_{2n}^2}{3}+\cdots+\dfrac{c_{2n}^{2n-2}}{2n-1}=\dfrac{c_{2n}^1}{2}+\dfrac{c_{2n}^3}{4}+\cdots+\dfrac{c_{2n}^{2n-1}}{2n}$；

二分隊：$\dfrac{c_n^0}{1}-\dfrac{c_n^1}{2}+\dfrac{c_n^2}{3}-\cdots+(-1)^r\dfrac{c_n^r}{r+1}+\cdots+(-1)^n\dfrac{c_n^n}{n+1}=\dfrac{1}{n+1}$；

三分隊：$\dfrac{c_{n-1}^0}{1\cdot 2}-\dfrac{c_{n-1}^1}{2\cdot 3}+\cdots+(-1)^{r-1}\cdot\dfrac{c_{n-1}^{r-1}}{r(r+1)}+\cdots+(-1)^{n-1}\cdot\dfrac{c_{n-1}^{r-1}}{n(n+1)}=$

$\dfrac{1}{n+1}$（規定 $c_n^0=1$）；

四分隊：$\dfrac{C_n^0}{1} - \dfrac{C_n^1}{3} + \cdots + (-1)^r \dfrac{C_n^r}{2r+1} + \cdots + (-1)^n \dfrac{C_n^n}{2n+1} = \dfrac{4^n}{(2n+1)C_{2n}^n}$。

……

第五階段　自主提問，延伸課後，繼續探究

生 L：老師，我發現生 A 所提問題還有一個「孿生」命題：「若 $\{a_n\}$ 是公差為 d 的等差數列，且 $a_n \neq 0$，$d \neq 0$，求 $a_1 a_2 \cdots a_k + a_2 a_3 \cdots a_{k+1} + \cdots + a_n a_{n+1} \cdots a_{n+k-1}$ 的和」。那麼，是否還存在一個「孿生」定理？

生 M：老師，若 $\{a_n\}$ 是等比數列，則是否也有相應結論？（以下略。）

3. 評析

本堂課是議會兩級議事法實驗公開課，在隨後召開的評課會上引發了二十多位專家、名師的爭辯，以下選摘幾條較為典型的發言。

（1）聽課者發言

評課人 A：該課的優點與特點是題量小但學生的思維活動量大，且知識與思想方法的覆蓋面較大，除數列求和外，尚涉及等差數列性質、二項式系數性質、組合數公式、賦值法、不完全與完全歸納法、參數思想、類比思想、特殊到一般的轉化思想等。

評課人 B：該課的基本環節是「提出問題→變式引申→合情推理→證明猜想→創造定理→應用定理→再提問題→不斷探究」。整堂課學生自始至終在興奮、探究、交流、協作、創造的氣氛中自主學習，學生的學習興趣與潛能最大限度地被激發了，學生在老師的指引和幫助（而非灌輸）下，通過「分議」與「合議」最終自主創造了一個個定理與習題，取得了良好的學習效果。而實驗過程中的有關測試資料也證實了這種「議會兩級制議事」活動確實有利於培養學生的創造性思維與創新能力（見表 6-1）。

表 6-1 實驗前後測試成績比較

| 班型 | 實驗前測試成績（平均） | | 實驗後測試成績（平均） | |
|---|---|---|---|---|
| | 常規測試 | 創造力測試 | 常規測試 | 創造力測試 |
| 對照班 | 84.7 | 33 | 86.9 | 34.6 |
| 實驗班 | 85.0 | 31 | 83.4 | 86.1 |

（注：對照班運用常規方法教學，實驗班運用議事法教學。）

評課人 C：在議事活動中，學生是主演，教師是導演，這時導演對「導」的程度的把握十分關鍵。若「導」得過少過簡，學生長時間創造不了內容，會挫傷

他們的探索積極性；若「導」得過多過詳，就不知不覺地變相為普通的誘導式談話法了，這就發生了「變質」，起不到培養創新思維能力的效果。此外，「導演」還須把握准「導」的最佳時機，這樣在 45 分鐘內學生的大腦皮層會始終處於高度興奮狀態。而本節課的執教教師無論是「導」的程度還是「導」的時機都把握得十分精准恰當。

評課人 D：由表 6-1 中的測試資料可看出，雖然實驗班學生的創造力測試分 86.1，遠高於對照班的 34.6，但是實驗班的常規測試分 83.4 卻稍低於對照班的 86.9。由於目前中國的高考試題全是常規題，故不宜每一節課都運用「議事法」進行教學，而宜多種教學方法輪流運用或混合運用，以便既能大力發展學生的創造力，又能保持學生的常規解題能力不敗。

評課人 E：評課人 D 想法美好但實際上辦不到，即欲培養學生既有「中國式」解題能力又有「西方式」創造創新能力———幾近痴人說夢。

評課人 F：那麼，培養解常規題能力與培養創造創新能力究竟孰輕孰重？

評課人 G：我從事一線教學已三十七載，無論是畢業後學生的縱向反饋，同行間的橫向交流，還是自己的切身感受，均使我極其深刻地認識到應以後者為重。把學生個個製成「解題機器」，於國於民有何益耶？

評課人 H：中國正面臨一個以美國為首的「亞洲版北約」的遏止與包圍，而中國的最尖端武器研發能力仍落後於美國一至二代，憑此足以說明應以後者為重。

評課人 I：我反對 G、H 的觀點，我認為首先要夯實「雙基」，此乃重中之重！執教教師：我在實驗中並未不重視「雙基」啊！試想，假如學生未掌握「雙基」，難道其創造能力會憑空產生嗎？

評課人 J：其實中國現狀並非不重視「雙基」，而是重視過度！大運動量的反復重複練習，雖然能提高常規解題能力（惰性智力），但嚴重削弱甚至摧毀學生的創造性思維及創新能力。此種惡狀若再任其持續下去，我輩終將被歷史定性為「彼時代智力與創造力的屠夫」！

（2）形成共識

經過近兩小時的辯論，與會專家、教師最後形成以下共識：

第一，加快加大培養學生創造創新能力的步伐是客觀現實的迫切需求，是實現「中國夢」「強軍夢」的必要條件。

第二，在培養創造創新能力上，必須改革傳統教法學法，在重視「雙基」（但不過度）的前提下，中國中學教學宜搞一場漸進式的「戊戌維新」，即一步一步

地從傳統教法「和平演變」為團隊型教育者施教法等現代先進學法教法。

第三,「高考是教學的指揮棒。」為與課標理念相呼應,高考(數學、理綜)命題的思想與方法亟待改革(譬如高考數學卷中「再創造」試題的含量由「0」逐年遞增至一個恰當的正整數),以使數學、理綜高考卷具有既考查「雙基」與一般能力又考查創造創新能力的雙重功能,從而促使上述「戊戌維新」真正成功。

## 五、習題課課例(片段)與評析

1. 習題課

習題課是指對課文後所附的各種類型的習題與問題或教學參考資料上的精選習題進行當堂訓練或當堂講解,使學生進一步鞏固新授課的教學內容或全面而扎實地掌握前階段課程的基礎知識與基本技能,豐富和完善學生的認知結構或元認知結構的一種課型。

欲上好習題課首先要選好習題(例題),這是極為關鍵的一著。選題時勿貪多求全,要突出典型性和針對性,要具備可行性和實用性,要體現探究性和挑戰性,要注重對課本習題的挖掘,挖掘要有重點和方向,切忌面面俱到。

2. 課例(片段)

小學六年級語文習題課(第二十二課後的習題———閱讀題《生命橋》)公開課上課伊始,先讓學生自主閱讀短文《生命橋》,待學生瞭解了短文的主要內容後,教師採用「議事法」來上這堂習題課,過程簡述於下。

師:同學們已閱讀完畢了吧,下面請先思考第一個議題:該文為什麼要以「生命橋」作為題目?

(這個議題難度較大,也很有發散性,且對學生頗有吸引力,各分隊旋即開始了緊張的「分議」……)

(但過了幾分鐘後沒有一個分隊發言,教師意識到議題的範圍偏大,於是將範圍縮小如下。)

師:如果把文章的題目換成別的名字,例如換成「橋」好嗎?為什麼?

三分隊生 A:不好,因為「橋」的意義指向太廣泛了,以「橋」為題不能點明該文的主旨。

四分隊生 B:我們得到了文章為什麼要以「生命橋」為題目的理由。因為這座橋是老羚羊用生命架起來的,所以用「生命橋」為題能起畫龍點睛作用,即「生命橋」一詞簡潔而清晰地說明瞭老羚羊為了種族的繁衍、生存需要而甘願獻出生

命的崇高精神。這也是文章所要表達的主旨。

（若學生在規定的時間內解答不了教師提出的議題，則教師應及時降低議題難度，使學生跳一跳摘到桃子，即生 B 的發言。）

一分隊生 C（迫不及待地）：我分隊經過討論也獲得了為何取名「生命橋」的理由。但我們的理由與四分隊有區別，四分隊只看到了表面現象，而作者之所以取名「生命橋」是因為年輕的羚羊們是踩著老羚羊們的身體而跳過了懸崖，即以犧牲長輩的生命而換來自己的活命，所以作者實質上是借「生命橋」為題來暗批年輕羚羊的極端自私性。這才是文章所要表達的真正的主旨。

（此語一出，驚動全班，「分議」迅即自發而起，教師見狀大喜過望，並心生一計……）

師：課堂形勢一派大好，我們乾脆將一分隊與四分隊觀點上的矛盾作為第二個議題，即文章究竟是在頌揚老羚羊的偉大還是在暗批年輕羚羊的自私。贊同一分隊觀點的請舉手，贊同四分隊的請舉手。

（約五分之二的學生贊同一分隊觀點，五分之三的學生贊同四分隊觀點。除一、四分隊外其他幾個分隊內部也無法統一認識，全班學生霎時形成了兩派。為方便敘述，下面將贊同一分隊觀點的一派稱作甲派，另一派稱作乙派。）

師：同學們，現在已經形成了兩大辯論派。你們誰認為自己的觀點有道理，就找出有力的證據，努力把不同意自己觀點的同學拉到自己那一派去。

甲派生 E：從文中容易看出，年輕羚羊們的良心實在壞透了，非但絲毫無感恩與報恩之心，反而只顧自己活命而狠毒地將生養自己的「父母」一腳蹬向死亡。這才是文章影射之意。

乙派生 F：生 E 的語句是自我杜撰的，文中並無此語言！

甲派生 G：對啊，文中確實沒有這些語句，但文章同樣也沒有頌揚與正面肯定老羚羊之語啊！剛才生 E 講的是文章的影射。文章確實委婉地批評了年輕羚羊的自私行為，並且全然不贊同其不顧道義的卑鄙做法。

乙派生 H：太不可思議了！生 G 怎麼能說這種做法卑劣呢？因為只有這樣做，只有犧牲老羚羊，整個羚羊群才能繼續存活下去，否則就會像第一隻掉下山澗的老羚羊一樣，全部慘死。我倒覺得，這種做法對於當時的情景來說分明是一種唯一的最明智的選擇與做法。

甲派生 I：那為什麼偏偏要犧牲老羚羊呢！它們為了種族的繁衍、壯大，已經盡力了，現在卻還要獻出生命，實在太殘忍、太悲慘了。年輕的羚羊應該懂得為老一輩著想。我認為這才是文章所要傳遞給讀者的真正意思。

師：現在兩派爭執不下，各說各有理，解決爭端的最好辦法是請全體同學再仔細推敲文章的每一句與每一詞，徹底弄清楚文章所要表達的主題，以及作者想要傳遞給讀者的核心資訊究竟是什麼。

（教師機智地抓住了這個培養學生閱讀能力與研究能力的良機，順水推舟，建議學生再仔細閱讀文章，在學生興趣最旺之時，認知衝突最激烈之際，研讀本文是最恰當和最有效的。）

（數分鐘後）乙派生J：我看了文章三遍，一次比一次更加深刻地意識到，文章的內涵是完全認可年輕羚羊的舉動的。原因是老羚羊年紀大了，即便犧牲了年輕的羚羊，他們也不可能再繼續為羚羊種群的繁衍做出巨大的貢獻了；而年輕的羚羊不一樣，它們還有很長的路要走，完全可以為這個羚羊群做更多的貢獻。

甲派生K：請問生J，你說看了三次文章，那麼文中究竟有哪些話可以佐證你的觀點呢？

乙派生L：讓我來念文章中這樣一段話：「頓時，山澗上空劃出了一道道令人眼花繚亂的弧線，那弧線是一座以老羚羊的死亡作橋墩的生命橋。那情景是何等的神聖。獵人們個個驚得目瞪口呆，不由自主地放下了獵槍。」請注意詞語「何等的神聖」豈不是佐證了我們的觀點？！

乙派生M：假如文章否定羚羊群的這種舉動，批駁年輕羚羊的行為，那麼怎麼會使用「何等的神聖」這樣一個褒義性很強的褒義詞呢？

乙派生N：老羚羊的一聲「咪咪」，就好像在對年輕的羚羊說：「你來跳，我來幫你。記住一定要跳過去，不然其他羚羊會膽怯的。為了保住並延續咱們的群體，你一定要勇敢堅強，你一定要承擔重責！」於是，就有了那感人的一幕———在老羚羊的帶領下，年輕的羚羊們都跳了過去，終於讓群體免遭全軍覆沒的滅頂之災。這難道能說年輕羚羊自私嗎？缺德嗎？

甲派動搖者生O：其實，這是自然界的生存法則！雖然殘酷，卻是必要的，否則整個種族就會消亡。

（漸漸地，支持或歸屬乙派的人越來越多，屬於甲派者已所剩無幾。）

師：（總結）在種群面臨滅絕的關鍵時刻，老羚羊心甘情願地用自己的生命為小羚羊闢出了一條生存的道路。它的每一次跳躍，都是一道美麗的弧線，這意味著有一隻老羚羊的生命即將消亡，同時也意味著有一隻年輕羚羊的生命因此而得以延續。老羚羊們用犧牲自己的方法，贏得了種群的延續。它們用自己的生命，架起了年輕羚羊從死亡走向新生的橋梁。同學們，難道這一道道弧線，不是一座座「生命橋」嗎？

（以下略。）

3. 評析

以下精選聽課老師在評課會上的幾條典型發言。

（1）議事法成敗在於巧設議題

「題目為什麼取名『生命橋』」和「年輕羚羊為了活命而犧牲老羚羊缺德嗎？」這兩個議題設計精妙，是引起課堂上學生激烈爭辯的源泉。由此說明運用議會兩級議事法上課欲成功首先在於巧設議題，欲巧設議題首先要深深挖掘教材與透徹瞭解學生和學情。

（2）議事法需要辯證法指導

聽了這堂課感知到運用議事法有時須打破常規，「合議」時一般應以分隊為單位，但這節課由於矛盾的特殊性，教師應用辯證法思想打散分隊改為甲乙兩大派別進行激辯。這一改改得妙！在教學方法上千萬勿做教條主義者，「以不變應萬變」的教學方法越來越不合時宜，我們應在掌握議會兩級議事法的精神、要素與原理的前提下，根據當堂的具體問題和特殊情況做具體分析和靈活調整，這才是學教合一教學淡化形式、注重過程、抓住本質的思想。

（3）議事法有利於上好習題課

這堂課適宜採用議事法，若改用習題課的一般教法———講解法或練習法，則效果大為遜色。比如用講解法的話，只能是生硬地向學生講述「生命是寶貴的」「生死存亡時刻，應該為大義獻身」的含義，學生恐怕只是把它當作耳邊風，也難以理解老羚羊為了種群延續而自我犧牲的高貴品質。而運用議事法，就會迫使學生為了讓己方觀點佔上風去積極鑽研教學內容，開動腦筋思索反駁對方的辯詞。這樣，學生真正成為學習的主人，教學真正成為「以生為本」的活動。

（4）議事法有利於培養成功智力

課堂上激烈的辯論對於調動辯手發言的積極主動性，培養辯手聽、說、思等能力，教授辯手知識等能起到巨大作用，經過這種教學方式培養出來的學生，是屬於多面型的、反應敏捷應答力強的、各種素質全面發展的21世紀新一代學生。

## 六、議事法失敗課課例與評析

1.「失敗課」

「失敗課」是本節特設的一個專有名詞。它不是指學生在課內完全未學到課時計劃要求掌握的知識即無所收穫的課，而是指教者由於未真正領會議會兩級議

事法的精神、特點與本質要求，在課堂教學中錯誤地或不當地或形式主義地運用了議事法，結果導致議事法本該達到的能力智力教學目標實際上並未真正達成的一種似是而非的議事課。

2. 課例

初二平面幾何學「三角形內角和定理」議事法應用研究課

以下是五個階段的學議活動簡錄。

第一階段　復習舊知，引入新課

師：前一節課大家學習了任意三角形三條邊之間的關係，這節課我們來探索任意三角形三個內角之間的關係。

（教師剛言訖）團隊型教育者學生成員 A：不用探索了，小學時期我們已經知道：三角形三內角之和為 $180°$（以下簡稱「結論（＊）」）。

師：小學時期是用何種辦法得出結論（＊）的？下面以此為議題展開「分議」。

……

五分隊生 B、C：撕拼法、折疊法、測量法。

師：回答很好！但是這些方法有弱點嗎？

團隊型教育者學生成員 D：測量法有偏差，不精確。

師：回答好極了！那麼折疊法與撕拼法呢？下面進行「分議」。

……

（議事未畢，教師過早地舉起一塊木製三角尺教具。）

師：能用折疊法或撕拼法驗證這塊三角尺滿足結論（＊）嗎？

七分隊生 E、二分隊生 F、四分隊生 G、三分隊生 H（異口同聲）：不能！

第二階段　通過「分議」，證明結論

師：回答正確，小學學過的折疊法、撕拼法與測量法確實無法驗證任意三角形滿足結論（＊）。

那麼用什麼方法可驗證所有三角形均滿足結論（＊）呢？下面「分議」。

（學生「分議」未果，教師做以下類比進行誘導。）

師：回憶前幾節課，我們是如何由公理「同位角相等則兩直線平行」得到「線線平行判定定理」的？

團隊型教育者學生成員 I：通過證明得到的。

師：對極了！經過類比我們很自然地聯想到通過證明來得出結論（*）。那麼怎樣證呢？請諸位踴躍發言。

（鴉雀無聲。）

師：這樣吧，下面請大家先閱覽課本，而後進行「分議」。

（由於學生閱覽了課本，獲知了有關資訊，所以「分議」很順利，不久便開始了「合議」。）

四分隊生 J（走到最近的黑、白板前，手持粉筆）：設 △ABC 為任意三角形，延長線段 BC 至點 D，過點 C 作一直線 CE 平行於 AB（如圖 6-1），則 ∠B=∠ECD，∠A=∠ACE。

圖 6-1

因為 △ABC 三個內角和 ∠A+∠B+∠ACB=∠ACE+∠ECD+∠ACB=180°，所以結論（*）成立！

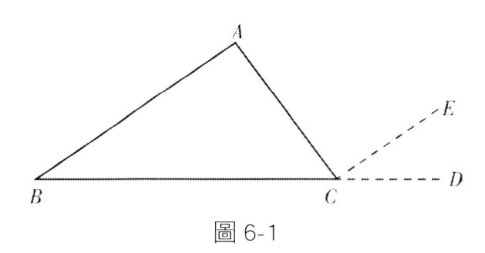

師：為什麼 ∠B=∠ECD，∠A=∠ACE？

六分隊生 K：因為兩直線平行，則同位角與內錯角都相等。

師：兩位說得太妙了！下面進行「分議」，請各分隊規範表述證明過程。

（經過「分議」，各分隊派員分別將證明過程寫在靠近於己方的黑、白板上。然後由教師逐一評講，發現有疑或有誤處即請各分隊發言人予以說明或更正。）

第三階段　發散思維，另證定理

師：各分隊表現都很積極，值得讚賞，應該發給你們一個天壇一樣大的獎章！

（同時教師張開雙臂做了一個似捧天壇的手勢，師生齊笑。）

下面請再接再厲，擴大戰果。請大家思索新的證明方法，誰先來說？

（頓時一片沈寂。）

師：那好吧，下面再進行「分議」，比一比，賽一賽，看誰捷足先登，榮獲榜首！

（分議畢）三分隊生 L：我分隊找到了新證法！

過△ABC 的頂點 C 作一直線 DE 平行於直線 AB（如圖 6-2），則可得∠B=∠BCE，∠A=∠ACD，

所以∠A+∠B+∠ACB=∠ACD+∠BCE+∠ACB=180°，

故結論（*）成立。

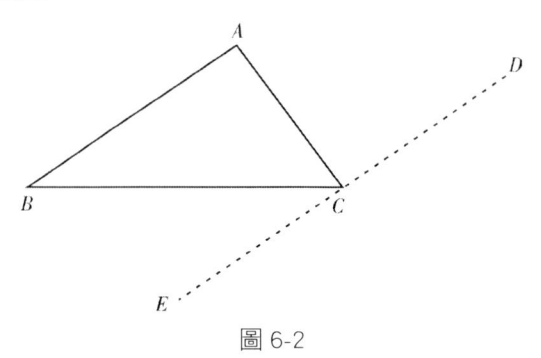

圖 6-2

師：好得很，下面請同學們把這個證法二規範地寫出來。

（由於剛才書寫證法一已有了基礎和樣板，所有學生既順利又正確地寫出了證法二。）

第四階段　定理應用，牛刀小試

師：同學們證明瞭三角形內角和定理即結論（*），日後你們將會知道，這是一個十分常用的定理。接下去展開關於定理應用的「分議」，各分隊研討怎樣運用新定理解決問題，即解決課本《三角形內角和定理》一節所附的練習題以及後面習題四中與該定理相關的習題。

（各分隊議事完畢，將各題的答案連同理由寫在距己最近處的黑、白板上。）

師：下面進行「合議」，即針對各分隊所寫的答案與理由進行質疑辨析或認可通過。

（除個別有計算失誤外其餘均正確。）

第五階段　交流成果，總結提高

師：本節課大家表現都很出色，同學們順利地用兩種方法證明幾何學中一個重要且常用的定理，並順利地運用新定理解決了相關的問題。下面進行一次最後的「分議」，結合本節課的學習與議事交流一下各自的收穫與心得，然後在「合議」時各分隊派員做簡要闡述，以饗全體學生。

（學生在分隊內各自談了學習的收穫與議事的體會，並提煉濃縮成幾小點，由發言人在「合議」時做精要闡述。）

師：本堂課運用議事法大獲成功，謝謝全體同學的配合，下課。

（響起鼓掌聲。）

評析

這是一堂議會兩級議事法應用的研究課，下面是課後評議的要點。

（1）執教人首先自述該節課的設計意圖

議會兩級議事法是在討論教學法的基礎上革新發展起來的，為適應當前應試教育、素質教育、核心素養教育三足鼎立局面而設計的一種教學方法。本節課是我第一次學習、實踐與嘗試運用議事法的公開課，懇請各位專家、名師不吝指教。我的設計意圖是：首先，在備課中根據教學目標和學生特點，深入挖掘和研究教材的編寫意圖，合理整合教材內容，科學設計出具有一定思考空間的議題；其次，在課堂教學中根據實際情況逐次提出議題，交叉舉行有效的「分議」與「合議」活動，成功地激活學生的思維，通過對新知識的主動建構而非灌輸，培養學生的觀察、發現、推理和表達能力，發展學生的團隊合作能力與成功智力，盡力發揮與體現議會兩級議事法的教學價值。

（2）聽課專家、教師的評價意見

評課人A：聽了這節課，我覺得執教者的教學藝術水平很高，說話抑揚頓挫富有激情，很有感染力，肢體語言極為豐富，能將學生的注意力牢牢地吸引住，課堂的調控能力與組織能力都較強。並且，學生也基本上接受並初步掌握了該課時計劃內的全部知識與技能，順利地完成了常規教學任務。

需要說明的是，如果按常規教學的要求來評價，這節課是一堂基本成功的課；但如果按新教學方法的要求來評定，這節課卻是一堂失敗課。

從表象上看，這節課似乎貫徹了執教人的設計意圖，教師多次運用「分議」與「合議」，並無把知識講授灌輸給學生，但透過表象看本質發現課堂中存在嚴重問題。因為議事法運用成功與否的關鍵是對議題的選擇，只有真正的議題才能引進真正的議事。而本節課卻不然，如第一階段是對小學驗證方法的回憶與再現，只須喚醒學生的記憶，毫無必要針對「小學時期是用什麼方法得出結論（*）的？」進行議事，且該問題也根本稱不上議題；還有第四階段的所謂議題「怎樣運用該定理解決問題」純屬簡單的應用計算而已，完全沒有議事的必要，徒然浪費了教學時間。

總之，第一階段的議事屬於「表象式議事」（表象是指過去感知過的事物在頭腦中再現的過程），第二階段的議事屬於「形式化議事」，這兩種均非真正的議事。

評課人 B：第二、第三階段所設計的三個議題，實際上是同一個問題的解決過程，將一個完整的探究發現過程割裂成幾個小「議題」，讓學生逐一議事，輕而易舉地解決，使議事變質成「牽引式議事」，此非真正的議事，其本質等同於常規教學，起不到培養能力發展智力的效果。

其實，尋找證明途徑的關鍵是學生能在撕拼過程中發現「兩條平行線」，而不同的證法源於不同的拼合方法。故只須讓學生在撕拼實踐中圍繞平行線的發現設計議題，就能為學生創造思維空間。如可這樣設計：「請大家仔細研究不同的撕拼方式，觀察拼接後的圖形中是否存在平行線？若存在，您能憑此證明結論（＊）並寫出推理過程嗎？若不存在，請說明理由。」

通過這般整合，能有效促進學生自主開展動手實踐、觀察分析、探究發現等議事活動，讓學生在「實驗—觀察—推理—表述」這樣一個完整的議事過程中，自主思索，合作研討，讓學生真正理解知識的形成與發生過程，碰撞出創造性火花。

評課人 C：執教教師沒有給學生留出充分的自主空間，導致議事成為一種裝潢門面的「淺層化議事」。整堂課議事過頻，多達六七次，致使教師每次提出所謂的「議題」後無法提供給學生自主思索的時間與空間，因學生對「議題」尚未形成自己的見解，這就導致學生的議事僅是一種膚淺的表象。生生之間的深度互動是建立在獨立思考基礎之上的，故教師提出議題後給學生預留獨立探索的時間是必須的，這是「學議合一」的基本要求。

評課人 D：這節課「分議」與「合議」過頻導致的另一個弊端是，教師忙碌於活動外在形式的組織，弱化了教師對學生認知的引領與指導，導致學生反思內化不到位，不能深刻理解相關的思想方法。例如在定理的證明一與證明二的過程中，教師僅讓學生寫出證明過程，卻未促使學生對為什麼要添補助線及其在證明中的作用做深度思考。其實，此時教師理應提出「為什麼要作直線 CE 平行於 AB？直線 CE 在證明中起到了什麼樣的作用？你是如何發現這條補助線的？能通過作別的平行線找到新證法嗎？」

評課人 E：在第二階段中，教師讓學生先看課本再進行「分議」實乃一大敗筆，導致議事成了毫無作用的「禁錮式議事」。因為理科教材是為教師引導學生進行發現式學習提供的範本，理科教材中不少學習內容的呈現本身就是一個完整的探究與發現過程。讓學生先看教材使其先入為主，很難再形成自己的思考與發現，這等同于禁錮了學生的思維，絲毫起不到培養創造力的作用。

正確的做法是，教師在撕拼過程中引導學生發現「兩條平行線」，進而通

過添補助線幫助學生實現由似真推理到邏輯推理的飛躍。具體地說，需要學生進行實踐操作，將撕拼的實物圖片抽象為幾何圖形，並在角的移動過程中發現兩條直線的平行關係，利用平行線找到證明途徑。這樣做不但能培養學生的創造性智力，而且還能培養其實踐性智力，從而發展了成功智力。

評課人 F：本節課教師對議事效果的反饋採用了簡單的師生問答式。例如，在反饋學生議事效果時，教師僅簡單地問學生「表述是否正確？」「該結論成立嗎？」「這一步是否嚴密？」等一些淺思維問題，優化不了學生的思維品質。

對議事成果的反饋宜運用「評研式」，即先讓各分隊展示各自的成果，教師再引導、組織其他分隊進行評價與研討。例如，可提出「對其他分隊證明過程的表述有何不同意見？」「哪個分隊的思路與該分隊不同？請來展示一下。」「誰能糾正一下該分隊在證明中存在的問題？」「請比較一下兩個分隊的表述有何不同，你是怎麼看的？」等問題，引領各分隊展開課堂評議活動。

評課人 G：在第五階段中教師僅要求學生泛泛地交流學習心得與收穫，這很難促使學生進行深層次的反思與總結，需要教師明確具體地引導：「同學們，這節課大家是怎樣發現定理的證明方法的？」「這個方法對以後採用邏輯推理的方法有何啟示？」「在表述證明過程中應注意哪些事項？」等。學生只有經過深度反思與內化，才能達到議事法的教學目標。

總之，只有精心設計議事的議題、過程與反饋方式，才能充分發揮議事的價值，使課程理念與學教合一理念落到實處。

# 第七章　團隊型教育者直接施教法三

　　上一章介紹的「議會兩級議事法」是教學方法和教學模式相結合的直接施教法，而本章介紹的「聯動式八語式啟智法」則是教學方法和教學藝術相結合的直接施教法。

# 第一節　聯動式八語式啟智法

## 一、含義

　　聯動式八語式啟智法是團隊型教育者成員（此處多指教師成員）通過口、眼、耳、手、足、身、胯、頭、臉以及大腦皮層的聯合與協調的運動（大腦皮層的運動是指哲學意義上的運動，即指人的情感、思維等高級神經活動），並通過八種教育教學語言———「口頭語言」「平面語言」「立體語言」「面部語言」「激情語言」「曲藝語言」「圖畫語言」「形象語言」，啟迪學生思維，授予學生知識，發展學生成功智力的施教法。

　　該施教法名稱中有兩個特定的名詞：「聯動」與「八語」。「八語」是上述八種教育教學語言的簡稱。「聯動」是「聯合與協調的運動」的簡稱，它包括「有形聯動」與「無形聯動」（又稱「心理聯動」）兩類。有形聯動是指施教者身體各部件自然的、恰當的、有利於教學的綜合性有機聯動；無形聯動是指施教者不要老是置身於學生群體的外部，像「紅衣主教」宣講式的施教，而是要「庖丁」式地走入學生腹地，走進學生內心，「心理師」式地既當教師又當同學般地施教。

## 二、特點

　　1. 關於學教合一的層次

　　該施教法為十種施教法中學教合一程度相對較低即學生施教作用相對較弱的一種，在多數情況下它只是讓「主發動機」工作且未開足馬力。注意並非每一節課以及一節課內的全部時間段都要求開動兩台「發動機」並都開足馬力。

　　2. 關於方法的性質特點

　　該施教法既是輕度自然的運動性教學法，又是多種語言交叉應用、多管齊下的藝術性教學法，即一種多語言動態化教學法。「多語言」與「動態化」是其兩個關鍵詞。

　　注意「有形聯動」「無形聯動」與「八種語言」需默契配合才能卓有成效。

　　3. 關於方法的應用特點

　　該施教法既適用於應試教育又適用於素質教育，但更適用於應試教育。因為在應試教育中，有的教師偏好自己講得多，或者習慣於運用講授法而不善於運用其他教法，此時若輔以採用聯動式八語式啟智法進行講授，則起碼可抵消學生因

長時間聽講所帶來的疲乏感與厭倦感。但對於「一講到底」是絕對一票否決的，這已成為全國教育界的共識。

再者，該法既適用於較低年級也適用於較高年級，且更適用於畢業年級。這是因為畢業年級的學生學習負擔較重，升學壓力較大，休息時間不足，故上課時更需要運用能吸引學生無意注意的趣味教學法，而「聯動」與「八語」正合其意。何謂「八語」？

## 第二節　八種教學語言的含義與應用例說

### 一、口頭語言

1. 含義

口頭語言是指以音和義結合而成，以說和聽為傳播方式的有聲語言。這種語言是施教者向受教者做講授時所採用的一種最基本最常用的自然語言。

注：本章提到的「講授」指「講述」「講解」「講讀」「講演」「講評」以及在各種課堂教學活動（如交流討論、實驗演示等）中與教學內容有關的所有形式的講話。並且這類「講授」是指啟發式講授而非注入式講授。

運用口頭語言教學應注意下列幾點：

（1）應做到語言準確、清晰、精練、有條理、有重點、通俗易懂、符合科學性；

（2）應盡可能地與學生的認知基礎發生聯繫（奧蘇伯爾觀點）；

（3）應培養學生的學科思維並優化其思維的品質；

（4）應具有啟發性或誘導性但忌用暗示式；

（5）應具有生動性、形象性、感染性，不僅能傳遞認知，也能傳遞情感。

2. 例說應用

#### 案例1　關於「眸」字的口頭講解

（于永正老師在執教《愛如茉莉》一課時教學生「眸子」一詞）

師：我們的漢語漢字太有意思了，每一個漢字都有一個故事，每一個詞語都有一個故事。我為什麼要求你們查字典？道理就在這兒。那麼我提一個問題：誰能用「眸」這個字來組一個詞？

（全班沒人舉手。）

師：我聽過一個詞———「明眸皓齒」，說一個人長得很精神，眼睛又亮，牙齒又白。清楚了嗎？

接下來，我請一個同學過來一下，我做個動作，看誰能組個詞。（一位同學站在于老師的身後，于老師演示回眸一笑的動作。）「回眸一笑」，大家聽過這個詞嗎？你喜歡于老師嗎？

生：喜歡。

師：我在你身後，你喜歡我，請你對我回眸一笑。

師：真是很漂亮哈，還有點羞澀，我也很喜歡你，我對你回眸一笑。（說完，于老師就給學生演示了這個動作。）可惜這個「回眸一笑」不能用在男的身上，它是專門形容女的，形容女的很漂亮，很恬靜，但有點害羞。那麼，你知道「回眸一笑」這個詞出自哪首詩嗎？

（生搖頭。）

師：「回眸一笑」出自白居易寫的《長恨歌》：「回眸一笑百媚生，六宮粉黛無顏色。」

附註：于永正老師在巧用口頭語言的同時還輔助式地演示了「回眸一笑的動作」，這個精妙絕倫的動作即屬於聯動式八語式啟智法中的合二為一式「聯動」，詳見本章第三節。

## 二、平面語言

### 1. 含義

平面語言是指施教者（包括學生）在一個平面（特指黑、白板或螢幕）內，通過板書、板畫、多媒體展示及幻燈片放映等方式來輸出資訊，並作用於資訊接收者（受教者）的視覺器官，從而實現資訊傳遞的一種非有聲語言。

平面語言是反映課文內容的「鏡子」，是引人入勝的「導遊圖」，是每一節課的「眼睛」。

平面語言共有三種類型：其一，課堂黑、白板語言；其二，多媒體螢幕語言；其三，分隊圓白板語言。

平面語言共有下列五種方式：

（1）總分式（整體與局部相結合），如在小結時對一章知識所做的線路圖式的歸納；

（2）輻射式（以某一知識點為輻射源，向四周散發開去），如在教「染色體」這部分內容時，可以染色體為輻射源，向四周散發出染色質、DNA、基因、染色單位、四分體、同源染色體、常染色體、性染色體等知識點；

（3）提煉式（將教學內容提煉、概括成簡要的式子、字、詞、短句等）；

（4）散注式（臨時在黑板上寫某詞某句，以提示某些次要的重點，或用以解決學生聽不清寫不出的詞句），在上課過程中，常在黑板的左側或右側留出一小塊地方專門用作散注；

（5）推演式（指各種理科公式、定理的推導或例題的解答過程的板書），這種板書通常佔據黑板的主要位置，但存留時間較短。

運用平面語言教學應注意下列幾點：

（1）用板書或多媒體展示時，應將教學內容濃縮化與結構化，力求做到字句簡潔、條理性強、概括性強、思路清晰、重點突出；

（2）要便於學生理解並記憶相關內容，便於學生記錄和課後復習；

（3）平面語言的設計應具有啟發性、正確性、示範性、直觀性、趣味性、美觀性；

（4）平面語言的表現形式要多種多樣，或黑白，或粉彩，或幻燈，或圖表，或字句，或標號等；

（5）多媒體展示或板書的設計宜具有創新性與科學性，宜具有藝術化與人性化。2. 例說應用

## 案例2 「三次工業革命」平面語言

歷史教學中涉及了三次工業革命的內容，這三次工業革命極大地推動了歷史的快速發展，所以在歷史教學中佔有很重要的位置。設計一個表格式的板書，可以幫助學生掌握三次工業革命的知識點，通過對比異同，對三次工業革命進行分析、歸納。

| 名稱 | 時間 | 開始國 | 成就 | 原因 | 影響 |
|---|---|---|---|---|---|
| 第一次工業革命 | 18世紀至1870年代 | 英國 | 機器代替手工工具；蒸汽機的發明和使用 | 資產階級統治確立；工業生產能力提高 | 人類進入蒸汽時代；資本主義經濟發展，殖民擴張 |

| 第二次工業革命 | 1870年代至20世紀初 | 英國（多國同時開展） | 新能源的大規模應用，內燃機、通信工具、化工業迅猛發展 | 自然科學的進步；資本主義制度大範圍確立 | 人類社會進入電氣時代；壟斷資本主義形成 |
| --- | --- | --- | --- | --- | --- |
| 第三次工業革命（科技革命） | 20世紀四五十年代開始 | 美國 | 原子能、電子計算機、空間科技、生物工程發明和應用 | 二戰的推動；科學理論發展和進步；資本主義和生產力發展 | 社會經濟結構和生活結構變化；推動國際經濟格局調整 |

分析比較得出：生產關係必須適應生產力的發展；生產力決定生產關係；科學技術是第一生產力。

## 案例 3　小學語文《我愛故鄉的楊梅》的板書設計

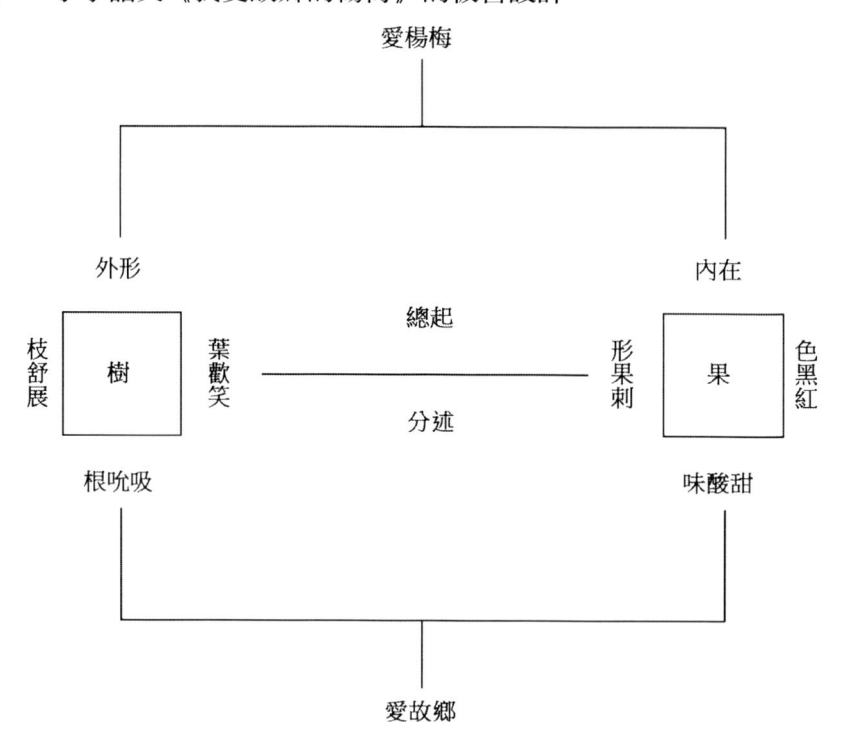

```
                          愛楊梅
            ┌───────────────┴───────────────┐
          外形                              內在
                       總起
    枝            葉                  形           色
    舒    ┌──┐   歡 ─────────────    果   ┌──┐   黑
    展    │樹│   笑                  刺   │果│   紅
          └──┘         分述                └──┘
          根吮吸                              味酸甜
            └───────────────┬───────────────┘
                          愛故鄉
```

該板書的優點是結構嚴密，各部分之間的聯繫條理分明，層次清晰，與教學全部資訊本身的內在邏輯完全吻合，看著板書即使沒有講課的人，也能根據板書結構推說出教學資訊的主要內容及線索。

## 三、立體語言

### 1. 含義

立體語言是指施教者在三維立體空間中，通過自身的接近於下意識的三維肢體動作，或有意識的三維體態動作立體化地輸出資訊，並作用於資訊接收者（受教者）的視覺器官，從而實現資訊傳遞的一種非有聲語言。

#### （1）接近於下意識的三維肢體動作

「接近於下意識的三維肢體動作」是指接近於操作性條件反射式地一邊合理而緩緩地挪步，一邊自然流暢、簡單優美、口與手協作地打手勢助講話，使學生形象地瞭解教師的感受和對問題的看法。要防止兩個極端：一是四肢舉止僵硬幾乎將自身禁錮在二維空間（平面）甚至一維空間（直線）中，而僅用口語表達資訊，即立體語言必須呈現立體性；二是手舞足蹈過分誇張反而使學生專注於教師的過度動作。有的教師說話天生不會打手勢，則宜進行專門的後天自我訓練（手勢語言有很豐富的表達力，作為教師理應掌握）。

#### （2）有意識的三維體態動作

有意識的三維體態動作是指有意識的眼睛與肢體的動作。這類動作是課堂中遇到教學時機即興發揮或臨時性借題發揮的普通動作，它是幫助教師完成教學任務的必要的基本專業技能，掌握這種教學技能需要教師在教學實踐中不斷自覺摸索，積累經驗。

### 2. 例說應用

關於有意識的三維體態動作舉簡例如下：

（1）施教者在課堂上可巧妙地運用眼神（重要的情感傳遞中介）來表情達意、組織教學，這能起到「此時無聲勝有聲」的效果。如教師可用目光表示對學生的讚賞、期望、信任、關懷、提醒或批評；如上課前教師用目光默視鬧哄哄的課堂，讓學生體會到老師的意圖，使學生很快安靜下來進入狀態；如在授課期間教師的眼睛始終散發出自信、活力、愉快的神情，能給學生以「一起打起精神吧」的積極心理暗示；如教師用坦然、明朗、鼓勵的目光表示對學生的回答感興趣並希望學生繼續把話說下去，等等。

（2）施教者在課堂上可巧妙地借助肢體動作進行教學。如雙手向上且頭略後仰，像擁抱太陽的樣子，表示開口向上的拋物線；雙手向下且略彎腰，模仿企鵝走路的樣子，表示開口向下的拋物線。又如施教者模仿爬山的動作，開口向下的拋物線宛如大山，爬山的過程就是增加高度的過程，即增函數；再模仿坐滑梯

的動作，讓學生想象在大山的另一邊下滑，下滑過程就是減少高度的過程，即減函數。用這樣的語言表達其效果要比單純的口語表達好許多倍。

## 四、面部語言

### 1. 含義

由於人的臉部表情豐富多彩，喜怒哀樂都能在面部表情中明顯反映出來，並由此能影響他人的心理活動，於是可抽象出一個概念：面部語言。

面部語言是一種非有聲語言，主要依靠人的面部肌肉變化，眉、眼、口的活動和形狀變化而輸出資訊，並作用於資訊接收者的視覺感官，從而實現資訊傳遞的目的。教育家馬卡連柯曾說：「沒有面部表情、不能給自己的臉部以必要的表情或者不能控制自己的情緒的人，不能成為一個優秀的教師」。

因此，欲成為一名優秀的教師，則必須善於並恰到好處地運用面部表情。面部表情能夠表達人們內心最複雜、最微妙的感情。教師要重視自身面部表情對學生的潛在意義，要合理運用面部表情向學生傳達自己內心想要表達的情感。如當學生出現不妥行為，教師可以表現出迷惑的表情加以暗示，學生看到後會及時調整自身的行為。在學生取得進步時，教師可以用微笑的表情傳達滿意的情感，學生得到這種反饋後往往會更加主動地去學習。

### 2. 例說應用

#### 案例 4　運用面部語言教學英語句型一例

教師在教句型：「Here you are（給你）」和「I am hungry（我餓了）」時，發現幾個學生桌上剛巧放著巧克力、糕點之類的副食品，便靈機一動向學生說：「我餓了，想吃點糕點之類充飢」。於是一邊說「I am hungry」，一邊用手按著上腹部並臉部顯現出飢腸轆轆、急欲進食的表情。學生見狀覺得很好玩，便不約而同下意識地對老師說「Here you are，」同時把桌上的一些副食品接近於非條件反射式地遞給了老師……

註：教師通過極富感染力的表情以及語速和語調的變化引導學生掌握並使用新授課中的英語句型。

#### 案例 5

一位原本活潑開朗，上課時臉上總是洋溢著燦爛笑容，並時不時會幽默一把的深受學生歡迎的女教師，由於近期患了更年期抑鬱症與焦慮症，漸漸變成了一個鬱鬱寡歡的人，每日裡唉聲嘆氣，並且不自覺地將負面情緒帶進了課堂，講

課時無精打采不苟言笑，老是板著冰冷的麻木的面孔。一日，該教師在批改學生作業時，意外發現作業本裡面有一張紙條端端正正地寫著：「老師，多日不見您的微笑了，是不是我們惹您生氣了？看著您愁眉不展的苦臉，我們也沒心思聽課了，您肯定有什麼難處吧？同學們都期盼您早日恢復往日的笑容。」

該教師閱畢乍然醒悟，意識到自己犯了一個嚴重的錯誤，深感對不起學生，當即跑去醫院心理科就診，並立即按醫囑服用抗抑鬱與抗焦慮的西藥與中藥……

註：通過大量的問卷調查及旁觀各類教師的教學特色可知（職業中學與成人學校除外），對於中小學生來說，無論一個教師的學科專業水平與智力水平有多麼高，若其上課總是板著一副嚴肅得近乎冷峻的面孔，甚至是使學生略感畏懼的面孔，則學生對其的滿意度不可能高（至多達中等程度）。相反，若一位教師的學科專業素養並不突出（例如在課上有時無法當場解決學生提出的難題），但其上課時卻總是臉帶微笑，並具有一種惹人喜歡、吸引學生的表情，則學生對其的綜合評價反而遠遠超過前述類型的教師。

杜斯妥也夫斯基的小說《少年》中有一段獨白：「有的人的性格叫人很久捉摸不透，可是當他不經意地真誠地笑起來時，我便突然覺得對他也了如指掌了……我指的不是他聰明不聰明，而是他的性格，是指他整個人……一個人笑得很美，就說明他是個好人。我就是這樣認為的，笑聲是心靈的可靠試劑。」

真誠而善意的微笑使師生相互親近。

## 五、激情語言

1. 含義

「激情語言」是指類似於著名革命家菲德爾·卡斯特羅或著名黑人領袖馬丁·路德·金的「語言」，即施教者用激情奪魄的內容、帶有主動性興奮情緒的語音以及活力四射的煽動性言辭來打動受教者內心深處情感的一種以情激情式的語言。

「激情語言」是由面部表情語言和口頭語言這兩部分有機整合構成的一種綜合性語言。

美國心理學家梅拉比恩通過實驗得出如下公式：交流的總效果 =7% 的語言 +38% 的聲調 +55% 的面部表情。該結論表明，若將人的面部表情和講話聲調有機相聯，合二為一，則能在師生交流中起到巨大的作用。

## 六、曲藝語言

1. 含義

「曲藝語言」是指兩位或兩位以上的「團隊型教育者」成員互相配合，在課堂上恰當地說幾句與即時教學內容緊密聯繫的，近似於說相聲或快板之類的笑話，既能使學生歡笑幾聲以消除疲倦、活躍氣氛，又能對當前的教學確有實際推動作用的一種藝術性、幽默性語言。

曲藝語言是一種特別的變相的口頭語言，一般分為「相聲語言」與「快板語言」兩種。

運用「相聲語言」或「快板語言」教學時應注意以下幾點：

（1）課堂上說相聲多采用二人制（有時也有二人以上參與），即一名教師（做主角）再加一名「團隊型教育者」學生成員（做配角）。

（2）說相聲多為課堂即興而作（當然事先二人要略有準備），見機行事，自然而成。反對為說相聲而說相聲，或單純為取悅學生而說相聲。

（3）「相聲語言」應當既具有「教」或「學」的功能，又具有「逗」的功能，若無「逗」的功能，則屬於普通的「口頭語言」。但應注意在「逗」學生時勿傷了學生的自尊心，故若需要拿學生作為「逗」的對象時，最好選擇外向型、隨和型的學生。

（4）課堂上說快板時，應以接近於快板式的腔調（非怪聲怪調）說一首完全有益於即時教學內容的順口溜、三句半或通俗詩歌等，最好一邊說一邊在多媒體螢幕上同時映出說詞。

（5）課上說快板通常不宜打竹板（非學科授知型課堂除外），但說時務須具有快板風格的節奏感（否則就不屬於「快板語言」），以使全班學生對某相應知識點的認知與感受較為深刻，並在短暫的時間內笑一笑放鬆全身以利於教學。

（6）教師（有時為團隊型教育者其他成員）在課前負責寫好一篇或幾篇通俗易懂的快板台詞，要求每一句字數相等或有一定規律，且要押韻以便說時朗朗上口且容易記憶；團隊型教育者成員（人數一般為兩人或兩人以上）則在課上某一恰當時刻（由老師暗示）負責具體完成說快板的教學任務。

2. 例說應用

關於第一種「曲藝語言」（相聲語言）

**案例 6**

　　對於小學語文《我愛故鄉的楊梅》一課的教學，老師在課前與口才最佳的團隊型教育者成員生 A 商定，二人在課上作臨時「相聲演員」。

　　預先定下的基本方案是：生 A 負責朗讀課文，要求生 A 對某些關鍵語句進行「說相聲」式朗讀，即適時放慢語速，加重語調，並使語調有明顯的起伏感及較濃的感情。老師則負責尋找或製造良機，臨場發揮地插說幾句「相聲」式話語，以達到某種教學目的。上課時生 A 按預定的基本方案朗讀起課文：「……端午節過後，楊梅樹上掛滿了楊梅……沒熟透的楊梅又酸又甜，熟透了就甜津津的，叫人越吃越愛吃……」在生 A 有韻有味、極富情感的語言帶動下，大家似乎已經聞到了楊梅的香味，

彷彿走進果園採下了果子，嘗到了又甜又酸的可口楊梅。

　　（教師一邊聽一邊觀察每一位學生的細微動作與情感反應。）

　　師：剛才生 B 的表現最認真，因為他在邊看課文邊聽生 A 朗讀時，吞咽過幾次口水。

　　（學生聽了先是一愣，但須臾發出了歡笑聲。）

　　師：因此，我確信，課文的描述已經在生 B 的腦海裡變成了一幅幅生動的畫面，並且我敢判定，就是因為他好像看到了那紅得幾乎發黑的楊梅，好像看到了文章的作者在大吃楊梅，於是不由自主地流出了唾液……

　　（課堂中又發出一陣更響的笑聲。）

　　師：因此大家讀文章應向生 B 學習，即像生 B 那樣邊讀邊在腦海裡放電影，把抽象的文字變成生動的畫面，這種閱讀方法效果最好。最後透露一個秘密：剛才老師也流唾液了，只是沒讓你們看到罷了。

　　（又是一陣哄堂大笑。）

　　……

　　關於第二種「曲藝語言」（快板語言）

**案例 7**

　　在教學初中代數的完全平方公式 $(a+b)^2=a^2+2ab+b^2$ 時，為了使低齡的初一學生能牢記這個日後經常應用的公式，並避免在運用該公式時常易出現的演算錯誤，教師在課前選擇並叮囑四位團隊型教育者學生成員，屆時用說快板的聲腔和語調來述說該公式的結構特徵，並給了他們一首教師編擬的快板詞。課上在學完該公式後：

生 A（起立）：「頭平方！」（指 $a^2$）

生 B（起立）：「尾平方！」（指 $b^2$）

生 C（起立）：「頭尾兩倍中間放！」（指 $a^2+2ab+b^2$。）

生 D（起立）：「中間放喲中間放！」（說至此學生哄堂大笑。）

（老師則隨著每一句快板語對應地同時用指示棒指向公式的某一部分，爾後再叫全班學生齊聲朗述以上四句。）

註：課後學生非常歡迎這種施教法，他們說既感到開心又輕鬆地記住並掌握了知識要點。

## 七、圖畫語言

1. 含義

圖畫語言一般分為圖片語言與漫畫（包括普通簡易繪畫）語言兩種。

圖片語言是指與即時教學內容緊密相關，有利於完成當前教學任務的一幅或幾幅圖片（指掛圖、插圖、放大型照片及其他各式圖片）所輸出的資訊，作用於資訊接收者（受教者）的視覺器官，實現資訊傳遞的一種非有聲語言；漫畫語言是指施教者通過在黑、白板及多媒體螢幕上畫或預畫一幅或幾幅與即時教學內容密切相關，有益於執行當前教學任務的漫畫來輸出資訊，作用於資訊接收者（受教者）的視覺器官，實現資訊傳遞的一種非有聲語言。

圖畫語言是一種形象化、直觀化、感性化的獨特語言，它具有生動性、鮮明性、趣味性及幽默性的特點。使用這種語言模式能給學生以形與色的感官刺激，興奮學生的大腦皮層，增強（發揮）學生的理解力（想象力）。

2. 例說應用

關於第一種圖畫語言（圖片語言）

## 案例 8

在講中學歷史課《全面內戰的爆發》時，教師先掛出一幅反映敘利亞內戰所導致的慘劇，並令全世界心酸的圖片———敘利亞 3 歲小難民隨父母偷渡遇難的放大型照片。

師：這是一張當時許多國家的主要媒體都刊登過的照片，這是敘利亞難民危機中一幅令世界沈默的「最揪心的畫面」。照片中，一名 3 歲小男孩的屍體躺在土耳其海灘，面朝下趴在沙灘上彷彿睡著。男孩名叫艾蘭・庫爾迪，他 4 歲的哥

哥及母親也在同一起偷渡船嚴重超載的事故中遇難。

接著，再掛出一幅艾蘭‧庫爾迪兄弟倆生前的生活合照。

師：……照片中的兩位小男孩是那樣的漂亮、可愛與活潑，而他倆由於敘利亞全面內戰而失去了幼小的生命。

注：這兩幅圖片的對比給學生的心靈以強烈的震撼，內戰是如此殘忍、可怕、危險……遂很自然地把學生帶入到悲涼的戰爭氛圍之中。

關於第二種圖畫語言（漫畫語言）

## 案例 9

在教學高中數學立體幾何第一課時《平面》時，為了使學生深刻理解平面的本質特徵（無限延展性），教師可借助於「漫畫語言」，即在黑板上臨時畫兩個簡單而又帶有些許滑稽形狀的人形，分別代表牛郎和織女二人，再在二人之間畫一個豎立式的平面，並說這是王母娘娘有意安插在二人之間的一個幾何平面。

師：假定平面不能穿透，則牛郎或織女能否繞過該幾何平面與對方相擁？為什麼？

（此語一出立即引發了課堂上的一陣辯論。）

生 A：非常遺憾，永無可能。因為幾何平面是向四面八方無限延展的，二人中任何一人無論跑多遠跑多久都永遠繞不過幾何平面與對方相擁。

生 B：老師，您想出的這一招比原先王母娘娘劃一條銀河要殘忍得多啊！

生 C：想不到幾何平面竟比銀河厲害好多倍啊！

（眾人大笑。一個結論：老師的幽默會帶動學生的幽默，同時幽默教學的效果會以幾何級數遞增。）

生 D（突然大聲地）：若假定牛郎、織女能無限制無窮盡地飛翔，則在無窮遠的地方二人總會相擁吧？

師：你能提出這樣一個新問題說明你很有想象力！

幾何學分為歐氏幾何與非歐幾何兩類，中學所學的幾何是歐氏幾何，後者到大學裡學。對於前者而言，可以斷定他們二人是永遠無法相會的；對於後者而言，在無窮遠處能否相會請你以後到大學裡研究吧。

大家都應該向生 D 學習，敢於大膽質疑和想象，善於自主提出問題。國際上普遍認為，提出問題比解決問題更能發展自己的創造性智力！

補充說明兩點：

第一，「圖畫語言」帶來了另外一個好處：能促使學生發散思維，引發全方位想象，多角度地提出質疑或新問題。這是符合心理學與生理學原理的。

第二，有一個異常現象：上述班級的學生在日後填報高考志願時，竟有近20人填報大學數學系，但該專業是絕大多數考生不願讀的。納悶之下問詢原因，結果一個主要誘因是他們想弄明白，在非歐幾何裡牛郎和織女在無窮遠處到底能否相會以及其他數學問題。由此可管窺「圖畫語言」的效用確實不能小覷。

## 八、形象語言

1. 含義

形象語言是指教師通過自身的衣著、外表修飾、行為舉止等來輸出資訊，並作用於資訊接收者（學生）的視覺與聽覺器官，從而實現資訊傳遞的一種心理暗示力較強的特殊語言。

形象語言是教師內心修養的外部流露，是對學生、對自己的教學工作重視程度的外部反映，是教師的「第一印象」以及第一印象持續影響教學的不可忽視的構成要素。

不難理解，一位不修邊幅，衣著不整潔，頭髮蓬松雜亂的教師，會給學生「不負責任，粗魯無禮」的印象；一位刻意打扮，塗脂抹粉，奇裝異服、髮型新潮的教師，會使學生把注意力集中在教師的外形上，會給學生「誇張輕浮、敷衍教學」的印象。這樣的兩種印象都會使學生對他（她）所教的課失去信心。

因此，運用形象語言教學需注意下列幾點：

（1）應根據課程特性以及教師自己的年齡、性格、氣質，學生的審美傾向、思想傾向和接受能力，選擇合適的服裝與鞋帽，一般要求服飾莊重但不呆板，有個性，外表脫俗得體。特別地，在新生授課之初以及個矮教師、貌醜教師、實習教師尤其要注意這一點。

（2）在經濟許可之下，衣褲不宜過於陳舊低廉，不宜長期穿同一件衣服，但也不宜頻頻換衣、注重品牌，勿讓學生覺得教師太重打扮而在教學上投入精力不足。

（3）經調查，學生不喜歡老師穿白色或黑色的衣褲。此外，夏天不宜穿拖鞋狀的皮涼鞋進教室，課前應梳齊頭髮，男教師上課期間應日日刮鬍鬚等。

（4）講課時應注意以下幾個細節：勿將身子完全倚著講台；勿將一隻腳踩在凳子上；勿將手插在口袋裡；勿經常看手錶；勿將目光朝上或朝下，應正視學

生；勿直盯某學生而應掃視所有學生；口乾喝水時勿發出較重的喝水聲音等。

例說應用

## 案例10

有一位教師在講課時，突然感到口中有一微小的食物殘渣，不知是由於講話不方便還是怕受到心理干擾而影響講課效果，總想把這一食物殘渣吐掉為快，為了防止被學生發現，他就背對著學生低頭略彎腰輕輕地吐在地上，儘管吐時發出的聲音極小，儘管吐在地上的殘渣小到幾乎看不到，但還是被學生覺察到了（只要有一名學生笑了起來，大家就都知道教師的不良行為了）。這一負面的形象語言直接告訴了學生，該教師舉止不雅、缺乏修養且不注意公共場所的清潔衛生（若實在忍不住非要吐出，則起碼應吐在自己的手帕上），這也會使道德判別力不強的學生日後效仿老師的不文明行為。

由此可知，教師切莫忽視形象語言的重要性，它像一把雙刃劍，好則有利於教學，壞則有害於教學並會傷及自身，也會殃及學生。教師職業不同於其他職業，教師的職業特殊性決定了教師必須十分注重這種形象語言，而且無論在教室內還是教室外，無論在課內還是課外。

註：拙書所總結的教育教學語言共有九種，具有特定功能的第九種教學語言宜置於第十章詳述。

以上細析了「八語」，以下詳解「聯動」。

# 第三節　「聯動」的概念詮釋與應用例說

## 一、概念詮釋

關於「聯動」（分「無形聯動」與「有形聯動」）的含義在前面第一節中已予簡要闡說，本節再補充詮釋幾點。

1. 聯動的要點與目的

「無形聯動」（又稱「心理聯動」）是指教師與學生之間在情感、思維上發生哲學意義上的雙方聯合運動。通俗地講，就是指教師與學生之間產生一致或相似或接近的情緒體驗、思維方式。無形聯動主要包括情感聯動與思維聯動（尚有心靈聯動等）。無形聯動的最優狀態是師生之間產生情感、思維上的「共振效應」。師生雙方欲實現無形聯動，雙方應做角色心理置換，尤其是教師應做換位

思考，須進入學生的認知世界，設身處地地理解學生，以求達到情感、思維的一致化。例如當師生共同解決一個學科問題時，教師需要做角色轉換，站在學生的角度看問題，努力將自己和學生之間的思維品質特徵、思維運作軌跡與思維運行速度協調一致，唯此才能發生師生雙方間的思維聯動甚至達到思維「共振效應」。而經驗表明唯有發生思維聯動，學生才能真正理解或發現解題辦法。

「有形聯動」是指團隊型教育者（這裡多指教師成員）在教學中，借助自己身體各部件各器官進行聯合、協調、多角度、全方位、適度而自然地運動，來吸引學生的注意力，增加教學的生動感與樂趣，消除學生的心理疲勞，輔助學生理解和接受新知識、新技能，優化學生的思維品質，以達到既定的教學目的或目標。

2. 兩類聯動須要合一

教學時若執教者僅有自己的有形聯動，卻無絲毫師生之間的無形聯動，則這種有形聯動要麼是僵化死板的，要麼是矯揉造作的，要麼是形式主義的，總而言之是無效的。但反過來若教師講課時沒有絲毫的有形聯動，則一般也難以產生師生間的無形聯動，即無形聯動通常需靠有形聯動協助。故這兩類聯動只有同時並舉才會產生實際佳效，於是高效教學要求兩類聯動和諧共存以至合一。如偉人列寧在無產者群體中的演說正是將有形聯動與無形聯動和諧合一發揮至極的典範之作。又如本章第二節案例1中介紹的于永正老師（江蘇省特級教師）的動作也屬於這種合二為一的聯動。

以下將上述的合二為一的聯動簡稱為聯動。

3. 聯動、八語亦需合一

「聯動」與「八語」非各自為營而是有機聯繫在一起的，有時「聯動」需要靠「八語」來輔佐，有時「八語」需靠「聯動」來配合，即兩者是相輔相成、相得益彰、和諧共處、同歸於一的關係。

4. 聯動的培訓途徑

有的教師天生善於「聯動」，有的教師極度缺乏這種素質。不過，這種「聯動」能力是可以通過後天的專業練習而培養起來的。培養的途徑為：其一，通過聽或看有這方面特長的教師的現場課或錄像課，刻意留心其「聯動」的方式與技巧；其二，閒暇時可面對一面大鏡子講課，在鏡中觀察研究自己的「聯動」狀況；其三，將自己上的課拍成錄像後，再反復察看錄像研究自己的「聯動」特點與力度，當局者迷旁觀者清，故還須邀請其他教師幫忙參與評價；其四，拜有這種能力的教師為師，結成師徒對子，通過師傅的帶教可逐漸訓練自己的「聯動」能力；其五，將自己的這個意圖告訴給團隊型教育者學生成員，請他們點評並提出意見

（是否恰當，是否能吸引學生但又不做作，是否確實有益於當前教學，是否接近或達到了兩類聯動和諧合一等）。另外要重申的是，欲提升「聯動」能力首先要吃透學生！

5. 聯動的現實需要

如果中小學教師上課不進行任何「聯動」，則教學效果必會大打折扣，而且應試教育下的學生愈來愈希望老師（尤其是「嗜好講授」型教師）進行「聯動」式授課。事實也表明，當學校向學生做民意調查時，若某位教師上課絲毫不「聯動」，不管其學科知識功底何其深厚，學生對其的評價一般是不高的。

6. 聯動要求因材施「動」

「聯動」的程度或幅度要遵循因材施教原則，即對於年級越低，年齡越小，或「雙基」能力越弱，或初、高中畢業班下學期的學生，越需要這種「聯動」，且「聯動」的程度或幅度通常宜與學生的年齡或水平成反比。

## 二、例說應用

1. 課堂回放

### 案例 11　小學三年級美術課《雨來了》教學簡錄

環節一：引入新課

教師用雙手蘸取盆中少許純淨水，彈灑向學生，製造下雨情境（「有形聯動」解說詞）。

學生下意識地拿起桌上的手寫板擋「雨」（師動導致生動，動則趣味橫生，趣生則皮層興奮）。

師：咦，發生什麼了？

生（齊笑著說）：下雨了！

（教師此舉使所有學生頃刻間專注於上課了。）

環節二：通告目標

師：下面我就與你們一道來學習畫一幅《下雨景色圖》。

與此同時，教師一邊慢慢走向學生中間，一邊高舉左手伸開手掌當畫板，並用右手指當畫筆作畫圖狀，要求口、臂、掌、指、腿協調一致（「有形聯動」解說詞）。

環節三：教學活動

（1）教師舉頭目視天花板，伸開十指蘸水後由上至下按適當速度運動，同時用嘴輕輕發出「滴答滴答」下小雨的聲音（「有形聯動」解說詞）。

師：現在在下大雨還是小雨呀？為什麼？

生：小雨，因為它聲音很細，且雨線稀疏。

教師再做類似的下大雨的「聯動」，併發出「嘩啦啦、嘩啦啦」聲音。

師：現在呢？為什麼？

生：下大雨，因為它聲音很大，且雨線很多很密。

教師繼續做類似的下雷雨與風雨交加的「聯動」，併發出「呼隆隆、呼隆隆」聲音。

師：這次下什麼雨啊？為什麼？

生：打雷閃電，風雨交加，雨線斜的。

師：怎樣用線條表現小雨、大雨、雷電斜風雨？

生：分別用稀疏的豎線段、密集的豎線段、密集的斜線條表現。

與此同時，師與生一起做相應的「聯動」：雙手食指從上豎直劃向下（頭、眼、口配合一道聯動）、雙手十指從上豎直劃向下（手、頭、眼、口、腰協作聯動）、雙手十指從上傾斜地劃向下（相關器官協作聯動）。

各分隊在隊長主持下分享課本的雨景，並找出關鍵詞。

師：（邊移步邊打手勢）大家找到哪些雨景關鍵詞了？

生：雨、傘、水花、雨衣、風……

（3）教師根據以上關鍵詞，用教具模板拼出一幅《雨景圖》

教師歸納畫面中的主體物與添加物，使學生瞭解雨景的部分元素，為學生自主創作做鋪墊。

| 關鍵字 | 區分 | 具體事物 |
| --- | --- | --- |
| 主體物 | 有行為能力的 | 有行為能力的人物等 |
| 添加物 | 無行為能力的 | 雨、雨衣、傘、風、閃電、彩虹、屋等 |

（4）教師在螢幕上再投影出一幅《雨景圖》與黑板上的拼貼《雨景圖》對比。

師：這兩幅畫哪一幅更有想象力？

學生紛紛發表見解，有人認為螢幕映出的圖中主體物和添加物更有想象力，更加生動等。

師：（一邊「聯動」一邊說）你能想到什麼更有想象力，更有趣，更加天馬行空的雨中情境嗎？請大家暢所欲言，把自己的所想所感盡情說出來！學生紛紛說出自己想象的《雨景圖》……

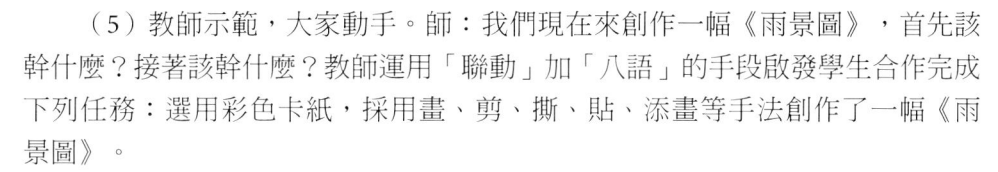

（5）教師示範，大家動手。師：我們現在來創作一幅《雨景圖》，首先該幹什麼？接著該幹什麼？教師運用「聯動」加「八語」的手段啟發學生合作完成下列任務：選用彩色卡紙，採用畫、剪、撕、貼、添畫等手法創作了一幅《雨景圖》。

（6）生生研討，藝術實踐

教師運用「聯動」和「八語」啟迪引導學生發揮想象力，各分隊合作，天馬行空地各自創作一幅富有創意的《雨景圖》。

隨後教師把七個分隊創作的七幅作品在黑板上展示出來，學生進行自評、他評。

環節四：課堂總結

略。

2. 評委評析

其他的八位教師基本上都是用口頭語言進行啟發式教學，唯獨該節課執教人一反常態，在幾個關鍵之處巧用「聯動式八語式」這種新奇的方式進行「聯合啟發式教學」（指用多種方式、多種手段實施啟發式教學）。例如教師用手蘸取盆中純淨水彈灑向學生，巧妙地製造了下雨情景等。這樣的一種新式改造型啟發式教學法，從生理學角度講，可使學生大腦皮層處於區域廣泛性興奮狀態；從心理學角度講，能引發學生的連續的不隨意注意，創造高度的趣味性以及深刻的情感體驗；從教育學角度講，能從多條途徑多管齊下全方位優化學生的思維品質，更有益於培養學生的想象力與創新力。

使用聯動式八語式啟智法有哪些基本要求？

# 第四節　聯動式八語式啟智法的使用要求

聯動式八語式啟智法的特點主要就是「聯動」和「八語」（當然一節課內八種語言未必均要使用）。

聯動式八語式啟智法要求做到以下五個「適當」。

## 一、音量適當

指教師講話的聲音響度適中。學生喜歡聆聽男中音或女中音，而不喜歡聽刺耳的「女尖音」與導致聽覺疲勞的「男低音」（具有這兩種天生音質的教師須憑借意志力有意降低或調高音量）。此外，若在一個時間段內採用講授法則尚須做到語調抑揚頓挫。

## 二、語速適當

語速的快慢應遵循兩個原則：第一，若講者口齒伶俐，普通話標準則語速可快些，否則宜慢些；第二，若聽者智力與文化素質較高則可講快些，否則宜慢些。語速是否適當只需觀察學生的眼神即知。

## 三、時間適當

現代教學論認為，教師在一節課內講授的累計時間多寡應根據學生的年齡特點、知識程度、教材特點、課型特點以及自己的感知直覺諸因素綜合考慮、靈活決定，並非做「一刀切」限定（據報導中國某所名校統一規定，在所有的課中教師講的累計時間概為 10 分鐘，這豈非與現代教學論原理相悖嗎）。

當然，若整節課「一講到底」則無疑是「一票否決」！心理學家通過具有統計學意義的調查表明，小學生、初中生的注意時限為 10 至 20 分鐘，高中生可維持注意 20 至 30 分鐘，故施教者講授時間一般應控制在上述時間段以內。但有一點要強調，若較多學生的體態語言告訴你別講了，則應果斷而無眷戀地停講，或改用另一種方式的學教法。

## 四、聯動適當

聯動式八語式啟智法的一大特點是要求施教者講授時身體各部件有機聯動。須注意運動的幅度與程度應考慮到不同年齡學生的心理特徵與思維規律，應恰如其分、自然得體，既勿舉止生硬、表情淡漠，亦勿運動過於劇烈（如手勢揮動過度誇張）以致喧賓奪主、弄巧成拙，並盡可能做到有形聯動與無形聯動的有機統一及聯動與八語的辯證統一。

## 五、引導適當

1. 引導的用語要恰當

聽課時常常會發現這種情形：當執教老師試圖用語言來啟發引導學生正確回答或解決複雜問題時，由於久啟而不發、教學時間不夠、缺乏教學經驗或其他原因，教師會自覺或不自覺地將啟發性用語完全降格為暗示式用語或變相暗示式用語，即自覺不自覺地用暗示代替啟發，這就完全失去了學習的意義，這種課顯然應被一票否決（暗示式比注入式還要差勁）。

2. 引導的時機要握准

當學生處於「憤」與「悱」的狀態之際，施教者應正確判斷究竟在哪一時刻給予點撥最為恰當（過早或過晚都會降低教學效果）。

3. 引導的力度要適當

簡言之：應在學生的「最近發展區」內撬動學生的發展。

4. 引導的頻度要適當

在運用提問式引導時，提問的頻率要適當，到底是採取高頻率還是低頻率提問策略，最終取決於問題的類型、深度及教學現場的實際情況（如學生的實際水平等）。

### 案例 14 （2012 年江蘇省高考理科數學卷填空第 10 題）

設 $f(x)$ 是定義在 R 上且週期為 2 的函數，在區間 [-1,1] 上，

$$f(x) = \begin{cases} ax+1, & -1 \leq x < 0 \\ \dfrac{bx+2}{x+1}, & 0 \leq x \leq 1 \end{cases}$$

其中 a、b ∈ R。

若 $f\left(\dfrac{1}{2}\right) = f\left(\dfrac{3}{2}\right)$，則 a+3b=_____。

對於中等程度的學生，運用口頭語言引導其解答該題的思維過程一般為：

第一步　求 a+3b 的值，有兩條途徑：根據整體思想，整體求出 a+3b；根據方程式思想，分別求出 a、b。

第二步　因週期是 2，則由 $f\left(\dfrac{1}{2}\right) = f\left(\dfrac{3}{2}\right)$ 得

$$f\left(\frac{1}{2}\right) = f\left(-\frac{1}{2}\right) \qquad ①。$$

表面上看，題目只有一個條件（即①式），故應是整體求解。

但由①得到 3a+2b=-2 ②。

左邊非 a+3b！故還須尋找一個關於 a、b 的方程式。由此斷定題設中一定還秘藏著一個不易察覺的條件！

第三步　結合題設與所求，該條件應形如 $f(x_0+2) = f(x_0)$，$x_0 \in [-1,1]$。

第四步　經仔細觀察，發現題中果真藏有一隱性條件：題中的閉區間 [-1,1] 恰為一個週期長，故立知 $f(1) = f(-1)$，於是得 b=-2a ③。

第五步　由②③得 a=2，b=-4。故 a+3b=-10。

註：啟發引導的詳略程度還須遵循「因材施教」的原則。

前面五節詳盡解析了聯動式八語式啟智法，最後一節補談該法的理論依據、教學原則、運用場所及應用優勢。

# 第五節　聯動式八語式啟智法的理論依據、原則及優勢

## 一、理論依據

第一，愉快化、形象化、直觀性、啟發性等一般教學原則。

第二，日本教育心理學家瀧澤武久的實驗結論：一旦學生對學習失去情感，則其思維、記憶等認知機能就會受到壓抑、阻礙。無論何等抽象的思維，沒有情感都不能進行。

第三，德國著名學者海因·曼麥的觀點：用幽默的方式說出嚴肅的真理，比直截了當地提出來更能為之接受。

第四，蘇聯教育家蘇霍姆林斯基的觀點：如果想使知識不變成僵死的靜止的學問，就要把語言變成一個最重要的工具。

第五，蘇聯教育家馬卡連柯的觀點：同樣的教育方法，因為語言溝通形式不同，所產生的效果就可能相差 20 倍。

第六，英國心理學家羅布·楊的理論（詳見第五章第六節）。

第七，心理學研究成果：人們通過聽覺獲得的知識能記住 15%，通過視覺獲得的知識能記住 25%，而如果把這二者結合起來，能記住的內容就可以提高到 65%（即產生一加一大於二的效果）。

第八，交往教學理論、學習金字塔理論、暗示心理學原理（第二章第三節已述）。

## 二、教學原則

運用本施教法必須遵循以下的教學原則：

1. 啟發性原則

通過「聯動」，通過「八語」，要讓學生達到由此及彼、由表及裡、由因到果、由個別到一般的思考，達到啟發學生思維的效果。

2. 針對性原則

課堂教學是一種目的性很強的活動，因而交叉運用「八語」必須目的明確，必須圍繞教學主題展開。

3. 新穎性原則

運用本施教法須利用新穎的材料、新奇的角度、新異的手段等來吸引學生，使之產生學習的內驅力。

4. 趣味性原則

只有充滿情趣的「聯動」與「八語」才能引起學生注意，激發其學習興趣，調節課堂教學氣氛和節奏，形成師生之間的默契。

此外，尚有團隊型教育者施教原則、因材施教原則、學科知識與生活主題合一的原則、自我發現問題的原則、層次性原則（第二章第四節已述）。

## 三、運用本施教法的場所

在黑、白板特多，過路通道特多，學生座椅能旋轉的「學教合一教室」內最適合也最容易施行這種強調恰當運動的聯動式八語式啟智法。即施教者一邊在學生群體中緩緩穿行，一邊五官、四肢、身體、大腦聯動地講授，由於四面八方都置有黑、白板，為這種散步型聯動式的講授提供了隨時隨處舉手（或稍走兩步）即可板書板畫的極其便利的條件。

## 四、應用優勢

與本施教法相逆的是「紅衣主教宣講法」（指幾乎不走入學生群體，一直站在學生群體前面，站在講台與黑板之間那一塊狹小的「講師領地」，擺出一副師道尊嚴的表情或態度，像紅衣主教般威嚴地僅用一至兩種語言進行講授的方法）。聯動式八語式啟智法相比「紅衣主教宣講法」至少具有六大優勢：

1. 引發積極的情緒效應

情緒效應又稱情感效應，通常指一個人的情緒狀態可以影響到對某一個人今後的評價。在教學中，情緒效應是指師生的不同情緒會帶來不同的教學效果的情況。採用聯動式八語式啟智法能拉近施教者與受教者之間的心理距離，增強雙方感情，從而產生積極的情感效應（英國心理學家羅布·楊通過長期實驗與研究表明情感力會大幅提升教學力，且對年級越低的學生表現尤甚）。

2. 減輕學生的思維負荷

舉動恰當、姿勢美觀的「有形聯動」與「無形聯動」的和諧合一，以及「聯動」與「八語」的巧妙配合，能維持受教者較長時間的無意注意（不隨意注意），大為減輕學生的有意注意（隨意注意）負擔，避免了因有意注意承負過重而消耗掉太多的腦力的情況。

3. 產生「完整現象的教學過程」

聯動式八語式啟智法猶如一針特效興奮劑，能激發學生的參與性與增強課堂的互動性，使師生雙方的對話活動與心靈交流達到默契協調與同步互動，在「心有靈犀」的默契配合下，共同進行創造性的課堂學與教的活動，滿足了教育家巴班斯基提出的要求：「只有在師生積極的相互作用中，才能產生作為一個完整現象的教學過程。」

4. 取得良好的智育和愉快教育成效

多種幽默型語言的交叉使用（為聯動式八語式啟智法的一大亮點）會產生比較顯著的效果：既加深了學生對相應教學內容的理解，又使學生長久地記住了知識要點與重要的結論、規律；既使學生牢固掌握瞭解決問題的思想方法，又誘發了學生無限的想象，從而自主提出新的問題；既優化了學生的各種思維品質（發散性、深刻性、逆向性與創造性等），又消除了由緊張的思維活動帶來的心理疲勞，調節由單調重複的學習活動帶來的生理疲勞；既淡化了生活中的焦慮水平，恢復業已傾斜的心理平衡，又使得課堂教學藝術在一張一弛、勞逸結合中獲得寓教於樂的功效。

5. 熔多種藝術手段於一爐

需要說明的是，聯動式八語式啟智法固然是一種有效的課堂教學方法，但也可以說是一種高超的課堂教學藝術。這種教學藝術熔各種藝術表現手段於一爐，以大量的資訊全方位地訴諸學生的視覺、聽覺、觸覺等多種感覺器官，直接影響到學生的品德、知識、技能、智力、個性和審美等方面的發展。正是因為這種課堂教學藝術多方面影響著學生的學習，所以才使學生感到「學而時習」的愉悅。

6. 助推「無形聯動」趨於最優狀態

聯動式八語式教學藝術較易與學生的思想認識達到相同的「頻率」，從而會使師生之間產生思維、情感、活動等方面的「思維共振」與「情感共鳴」。思維共振即師生雙方的思維處處呼應、時時合拍、步調一致，達成共識（即思維聯動的最優狀態）；情感共鳴即指抒發教師的情感、挖掘和體驗教材中的情感、調動和激發學生的情感這三者和諧統一，達到高度一致與共處興奮激動的狀態（即情感聯動的最優狀態）。

# 第八章　團隊型教育者直接施教法四

　　本章介紹一種教學方法、教學策略和教學藝術相結合的直接施教法：小品表演式啟智法。該施教法獨樹一幟又棋高一著。

# 第一節　小品表演式啟智法

## 一、起源

　　戲劇小品是一門藝術，教學則既是一門科學也是一門藝術，二者有交集，故後者完全有理由參考或借鑒前者中一些對教學有用的精華。

　　小品與相聲的主要區別在於，相聲是一種語言表演藝術，而小品是一種語言加動作的表演藝術，當然還有其他的區別（如人數、道具的區別等）。從某種意義（如生理學意義：大腦皮層處於興奮狀態的區域的廣泛性）上講，小品一般比相聲更富有觀賞性、藝術性與思想性。因此，好的思想、內涵豐富的小品表演不僅能帶給人們快樂，而且能給人們以某種有益的啟示，也容易使人非主觀能動地接受其所傳達的社會素養與真理。

　　盡人皆知，蹩腳的演員其表演動作常常會使觀眾昏昏欲睡或憤而退場，而高明的藝術表演家如著名小品藝術家趙麗蓉等人的表演動作卻能牢牢吸引住觀眾的感官，並給予觀眾十二分的快活（教師授課又何嘗非如此耶？）。受此啟發，「團隊型教育者施教法」研究人員仔細研究了中國著名小品演員的演技動作與藝術方法，部分接受及改良了他們形神合一的藝術思想與藝術技巧，將之試用於教學實踐，獲得了成功，並不斷改進逐步形成了「小品表演式啟智法」。

## 二、含義

　　小品表演式啟智法是由一至數位團隊型教育者成員，或一至數個分隊，結合即時或課時教學要求，在較短的時間段內恰到好處地一人或數人相配合，做一下與當前教學內容緊密相關的類似於小品節目的表演動作或演一出小品（超）短劇，由此而啟迪學生思維，授予學生知識，發展學生成功智力與團隊協作能力的一種新穎且奇妙的輔助性施教法。

## 三、補釋

　　1. 使用要求

　　施教者們生動形象的小品表演可以豐富學生的感知表象，促進學生的理解和思維，但要注意表演得適度，做到質樸自然，不矯揉造作。同時，課堂小品的表演性完全服務於教學目的，所以教師在教學時要注意有效地支配情感而不是被情

感所支配。再者，課堂小品表演要採取適合學生接受的方式，要考慮到不同年齡學生的特徵。

2. 方法性質

小品表演式啟智法在多數情況下不是一種完整的課堂施教法（當然有時也能成為一節課的完整的施教法），而是一種課堂片段施教法。具體地說，在多數情況下它是針對一節課內某一個或幾個局部的特定的教學內容，所採用的一種互動性與趣味性相對較強，且具有某種程度的恰當的小品式藝術表現力與感染力，又具有知識啟迪性與解題誘導性的教學辦法、手段或活動方式。

在多數情況下，它需要與別的施教法相結合，才能完成整節課額定的學與教的任務。

為方便敘述，以後將「小品表演式啟智法」中的表演動作簡稱為「小品動作」。

3. 方法特點

小品表演式啟智法之所以被稱為奇妙的教學手段，原因在於以下三點：

（1）它的應用優勢格外顯著（詳見第三節），互動實績特別突出（詳見第五節）；

（2）任何具備教師資格的教師一旦掌握並運用小品表演式啟智法，將會立竿見影地提升學生對該教師的滿意度。

（3）每一個小品動作或每一出小品（超）短劇，都有一種實用性較強的教學功能。這是小品表演式啟智法的最主要的價值體現，下一節將詳解之。

# 第二節　小品表演式啟智法的功能與例說

## 一、課堂切入的功能

課堂教學是一門藝術，課堂切入更是藝術中的藝術。也就是說，一節課的前三分鐘，施教者切入的好與否（即學生是否被教學內容強烈地吸引住），將直接影響到這節課的教學效果。

人的認識普遍都是由具體到抽象的逐步深入，即總是從感性開始的。因此直觀形象的「小品」表演切入法相比其他的切入方法在教學中有更重要的作用。

案例1　在教學初二物理《光的折射》一課時，教師可通過表演下述「小品動作」來成功地引入新課。

　　師：在上新課前，我先給同學們表演一個神奇的「小品節目」，這個節目的名稱叫「水下閃燭光」，表演者僅我一人，演出正式開始，請諸位觀賞。

　　（動作解說：教師將一個盛滿水的大玻璃缸放在講台上或放在黑板旁的一張較高的桌子上，然後拿出一支蠟燭，該蠟燭的底部粘著一塊圓狀金屬片，其直徑比蠟燭底部直徑要大些，並點燃蠟燭。）

　　師：現在我將蠟燭放入玻璃缸內，且使蠟燭完全浸沒在水面以下，請問燭火能繼續燃燒嗎？

　　生：當然不能嘛（大家幾乎異口同聲地回答道）。

　　師：確定嗎？

　　生（多人）：確定！

　　師：好，奇跡馬上出現，請諸位看清楚囉！

　　（動作解說：教師將燃燒的蠟燭緩緩放入水中，使燭火在水平面以下。）

　　生（多人）：咦！蠟燭竟然未滅？水下怎能有火？難道是鬼火不成？

　　（眾學生大感詫異。）

　　師：大家再接著看我的演出，就知廬山真面目了！

　　（動作解說：教師在盛滿水的大玻璃缸中取出一個沒有水的潔淨的玻璃筒，而燃燒著的蠟燭正好放在該玻璃筒內。）

　　生：哈哈……哈哈……（學生見狀大笑）。

　　生（多人）：哦，原來如此！那為什麼剛才我們都看不見大玻璃缸內還有一個玻璃筒呢？

　　師：這是「光的折射」欺騙了你們（同時板書「光的折射」）現在就讓我們來共同研究新課：光的折射。

　　……

　　說明：良好的開端等於成功了一半。儘管課堂切入的辦法與手段有多種多樣，但上述別具一格的「小品」表演使所有學生哪怕是基礎最薄弱的學困生都被新授內容強烈地吸引住，從而使全體學生饒有興致地在持續的亢奮狀態下愉快地上完這堂課，取得一般的課所望塵莫及的教學效益。

## 二、突出教學重點的功能

眾所周知，每堂課的教學內容總存在一個或幾個教學重點，而教學中突出重點是一條最基本又必須遵循的教學原則。長期以來，不少教師對如何有效突出重點的方法與手段做了大量的研究，教學刊物上此類研究文章並不鮮見。「學教合一」研究人員則另闢蹊徑，標新立異，通過表演「小品動作」來突出重點，起到了更為滿意的效果。

### 案例 2

對於立體幾何第一課時《平面》來說，平面的無限延展性即為該課重點。欲突出該重點，教師可安排男女兩位「團隊型教育者」學生成員（課前已囑）分別扮演許仙與白娘子，教師則扮演法海和尚，「法海」手持一塊塑膠平面模具將二人隔開。

師：假設這塊模具表示一個幾何平面，且假設平面無法被穿透，則許仙與白娘子能否互相握手？

生 A：這還用說嗎？當然能囉！

生 B：恐怕未必吧，你看老師會變戲法的！

（此刻大家笑著爭辯起來。）

師：別爭了，事實勝於雄辯，讓我們來試一試吧。

（動作解說：此時「許仙」與「白娘子」試圖從左右上下繞過平面模板實現握手，但與此同時「法海」迅速將平板做對應的左右上下平移擋住了他們，無論二人如何努力移動體位試圖握手但總未能如願。）

生 C（大聲地）：若讓「許仙」乘坐摩托車疾駛就能繞過去，「法海」的平面就攔不住了！

師（亦大聲地）：法力無邊，恆能攔住！

（眾皆大笑。）

生 D：那幾何平面豈不成了「神仙平面」？

師：對啊，幾何平面就像牛魔王與鐵扇公主的芭蕉扇，可無限制地放大！這就是幾何平面的一個重要特徵———無限延展性。

……

說明：（1）有經驗的數學教師都知道，在解答較難的立體幾何題時，學生往往容易忽視平面的這一關鍵性質而致錯，且出錯後又很難想到會錯在這一點

上。而表演上述「小品動作」既牢牢地吸引了學生，又突出了重點，加深了學生的理解記憶，學生也因此而從未出現過上述錯誤，堪稱一箭三雕。

（2）關於突出重點的問題，有兩種情形不宜或可不做「小品動作」：一是某重點知識比較容易理解與掌握，且解題時又不常會因該知識點而致錯；二是授課班級的生源較好，則可做可不做，或將演「小品」降格為用畫圖或其他的方式（如上一章所述的「圖畫語言」等）。

（3）團隊型教育者教師成員由於曾有目的地專門觀看研究小品節目，故其表演

的「小品動作」帶有一定程度的技藝性，但有的團隊型教育者學生成員的表演並不像教師那樣含有些許小品特色。然而這不會妨礙「小品表演式啟智法」的正常實施，只要動作基本到位能夠向大家傳達出既定資訊即可。不過有的「小品動作」有某些特定的要求，則教師應在課前將這些要求預告團隊型教育者有關成員。如本案例中教師課前對許仙與白蛇的扮演者提出一個基本要求，即在二人做握手動作時，要防止「許仙」與「白娘子」由於老師反應欠快而真的握上了手。

## 三、突破教學難點的功能

對於新授課中新知識的難點部分，或習題課、復習課、試卷講評課中某些十分棘手不易處理的難度系數較高的問題，可在關鍵之處畫龍點睛般地表演一個或幾個「小品動作」，以此引導學生透過現象看本質，使學生自主地抓住主要矛盾與矛盾的主要方面，或自主地突破障礙解決難題。

案例 3

在給小學六年級學生上一堂探究課時，老師給出一道經典的「雞兔同籠」問題：「雞和兔子共同關在籠子裡，籠子裡共有 45 個頭和 116 隻腳，請問雞和兔子各有幾隻？」

對於中學生來說該題算不上很難，但對於不會設未知數列方程式的小學生而言卻是一道難度系數極高的問題。當時大家苦苦思索總想不出個頭緒。

見此窘境，老師說：人們有一種廣泛應用於各領域的處理問題或事件的常用策略，即「以退為進」的策略。若將這種哲學策略運用於數學就是將複雜問題「退」到簡單問題，一般化問題「退」到特殊化問題等等。言訖叫上五名團隊型教育者成員分別扮演雞與兔子（課前已發給他們每人一雙手套）。

師：有一種「退」的技巧，就是將較大的數改為較小的數，比如改為只有 5

個頭。然後再運用逆向思維的方式，即倒過來求幾隻腳？

（各名扮演者有時扮雞轉瞬又扮兔。）

師：很顯然，答案不唯一。但我們還有一種策略——「不妨假設」，比如假設有 14 隻腳，你能由此求出幾隻雞幾隻兔嗎？

（學生仍無絲毫反應。）

師：如果依然解決不了這個數字已經簡單化的問題，則可以再繼續「退」呀！

師：在百思不得其解時大家應當回過神來反思尋不到解題途徑的原因是什麼。

生 A：因為存在一個巨大的障礙！

師：什麼障礙？

生 B：因為籠中雞兔混雜，且兩者腳的數目又不一樣，太複雜了。

師：妙極了，被你一語中的！那麼如何來搬掉這個障礙物呢？

生 C：我想到了！即應當「後退」到這種狀況：暫時讓這五人都扮演雞，或者都扮演兔，則問題就更簡單了。

師：真了不起啊，一條「勝利」的退路被你找到了，你堪稱諸葛軍師！

五位團隊型教育者學生成員：那我們都來扮演兔子吧（言畢五人一齊雙手按地演成兔子狀）。

生 D：但這樣有 20 隻腳了，比已知的 14 隻腳多出了 6 隻腳。

生 E：（一拍腦袋）哦，明白了，若假設有 14 隻腳的話，則應該有 3 隻雞！

此時大多數學生恍然大悟，但仍見少數智商偏低或者基礎太差的學生雙眉緊皺。根據直觀性與形象化的教學原則，老師指示其中三位團隊型教育者成員起立變成三隻雞，另二位仍扮兔子，如此具體的直觀的現場表演使所有學生都豁然開朗，從而讓學困生順利地報出了原題的答案：32 隻雞，13 隻兔子。

說明：①整堂課學生既笑聲洋溢又思維活躍，小學生最適宜上笑聲連連的課；②上述五名團隊型教育者學生成員的「小品動作」有特定要求：演雞時兩手緊貼身體，腰部略彎，上身稍前傾，演兔子時兩腳彎曲，兩手伸直以使上身與地面平行，且頭部抬起（也可再佩戴雞或兔的紙帽子），這些均需要教師在課前預囑。

## 四、增進記憶的功能

對於某些比較重要卻又比較難記的知識點（如公式、定理、定律、成語典故、經典事件、概念等），可當堂表演相應的「小品動作」予以長久地記憶。

### 案例 4

在教授高中《三角學》中兩角和的餘弦公式 $\cos(\alpha+\beta)=\cos\alpha\cos\beta-\sin\alpha\sin\beta$ 時，由於該公式右邊的讀音與「抲抲殺殺」的讀音比較接近（江浙一帶將「捉」動物說成「抲」動物），即「cos」讀音的第一個音與「抲」同音，「sin」讀音的第一個音與「殺」同音，可借「抲抲殺殺」來記住公式右邊的結構特徵。

於是教師可說，農家過年過節或辦喜事之際，常在自家庭院裡「抲雞」（指捉雞），然後「殺雞」，俗稱「抲抲殺殺」，同時教師做一個彎腰伸臂跑去抲雞，接著用手掌代替菜刀殺雞的「小品動作」（含有些許小品演技），學生頓時哄堂大笑……

說明：這一開懷暢笑不僅使學生恢復了腦力，更把這個原本十分難記的公式記住數年甚至數十年之久（畢業三十年後開同學會，某生一見老師面即開玩笑說：「老師，抲抲殺殺！」）。

## 五、增進理解的功能

對於某些比較抽象或比較複雜難以理解的概念、定理、定律、文本文句及其他繁復或駁雜的問題，可表演相應的「小品動作」啟發學生突破表象屏障，深度思維，窺透本質，從而達到徹底理解所學內容的教學目的。

### 案例 5

在上初中平面幾何學第一堂課《直線》時，對於低年齡的初一（下）學生而言，直線的概念太過抽象。經驗表明，如果僅用口頭表述，則一節課內無論講解多久學生還是不能真正理解（更談不上掌握）直線的「無限延伸性」，而需要後續的幾節課（生源差的需十幾節課）逐步滲透，螺旋上升，方能奏效，而這太費時間。但若運用小品表演式啟智法則能畢其功於一役：

教師先從黑板的最左端開始畫一條直線，一直畫到黑板的右端盡頭，問學生直線畫好了嗎？然後說明（生說或師說）畫好以及未畫好的理由。於是教師始終保持手握粉筆作畫的姿勢，在已無黑板的空間中一直像模像樣地向右方「畫」過去，隨著身體向右平移（握粉筆的右手紋絲不動），走出教室門，緩緩走到教室

外的樹林中，再問：「畫完了嗎？為什麼？」答：「仍未畫完，即使乘坐超音速戰機疾飛也畫不完，永遠畫不完。」「為什麼？」「因為直線是無限延伸的。」「還有哪個方向也仍未畫完？」「還有向左方也永遠畫不盡！」

根據《中小學教學論》闡述的「變式」教學原則，教師再問學生：「倘以豎直狀作一直線，則該直線向下、向上經過何處？有無終點？」答曰：「向下捅穿地球穿出美國境地且一直無窮盡地穿行下去，向上經過太陽在浩瀚宇宙中一直延伸上去，縱使歷經億萬光年仍永不終止！」與此同時，一位彈跳力最強的團隊型教育者學生成員上來用力做了兩個動作：先是彎腰低頭將右手食指戳一下地面，然後下蹲高舉右臂伸直食指使勁向上彈跳（課前預囑）。

說明：對於低年齡的學生，上述「小品動作」會帶來不少裨益，①讓學生形象而生動地深刻理解了數學中的直線的最重要本質屬性，避免了與非數學的「直線」概念相混淆；②學生能長久甚至永久地記住這個重要知識點；③使學生感受到學數學的快樂，「原來數學並不枯燥」（學生語）；④充分顯示了課堂的「歡笑效應」，即課堂上的笑會增進學生的智力活動，提高學生參與學習的熱度，增強學生的自由意志。

## 六、利於團隊型教育者學生成員施教的功能

本書的一個中心思想，就是主張班級教學應由團隊型教育者施教而非教師一人施教，當然亦非撇開教師而完全由學生獨立擔綱施教（這不符合「學教合一」教學思想）。但對於某些課的教學內容特點或課型的特點，為了達到某種目的（如讓學生「再創造」或「再發現」等），也不排除在課堂上完全由團隊型教育者學生成員運用新穎學教法（如「小品表演啟智法」「打擂台啟智法」等）獨立自主地施教（當然課前教師必須仔細審閱學生遞交的施教方案或仔細聽取學生對施教綱要的口頭陳述，並提出指導性意見）。

### 案例6

在教學初二語文《石壕吏》（杜甫詩第三首）一課時，由於前面已學了杜甫詩的前二首，有了相應的基礎，再加上第三首詩在構思與意境上具有一定的特點，而利用該特點有助於培養學生的成功智力，於是考慮將該課改成一出小品短劇，上課時由部分團隊型教育者學生成員通過表演情節來達到施教目的。

具體做法是，第一步：在上該課的前兩天，（1）向學生提早宣佈該課的新穎上法，即改成演小品；（2）要求學生先行自學課文，併發下該課的導學案以引導和協助學生預學；（3）講明導學案應在次日上交，教師要根據導學案中學

生的答題情況擇優選出七名學生擔綱主演。

第二步：教師向選出的七名扮導演與演員的學生（有六人為團隊型教育者成員，這說明團隊型教育者成員有強大的自我暗示力）提出如下要求：①要大膽想象，在不遠離原詩主題的前提下對課文進行再構思、再創作；②構思與所立意境須合情、合理、豐富、有突破、有創意；③要能補充一些已經發生卻被詩人隱去的故事情節；④表演要符合人物身份，配合要默契；⑤勿為表演而表演，表演不是目的而是手段，目的只有一個———施教。

次日上課正式開演，七位學生分別扮演詩人、老婦、老翁、吏甲、吏乙、配音（旁白）員及總導演（其餘六人均兼任導演）。以下扼述小品演出的情節：

「詩人」背著旅行布袋步履蹣跚地上場，仰首瞭望天空，自語道：「天色已晚」，又向前觀望打量，「這不是石壕村麼？我且住上一晚再行定奪吧！」遂走上前對著一草屋輕叩其門問道：「裡面有人嗎？」

「你找誰呀？」屋內一位滿臉病容的「老婦」顫抖著打開門。

「詩人」抱拳行禮曰：「老大娘您好，我遠足途經此地，見天已黑，敢問可否借宿一晚？」

「老婦」：「先生請進，這是我兒敝房，您若不嫌棄就暫住此房如何？」

「詩人」：「甚好，多謝！」

驀然，屋門（教室門）響起「砰砰，砰砰砰……」一陣急促的敲門聲夾雜著凶狠的吆喝聲：「開門……開門……快開門！」

「老婦」轉身輕聲急告「老翁」：「快逃呀，抓男丁的來了！」

「老翁」翻牆（翻桌）而逃。「老婦」一邊喊「來了，來開門了」，一邊回頭看看自己的丈夫有否逃走。

說時遲那時快，屋門旋即被踢開，兩名凶神惡煞的小吏一擁而入，「老婦」下意識地連連後退，「詩人」急忙藏身於床下（鑽到椅子下）。

「吏甲」大怒，舉著棍棒吼叫：「怎麼門不開，想必裡面躲有男丁，快快交出來，否則吃我一棒！」

「老婦」彎腰低頭，痛苦不堪又小心翼翼地說：「官爺，我家已無男丁了。」忙將一封信遞給吏甲看，「我兒剛捎信回來說，他的一個哥哥和一個弟弟已戰死在沙場。」

突然隔壁傳來嬰兒啼哭聲，二「惡吏」迅即跑向該房。「老婦」也急忙跑過去：官吏乙」一邊說著「刁民不可信」，一邊惡狠狠地推開「老婦」（老婦」倒

地），搜查內屋，「老婦」爬起緊跟其後。爺，那是大兒媳的房間，大兒子已戰死了，孫子還未過哺乳期，兒媳又尚未改嫁，出門連一件像樣的衣衫都沒有，家中再無其他人了。」「老婦」一邊咳嗽，一邊淒苦地說道。

二「惡吏」依舊怒喝不休：「不行，上頭有令，我們得交差！」遂又四處亂翻亂尋。

「老婦」一邊捂著胸劇烈地咳嗽，一邊對二吏說：「我雖然年老體衰，但我也不忍心使二位官爺為難，那就讓我充當男丁跟你們去河陽服役吧，我起碼還能為官軍準備第二天的早飯。」

二「吏」二話不說就押著「老婦」出了屋門（教室門）。

旁白：「夜已經深了，一切回歸寂靜。」

「老翁」翻牆（翻桌）回來，禁不住失聲哀哭。

「詩人」趕緊走出來安慰道：「老大爺別難過，您老伴與二兒子會活著回來的。」

「老天爺啊，我的命為什麼這麼苦哇？到底為什麼呀？老天爺您可要回答我啊……」「老翁」跪倒在地張開雙臂仰視上蒼，少頃便軟綿綿地癱倒在地，昏死過去了。

旁白：「剎那間，電閃雷鳴，暴雨傾注！彷彿老天爺在回覆『老翁』，可惜老天爺的話我們聽不懂，但我們能夠猜想到老天爺在說……」

「總導演」隨即高聲宣佈：「演出到此結束，下面請各位同學猜想『老天爺』究竟說了什麼話？」

（接著，學生的思維被無限地發散開來，想象力被無限地發揮出來，紛紛講述了多種版本的「老天爺」回覆語。）

說明：（1）本堂課教師完全放手讓團隊型教育者學生成員做獨立自主的群體式施教（注：其中一名非團隊型教育者成員的學生，課後即被破格吸納進團隊型教育者組織），這種新穎的「合作施教法」具有高度的藝術性、逼真性、思想性與創造性，是一種真正意義上的快樂學習、高效學習與主體性學習。

小品短劇中有不少情節是杜甫原詩中未予描述的，完全由學生自主合理地想象與設計。尤其是「老天爺的答復」這一情節的增添，非但與原詩所蘊含的思想並無矛盾，而且稱得上是原詩的思想與意境的巧妙延伸與拓展，並能引發課堂的熱議與激辯，這是真正培養創造性、實踐性智力的高效課堂。

（3）在課後對該班學生的針對性學習成績調查測試中，他們對該節課文所

應掌握的知識（如古文字詞等）反饋良好，表現出色，這表明上述學法也能提高學生的學業成績與分析性智力。概而述之，上述學法能有效地培養學生的成功智力，並且也再度證明瞭團隊型教育者施教的必要性、優越性與先進性。

## 七、其他的教學功能

以上闡述的六種教學功能是小品表演式啟智法的最基本的功能，此外尚有多種其他功能，如愉快教育功能（普遍性），引發無意注意的功能（普遍性），培養觀察力的功能，比喻啟發的功能，引導類比與聯想的功能，元認知開發功能，模擬發現的功能，引申拓展的功能，滲透思想的功能，暴露思維過程的功能，資訊同化的功能，知識遷移的功能，優化思維品質的功能，開發想象力的功能，培養分析性、創造性、實踐性智力的功能以及各種形式的轉換功能，等等。

如在上小學六年級語文總復習課時，教師可讓學生重溫昔日已學課文《坐井觀天》，為了達到開發學生成功智力的目的，教師可通過競爭上演的方式，舉行一次創造力競賽，即讓幾位學生輪流扮演一隻跳出井口的青蛙（佩戴紙帽子），通過與「小鳥」（由團隊型教育者成員扮演）的對話，幡然醒悟，於是「青蛙」根據自己的臨場發揮，勸說在井底的其他「青蛙」也跳出來看世界。表演心理學的原理告訴我們，學生在具體表演「小品」節目時，相比坐著聽講或閱讀，坐著單獨思考，更容易即時觸發靈感，即時發揮想象力與創造力。

小品表演式啟智法具有較多和實效性較強的教學功能，具有多方面的應用優勢和理論支撐，下節將予闡述。

# 第三節　小品表演式啟智法的理論依據與應用優勢

## 一、理論依據

1. 相關教學原則

情感化、形象化、快樂化、趣味性、直觀性、啟發性的教學原則。

2. 著名教育家的相關理論

美國著名教育家塞瑞・B. 迪恩在其《提高學生學習效率的 9 種教學方法》一書中指出：在學生參與和特定知識相關聯的形體運動時，他們的腦海中就會對

那一知識產生心理影像。這是因為心理影像包括了身體的知覺。學生在學習活動中進行運動時，會在大腦中創造更多的神經網路，而且，那一知識的資訊會在他們大腦中停留更長的時間。當他們在做出這樣的動作並探討他們正在做什麼時，他們就以多種方式在記憶中為那一知識資訊打下了烙印，這有助於增強學生對概念的理解。

3. 中外教育家的相關名言

中國宋代著名教育家朱熹引用教育家程頤的話說：「教人未見意趣，必不樂學。」

中國現代教育改革家魏書生主張，每堂課都應充滿學生的笑聲。蘇聯教育家斯維特洛夫的理念：「教育最主要的也是第一位的助手，就是幽默。」美國教育家吉爾伯特·海厄特在其《教學的藝術》一書中寫道：「如果我們不能獲得一聲發自內心的笑，那麼這一天的教學就白費了。」

英國教育家 M. 鮑門在其《幽默教學：一門表演的藝術》一文中指出：「理想的教師應當達到藝術化的教學水平，善於利用幽默來激發學生興趣，使學生學得更好。」蘇聯教育家贊可夫的理念：「傳統教學法很明顯的毛病，就是沒有向學生展示出藝術的，也只有藝術才具有的那些寶藏。」

4.「學教合一論」的一條理念「復合式幽默論」（見下文）

5. 表演心理學的相關原理（見下文）

6. 其他理論依據

社會建構論、學生中心論、教育心理學原理（第二章第三節已述）。

## 二、優勢

應用小品表演式啟智法進行學與教可產生下列幾個方面的優勢。

1. 智力與非智力因素方面

（1）能有效發展學生的成功智力。如在案例 3 中，學生學習了逆向思維與「以退為進」的策略，長期運用這樣一類能夠鍛鍊思維的策略，可較高程度地優化學生的分析性與創造性的思維品質，從而培養了學生的分析性智力與創造性智力。再者，讓學生參與設計並做「小品動作」也有助於開發其實踐性智力。

（2）從生理學、教育心理學與表演心理學的層面上分析，形神合一的教學藝術感染力能引發學生的持續性無意注意及強烈而持久的學習興趣；恰到好處的「小品動作」既能開發學生的左腦功能且更能開發其右腦功能，從而雙腦並用，

既培養了學生的邏輯思維能力，又培養了學生的或然性、似真性思維能力。

2. 啟發引導式教學方面

小品表演式啟智法完全符合直觀性生動性這一基礎教育領域的最根本的教學原則。既有口述言語的啟發引導，又有表演動作的啟發引導，兩種不同類型的啟發引導雙管齊下，能產生一加一大於二的啟迪效應。因此小品表演式啟智法的應用對低齡學生、智商不高的學生、學困生以及文科生最為適宜，而且特別適合低智力水平兒童的特殊教育。如能在特殊學校中大面積大範圍推廣應用該施教法（讓學生在演戲或遊戲中學習），必將極大地提升低智力水平兒童（少年）的後天智力的水平。

3. 愉快教育方面

學教合一研究人員經過長期反覆的實踐、實驗與研究，提出了「復合式幽默論」這一理論，概而言之：幽默的言語若再輔以幽默的動作，則會讓非簡單疊加式的幽默效果增大兩倍多。基於此，小品表演式啟智法的最大優點之一是其復合式幽默效應遠遠勝於單一的話語式幽默效應。當然，需要指出的是課堂中的「小品動作」不能是小丑動作、低俗動作，而應是高雅動作至少是中性動作（試圖用小丑庸俗式的動作來博取學生的笑會導致嚴重的負面效應）。

4. 學生滿意度與實績方面

歷屆學生無論高中、初中還是小學均特別歡迎老師課上做「小品動作」，而且相應的學科成績也格外好。一個真實事件可供借鑒：某校某屆高三畢業班的一位數學教師幾乎每課必做一至兩次「小品動作」，結果學生聽其課聽上了癮，天天盼著上數學課，當得知下節是數學課時，高興得會蹦起來，一見該老師走進教室就咧嘴先笑了。在學校對學生做民意測驗時該教師得分全校最高，而且該班的數學成績進步特快（高一、高二時期居年級之末，至高考時躍居首位）。

5. 彌補教師先天缺陷與強化師生關係

有一種情形不能不加以特別研究：上述的高三數學教師其實是一名性格內向且先天性說話缺乏幽默感的老師，但他居然能夠如此成功，由此可以得出如下結論，即若一位教師先天說話無幽默感，但只要他掌握了所教學科的全套「小品動作」，則他照樣可以產生不亞於說話具有先天幽默感老師的歡笑效應。這也符合表演心理學原理。再者，若一位教師天生缺乏與他人溝通的能力，或者是一位性格內向極不善於與學生交際的老師，則他（她）比其他老師更需要掌握「小品表演式啟智法」，因為他運用「小品表演式啟智法」會額外增添一個好處：不經意間建立了良好的師生關係。

「小品動作」之所以有如此大的功效，是因為它是教學藝術精品，這種「精品」較難在課上臨時想到並即時運用，通常需要在課前特意設計。怎樣設計？

# 第四節　「小品動作」設計指南

## 一、憑借教研組合力

「台上一分鐘，台下十年功。」作為教學藝術精品的全套「小品動作」，即與學科教學內容各課時相對應的系列「小品動作」，需要靠教師長年思索、搜尋、實踐、琢磨與積累而成。欲設計出全套「小品動作」，最好的辦法是通過全教研組老師共同出力共享成果：第一步，開會研討確定本學科全套教科書中，哪些教學內容的要點與關鍵點或例習題的教學需要輔做「小品動作」，還有哪些教科書外的經典或熱點內容及其他補充性教學內容需要輔做「小品動作」；第二步，給教研組每位教師劃分具體的設計任務並提出設計要求與細節，將責任落實到人。

## 二、憑借教師個人努力

教師個人設計「小品動作」有八條途徑或辦法。

1. 備課設計法

所謂「備課設計法」是指在每一次備課中，針對一個或幾個教學內容要點預思和預設相關的「小品動作」。這雖是一條常用的設計途徑但難度較大，對於極品式「小品動作」的設計較難一次性完成，常常需要多次重複思索才會獲得靈感。如果能邀

請同備課組老師一起研討則效果會好很多。

2. 自演自觀法

運用「自演自觀法」，就是備課者面朝一面大鏡子，像模像樣地一邊講解（同時配做動作），一邊自觀鏡子研究動作和教語是否符合要求，這樣反復講多次並演示動作多次，較易修成「正果」———「小品動作」。運用這種自觀式實際表演式的辦法，相比坐著靜思較易獲得靈感。

3. 按圖索驥法

聽富有幽默感的教師上課時，及時記下該教師的某些有一定教學功能的幽默型教語，根據幽默型教語進行摸索，即以教語所反映的思路、程序及用意為線索，

據此比較容易尋找到或設計成與之相匹配的「小品動作」。

4. 課後反思法

每次上完課即時進行課後回顧、課後總結、課後瞭解（向學生做瞭解），往往會豁然貫通，喜獲「小品動作」，及時予以記錄保存，待到去下一個班級上同樣內容的課時，總復習時或教下一屆時可信手拈來輕巧應用。

5. 重複刺激法

有四種情形教師上課時會突發靈感即時想到有關的「小品動作」：一是上課中反復遇到同一種情境；二是反復上同一個教學要點的課（如一位教師任教兩個班級，則上新授課與期末復習課時可能會以不同方式四次講解該要點）；三是相同的教案到不同的班級上四次以上的課（如一位教師任教四個以上的班級）；四是省、市、縣級優質課大賽前的「磨課」（即同一節課多次借班試教）。

6. 閱讀積累法

閱讀教學類或學科類書籍、相關專業期刊、優秀教案集、文科各學科趣味小故事匯編、理科各學科趣味小實驗匯編、學科知識在生活中的應用薈萃、學科發展史料時會獲得不少啟示或靈感（特別是閱讀刊物中介紹課堂教學經驗一類的文章、名師課堂實錄與趣味小實驗一類的資料）。

7. 觸類旁通法

仔細觀看並研究歷年春晚的小品節目與相聲節目裡的某些表演動作及語言的規律與特徵，能汲取到有關精髓，將之遷移至教學，設計成「小品動作」（包括相應的語言）。

8. 自我培養法

工作之餘閱讀一些中外經典的歷史作品：寓言、民族故事、神話故事、民間傳說、童話、俗語、歇後語等等。常讀此類帶有民族特色的各國精品，能培養出閱讀者的幽默細胞與藝術細胞，從而在教學中碰到問題能自然而然產生聯想或遐想，於是茅塞頓開，設計出相應的「小品動作」或「小品（超）短劇」。

## 三、憑借團隊型教育者的強大助推力

1. 徵詢學生的設計建議

團隊型教育者是一個嚴格意義上的施教團隊。因為人多力量大、點子多，所以也將設計「小品動作」作為團隊型教育者學生成員的一項施教軟任務（即不硬性規定要完成），而事實上教師確實能從團隊型教育者學生成員處獲得不少有益

的形式各異的「小品動作」，由此從一個方面顯示出團隊型教育者學生成員的施教能力。

### 2. 採納學生的修改意見

教師一般須任教多個（至少兩個）班級，在甲班演了某個「小品動作」，下課後甲班的團隊型教育者成員會主動向老師提供修改意見。於是老師去乙班上課時所演的該「小品動作」會比原先的更靈驗。而下課後乙班的團隊型教育者成員同樣會提出新的修改建議……如此良性循環下去，所演的「小品動作」會愈來愈完善與完美。

## 四、幾點說明

### 1.「小品表演」分類

小品表演式啟智法中的「小品表演」分為三類：第一類是片段式表演即「小品動作」，一般耗時 1 至 5 分鐘，由教師一人或師生配合（以師為主）或學生一至二人進行表演；第二類是綜合性表演即小品短劇，一般耗時 15 至 45 分鐘，由學生自主想象、自主設計、自主表演；第三類是介於小品動作與小品短劇之間的小品超短劇，一般耗時 5 至 15 分鐘，由一個或幾個分隊集體表演。第二、三類表演對培養學生的成功智力有極大幫助。運用小品表演式啟智法主要是採用第一類表演。

### 2. 做到「教笑合一」

小品表演式啟智法是一種形象化、藝術化、寓言化、快樂化的施教法，故但凡「小品動作」或「小品超短劇」均須具備「搞笑功能」，這種功能的教育教學價值切勿被低估，設計動作和相應話語時應考慮盡量讓學生笑得開心些、歡悅些，若屆時學生根本笑不出聲則其壓根稱不上是「小品動作」或「小品超短劇」。

當然，三類「小品表演」還須具備教學功能，無教學實際效果僅能使學生發笑的「小品表演」同樣不屬於真正的小品表演式啟智法。這就是說，「小品表演」需既教又笑，教中有笑，笑中有教，雙向益智，教笑合一。

### 3. 次數與時間要恰當

在目前應試教育仍唱主角的嚴酷現實中，除某些特殊課型或特殊教學內容外，高中與初中三年級一節課內的片段式「小品動作」切莫做得過頻，一般以不超過三次及總耗時不超過 10 分鐘為宜，否則適得其反。通常做一至兩次讓學生大笑一至兩次足矣，選擇在上課伊始與上課 25 分鐘後做最適宜（因為上課最初三分鐘學生注意力不集中，25 分鐘後學生注意力顯著下降）。

此外，對於初一、初二年級來說，一節課內可做一至五次小品動作；對於小學六年級來說，一節課內可做一至四次小品動作；對於小學一至五年級來說，做「小品動作」的次數與學生歲數宜成反比。

4. 動作力度要符合實際

設計時應注意「小品動作」的幅度大小與藝術感染力的強弱鬚根據師生的特徵而定。一般來說，若教師對課堂的調控與管制能力較強，或該班學生的自控力較強，則動作的幅度可大些，藝術感染力可略強些，否則宜小些與弱些。即不可造成喧賓奪主的反作用，這始終是一條務必遵循的原則。

5. 注意積累與保存

必須注意每每獲得一種「小品動作」或「小品（超）短劇」，應及時記錄歸檔長期保存切莫遺失（以便教下一屆時可沿用）。這樣教出了兩屆或三屆學生後就基本上可做到每節課能表演一至兩個「小品動作」。而「小品動作」的表演在當今應試教育的「高寒嚴冬」中尤其不可或缺，它「宛若『冬天裡的一把火』」（摘自某高三學生周記簿）。

6. 勿將「聯動」誤當「小品動作」

設計時尚應注意莫將「小品動作」與上一章介紹的聯動式八語式啟智法中的「聯動」混作一談，兩者雖有些許交集但差異更大，下面將兩者作對比分析以便完全認識「小品動作」。

## 五、「聯動」與「小品動作」的聯繫與區別

1. 兩者的聯繫

（1）都有「動」的特徵

兩者都是施教者的動態型教學方法或動態型教學藝術，即「運動」（非指體育、勞動類運動）是兩者的一個共同特點。

（2）都有益於教學

兩者都是為當前的教學任務或教學要求服務的，都是與當前教學息息相關的。

（3）都能引發無意注意

兩者都需要施教者身體各部件各器官聯合協同「作戰」。都能程度不一地吸引學生的注意力。

（4）都須因材施「動」

兩者「運動」的幅度與力度都需要遵循因材施教原則，主要是要與受教者的年級與年齡、生源的特點相適應。

此外，兩者都含有心靈、情感與思維的「無形聯動」。

2. 兩者的區別

（1）表演因素方面

對於「聯動」而言，不要求其具備表演式藝術性，而「小品動作」則是一種文藝或半文藝表演式的動作，即小品表演或初具小品表演式的動作。

（2）學習難度方面

對一部分教師或學生而言，「聯動」可能是其先天性素質，例如某些著名人物如列寧、毛澤東、蘇格拉底、亞里士多德、伯里克利、潘克赫斯特、希特勒（納粹魔頭）等就含有這種先天素質，還有西方國家的教師講課大多手舞足蹈。但「小品動作」一般需要施教者自己主動地加以研究、觀察、學習與積累，而某些特別優秀的「小品動作」往往是「台上一分鐘，台下十年功」的結果。因此在學會這兩種教學手段上存在難度差異。

（3）快樂教育方面

表演「小品動作」是一種真正意義上的愉快教育，它必能引發學生的歡快笑聲，通常都是哄堂大笑，但「聯動」一般達不到這個程度，只是使學生感到聽課有興味，施教者講得生動形象罷了。

（4）應用頻率方面

施教者無論在小學、初中、高中的教學中，其「聯動」始終貫穿於施教者本人教學的全過程。但「小品動作」則不然，一般需要施教者「見機行事」，不能頻做「小品動作」，做的次數與學生的年級高低相關聯，當然學生群體小品演出課例外。

（5）發揮功能方面

「小品動作」往往是為解決一個教學問題、完成一項教學任務、達到一種教學目標而特意設置的，如通過「小品動作」來引入新課、突出教學重點、突破教學難點、遷移知識、暴露思維軌跡、開發元認知等，而「聯動」未必是特意「運動」，一般是有意無意地或自然而然、情不自禁地「運動」（也有例外，參閱上一章第三節），且一般沒有上述一類專門的教學功能。

另外，兩者之間還有一些其他的區別，如對於「聯動」而言，通常由「團隊型教育者」中教師成員做得相對多一些；對於「小品動作」來說，通常由「團隊

型教育者」中教師成員與學生成員聯手或單獨由某分隊隊員聯手做得多一些。又如兩者雖都有「動」的共性，但「動」的幅度顯然相差極大。

順帶說一下，聯動式八語式啟智法中「八語」裡的「立體語言」和「曲藝語言」的某些配套動作，有時比較接近於小品動作，它們之間無嚴格的界限。

下一節擇一課例闡述「小品動作」與「聯動」的活用、比較與裨益。

## 第五節　小品表演式課例與評析

### 一、課例

小學五年級綜合活動課《三國人物論壇》教學簡錄

（課前準備：團隊型教育者板書課題「三國人物論壇」，組織三個展示分隊的隊長抽籤確定展示次序。）

團隊型教育者：同學們已經對本次論壇做好了充分準備，現在讓我們去感受一個個鮮活的三國人物形象。首先請允許我向諸位介紹本期論壇的兩位嘉賓：六年級二班的馬丘同學與六年級八班的丁芳芳同學。（嘉賓起立向大家致意）全班七個分隊的同學都報名參加了本次論壇，經過選擇，以下分隊參加本期論壇，他們抽籤的序號為二分隊1號，七分隊2號，四分隊3號，我建議首先為他們獲得100分的幸運加分表示祝賀。

（掌聲響起。）

團隊型教育者：我們先進入論壇的第一關———鋒芒初試。這是最緊張的一關，要求三個分隊用精練的語言對自己所選人物作一扼要但吸引人的介紹，並以片段式小品表演或其他形式講（演）一個能代表人物特徵的典型故事，最終選定兩個分隊留下繼續展示。下面有請抽得1號的二分隊隊員閃亮登場。

二分隊（齊）：諸位好！很高興由我們來為大家解讀曹操。

隊員1：（簡介曹操）曹操，字孟德，小名阿瞞，別名吉利，安徽亳州人。

隊員2：（邊「聯動」邊講曹操相貌）曹孟德身長七尺，細眼長髯，面目略醜。

隊員3：（一邊演小品動作一邊扼述曹操故事）孟德是一個十分重要的人物，《三國演義》有關孟德的章回很多：有第四回謀董賊孟德獻刀，第五回發矯詔諸鎮應曹公，第十回報父仇孟德興兵，第十二回曹孟德大戰呂布。

隊員4：（接著說）第十四回曹孟德移駕幸許都，第十七回曹孟德會合三將，

第二十回曹阿瞞許田打圍，第二十一回曹操煮酒論英雄，第五十回關雲長義釋曹操，第七十八回傳遺命奸雄數終。

隊員5：我們精選了一個曹操故事《誤殺呂伯奢》。演出開始，請觀賞！

（二分隊六人中一人扮曹操，一人扮陳宮，一人扮呂伯奢，一人扮伯奢家人，一人扮豬，一人旁白，花幾分鐘時間演了一出小品超短劇。）

二分隊隊長：二分隊演出完畢，謝謝大家！

（笑聲夾雜掌聲響起。）

團隊型教育者：下面有請2號七分隊登場。

七分隊（齊）：諸位好！七分隊研讀的是諸葛亮。

隊員1：諸葛亮，字孔明，號臥龍（也作伏龍），山東臨沂人。

隊員2：孔明身長八尺，面如冠玉，頭戴綸巾，身披鶴氅，飄飄然猶如神仙耳。

隊員3：孔明的主要故事可用一副對聯表示之：收二川排八陣六出七擒五丈原前點四十九盞明燈一心只為酬三顧；取西蜀定南蠻東和北拒中軍帳裡變金木土爻神卦水面偏能用火攻。

（以上發言者有的輔以「聯動」，有的輔以小品動作。）

隊員4：我隊精選的故事是孔明巧施空城計，請看演出。

（一人旁白，一人扮孔明，二人扮道童，一人扮司馬懿，一人扮司馬懿之子司馬昭……）

七分隊隊長：演出結束，謝謝大家！

（笑聲與掌聲。）

團隊型教育者：下面請3號四分隊登場。

四分隊（齊）：諸位好！很高興為諸位展示四分隊對關羽的研讀成果。

隊員1：關羽，字雲長，河東解良（今山西運城）人。

隊員2：關公身長九尺，髯長二尺，面如重棗，唇若塗脂，丹鳳眼，臥蠶眉，儀表堂堂，凜凜一軀。

（由於該生的小品動作做得很專業，極像京劇武生，引起同學哈哈大笑）

隊員3：關羽是一個很重要的人物，在第一回中就出場了。

隊員4：書中描寫他的章回很多，如桃園三結義，千里走單騎，五關斬六將，掛印封金，義釋孟德，刮骨療毒，大意失荊州，走麥城等。

隊員5：我們精選的故事是《刮骨療毒》。

（演小品時一人旁白，一人扮關羽，一人扮華佗，一人扮馬良，一人扮關平，一人扮小校……）

四分隊隊長：故事短劇演完了，謝謝各位！

（笑聲掌聲四起。）

團隊型教育者：第一輪展示結束，先聽聽嘉賓的意見。你們認為哪個分隊表現突出？

丁芳芳：三個分隊的表現各有特色，四分隊把關羽的大丈夫氣概展示得淋漓盡致，七分隊把孔明的智慧表現得無與倫比，二分隊演活了孟德的謀略與奸詐。我個人傾向於四分隊與二分隊。

馬丘：……我傾向二分隊與七分隊。

團隊型教育者：兩位嘉賓都看好二分隊，但對四分隊與七分隊意見相左。下面請大眾評委亮牌，同意四分隊（七分隊）勝出的請舉手。

（學生舉手，四分隊得票略高。）

團隊型教育者：接下來進入論壇第二關———巔峰對決！請勝出的四分隊與二分隊成員談談對人物的分析。先請二分隊上場。

二分隊隊員1：曹賊殘忍無比。在第十回中，曹操因其父被殺，不但要誅徐州牧陶謙，而且要屠城。

隊員2：曹賊工於心計。在第一回中，孟德幼時非常頑皮，為了免受叔父告狀與父親責怪，竟用離間計使其父不再相信其叔父。

隊員3：曹操樂觀堅強。赤壁一戰他一敗塗地，百萬大軍僅剩千餘，心理素質弱者可能會因此而自盡，但他竟還笑得出來，其樂觀程度遠超「不肯過烏江」的西楚霸王。

隊員4、隊員5：曹操才華橫溢。曾賦出著名的詩作。

### 短歌行

對酒當歌，人生幾何？

譬如朝露，去日苦多。

慨當以慷，憂思難忘。

何以解憂，唯有杜康。

……

山不厭高，海不厭深。

周公吐哺，天下歸心。

（隊員4與隊員5默契配合邊打快板邊吟詩，即隊員4念「對酒當歌」，隊員5則緊接其後念「人生幾何」，以下均類此念詩句。兩人念得既有節奏感與聲樂感又有面部表情，還輔做小品動作，博得觀者連連喝彩。）

隊員6：曹操視死如歸。他被陳宮所擒已是落魄，但他卻說：「『燕雀安知鴻鵠之志哉！』汝既拿住我，便當解去請賞，何必多問！」

隊長（即隊員4）：合久必分，分久必合。晉雖代魏，但曹操是晉朝的實際開拓者，他一統天下有大功，由此青史留其名也！

（以上發言均為「聯動」式或「小品動作」式發言。）

團隊型教育者：下面請四分隊上場解讀關羽。

隊員1：關羽忠心不二。關羽被俘後，曹操送他金錢美女，他不為所動；送他極其珍貴的戰袍，他卻將新戰袍穿在裡面，外面仍是舊戰袍，他說舊戰袍乃劉備所贈，見此袍如見長兄。

隊員2：關羽善於觀察。在水淹七軍中，他發現于禁的軍隊處於低地，潮水又正漲，於是巧用水攻大獲全勝。

隊員3：關羽勇猛無比。他斬猛將華雄、顏良、文醜猶如削泥，單刀赴會名揚天下。

隊員4：關羽正直豪爽。在第一回中當地惡霸欺凌百姓，他怒殺惡霸；他與劉備、張飛剛說上幾句即坦說自己殺霸之事，足見其豪爽。

隊員5：關羽有恩必報。當曹賊敗走華榮道時，關羽念其舊情放了曹操。

隊長：關羽衝動大意。正是由於關羽一時衝動大意丟失了荊州，才導致劉備集團的「隆中對」統一天下戰略毀於一旦，造成千古遺憾。

（上述各人發言有的為「聯動」式發言，有的為「小品動作」式發言。）

團隊型教育者：「巔峰對決」完畢，我們先聽聽嘉賓對兩個分隊的點評。

馬丘：兩個分隊對曹操、關羽的分析都很透徹，許多觀點不亞於專家。比如說二分隊，他們說曹操實質上是西晉的第一開拓人，這一論點有新意，所以我選二分隊。

丁芳芳：四分隊對關羽的分析尤為深刻。關羽雖被後人尊為武聖，但他具有致命的性格弱點，正由於此才致使匡扶漢室計劃流產，故關羽僅有將才卻無帥才。基於此我點贊四分隊。

團隊型教育者：兩位嘉賓意見相左，則由大眾評委的票數來決定何隊勝出。

（學生舉手，二分隊得票稍多。）

團隊型教育者：現在台上只剩下二分隊，但他們最終能否保住王者地位還要看同學們的挑戰情況，下面進入第三關———挑戰應戰。請大眾評委向二分隊發起挑戰，即各分隊提出一個高質量問題交上來，請二分隊應戰（作答）。

（為節省篇幅，最後階段教學扼述於下：

其他的六個分隊通過內部共商擬出新問題上交由二分隊作答，其中三個問題二分隊作了令人滿意的回答，其中一個問題的回答全班不滿意，餘下兩個問題的回答全班基本認可。）

團隊型教育者：本期論壇到此結束。二分隊的同學在回答其他分隊提問時，有三個問題令大家滿意，因此二分隊可在100分的基礎上再獲30分的加分，祝賀他們！

（課末兩分鐘由本週總執行教員及另一名執行教員———二分隊隊長共同總結全課。）

## 二、評析

### 1. 材料內容選擇恰當

本節綜合活動課的教學內容源自小說《三國演義》，這是一部世界名著，它不僅有很高的文學價值，更有極高的軍事、謀略、外交、管理等方面的價值。有不少人受了它的啟蒙式教育而成為軍事家、戰略家、企業家、商界精英、文學家及歷史學家等。如據史料記載，努爾哈赤就是應用《三國演義》的謀略成功地指揮戰事以至成為一代軍事家。又如目前流行的暢銷書《易中天品三國》《生意場三國演義》等均取材自《三國演義》原作。此外，學生研讀《三國演義》還能從中悟出做人的道理、合作的竅門等。

### 2. 教學方法（模式）選擇恰當

本節課巧妙地將「分隊負責制教育法」「聯動式八語式啟智法」「小品表演式啟智法」成功地糅合在一起，使得該節課不僅思維量密度高、知識資訊量大，而且信手拈來般地培養了學生的成功智力、探索精神，與學習夥伴合作共處的能力等。而課後學生也一致反映用這樣的方式方法學習知識一點兒都不累，一點兒也不枯燥，反而很有趣。經課後作業檢測也可看出，學生掌握知識的情況普遍良好。

3. 學生施教力度超越了教師

這堂課基本上是由學生在講解與分析，教師一個人的力量確實抵不過整個學生群體的力量，儘管這個群體成員僅僅是小學五年級的學生，但事實勝於雄辯。比如同樣做小品動作，相比課上老師做的小品動作，某幾個學生做得更富有藝術性，更具有吸引力。這一點其實不難理解，根據數學中的概率論原理，一個含四十多名學生的班級中，僅就某一個或某幾個方面的水平與能力而言，總有一至幾個學生在這一個或這幾個方面上的水平與能力會超過學科教師（指一個教師）。老師不可能在任何方面都比學生強。

真正做到了愉快教育與學教合一

這堂課的最大特色是以下兩條：一條是各分隊通過表演小品超短劇來替代講述故事；另一條是學生在講解時輔演小品動作，其中一名學生演得像煞京劇武生，兩名打快板的學生演得像煞相聲演員，因而多次博得學生捧腹大笑。按理說，上課持續 45 分鐘必致學生困倦或厭煩，但這堂課由於兩台學教合一「發動機」同時高速高效運轉，再加上方法新穎，所有學生的注意力竟像看戲般地高度集中。故可如是說：這樣的課才堪稱是真正意義上的愉快教育之課、高效教學之課、創新教育之課、學教合一之課。上這樣的課，學生所獲取的知識是最靈活、最深刻和最不易遺忘的，並且很有可能使他們終身受益。

另外，研究該節課易知，貫徹學教合一思想，讓全體受教者同時兼任施教者是突破目前教育教學改革瓶頸的極佳途徑。

# 第九章　團隊型教育者直接施教法五

　　本章介紹的直接施教法———打擂台啟智法，是一種標新立異、立見成效的教學模式。

# 第一節　打擂台啟智法

## 一、起源

15世紀左右，中國與歐洲同時出現了一種民間自發組織的普及面較廣的競賽活動———打擂台。

中國式的打擂台是指主辦者擺設擂台，能武之士皆可依序跳上台與之較量（即打擂），勝者留在台上，敗者滾下台，以決出武藝（功夫）最高強者。中國明代武術流派林立，這種比賽方式當時頗為盛行，強有力地推動了中國武術事業的蓬勃發展。

歐洲式的打擂台是指由主辦方（一人或一個學派）提出一個或幾個數學難題，向社會或某學派公開提出挑戰，欲破解難題者皆可應戰。若無人能破解，則主辦方獲勝；若有人成功破解，則該人獲勝（但若被另一應戰者舉出反例證明其解法不嚴密，則另一名應戰者獲勝）；若有多人均正確破解，則由解法最簡捷者為勝者。數學打擂現象主要發生在文藝復興時期的意大利城市、中歐城市（如紐倫堡、維也納、布拉格等），後法國一些城市也相繼出現。數學難題多為三次方程式或四次方程式的求根問題等。這種民間數學「比武」運動直接推動了15世紀歐洲在數學領域的迅猛發展，並對日後的物理學、天文學發展起到了不可估量的作用。

分別汲取中式與歐式打擂台的各一部分特徵與方式，將之遷移到學教合一教學中，經過不斷的「實踐———失敗———改進———再實踐」，逐步演變形成了今日的「打擂台啟智法」。

## 二、含義

所謂「打擂台啟智法」，概括地說，就是在學科教師的幫助下，通過兩次「打擂」的方式，讓學生在分隊內及課堂上運用各種語言自主提出問題，自主解決問題，自主變拓問題，自主總結規律，自主評價問題，並在以上整個流程中向觀賽者（即其他學生）充分暴露自己的思維軌跡，最後由課堂評委團與其他學生共同進行評比的一種學生之間既屬於相互直接施教又屬於相互競爭比賽的教學模式。

## 三、補釋

1. 何謂「打擂」

「打擂」原意是比武，即比賽武藝或功夫。本章中，這個「武藝或功夫」特指「學業水平、提出與解決問題的能力、思維反應能力、語言表達能力、團隊協作能力與成功智力（尤其是創造力）」。

本章所述的「打擂」專指對上述的學業水平與諸類能力的綜合比賽。第一次打擂是指分隊內以個人為單位的初賽，第二次打擂是指課堂上以分隊為單位的決賽。

2. 何謂「暴露思維軌跡」

具體地說，即要表述清楚下列中的一點或幾點：

（1）你是怎樣審題的？解決問題的途徑是怎麼被發現的？思維受阻點是如何被突破的？解題最關鍵的是哪幾步？

（2）你是怎樣想到及為什麼想到將問題作如此延拓（如果有延拓這一步的話）？是什麼因素起了決定作用？這個因素你又是如何想到的？從中用了什麼方法（如類比法、推測法、直覺法等）？

（3）問題承載了哪些知識點？在解決與延拓問題的過程中你應用了哪些思想方法？（對於理科問題還要求說明有無隱含條件及如何挖掘條件。）

（4）解決問題容易發生什麼樣的誤解或不夠嚴密的推理？為什麼會發生這類曲解或不符合邏輯的推理？

3. 關於五個「自主」

五個「自主」即自主提出問題、自主解決問題、自主變拓問題、自主總結規律、自主評價問題。其中「自主解決問題」這一步驟在打擂時必須含有，其餘四個「自主」未必均含有。再者，自主解決問題包括個人自主解決問題與分隊自主解決問題，其餘四個「自主」亦為此意。

4. 關於評委團與「發動機」

①課堂評委團通常由一名學科教師及六名學生組成，這六名學生評委必須由全班學生無記名投票產生。②運用該施教法能主動誘發或促使兩台學教合一「發動機」同時高速運行。

## 四、特點

1. 具有撞出思維火花的特點

教育的目的之一就是要引起學生智力、思維的碰撞，有了這種碰撞就會引發學生的興趣與好奇心去深入思考問題，開闊思路並引發新的慾望。

2. 具有滲透多種理念的特點

該施教法滲透了國家基礎教育課程改革以及國家基礎教育新課程的許多理念，包括「自主學習、合作學習、探究學習」「以人為本，滿足每個學生的發展的基本要求」「充分體現尊重學生的自主性、滲透科學性、啟發創造性」等改革理念。

3. 具有世界主流教學的特點

通過「打擂台」的方式有利於展開「對話交流學習」、「情景教學」和「問題教學」。有較強的「探究性、實踐性、開放性、協作性、過程性」。

4. 具有開發成功智力的特點

探究性學習，重在給予學生自主探究和創造的機會，學以致用使研究性學習更接近於人們的生活實際和社會實踐，拓展了教學空間，增強了學生的施教意識和社會責任感，發展了學生的成功智力。

5. 具有開發元認知的特點

因為要求學生表述解決與拓展問題以及其他方法的思維軌跡，將內隱的思維轉化為外顯的言語行為，所以利於量化學生的思維層次，使思維訓練的措施更有層次性、針對性和目的性，從而能提高學生的思維素質及糾正學生的思維偏差，暴露學生的知識缺陷，並及時對此予以補救，使學生的認知結構日趨完整，這些都屬於元認知的範疇。

6. 具有最能體現學教合一思想的特點

在激烈的分隊「角逐」中，學生心底潛伏的一較高下的好勝心被觸動，在集體意識與參賽意識的支配下，他們模仿影視劇中祖國武術家敢於「亮劍」，敢於同外國大力士決戰的勇氣與膽魄，超常地發揮出自己的潛力、才智、優勢及特長，使觀賽者獲益匪淺，是五種直接施教法中學生施教力度最大的一種。

7. 具有強大理論支撐的特點

詳見下一節。

# 第二節　理論依據與原則扼述

## 一、「學教合一論」中的相關理論

### 1. 資源轉化論

所謂資源轉化論即將學生資源轉化為課程資源。課程資源的開發和利用是課程改革的支持系統，將學生資源轉化為課程資源既能使課程緊密結合學生的生活實際，又強化了學生的施教者地位，使學生在活動中獲得發展。實踐中，教師通過各種方式挖掘學生資源，並按照一定的標準進行篩選，將其轉化為課程資源來開發實踐活動。主要體現在以下幾個方面：一是將學生的興趣特長轉化為課程資源；二是將學生的自身需要轉化為課程資源；三是將學生的困難與問題轉化為課程資源；四是將學生的生活經歷和體驗轉化為課程資源。

### 2. 人隊合一論

在學教合一教學中，人（隊員）與隊（分隊）不應視作兩個不同的事物，而應視作同一個系統（對立統一體），二者的關係實質上是部分與整體的關係，是相得益彰、相互依存、互促互進、共生共榮、休戚相關、並駕齊驅的關係，此乃人隊合一。

欲做到人隊合一，需要做到以下幾個方面：一是運用馬卡連柯的平行教育論指導相關工作；二是分隊內所有成員本著對全分隊負責的精神，相互施教、相互傾聽、相互欣賞，共同成長，實現思想的交換與經驗的共享，最終將知識和體驗真正內化為自己的能力；三是在開展學習活動與實踐活動的競爭中，宜以分隊整體作為評價或評判對象，目的是通過分隊更有效地影響個人即教育個人，同時這種方法也是培養 21 世紀最重要的能力之一———團隊協作能力的一條捷徑。

### 3. 學賽合一論

學教合一研究人員於 20 世紀 80 年代末做過兩次數學作業成績比較實驗，即將全班分成兩個大組：實驗組與對照組。課上教師精講了 15 分鐘後即讓學生當堂完成作業，要求實驗組同學展開競賽，決出前五名予以表揚，而對照組無此要求，結果半小時後實驗組成績遠遠高於對照組成績。由此證明瞭「學賽合一論」，即學習與競賽是互相依存、互相促進的關聯事物，不含競賽的學習動力不足，不含學習的競賽缺乏意義。當然，二者的時間分配應恰當處置，應符合學教的客觀規律。

## 二、別家的理論依據

1. 心理學家的相關理論

美國社會心理學家麥克里蘭認為，人具有追求卓越、實現目標、爭取成功的需要，具有在其所處的穩定群體中最大限度地表現自己的價值，獲得群體的認同與贊揚的需要。另一美國社會心理學家特里普利特提出的「社會助長效應」也表明，對於完成同樣的任務，人們在開展群體性的非競爭工作或相互競爭的工作時，其效率均遠遠高於單獨一個人進行工作的效率。

競賽機制在教學中的引入，首先迫使參賽者把自身的才能發揮到極致，還增強了獲勝者內在的信心和力量；其次，也刺激失敗者發現了自身的缺點和不足，激發他們的上進心；再次，當局者迷，旁觀者清，全體觀賽者接受了一次凝聚了全班智慧的「團隊型教育者」教育。可謂一舉三得。

2. 奧蘇伯爾的認知———意義接受學說

奧蘇伯爾是現代認知心理學的著名代表人物之一，他首先根據學習進行的方式，把學生的學習分為接受學習和發現學習，再根據對學習內容是否理解，把學生的學習又分為機械學習與意義學習。在他看來，無論是接受學習還是發現學習，都有可能是機械的，也都有可能是有意義的。奧蘇伯爾認為，學校應主要採用意義接受學習，影響意義接受學習的最重要因素是學生的認知結構。學習則是認知結構的組織與重新組織。每一個學生的認知結構各有特點，學生能否習得新資訊，主要取決於他們的相互作用。意義接受學說強調學習者的積極主動精神，即有意學習的渴望。而「打擂台啟智法」的含義與特徵表明其正好也是最大程度地促進了學習者的有意學習。

3.「問題化學習」的理念

（1）《牛津大辭典》對「問題」（question）的解釋是：指那些並非可以立即求解或較困難的問題，那種需要探索、思考和討論的問題，那種需要積極思維活動的問題。

（2）教育界對「問題化學習」比較認同的解釋是：通過一個或數個問題來推動持續性學習行為的活動，它要求以學習者的問題發現與提出為開端，而學習通常以一個具有內在聯繫的問題系統而展開，通過有層次、可擴展、圖式化、可遷移的問題系統貫穿並優化學習過程，最終實現知識的整體建構與學習的有效遷移。

（3）眾多教育家與科學家提倡或贊同「問題化學習」，如愛因斯坦（提出

問題比解決問題更重要）、杜威（Dewey）、登克爾（Dunker）、西蒙（Simon）、紐厄爾（Newel）、波利亞（Polya）、哈爾莫斯（Halmos）、希爾伯特（Hilbert）、捨費爾德（Schoenfeld）、李文林、馬赫穆托夫、鄭毓信等。問題驅動學習的方式已經成為今天全球發達國家學校施行的主流教學方式。

4. 其他

學生中心論、社會建構論、交往教學論、社會互賴論、學習金字塔理論（第二章第三節已述）。

## 三、原則扼述

1. 學生施教的原則

學生施教的原則是十種「團隊型教育者施教法」的一個共同的基本原則，但在「打擂台啟智法」中應用得更為明顯、直接與突出。

2. 針對性原則

不管是上新授課、復習課、習題課、講評課抑或上其他課（上新授課較少運用「打擂台啟智法」），所擬或所選的問題均須針對該課的關鍵性教學內容及針對學生實際，切忌無的放矢，應科學地確定問題的指向。

3. 因材施教原則

學生的發展既有共性又有個性。在「打擂台啟智法」的運用過程中，既要從共性出發統一要求，又要從個性出發，因材施教，根據「最近發展區」原理，對症下藥地開展教育教學活動。

4. 示範性原則運用「打擂台啟智法」進行學與教的過程中，教師發揮的作用是五種直接施教法中最少的一種，即基本上是學生在輪流施教，教師僅起主持人、管理人及幕後教育者作用。但學生對這種施教法很是陌生，故教師宜先上兩節左右的示範課。第一節主要是教師介紹有關的方法、步驟、規則、評判方式等，第二節是教師親自做「打擂台」演示（如含義中所述），同時講明打擂過程中每一步的要點與得分，對學生進行「元認知」示範。「打擂」活動大致要經歷三個階段性的發展過程，即

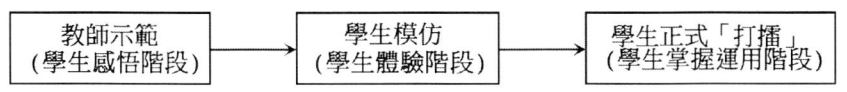

教師示範（學生感悟階段）→ 學生模仿（學生體驗階段）→ 學生正式「打擂」（學生掌握運用階段）

此外，還有第二章第四節所述的單主說原則、自我發現問題原則、層次性原則，以及暴露思維軌跡的原則、合作學習原則、開放性原則及友誼第一比賽第二

的原則。

運用「打擂台啟智法」通常有「八步式打擂」與「六步式打擂」兩種模式，前者需花兩課時左右，後者需花一課時左右。八步式打擂有哪八步？怎麼操作？六步式呢？

## 第三節　兩種打擂台模式詳解

第一種打擂台模式———八步式

八步式打擂的步驟為：

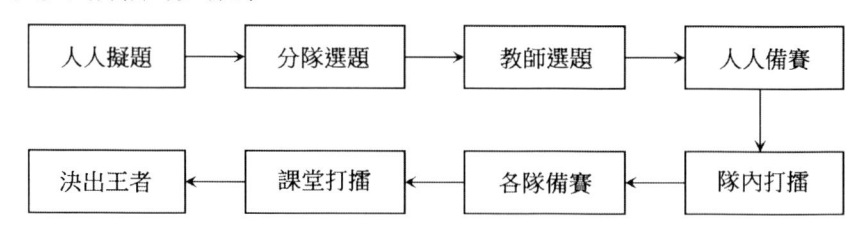

人人擬題 → 分隊選題 → 教師選題 → 人人備賽 → 隊內打擂 → 各隊備賽 → 課堂打擂 → 決出王者

## 第一步：人人擬題

教師在上打擂課（指運用「打擂台啟智法」的課）前一日或幾日佈置非練習型課外作業：每位學生在教師指定的教學內容範圍內提供至少一個問題。同時發下一張八開紙大小的「編題導引稿」，此稿由以下四部分內容構成。

1. 教學內容與範圍

即所編問題必須緊扣教學內容，不得超出其範圍。

2. 所編問題類型

問題類型有多種，如事實性問題、思考性問題、封閉型問題、開放型或半開放型問題、瞭解型問題、領會型問題、鑒賞類問題、引探類問題、探究式問題、引申式問題、總結式問題、鋪墊式問題、命題類問題、實踐性問題、操作型問題，等等。教師依據不同學科及不同教學內容確定學生自編問題的類型。

3. 編題的方法

（1）發現法

對於文科學科可以通過發揮想象力與觀察力發現新問題；對於理科學科可以通過聯想、直覺思維與似真推理發現新問題。

（2）啟示法

反復思考課本中例題、習題，觀察其特徵，分析其內涵與外延，學生會獲得某種啟示，於是產生新問題；也可細心留意觀察日常生活現象，或閱讀中外名著名句，獲得靈感，從而產生新問題。

（3）實踐（驗）法

通過動手實踐操作，如做理化實驗，觀察到新現象，據此獲得新問題。

（4）批判法

通過對現有命題的質疑而發現其缺陷，如條件過強或過弱，甚至可以找到一個十分不起眼但是足以推翻命題的特例，於是可將條件弱化或加強，或添加使特例能成立的條件，從而獲得新的命題。

（5）改編法

這種方法比較常用也比較容易，即改編陳題，化舊為新。如將原題的條件強化或減弱，觀察結論有何變化，或將結論加強、弱化，觀察條件有何變化；又如將原題的兩小題改為一題以增加難度等。

（6）搜尋法

對於學困生或成績雖佳但創造力弱的學生，無法原創新題，也無法改陳為新，則可在教輔資料或網上搜尋相關的現成問題，但這是臨時性的，日後宜慢慢培養提出問題的能力，從而逐步培養自己的創造力。

4. 樣題示範

教師針對規定的教學內容自編若干道樣題以供學生參考，並簡要附上編題方法、要點及問題的屬性等。

## 第二步：分隊選題

即分隊內部將各隊員提出的問題進行篩選取捨，挑出一至兩個「好」的問題。

1. 挑選辦法

首先，由供題者（分隊隊員）解說自己提供的問題：①「好」在哪裡；②「新」在哪裡；③怎麼解答；④有無多解；⑤如何變式；⑥能否拓展；⑦可否提煉出某種規律性知識等。

其次，六名隊員將六個問題（或多於六個）進行逐一比較，切磋討論，集體選出一至兩個「好」問題上交老師。

2.「好」問題的標準

（1）具有一定的探究性

解決問題沒有現成的方法程序，而需要發揮解題者的思考和創造的能力。

（2）具有一定的現實性和趣味性

問題宜與實際生活有某種程度的關聯，並能誘發每個學生的好奇心與探索慾望。（3）具有一定的認知結構遷移性

「好題」必須切中學生原有的知識經驗與認知結構，刺激學生把原有的知識經驗作為新知識的生長點，進而同化形成新的知識經驗。

（4）具有一定的多解性

解決問題的途徑和策略應具有多樣化，需要學生綜合應用所學知識與技能，並進行多種想象與思索。

（5）具有一定的啟示性

能使學生在研究問題或解答過程中得到某種有益的啟示意義，比如獲得解決問題的新策略、新技巧以及重要的思想方法等。

（6）具有一定的開放性

這種開放表現在回答方向上具有多元化特點，甚至無標準答案，能為學生提供廣闊的思維空間，可從多角度、多側面、多層次、多渠道展開思維。

（7）具有一定的難度系數

教育測量中的難度系數公式為 $PH = 1 - \dfrac{P}{W}$，W 代表課堂內的學生總數，P 是解答通過的人數，難度系數在 0 到 1 之間。難度系數為 0，全體學生都能正確解答；難度系數接近 1，幾乎沒有學生能正確解答。「好」問題的難度系數應控制在 0.3 至 0.6 之間。

3. 注意事項

學生一般很難設計出完全符合上面標準的「好」問題，學困生可能連一條標準都符合不了，分隊只能從中挑選出符合標準相對較多的問題。同時，分隊選題的過程本身也是一種學生逐漸學會提出「好」問題的過程，也就是團隊型教育者施教的過程，這種做法對培養學生的創造力大有裨益。

4. 實例詮釋

某分隊成員針對「小數的意義與性質」這一教學內容設計了如下問題：

①怎樣的數是小數？如何讀寫小數？

②小數的計數單位，數位之間藏著什麼奧秘呢？

③如何建構小數的數位順序表呢？

④怎樣分析小數的組成，怎樣正確讀寫小數？

⑤如何理解小數的性質？如何運用性質改寫小數？

⑥怎麼比較小數的大小？一共可以歸納出哪些方法？

⑦如何利用數形結合思想，理解和領會小數的概念和性質？

⑧怎樣在實際運用中體驗小數性質的合理性，理解小數性質的內涵，從而進一步理解小數的意義？

分析：問題①、②、③、④、⑤不具備「好」問題標準中的任何一條，問題⑧雖然具備「好」問題標準中的第(1)、(2)、(3)、(6)條，但其難度系數太大，顯然超過了0.6的界限；問題⑥、⑦具備「好」問題標準中的第(1)、(2)、(3)、(7)條，再有，單從學科意義上考慮，比較兩數大小的方法與數形結合思想方法都是該學科的重要方法。

結論：問題⑥、⑦相比其他諸問題而言屬於「好」問題。

該分隊遂將問題⑥、⑦上交老師。

## 第三步：教師選題

1. 篩選辦法

教師利用課外備課時間將各分隊上交的七個或多於七個的優質問題再優中選優，依據上述「好」問題的標準，依據學生的「最近發展區」，精心選定緊扣授課內容的重點與關鍵點的兩個問題，作為「打擂」用題。

有時也會出現選不出「好」題的情況，則教師在選出兩個相對較「好」的問題的基礎上，再加以適當修改、加工使之成為符合要求的「好」問題。

教師選題的過程稱得上是一個向學生學習的機會與提高教師自己設問能力的過程，而教師對學生所提的問題的修改加工或未予錄用也能使供題者（學生）認識到自己在哪方面存在欠缺與不足，即師生雙方都起到了互教互學，設問能力相互循環推進，螺旋上升的共贏作用。

最後選定兩個「打擂」問題分別標以「甲題」與「乙題」（在某些特殊情況下可能僅選一個題）。

2. 實例詮釋

在一次以「物體的沈與浮」為主題的打擂賽前，教師共收到了各分隊上交的十五個問題：

（1）浮在水面上的物體受到了浮力，那麼沈在水中的物體受到浮力了嗎？

（2）相同質量、不同大小的物體它們所受的浮力是一樣的嗎？

（3）同樣大小、不同質量的物體它們所受的浮力是一樣的嗎？

（4）同樣質量、大小的物體，在不同的液體裡它們沈浮的情況是一樣的嗎？

（5）用哪些方法能使這些沈在水裡的物體浮在水面上？

（6）人們是如何利用浮力的原理來工作的呢？

（7）為什麼泡沫塑料能浮在水面？你是怎麼知道泡沫塑料所受到的浮力大小的？

（8）為什麼鐵塊會沈到水底？

（9）觀察相同質量的鐵塊與銅塊，它們的大小一樣嗎？它們所受到的浮力一樣嗎？這說明瞭什麼道理？

（10）你怎樣讓橡皮泥浮起來？

（11）觀察同樣大小的鐵塊與木塊，它們沈與浮的情況一樣嗎？這說明瞭什麼道理？

（12）你覺得鐵塊受到浮力了嗎？你是怎麼知道的？

（13）馬鈴薯在清水中是沈的，為什麼在鹽水中是浮的呢？這說明瞭什麼？

（14）物體為什麼會有沈、有浮還有懸停？

（15）你是怎麼得出浮力大小與物體的材質、大小和液體種類（密度大小）的關係的？

按照「好」問題的七條標準逐一衡量，再根據學科的特點與規律，教師最終敲定了第(14)、(15)兩題作為打擂用的甲題和乙題[(14)題具備「好」問題標準第(1)、(2)、(3)、(6)、(7)條，15題具備標準的第(1)、(2)、(3)、(5)、(6)、(7)條，其他問題有的難度系數不達標，有的具備標準的條數較少，有的未具備主要標準]。

## 第四步：人人備賽

1. 備賽概述

每位學生先將甲、乙兩題都進行審題研究，嘗試解答，盡可能做到一題多答，

一題多變，引申推廣，設法找出易犯的典型錯誤或不嚴密的漏洞，設法總結出有益的規律性方法、知識等。

須注意三點：其一，雖然文科類問題的一題多解較為少見，但為了培養學生的創造力，宜大膽嘗試一題多答和一題多論，這是改革文科學科教學的一個切入口；其二，備賽階段要求自主獨立進行，不採用兩人或多人討論方式，也不窺閱別人的方案；其三，要求分隊內每人參與，防止學困生被邊緣化，分隊長負責監督。

2. 實例詮釋

問題（甲題或乙題）：中國各級人大代表是由人民選舉產生的，當選人大代表是榮譽更是責任，有了人大代表這個身份，就得對憲法和法律負責，對國家和人民負責。這說明

A. 人民代表大會是中國的根本政治制度

B. 人大代表有權制定法律並協助法律實施

C. 人大代表要依據憲法和法律來履行職責

D. 人大代表要行使選舉權以維護人民利益

下面簡述學生甲的備題過程。

第一，弄清材料內容，明確考查方向。學生甲經審題獲知問題中背景材料的資訊都是強調人大代表責任的，可以判斷題目中「這說明」所要考查的主體為人大代表，考查的知識點為人大代表的責任。

第二，尋覓解題思路，排除干擾，確定正確選項。學生備題不能僅僅滿足於把正確答案找出來，更應該通過備題讓學生對相關知識進行正本清源。本題學生甲找到的解決途徑是，先把表述錯誤的選項排除掉，再把無關選項排除掉。問題的四個選項中，A，B 選項明顯表述錯誤，可以直接排除。D 選項表述正確，但它講的是人大代表的權利，不符合題意要求，也不能入選。此外，也可以先確定題目考查指向，再直接從選項中找出符合要求的答案。

第三，將問題進行變拓。變換問題就是對題目的背景材料、選項進行調整或變換，來訓練學生面對不同情景、不同要求時的分析應對能力，避免因題目本身的局限和就題論題的方式制約了學生知識的掌握和能力的提高。須加指出的是，變拓問題難度較大，初始階段需要教師的引導與點撥。

例如，如果要讓 D 選項成為問題的正確答案，題目應該如何調整呢？

學生甲考慮在原題的背景材料中增加有關人大代表行使選舉權的事例，經調

整的背景材料如下所述：

「中國的人大代表有權選舉符合民意要求的本級國家機關領導人和上一級的人大代表。當選人大代表是榮譽更是責任，有了人大代表這個身份，就得對憲法和法律負責，對國家和人民負責。這說明———」

但這時學生甲意識到，材料調整後，D 選項自然要選，因為選舉權是憲法和法律賦予人大代表的權利。但這時 C 選項仍然能選，因為題目中的「這說明」要說明的是

整個背景材料。這樣一調整，原來的問題就應變成組合項選擇的題目了。

（其他過程略。）

## 第五步：隊內打擂

1. 隊內打擂六大環節

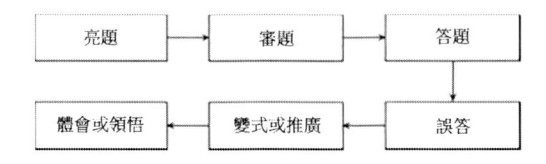

亮題 → 審題 → 答題 → 誤答 → 變式或推廣 → 體會或領悟

注意：並非每次隊內打擂都必須是這六個環節，在某些特殊情況下可能多於或少於或異於這六個環節。

2. 打擂與評比方式

分隊內六名隊員按上面的全部六個環節或部分環節，依序在圓白板上邊講邊寫，注意暴露思維軌跡，甲、乙兩題可都講也可選講一個，每人限時五分鐘。

六人打擂一結束立即進行評比表決，根據老師提出的評比原則及所講環節與題數的多寡決出一名分隊勝者。

3. 實例詮釋

某分隊勝者的打擂過程與具體內容簡述

環節一：亮題

甲題：已知函數 $f(x) = x^2 - 4x + 3$。①若函數在區間 [k-1, k+1] 上不是增函數，求實數 k 的範圍；②若函數的值域是 $[0, +\infty)$，試寫出它的一個定義域。

環節二：審題

本題有幾個要點，一是函數在某區間不是增函數，則可能是減函數或不是單

調函數;二是一個函數解析式和值域已知時,定義域可以是多種可能。

環節三:答題

對第①小問的解題思路有兩種:

思路1:先求函數在區間[k-1,k+1]上是增函數時,有:k-1≥2,則得k≥3。
所以,函數在區間[k-1,k+1]上不是增函數時,k<3。

思路2:分別求出函數在區間[k-1,k+1]上是減函數和不是單調函數的範圍是:
k+1≤2,或k-1<2<k+1

故得k<3

對第②小問可以採用數形結合的方法,從函數圖像上看,得出定義域是什麼呢?其答案是不唯一的,有無限多個,如:

(-∞,a] ∪ [3,+∞)(a≤1)

或(-∞,1] ∪ [b,+∞)(b≥3)

…………

環節四:變式

變式1:已知函數 $f(x)=x^2-4x+3$。①若函數在區間[k-1,k+1]上具有單調性,求實數k的範圍;②若函數的值域與區間[-1,0)的交集是空集,則它的定義域有哪些可能?

變式2:若函數 $f(x)=x^2-4mx+3$ 的值域是[0,+∞),定義域是R,求實數m的值。

變式3:若函數 $f(x)=x^2-4mx+3$ 的函數值都是非負數,求實數m的範圍。

注:變式1,2,3的解題思路略。

環節五:誤答

在變式1的第②問中,容易發生「所求定義域為(-∞,1]或[3,+∞)或(-∞,1]∪[3,+∞)」的錯誤,因為如前所述,在這種情況下,所求定義域應該有無數個。

環節六:體會

通過本題讓我體會到數形結合解題的威力,對如何解讀一道數學題目有一定感悟,對解題過程的表述也有了一定的體會。「打擂台」是一項好活動,現用廣告語結束我的發言:我選擇,我喜歡!

## 第六步：各隊備賽

1. 三條措施

接下去各分隊將委派本分隊勝者代表全分隊參加課堂比賽。而課堂「比武」的真正目的是集中全體師生的智慧向全體學生施教。為了進一步提高施教質量，需採用以下三條措施：

措施一：專攻一題

課堂打擂台每位選手限講一題。這樣做是為了使全分隊成員能集中精力專攻一題，以達到優質施教的目的。

措施二：「同題異構」

意思接近於「同課異構」，即指各個參賽分隊對同一個問題一般有不同的研究心得與研究方法、不同的施教內容與施教方法（因為是「打擂比武」，所以不會發生抄襲或剽竊現象）。

措施三：「異題同構」

其意指相異的甲、乙兩題都要有相同（或相近）數量的分隊來研究並施教。避免所有施教者（選手）全都選擇施教甲題（或乙題），以使甲、乙兩題都能發生「同題異構」效應。

為達到該目的，可採用抓鬮的辦法，即若共有六個分隊參賽，則取三張紙寫上甲題，另三張紙寫上乙題，然後由各分隊的六位分隊打擂獲勝者隨機抽題，以盡可能保持甲、乙兩題施教者人數相同。

2. 協作備課

一旦各分隊的賽題確定，接下去全分隊六名隊員就開始了興奮而緊張地合作備賽（類似於教師的備課）。因為先前已進行過分隊比賽，所以人人都有一定的基礎，在原有的基礎之上再集中全分隊智慧共同研討擬定一份「打擂稿」（教案），由勝者代表分隊參加以分隊為單位的課堂總決賽。

3. 實例詮釋

某分隊合作備賽的過程簡述。

下面是思想政治課中的一個問題（已被確定為賽題）：

近年來，微博成為公眾瞭解國事、表達願望和政治參與的重要途徑，為政府科學決策提供了便捷的平台。但也有人通過微博散布謠言，發表一些不利於社會和諧的言論，給社會穩定帶來隱患。運用聯繫的普遍性知識，分析應該如何對待

微博給中國政治生活帶來的影響。

　　首先應商定如何表述審題過程的思維軌跡。就是要表述自己是如何通過分析背景材料和設問，從中把握題目考查意圖的。只有明確瞭解題目特定的考查意圖，才能確保答案符合題意，切中要點。

　　有位隊員提出，第一步，通過對材料進行分析，全面把握微博給中國政治生活帶來的影響。第二步，分析微博的影響時，要用聯繫的普遍性知識來進行。另有隊員補充說，還有第三步，即要說明對微博不同影響的不同對待，就是要回答出怎樣能更好發揮微博在政治生活中的積極作用，並消除微博在政治生活中的消極作用。大家這麼一補充，問題的答題思路和方向就非常清晰了。

　　其次應商定問題答案是如何建構和呈現的。就是要表述自己是如何從知識儲備中查找、甄選相關知識，進行合理運用和組織，以建構答案、解決題目、設計問題的。

　　有隊員說，問題的答案中，要用聯繫的普遍性來說明微博對中國政治生活的影響，不能從聯繫的客觀性和多樣性的角度進行作答。另有隊員說，在分析對待微博

　　給中國政治生活帶來的影響時，要運用政治生活的有關知識，如要進行立法引導、依法管理，公民要正確行使權利，履行義務等，進行綜合分析。又有隊員說，問題答案的組織和表述，可以分兩個層次來進行：第一個層次先寫聯繫的定義及其普遍性，這是題目設問中知識層面的要求，一定要先寫出來；第二個層次要結合材料說明微博對中國政治生活帶來的兩種不同性質的影響，以及針對不同影響要採取的不同對待方式。

　　經過全分隊成員不斷的補充、比較、調整和完善，最後形成了既精練又讓大家非常滿意的答案：

　　①聯繫是事物之間以及事物內部諸要素之間的相互影響、相互制約、相互作用。聯繫具有普遍性，任何事物都處在聯繫之中。②微博可以促進公民的政治參與和政府的科學決策，要進一步完善相關制度，更好發揮微博在中國政治生活中的積極作用。但微博也給社會穩定帶來了隱患，要制定相關法規，加強管理，引導公民正確行使權利，自覺履行義務。

　　（其他過程略。）

# 第七步：課堂打擂

「打擂台課」堪稱高效課，多位選手為了分隊及個人榮譽，使出渾身解數，依次施教，這一步是整個活動的高潮，無論參賽觀賽均獲益匪淺。為了使「打擂台課」的教學效果、效率、效益均達到最優化，須做好以下準備工作。

1. 宣佈評委團組成及獎項設立。

向學生宣佈：①評委團組成人員；②各分隊參賽，評出前三名，分別獲冠軍隊、亞軍隊、季軍隊的獎牌。

2. 宣佈評分標準

評分標準主要為以下七項內容。

（1）審題

審題合理得 2 分。

（2）解題

對於理科題，每得一種正解獲 2 分，每得一種誤解獲 3 分；對於文科題，根據解答是否合理、是否全面、是否有創意、表達是否清楚、是否一題多論這五個方面相應地確定分值；對於作文題，根據寫作是否切題、中心是否明確、結構是否完整、語句是否通順、構思是否新穎這五個方面相應地確定分值。

（3）變式與推廣

每獲一個變式題得 3 分，每獲一個推廣題（推廣到一般情況）得 4 分。

（4）總結與評價

若合理得 2 至 3 分。

（5）暴露思維過程

在解題、變式、推廣這三個階段能夠充分暴露思維軌跡的分別得 3 分、4 分、5 分。

（6）表達水平表述清楚、語態自然、情感體驗真實、富有感染力得 1 至 4 分。

（7）創新成分

解題方法、思想方法、變式題、推廣題有所創新的分別獲 2 分、3 分、3 分、4 分。

3. 宣佈評比方法

評委團評分的結果佔總成績的 60%，除參賽者和評委團之外的其餘同學的評

分結果佔總成績的40%。為便於操作和現場打分，在打擂前把上述評分標準及評比辦法以紙質材料形式印發給全班同學。

## 第八步：決出王者

打擂完畢當即由評委團及其他學生打出分數，分別去掉一個最高分及一個最低分，按6：4的比例算出各分隊最終得分，按照由高分到低分決出前三名（冠軍、亞軍、季軍），整個活動結束。

關於課堂打擂的實例置於第五節專述。

## 第二種打擂台模式——六步式

六步式的六個步驟闡述於下。

第一步：教師擬題

由教師根據授課內容自編或選擇兩個問題（根據實際情況有時可能編或選一個問題）。

第二步：學生備賽

這一步與「八步式」的第四步相同。

第三步：隊內打擂

與「八步式」中第五步相同。

第四步：各隊備賽

與「八步式」中第六步相同。

第五步：課堂打擂

與「八步式」中第七步相同。

第六步：決出王者

與「八步式」中第八步相同。

實踐、實驗與心理學均表明，運用上述教學方法（模式）既能使一節課的授課資訊量與學生思維活動量接近或達到最大值，又能使全體學生目不轉睛地觀賽（在競賽中分隊的榮譽感及「同體效應」促使人腦高度興奮且無意注意佔據上風）。再者，運用上述施教法幾乎能集中所有優質資源向全體觀賽者施教，這種極限式施教的質量遠遠超過了教師一人的施教。

兩種打擂模式的區別是什麼？有哪些說明與注意事項？教師怎樣指導學生備賽？

# 第四節　打擂台說明與備賽指導法

## 一、兩種模式的主要區別

六步式與八步式的主要差異是：前者由教師擬題，後者由學生擬題；前者須花一課時左右，後者須花兩課時左右；前者以提高學生的考試成績為主，培養創造力為次，後者以發展學生的創造力為主，提升考試成績為次。

## 二、賽前三項準備工作

1. 教師課前審案

在上「打擂課」前，各分隊須將各自的施教教案上交老師審閱，預先審閱的目的有三個：一是看相關內容有無知識性或方法性錯誤，事先做到胸中有數，以便屆時及時介入糾錯以免誤導學生；二是看各分隊教案的施教內容中有無相同點，譬如對同一問題的解法有無雷同，若有則教師屆時予以說明，且要求後講者勿再重複講解，但不影響評分；三是防止發生後施教者剽竊或變相剽竊前施教者研究成果的不良行為。

2. 划定打擂時間

應計算好每位選手上場打擂的時間，一般須預留 10 分鐘作為機動時間。比如共有七名選手比武，則每位選手施教限時五分鐘，五分鐘時間一到，不管有無講完一律退場，若超時講解則要倒扣分數。

3. 划定打擂順序

在上「打擂課」前用「抓鬮法」確定各位選手「登場比武」的順序。應注意，甲、乙兩題不能交叉混亂地講，否則會影響課堂效率，宜前半節課集中講甲題（或乙題），後半節課集中講乙題（或甲題）。因此，講甲題者與講乙題者應各自分開抓鬮（如甲1、甲2、甲3；乙1、乙2、乙3）。

## 三、賽前三項注意事項

1. 教師確定甲、乙兩題尚需注意的事項

（1）這兩個問題的難度系數應基本相同，以確保比武的公平性。

（2）這兩個問題的類型（指涉及的知識內容、問題的結構特徵、問題的屬性以及解決問題的基本思想等），應當比較接近，至少不能差別太大。如果兩題

差異過大，一則學生可能接受不了超量的資訊以致降低課堂效率，二則也會影響打擂的公平性。

（3）甲、乙兩題類型的接近程度還須看問題的難度系數。一般地，難度系數愈大，接近程度也愈大，反之愈小。

2. 教師定題尚需注意的實際或特殊情況

如果問題的難度過大或創新力度過大或範圍過大，或學生的年級較低（如小學中低段年級），或學生的整體水平太低，則根據一節課的時間限制、課堂密度與資訊容量的限制及學生的可接受性原則，打擂時只能選一個題（詳見第五節文科課例）。

教師尚需手把手指導學生備賽

在教學中運用「打擂台啟智法」，無論是備課還是施教，主要是由全班學生合力操作，所以這種學與教的方法既十分高效又難度較大，由實踐知，最大的難度是兩個，一是學生提出「好問題」，二是學生的賽前備課工作。關於第一條已經在本章第三節以及前面有關章節中講過或詳細論述過，故此處不再復述；關於第二條將在下面予以專門舉例（初三復習課「圖形的軸對稱變換」）論述，具體闡述教師怎樣手把手指導學生備課。

## 四、四階段備課（備賽）指導法

第一階段：指導學生提出問題

提出問題有多條途徑，經驗表明，對於學生來說改編陳題是其中一條相對容易的途徑。教師找到軸對稱變換習題中較為重要又常見的經典問題，指導學生改編成下面一個圖形變換問題。

問題如圖9-1，在長方形 ABCD 中，AB=10，AD=6，P 是射線 DC 上一個動點，連 AP，作線段 AB'，使其與線段 AB 關於直線 AP 成軸對稱，連 PB 及 PB'。

（1）若射線 AB' 與射線 AD 重合，試寫出三個以上的正確結論。

（2）若點 P 與 C 重合時，AB' 與線段 DC 相交於點 G，求線段 DG 的長。

（3）當線段 DP 長為多少時，四邊形 ABPB' 為菱形？

（4）若 AB' 和線段 DC 有交點 G，則 DG 長的允許值範圍是什麼？線段 DP 有多長？

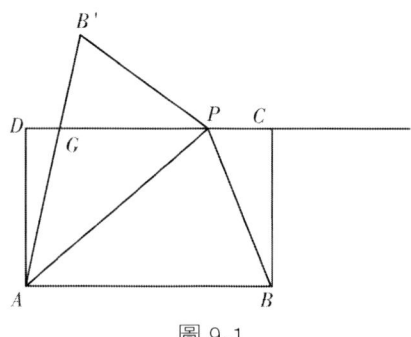

圖 9-1

學情分析：學生對於圖形變換雖已積累了一定的經驗，但對於複雜的圖形變換問題入手較慢，對於圖形資訊、文字資訊的結合與轉化較為陌生，特別是對於變換前後圖形中對應元素（如線段、對應角）的相等關係的認識與運用仍未到位，對怎樣依據題設和結論來建構數學關係缺乏方向性。

編題要求：

本題是一道「好問題」，其特點與優點是①入口寬，切入點低，學生講解時容易上手；②圖形變式中的問題解決方法具有通性；③由軸對稱變換產生的新問題，層次分明，思路清晰，計算適中；④題目的挖掘空間大，綜合知識含量豐富，適合學生講題的自由發揮。

第二階段：學生首次自主備課（備賽）

問題（1）在黑板上畫出這種特定位置的圖，讓同學們在自己草稿本上也畫圖，請他們報出結論並板書結論，如果結論不夠多或不夠完整，教師予以補充。

問題（2）該題學生易獲解。設 DG=x，$6^2+x^2=(10-x)^2$，得 x=16/5

問題（3）先畫出圖形（如圖 9-2），若四邊形 ABPB' 是菱形，則對邊平行，因此點 B' 落在射線 DC 上。

∵四邊形 ABPB' 是菱形，∴ AB=AB'=10。

∵ AD=6，∴ DP=18。

圖 9-2

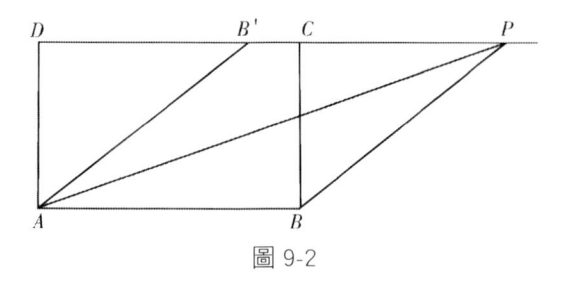

問題（4）因為隨動點 P 右移時，點 B' 的位置也漸漸地從 CD 上側朝 CD 靠近，此時 AB' 和線段 CD 均有交點，當點 B' 落在線段 CD 上，DG=8，故得

0≤DG≤8，6≤DP≤18。

可以看出以上學生的備課只是停留在對題目認識的表層上，僅僅將自己的解題過程備出來，而對題目覓徑思路的形成還缺乏體現，更沒有對解題方法進行小結和提升。

第三階段：指導學生如何備課

教師對學生「備賽」指導可從下列四個方面著手：

1. 指導如何審題第一，問題的條件有哪些

（1）通過圖形獲得資訊：

條件 1：長方形 ABCD 中的全部性質；

條件 2：ΔAPD 和 ΔBCP 形狀隨點 P 的運動而變化，但保持直角三角形不變；

條件 3：動四邊形 ABPB' 是軸對稱圖形，其性質視為已知。

（2）通過文字獲得資訊：

條件 4：長方形 ABCD 相鄰兩邊已知；

條件 5：問題（1）中，AB' 落在射線 AD 上，從而 AB'⊥AB 已知；

條件 6：問題（2）中，當點 P 與點 C 重合時，則 DP 的長度已知；

條件 7：問題（3）中，四邊形 ABPB' 是菱形已知；

條件 8：問題（4）中，AB' 與線段 DC 有交點，則 ΔADG 為直角三角形已知。

第二，問題的結論有哪些

問題（1）結論開放，且後三個子問題共四個結論；問題（3）菱形問題可以從菱形定義和判定中考慮 DP 的長度；問題（4）中求 DG 長的取值範圍，一般要先求出 DG 長的最小值與最大值。

2. 指導如何探求解題途徑

分析問題的條件和結論有怎樣的聯繫，結合已有的經驗和知識，尋求解題思路的生成。

問題（1）由於條件 5 下 AB' 的特殊位置和條件 3 下 AP 是對稱軸，使得直角三角形 ADP 形狀更加特殊化，則有 AD=DP。同時從圖形中獲得的一切已知資訊都可以相互結合，從線段關係、角關係、軸對稱關係、圖形之間關係等方面思索，可以生成新的結論。

問題（2）從條件 6 中，得出 DP=DC=10，而結論所需要的直角三角形 ADG 已經顯露，為了求得 DG 長，需要建構關於 DG 長的一元二次方程式，這需要去尋找 DG 與 AG 數量關係，從條件 1、條件 3 中得到：DC 平行於 AB，AP 是 ∠BAB' 的平分線，故得 AG=GP。於是得：AG=10-DG。

問題（3）先畫出圖形，從菱形 ABPB' 形狀的特點來分析對邊及鄰邊關係，可以從條件 3 中得出：AB=AB'。PB' 平行於 AB，再結合條件 1 中的 DC 平行於 AB 來確定點 B' 的位置，即 PB'=10，且點 B' 落在直線 CD 上，同時，由軸對稱性質可知點 B' 有兩個位置滿足條件，即 DP 的值有兩個，而 DP 的值可以通過畢氏定理獲取。

問題（4）結論求得，需要確定動線段 AB' 與線段 CD 相交的兩個臨界位置，即恰好交於點 D，及交點 G 與點 B' 重合的兩個特殊位置，聯繫條件 5、條件 7 所得的結論 DG=0 和 DG=8，結論自然可得。

3. 指導如何延拓深化問題

第一，由於動點 B' 的軌跡是以點 A 為圓心，AB 長為半徑的一段弧，那麼可以繼續對點 B' 的位置作進一步探究。

第二，由軸對稱變換形成的四邊形 ABPB'，它既具有四邊形的性質又具有軸對稱圖形的性質，因此，可以對它的形狀和大小做探究，如周長和面積，也可以對 ΔAPB' 形狀做研究。

第三，若將條件中的「射線 DC」改為「直線 DC」，則問題（3）和問題（4）的結論會發生何種變化。

第四，當點 P 運動到某個特殊位置時，生成的一些線段或角的數量與位置關係將是怎樣？

4. 指導如何剖析難點

第一，將一個動態問題轉化為靜態問題時，即當四邊形 ABPB' 為菱形時，點 B' 的位置較難確定。一方面是對 AB 邊位置特徵有所疏忽，以至於不能聯繫上當 PB' 平行於 AB 時，點 B' 的位置該有怎樣的特殊性；另一方面是儘管知道 AB=AB'=10，但在這種關係下點 B' 的位置較難考慮周全。

第二，忽視各個子問題間的鋪墊。綜合題通常有幾個子問題，它們之間往往存在一種遞進關係，前面小題的結論、解題思路對後面小題的解決起鋪墊、引導作用。對於求 DP 的取值範圍，怎樣去尋找解決問題的關鍵點，即對線段 AB' 與邊 CD 交點從「無」到「有」，再從「有」到「無」的兩個時刻的特殊位置，不知如何入手，沒能從以上解題過程中獲取應有的資訊，缺乏解題過程中經驗及資

訊的遷移和聯繫。

第四階段：學生再次自主備課

教師引導學生進行了上述分析後，接著，學生對此次的備課進行了重新修正。

問題（1）在黑板上引導同學們畫出這種特定位置的圖形，要求盡可能多地寫出結論並板書之，分析歸納出結論從兩方面著手：一方面從線段、角的關係思考，如 AB=AB'，PB=PB'，AD=DP，∠B=∠B'，∠BAP=∠B'AP 等；另一方面從圖形特徵和圖形之間聯繫思考，如 ΔAPD 是等腰直角三角形，ΔABP 相似於 ΔAB'P，ΔDPB' 相似於 ΔBCP 等。

提問：若點 P 在射線 DC 上運動，上述哪些相等量屬於不變量？

提問的目的是欲突出軸對稱變換的性質。

問題（2）當點 P 與點 C 重合時，圖形就回歸到常態化下的長方形中軸對稱變換的基本圖形，要讓同學們將此與已經解決過的問題形成一定的聯繫，講解時宜重點突出軸對稱變換中的不變量在解題中的作用，尤其須指出：①對稱軸 AP 是 ∠B'AB 的平分線；② ΔAGP 是等腰三角形，DG 和 AG 的數量關係為 AG+DG=10；③在直角三角形 ADG 中，設 DG=x，建立方程式 $6^2+x^2=(10-x)^2$，得 x=16/5。

問題（3）先畫出圖形，從菱形形狀的特徵來分析對邊與鄰邊關係，可得若四邊形 ABPB' 是菱形，則對邊平行，於是點 B' 落在射線 DC 上。

板書：

∵四邊形 ABPB' 是菱形，

∴ AB=AB'=10。

∵ AD=6，∴ DP=18。

提問：請同學們想一想還有其他情形嗎？

本題尚存在另外一種情形，即當點 B' 落在線段 CD 的延長線上，則 DP=2，這種情形學生不容易想到，可以先生生互動，提出疑問，一起剖析，然後利用幾何畫板（老師幫助做得）演示，讓點 P 向左運動，即可觀察到另外一種情形，如果把握不好討論情況和氣氛，求助老師出場分析歸納。

問題（4）（沒有改變）。

解題小結：

由軸對稱變換產生問題的解決，關鍵要抓住其中的不變量，如問題（2）中

的∠BAP=∠B'AP，問題（3）的 AB=AB'。再根據具體問題的情景，利用已知條件進行探索，如問題（3）中結論 DP=2，其實可以從軸對稱關係上思索，獲知滿足四邊形 ABPB' 是菱形的點 B' 的位置有兩個，這兩個位置分別關於點 D 對稱，即滿足 AB'=AB=10，且點 B' 在直線 CD 上的點有兩個。

問題挖掘：

①當點 B' 落在長方形 ABCD 內部時，DG 長的取值範圍是什麼？或點 B' 與線段 CD 沒有交點時，DG 長的取值範圍是什麼？

②在點 P 的運動過程中，四邊形 ABPB' 的面積會變化嗎？若不變求出具體的值；若變化請說明理由。

③若將條件中的「射線 DC」改為「直線 DC」，問題（3）和問題（4）的結論會有變化嗎？是什麼變化？

④當 DP 長為何值時，ΔAB'P 是等腰三角形？

第④小題分析：由於 ΔAB'P 相似於 ΔABP，那麼對 ΔAB'P 形狀的探究就可以轉化為對 ΔABP 形狀的探究，而 ΔABP 只有一個頂點運動，ΔAB'P 卻有兩個頂點運動，明顯可以減少難度。講解時要結合 ΔABP 的圖形特徵，注重分類思想的應用，同時要引導同學從以上問題的解決中獲得部分結論。分類解決得到：當 AP=AB 時，DP=8；當 BA=BP 時，DP=2，18；當 PA=PB 時，DP=5。

（說明：在後續的課堂打擂過程中，對本小題的解決迎來了打擂活動的高潮。）

可以看到，在「再次自主備課」中，學生在注重解決過程的同時，對解決的方法、問題所蘊含的數學思想、解答的完整性、思維自我審核和拓展等方面都進行一定的思考，完善了知識系統和思維繫統，提高了分析問題和解決問題的能力。

可見，指導學生對模擬競賽的問題進行備課，要求他們從解題思路、方法獲取、疑問探究、可能變式以及這類問題求解的關鍵是什麼等方面進行精心準備，並寫出備課中的重點內容，這不僅讓打擂台者（施教者）對問題解決有一個更好的完整認識，更是對「打擂台」活動順利開展有一個很好的保障。

經過以上各種指導後，就能順利應用打擂台啟智法了。下一節實錄了兩堂成功的打擂台課。

# 第五節　打擂台課例與評析

## 理科方面

　　理科是教學上對數學、物理、化學、生物、地理、計算機軟件部分的總稱，其中數學是各門理科學科的工具課。地理有文科部分，也有理科部分，屬於文理兼科。相比文科，理科更注重對邏輯思維能力的鍛鍊。

## 一、課例（教學實錄）

　　師：本堂課為打擂台課，前半節課講甲題，後半節課講乙題。選手們必須按抽籤所定的順序依次登場，每人限講 5 分鐘，時間一到不管有無講畢一律退場，故打擂台者應先講最精彩部分後講次要部分。另外，評分細則表已發至每一位同學手中，務請大家客觀公正予以打分。我宣佈，打擂台正式開始！

　　甲題設橢圓 $C_1$ 的中心在原點，焦點在 x 軸上。點 P(0,-1) 為 $C_1$ 的一個頂點，圓 $C_2$：$x^2+y^2=4$ 的直徑恰為 $C_1$ 的長軸，過點 P 的兩條直線 $l_1$ 與 $l_2$ 互相垂直，$l_1$ 交 $C_2$ 於 A、B 兩點，$l_2$ 交 $C_1$ 於另一點 D（如圖 9-3）。

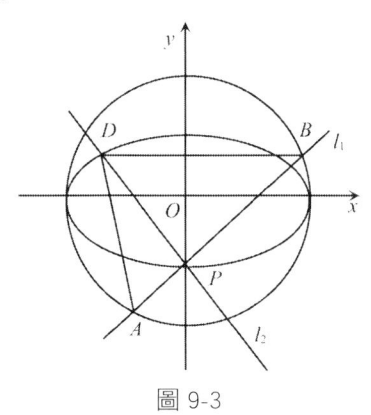

圖 9-3

　　記 $\triangle ABD$ 的面積為 S，求 S 的取值範圍。

　　（註：此題考查學生對橢圓及其標準方程式、直線與圓、直線與橢圓的位置關係的掌握情況；考查學生是否能利用基本不等式、配方法、函數的單調性解決函數的最值問題；考查學生是否會運用函數方程式、分類討論、等價轉換、數形結合及整體代換等數學思想。因此，對於高三升學復習課來說，此題堪稱「好問題」）

四分隊生 A：（在對題目的結構與特徵及解題思路作了分析之後）

由橢圓的標準方程式及其簡單幾何性質易得$C_1: \dfrac{x^2}{4} + y^2 = 1$。

解決範圍問題常用目標函數法或不等式法。根據本題的特點宜試用目標函數法，由$S = \dfrac{1}{2}|AB||DP|$，因此解題的關鍵是引進一個參變量 k，使 |AB|、|DP| 分別可由 k 表示出來。從而可得目標函數$S = f(k)$。

自評：解決圓錐曲線難題大多運用參數思想，有時引進不止一個參數。

欲得 |AB|、|DP| 的含參表達式，必先得直線$l_1$的方程式。由於$l_1$是繞定點 P(0,-1) 旋轉的動直線，故應以此動直線的斜率作為參變量 k，即設$l_1$的方程式為 y=kx-1（易知 k 必存在）。

（說明：此處言明瞭為何會想到選擇 l 的斜率作為參變量。解題教學遵循「暴露思維過程的原則」是必須的。）

因為$l_1 \perp l_2$，所以$l_2: y = -\dfrac{1}{k}x - 1$。

自評：這是學生的易錯點———忽視分母為零的極端情形，糾正的辦法通常是分類討論。

（1）當 k=0 時，$l_1$:y=-1，代入 $x^2+y^2=4$ 得 $x = \pm\sqrt{3}$，故 |AB|= $2\sqrt{3}$，此時$l_2$:x=0，易得 |DP|=2。故此時 S= $2\sqrt{3}$

（2）當 k≠0 時，設$l_1$:y=kx-1，則$l_2: y = -\dfrac{1}{k}x - 1$。求得圓心 (0,0) 到直線$l_1$的距離$d = \dfrac{1}{\sqrt{1+k^2}}$，所以圓的弦長$|AB| = 2\sqrt{4 - d^2} = 2\sqrt{\dfrac{3 + 4k^2}{1 + k^2}}$。

自評：用幾何法求弦長———代數問題幾何化。

將$y = -\dfrac{1}{k}x - 1$代入$\dfrac{x^2}{4} + y^2 = 1$得 $(k^2 + 4)y^2 + 2k^2 y + k^2 - 4 = 0$。

因為判別式 $\Delta = 4k^4 - 4(k^2 + 4)(k^2 - 4) = 4 \times 16 > 0$，

故 $|DP| = \sqrt{1 + k^2}|x_1 - x_2| = \sqrt{1 + k^2} \cdot \dfrac{\sqrt{4 \times 16}}{k^2 + 4} = \dfrac{8\sqrt{1 + k^2}}{k^2 + 4}$。

從而 $S = f(k) = \dfrac{1}{2}|AB||DP| = \dfrac{8\sqrt{4k^2 + 3}}{k^2 + 4}$。

自評：①求 △ABD 的面積———幾何問題代數化；②由上可知本題切入口較寬，僅用常規方法即可獲得目標函數$f(k)$。

接下來的工作是求 $f(k)$ 的值域，這是解決本題的最大難點，而突破此難點的關鍵是將非常規函數 $f(k)$ 等價轉化為常規函數（如一次二次函數、對勾函數及反比例型函數等）。

法 1：$S = 8\sqrt{\dfrac{4k^2+3}{(k^2+4)^2}} = 16\sqrt{-\dfrac{\frac{13}{4}}{(k^2+4)^2} + \dfrac{1}{k^2+4}}$。令 $t = \dfrac{1}{k^2+4}$

（$0 < t \leq \dfrac{1}{4}$），則 $S = 16\sqrt{-\dfrac{13}{4}\left(t - \dfrac{2}{13}\right)^2 + \dfrac{1}{13}}$，當 $t = \dfrac{2}{13} \in \left(0, \dfrac{1}{4}\right]$，S 取得極大 $\dfrac{16}{\sqrt{13}}$。

因為 $2\sqrt{3} < \dfrac{16}{\sqrt{13}}$，所以 S 的最大值為 $\dfrac{16\sqrt{13}}{13}$。又當 t 無限趨近於零時，S 亦無限趨近於零。故得 S 的取值範圍是 $\left(0, \dfrac{16\sqrt{13}}{13}\right]$。

自評：①有理分式函數 $g(k) = \dfrac{4k^2+3}{(k^2+4)^2}$ 常常變形為二次函數、對勾函數及反比例型函數（可結合換元法）；②學生易錯點：換元後忽略新元的範圍，求最值時忽視函數的定義域。

一分隊生 B：

法 2：同法 1 得 $S = \dfrac{8\sqrt{4k^2+3}}{k^2+4}$。令 $t = k^2+4$（$t \geq 4$），則 $S = \dfrac{8\sqrt{4k^2+3}}{k^2+4} = \dfrac{8\sqrt{4t-13}}{t} = 8\sqrt{-13\left(\dfrac{1}{t} - \dfrac{2}{13}\right)^2 + \dfrac{4}{13}}$（以下略）

自評：生 A 的法 1 與我的法 2 都運用了整體代換思想，但法 2 是先換元再變形，大大降低了運算難度。

法 3：令 $t = \sqrt{4k^2+3}$（$t \geq \sqrt{3}$），則 $S = \dfrac{32t}{t^2+13} = \dfrac{32}{t + \dfrac{13}{t}} \leq \dfrac{32}{2\sqrt{13}} = \dfrac{16}{13}\sqrt{13}$，當且僅當 $t = \sqrt{13} \in [\sqrt{3}, +\infty)$，取等號（以下略）。

自評：法 3 的換元比法 2 更勝一籌，不但快速地將無理函數化為有理函數，緊接著又快速地將有理函數化為基本不等式模型，從而使運算更顯簡捷。

解後反思：本題能否避免分類討論？答案是肯定的，只需設直線 $l_1$：kx-y-1=0，直線 $l_2$：x+ky+k=0，則無須分 k=0 與 k ≠ 0 進行討論。

三分隊生 C：

我們解決甲題的切入口為：①建立目標函數，將問題轉化為求函數的值域（關鍵是選准自變量）；②將非常規形態的函數解析式等價轉化為常規形態的函數解析式，或等價轉化為基本不等式模型（關鍵是活用換元法）。我們的解題方法與前面兩位選手所述的恰好相似，故不再復述。下面給出三個變式引申題。

變式引申一：設橢圓 C1 的中心在原點，焦點在 y 軸上，點 P(-1,0) 為 $C_1$ 的一個頂點，圓 $C_2$：$x^2+y^2=4$ 的直徑恰為 $C_1$ 的長軸，過點 P 的兩條直線 $l_1$ 與 $l_2$ 互相垂直，$l_1$ 交 $C_2$ 於 A、B 兩點，$l_2$ 交 $C_2$ 於 E、F 兩點。

（1）求橢圓 $C_1$ 的方程式；

（2）求四邊形 AEBF 的面積取最大值時直線 $l_1$ 的方程式。

改題意圖：將求三角形面積的範圍問題改為當四邊形面積最大時求直線的方程式。解略。

變式引申二：將甲題的所求改為「設 △ABD 面積的最大值為 $S_1$，當直線 $l_1$ 與 y 軸垂直時的 △ABD 面積為 $S_2$，請問是否存在 △ABD 面積的某一值 $S_3$，使得 $S_1^{\frac{2}{3}}$，$S_2^{\frac{2}{3}}$，$S_3^{\frac{2}{3}}$ 成等差數列？若存在，求出此時 $l_1$ 的方程式，若不存在請說明理由」。

改題意圖：①將解析幾何與其他數學分支相結合；②將封閉題改擬成開放題。解略。

變式引申三：設雙曲線 $C_1$ 的中心在原點，焦點在 x 軸上。點 D(0,-1) 為 $C_1$ 虛軸的一個端點，圓 $C_2$：$x^2+y^2=4$ 的直徑恰為 C1 的實軸，直線 $l_1$ 交雙曲線 $C_1$ 於 $A(x_1,y_1)$、$B(x_2,y_2)$ 兩點，且 $y_1y_2=1$，試問：直線 $l_1$ 能否恆過定點？若能，請求出該定點，若不能請說明理由。

改題意圖：①橫向延拓（橢圓改為雙曲線）；②縱向延拓（將求直線方程式改為直線恆過定點的問題，以拔高難度）。解略。

乙題　條件與甲題完全相同，僅將甲題中的求「取值範圍」改為「求 △ABD 面積取最大值時直線 $l_1$ 的方程式」。

二分隊生 D：

我講述的重點是怎樣審題與怎樣尋找解題途徑。

（1）本題可獲知的資訊清單：

①圓（圓心(0,0)、半徑為 2）與橢圓的標準方程式，且橢圓長軸長等於圓的

直徑長；

②兩條直線垂直，並且斜率都存在（隱含條件）；

③兩條直線各自與曲線相交於兩點；

④點 P 座標為 (0,-1) 且點 P 是兩條直線交點；

⑤到直線的距離公式；

⑥兩點間距離（或弦長公式）和畢氏定理；

⑦面積公式；

……

（2）符號化資訊清單（涉及公式）：

$k_1 k_2 = -1$，$|PD| = \sqrt{1+k^2}|x_P - x_D|$，$|AB| = 2\sqrt{4-d^2}$，$S = \frac{1}{2}|AB||PD|$。

$x_1 + x_2 = -\frac{b}{a}$，$x_1 x_2 = \frac{c}{a}$，$\frac{a+b}{2} \geq \sqrt{ab}$，$|PD| = \frac{|Ax_0 + By_0 + C|}{\sqrt{A^2 + B^2}}$。

（3）待求目標和未知資訊：

橢圓短軸長、長軸長、兩條直線的斜率（傾斜角），AB 長、PD 長如何表示；能否用斜率或者傾斜角表示，面積變化由什麼引起，用什麼方法求最值？

（4）擬定解題初步計劃：（用下面程序框圖表示）體現算法思想，在解析幾何綜合題的解答中，設計合理的算理尤其重要。

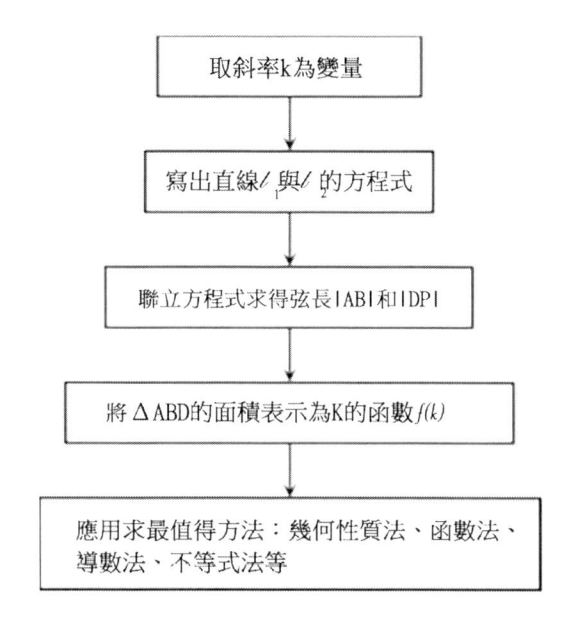

```
┌─────────────────────────┐
│   取斜率k為變量          │
└───────────┬─────────────┘
            ↓
┌─────────────────────────┐
│  寫出直線 l₁ 與 l₂ 的方程式 │
└───────────┬─────────────┘
            ↓
┌─────────────────────────────┐
│ 聯立方程式求得弦長|AB|和|DP| │
└───────────┬─────────────────┘
            ↓
┌───────────────────────────────────┐
│ 將 △ABD 的面積表示為K的函數 f(k)   │
└───────────┬───────────────────────┘
            ↓
┌─────────────────────────────────────────┐
│ 應用求最值得方法：幾何性質法、函數法、  │
│ 導數法、不等式法等                      │
└─────────────────────────────────────────┘
```

（5）實行計劃

易求得橢圓方程式為 $\frac{x^2}{4} + y^2 = 1$。

解法1：斜率參數法，即設直線的斜截式方程式，以斜率 k 為參數。

由題意得，直線斜率存在，設 $l_1: y=kx-1, \cdots$，可求得直線 $l_1$ 的方程式為 $y = \pm \frac{\sqrt{10}}{2} x - 1$。

自評：解法1可以改進為點差法。設 PD 的中點為 M，則 $k_{OM} \cdot k_{l_2} = -\frac{b^2}{a^2}$，則點 M 座標與 PD 長均可求。

（6）其他計劃

解法2：直線參數法，設直線的參數方程式。

引入直線 $l_1$、$l_2$ 參數方程式，$l_1: \begin{cases} x = t\cos\alpha \\ y = -1 + t\sin\alpha \end{cases}$，$l_2: \begin{cases} x = \cos\left(\alpha + \frac{\pi}{2}\right) \\ y = -1 + t\sin\left(\alpha + \frac{\pi}{2}\right) \end{cases}$ 將 $l_1$

的參數方程式與圓的方程式 $x^2+y^2=4$ 聯立，得 $t^2 - 2t\sin\alpha - 3 = 0$，$|AB| = |t_1 - t_2| = \sqrt{4\sin^2\alpha + 12}$；

將 $l_2$ 的參數方程式與橢圓的方程式 $x^2+4y^2=4$ 聯立，得 $(1+3\cos^2\alpha)t^2-8t\cos\alpha=0$，$|PD|=|t|=\dfrac{|8\cos\alpha|}{1+3\cos^2\alpha}$。$S^2=\dfrac{1}{4}|AB|^2|CD|^2=$

$\dfrac{1}{4}(4\sin^2\alpha+12)\cdot\dfrac{64\cos^2\alpha}{(1+3\cos^2\alpha)^2}=64(1-\cos^2\alpha)\cdot\dfrac{\cos^2\alpha}{(1+3\cos^2\alpha)^2}$。令 $m=$

$\dfrac{1}{1+3\cos^2\alpha}$，則 $\cos^2\alpha=\dfrac{1-m}{3m}$，由 $0<\cos^2\alpha\leqslant 1$ 得 $\dfrac{1}{4}\leqslant m<1$。$S^2=\dfrac{64}{9}\cdot$

$(-13m^2+11m-1)$，當 $m=\dfrac{7}{13}$ 時，S 有最大值，則 $\cos^2\alpha=\dfrac{2}{7}$，$\sin^2\alpha=\dfrac{5}{7}$，故 $k^2=$

$\tan^2\alpha=\dfrac{5}{2}$，$k=\pm\dfrac{\sqrt{10}}{2}$ 時取等號。

七分隊生 E：

我們有兩種解法，解法一和生 D 講的解法一相似，但另一種解法比較新穎。

解法 3：進一步改進計劃，利用橢圓參數方程式，也可以叫作點參數法。

令 $D(2\cos\theta,\sin\theta)$，$P(0,-1)$，$k_{AB}=-\dfrac{1}{k_{PD}}=-\dfrac{2\cos\theta}{\sin\theta+1}$，$l_{AB}:y=$

$-\dfrac{2\cos\theta}{\sin\theta+1}x-1$，即 $2x\cos\theta+(\sin\theta+1)y+\sin\theta+1=0$。$O$ 到直線 $l_1$ 的距離 $d=$

$\dfrac{\sin\theta+1}{\sqrt{4\cos^2\theta+(\sin\theta+1)^2}}$，$|AB|=2\sqrt{4-d^2}=2\cdot\sqrt{\dfrac{16\cos^2\theta+3(\sin\theta+1)^2}{4\cos^2\theta+(\sin\theta+1)^2}}$，從而易得

$|PD|=\sqrt{4\cos^2\theta+(\sin\theta+1)^2}$，於是可得 $S=\dfrac{1}{2}|AB||PD|=\sqrt{16\cos^2\theta+3(\sin\theta+1)^2}$

$=\sqrt{-13\sin^2\theta+6\sin\theta+19}=\sqrt{-13\left(\sin\theta-\dfrac{3}{13}\right)^2+\dfrac{256}{13}}$，當 $\sin\theta=\dfrac{3}{13}$ 時，$S_{\max}=$

$\dfrac{16\sqrt{13}}{13}$，$k_{AB}=\pm\dfrac{\sqrt{10}}{2}$，$y=\pm\dfrac{\sqrt{10}}{2}x-1$。

五分隊生 F：

我分隊對前述的解法 1、2、3 做一點評：

以上三種解法分別從三個不同的角度詮釋瞭解析幾何研究問題的思路，即用代數方程式來研究幾何。解法 1 是最平實的思路，聯立直線與曲線方程式，進而

計算弦長，表示面積，求解最值，這是日常學習中對問題解決能力的基本要求；解法 2 巧妙地利用了直線的參數方程式，借助直線參數的幾何意義表示弦長出乎意料，卻也在情理之中，是解析幾何應有之義，對問題解決能力要求更高一層；解法 3 跳出以直線為關注核心，利用橢圓上點的參數形式處理，可謂另辟蹊徑。這裡無論哪一種解法都對同學們的思維水平、知識儲備、運算能力和臨場應變提出了較高要求，正所謂解題有法，但無定法。本題看似平實，卻是值得玩味的一道好題，它對高考總復習的引領作用不可小覷。

六分隊生 G：

我分隊發現了乙題存在三個精妙絕倫的變式拓展題：

變式 1：（定值設問）若 ΔABD 的面積為 2，求直線 $l$ 的方程式。

變式 2：（逆向設問）焦點在 x 軸上的橢圓 E 與圓 $x^2+y^2=4$ 的公共點在 x 軸上，點 P(0,-b) 在橢圓上，過點 P 的兩條互相垂直的直線分別交橢圓和圓 O 於 A、B、D。若 ΔABD 的面積取最大值為 $\frac{16\sqrt{13}}{13}$，求橢圓的標準方程式。

變式 3：（變圓為拋物線）把變式 2 中圓 $x^2+y^2=4$ 改為拋物線 $y=x^2-4$，其他條件、求解問題不變。

解決乙題及以上三個變式題，需要總結並重視經驗性知識。

（1）利用不等式（包括重要不等式或者解關於目標量的解不等式法，或判別式法）。

（2）利用初等函數性質（如二次函數、反比例函數、三角函數）和曲線的定義與幾何性質求最值。

（3）利用導數方法求最值。

（4）利用線性規劃知識求解。

（5）總結解題思路，畫流程圖。

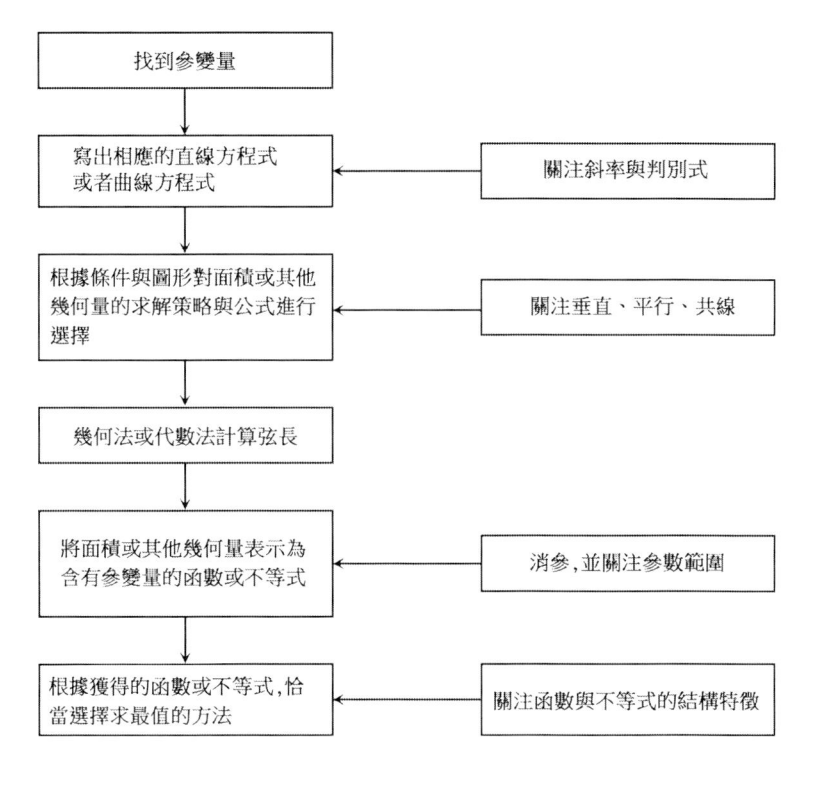

```
┌─────────────────┐
│    找到參變量    │
└────────┬────────┘
         ↓
┌─────────────────┐      ┌─────────────────┐
│ 寫出相應的直線方程式 │←──│  關注斜率與判別式  │
│   或者曲線方程式    │      └─────────────────┘
└────────┬────────┘
         ↓
┌─────────────────┐      ┌─────────────────┐
│ 根據條件與圖形對面積或其他│←──│ 關注垂直、平行、共線 │
│ 幾何量的求解策略與公式進行│      └─────────────────┘
│       選擇        │
└────────┬────────┘
         ↓
┌─────────────────┐
│ 幾何法或代數法計算弦長 │
└────────┬────────┘
         ↓
┌─────────────────┐      ┌─────────────────┐
│ 將面積或其他幾何量表示為 │←──│ 消參，並關注參數範圍 │
│ 含有參變量的函數或不等式 │      └─────────────────┘
└────────┬────────┘
         ↓
┌─────────────────┐      ┌─────────────────┐
│ 根據獲得的函數或不等式，恰│←──│關注函數與不等式的結構特徵│
│  當選擇求最值的方法   │      └─────────────────┘
└─────────────────┘
```

## 二、評判

評判計分工作一般在課內完成，第一次做這種計分統計工作時間稍長須延後至課外，但改進方法熟練後兩分鐘以內即可搞定。

經評比，二分隊榮獲這場打擂台賽冠軍，原因有三點：①在幾個關鍵部位能充分暴露思維軌跡；②表述清晰有序，分析題目的資訊清單→分析待求目標和未知資訊→初步擬定解題計劃→實行計劃；③提供的三種解題方法（斜率參數法、點差法、直線參數法）屬於通性通法且較簡潔，易為學生接受。再有，兩種方法的差異性較大，思路範圍較為開闊。

六分隊獲得亞軍。原因有三點：①提供的三個變式題既靈巧新穎又難易適中，其知識、方法、思想的覆蓋面較為廣泛；②總結性工作做得比較到位；③該生的語言表達能力較強。

由於四分隊與三分隊所獲分數相同，而一分隊、七分隊、五分隊所獲分數均低於四分隊與三分隊，故本次擂台賽季軍空缺。

## 三、評析

　　縱觀中國全國各地高考數學試題，其中圓錐曲線與直線的位置關係問題尤其是範圍題與最值題（以下簡稱「A類題」）往往是高考的重頭戲、壓軸題，然而考生的現狀卻是「想說愛你不容易」，常常是會而不對，對而不全，失分容易，得分不易，且做且嘆息，「進不去」和「出不來」是常見現象。

　　所謂「進不去」：頭腦中沒有基本解題模式（直線與曲線的位置關係，直線方程式的設法，兩條弦的表示，最值的求法）。

　　所謂「出不來」：思路遇阻後無法合理調整。比如直線與圓的弦長如果用代數法求解遇阻，是否能用幾何法求解弦長；再比如求最值如果基本不等式的變形技巧不足，是否想到用換元法或用導數法等其他方法處理。還有就是學生解題信念不足，在時間緊迫且大運算量下一旦發生錯誤，解題信心就會遇挫。

　　對於這樣一類既十分重要又異常複雜的A類題，有經驗的教師都知道，倘運用傳統的教學方法進行教學，即使反覆講了幾十遍，仍有為數不少的學生掌握不了，而實踐證實，運用「打擂台啟智法」只消兩課時即能順利搞定這個問題。

　　這堂課的資訊量儘管很大，但由於學生此前經歷了「提出問題→教師擇題→學生備題→分隊打擂→分隊備題」的階段，所以全體學生不僅均能接受，而且很受啟發，觸類旁通。在日後的模考中統計發現，實驗班（運用「打擂台啟智法」教授A類題）學生關於A類題的答對率遠遠高於對照班。由此可知，解決高考熱點與難點問題最適宜運用「打擂台啟智法」。

　　再者，「打擂台啟智法」並不局限在理科教學中運用，在文科教學中同樣可以成功運用。因為問題化學習無論中外現已遍及各學科，而欲使問題化學習效果達到最優化，運用「打擂台啟智法」不失為一條極佳途徑，因為這相當於全班每一位學生都在當教師，而且是在激烈競爭中當教師，這使得整個集體的潛力與智慧都被充分挖掘與利用起來了，所有的智力與非智力因素都被充分調動起來了，兩台「發動機」的動力都被充分開發了，其效果就可想而知了。

## 文科方面

　　文科又稱人文社會科學，它是教學上對語文、英語、政治、歷史、地理、美術、音樂、舞蹈、體育的總稱，其中語文為各門文科學科的工具課。地理有理科部分，也有文科部分，屬於文理兼科。相對理科，文科更注重人文素養的培養。

# 一、課例（教學實錄）

師：本堂課為打擂台課，即比賽寫小作文。六個分隊都已準備好了各自的大作，分隊代表（隊內打擂獲勝者）們須按預定順序上場，每人限時 6 分鐘，要把自己分隊合力寫就的傑作念清楚，盡量做到字正腔圓、聲情並茂，努力為自己的分隊加分。現在，我宣佈，打擂開始！

（附：本次打擂用的題目是———

閱讀下面的材料，根據自己的感悟和聯想，寫一篇 500 至 800 字的小作文。

無論是民居還是教室，通常都有幾扇窗戶。從窗戶望出去，就會看到一幅幅真實的自然景色畫卷。有人看到了林立的高樓，有人看到了廣闊的田野；有人看到的是紅色，有人看到的是黑色……

要求：①選准角度，自定立意；②自擬標題；③文體不限；④文體特徵鮮明。）

二分隊生 A：

## 老屋窗外的精彩世界

童年時期，老家的房屋是祖父傳下來的兩間小平屋。經年累月的風吹雨淋，四周牆壁早已斑駁不堪。而我，卻對老屋情有獨鍾。只因為老屋的窗外精彩無比。

小屋的窗戶是那種木格子的，糊著一層薄薄的白紙。小時候，我最快樂的就是趴在窗框上觀察外面的精彩世界。

窗戶的左邊不遠處是別人家的一間舊屋，在其牆壁上可隱隱約約地看到一個似像非像的孫悟空形象，而且看得越久覺得越像，彷彿那孫悟空在大鬧天宮……

窗戶的右邊，有梨樹，有月季，有海棠等。我記憶中最深刻的，就是去年我親手種下的一棵向日葵。

去年八月，天氣異常悶熱。天邊有隱隱的雷鳴聲，一場雷雨恐將來臨。我不禁擔心那棵剛種好不久的向日葵。

說到曹操，曹操就到。頃刻間，雨水夾雜著雷聲閃電傾盆大作。我擔憂的事還是發生了，向日葵稚嫩的小苗經不住滂沱大雨的衝擊彎倒在地。我下意識地冒雨衝出屋外，用一根壯實的木棍支撐在了小苗的一側。此時，母親也打著傘跑過來替我擋雨，我連忙用細繩把木棍和小苗綁好，又重新培了土。終於，小苗在瓢潑大雨中頑強地挺住了。堅強的向日葵慢慢生長，日趨茁壯。

透過老屋的窗口，我望見了濃濃的親情，成長的歡樂，更望見了歲月的溫馨與綿長。

一分隊生 B：

## N 個人與 N 維世界

佇立窗前，循光望去，展現在人們眼前的是紛繁各異的不同世界，有人看到的僅僅是一維世界，有人看到的也只是二維世界，有人實實在在地看到了三維世界，而有人極目遠眺竟發現了四維世界！

有一個人推開窗門觀望良久，驀然看到了五維世界裡的格林兄弟，他們正在將各地蒐集到的神奇怪異的故事集結成冊，整理成一本各地奇異怪聞集。他們沒日沒夜、不顧艱辛地伏案工作，終因工作量太大而被迫放棄。可那本未完的書卻被一位拜訪的朋友偶然看到，並挖掘出其寶貴的文學價值，終於，聞名遐邇的《格林童話》問世了。

面對同一本書，格林兄弟眼中凝聚的是其史學價值，而那朋友眼中則浮現出文學價值。毋論對錯，這都是人們心中對世界的反映，N 個人有 N 種不同的世界。

又有一個人久久地佇立在窗前，極力讓自己的視線像火箭般穿透一個又一個世界，終於看到了六維世界裡有一間小屋，屋內孤獨的身影正是傾畢生心血於炸藥發明的諾貝爾。由於危險的實驗炸死了自己的親人，鎮上的人看到了瘋狂和恐怖，於是不准他住在鎮上。隨後，諾貝爾便移居荒地。諾貝爾從窗子望出去，看到的是人們可以方便地將山炸開，看到的是自己曾經遭受的苦難在人類社會面前的微不足道。

面對同一件事，內心懷揣著不同的想法，人們看到的世界也不同。如「一千個讀者心中有一千個哈姆雷特」，使眾多小說豐滿燦爛；如兩個囚犯望窗外，一個看見污泥，一個看見星空的故事，激勵人們滿懷希望。

從窗子望出去，用我們看到的不同世界豐富我們置身的世界。

三分隊生 C：

## 我望見了窗外的奶奶

我透過窗子看到窗外分明無人，
但意守雙目卻感覺有人輕輕飄來，
啊，正是親愛的您———奶奶！
……

窗外，
您抱著我，教我學語喃喃；
您牽著我，教我學步蹣跚。
一天媽媽從國外回來，
我興致勃勃嚷著跟媽媽去海外，
可我卻忽略了您的不捨與孤單！

窗外，
您步履緩慢而沈重地從機場往回返，
而我竟絲毫不明白您為何走得如此遲緩。
直到上學我才明白，
您的心中是那麼的難捨難分，
您的腳步是那麼的無力與悲涼！

窗外，
您躺在病床上，無力，蒼白，
萬萬未想到一月後您會離我升天。
此時此刻我終於徹底醒悟，
猛然生出翅膀狂飛到您的身畔，
但是上蒼通知我一切為時已晚！

窗外，
我那顫抖的雙手捧著一束鮮花，
遺憾與懺悔的淚水傾瀉在您的墳畔。
您安詳地和黃土融為一體，
您從此再不會不捨和孤單，
因為我的心將永遠與您陪伴！

窗外，

我跪倒在地捶打黃土呼喊著奶奶，

此刻真正理解了「泣不成聲」與「無法回輓」。

遽然聽到窗外您在喚我的小名，

「平平，奶奶想你了，來看你了！」

機體的條件反射令我瞬間奔到窗畔。

窗外，啊，我望見了最親愛的奶奶；

啊，還有一簇絢麗的紫羅蘭！

五分隊生 D：

### 心美，皆美

「心美一切皆美」，這是著名作家林清玄的名句。窗外是一幅圖畫，每個人看到的畫面各異，其實這均源於心靈的不同感悟。有心便有境，擁有美好的心境才能看到人生最美好的風景。

境由心生，景自情來。一位老太太有兩個女兒，一個賣雨傘，一個賣布鞋。天晴時老太太為賣傘的女兒擔心，下雨時為賣布鞋的女兒憂心忡忡。後經人啟發，老人才明白，不管晴天雨天，她皆可看到最美的風景，關鍵在於她的心態和看事物的角度。誠然，窗外的同一幅畫面，有人看到的是紅色，有人看到的黑色，不也是心態的問題嗎？擺正心態，拒絕抑鬱，心美一切皆美！

星野道夫在《在漫長的旅途中》一書中說得好：「不同的人，即使站在同一個地方，透過各自的人生，看到的風景也會有所不同。」而現實的確如此，譬如說唐詩宋詞，同一意象在不同的詩人、不同的心態之下，情感不也是有所不同，甚至截然相反嗎？同樣是荷花，杜牧打開窗，看到的是恨，「多少綠荷相倚恨，一時回首背西風」！楊萬里打開窗，看到的卻是另一番景象，他看到了「荷花入暮猶愁熱，低面深藏碧傘中」，荷花迎風而動，天熱但荷花欲躲欲藏，不勝嬌羞，字裡行間透露著詩人對荷花的憐愛與喜歡！

心境決定視野，心境決定未來。如果您欲開窗欣賞一幅佳畫，那麼請你先調整好心態，讓心靈引導你走向更美的世界。

心美，皆美！

四分隊生 E：

### 窗外的境界

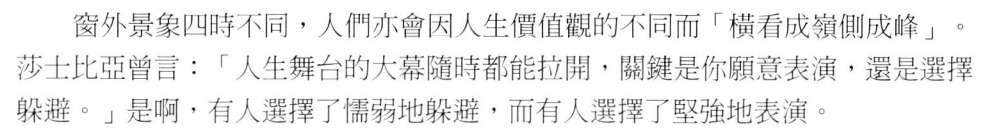

窗外景象四時不同，人們亦會因人生價值觀的不同而「橫看成嶺側成峰」。莎士比亞曾言：「人生舞台的大幕隨時都能拉開，關鍵是你願意表演，還是選擇躲避。」是啊，有人選擇了懦弱地躲避，而有人選擇了堅強地表演。

人們應該樹立正確的人生價值觀。

一位名叫劉麗的善良但瘦弱的姑娘，全然不顧勞累與疲憊，全然不顧貧窮與艱難，帶著如山般堅定的信仰，一步一叩地行進在播撒大愛的路上。她的人生價值猶如不滅的火炬，感召著人們克服艱難險阻，實現自己的人生價值。

何種思想境界決定何種人生價值觀。

一位名叫尼采的有著崇高境界的哲人，於紛繁複雜的社會中，始終保持精神的富足高貴，「感性思維」與「超人意識」已經深入其心，在政治壓迫面前，他仍能堅守信仰，實現人生。同樣，海德格爾、叔本華等人，也正是由於其高尚境界確立了正確的人生觀，最終讓他們走向了成功。

然而古往今來之貪佞，自趙高、田蚡、楊國忠、蔡京、秦檜、嚴嵩、和珅，眼中的物欲橫流讓人生的風景黯淡無光！

「在青春的世界里，沙礫要變成珍珠，石頭要化作黃金。」郭小川這樣定義青春。身處青春的我們，唯有樹立正確的人生觀才能演繹精彩的人生。當我們慨嘆時間都去了哪兒之時，我們沒有忘記境界就在這裡。

六分隊生F：

### 內心強大，春光無限

透過窗子的畫框，有人看到了粉紅色的畫卷，有人看到了灰黑色的圖案，但畫框未變，那麼是什麼改變了人的視覺色彩呢？

究其原因，是人的內心強弱所致。就好比心中有安拉，所見是安拉。開窗看圖，各人的心理力量異則感受亦異。

每個人的人生雖然迥異，但無一例外的是，人生坎坷多艱。至於如何度過一生，各人又有各種不同方式。其中最主要的還是取決於人的心理能量。內心強大，春光無限！

世事難料，風雨滄桑。我們天天奔波在人生路上，難免徬徨，難免失落。此時，內心強大與否，直接影響到自己的生活質量。佛說，物隨心轉，境由心造，煩惱皆由心生。《聖經》有言，要麼你去駕馭生命，要麼是生命駕馭你。狄更斯

说，一种强大的心理比一百种智慧更有力量。而爱默生说，一个朝著自己目标永远前进的人，整个世界都给他让路……

「行到水穷处，坐看云起时。」在生活中，我们要不断自我培养心理能力，以强大的内心看待一切得失输赢。昔日班超五十昼夜苦行大漠深处，始终坚信总会走出沙漠；勾践的「包羞忍耻，捲土重来」被历代文人传为佳话；而体力强大但内心脆弱的项羽，因「不肯过乌江」被杜牧等著名文人所否定。

宠辱不惊，看庭前花开花落；去留无意，望天上云捲云舒。

内心强大，春光无限！

师：各分队打擂完毕，下面请大家进行评议与独立打分。

……

## 二、评判

由评委团及其他学生打出分数，分别去掉一个最高分与一个最低分，按6：4的比例计算出各分队最终得分（满分为45分）是：

三分队得44分，六分队得43分，一分队得41分，四分队得40分，五分队得39分，二分队得37分。

三分队荣获「状元队」称号的理由是，这篇现代诗歌在打擂过程中可谓独树一帜。作者选取自己的奶奶作为写作视角，回忆了自己幼时与奶奶生活的一点一滴。诗篇中「我望见了窗外的奶奶」这一主线贯穿全文始终，窗内是「我」，满怀思念和忏悔之情；窗外是奶奶，满怀「我」对奶奶的想象和遗憾之情。正是在这样的结构安排下，文中事件得以一件件连贯有序展开。「感人心者，莫先乎情」，一方面整首诗歌情感抒发强烈且自然，另一方面选手本人表达力强，面部感情真切，且边念边落泪，激动之处语音颤抖，全场师生无不为之动容乃至流泪，这就是真情的力量。

六分队被评为「榜眼队」的理由是，文章标题精彩，开篇吸引人的眼球，句式整齐，观点鲜明。作者运用心理学术语作为写作视角，指出了人需要强大的内心，在立意方面既准确到位又有新鲜之感。同时，作者旁征博引，哲人话语、名人史实信手拈来，精彩至极。该文运用比喻论证与对比论证，突出两类人面对坎坷的不同心理，行文自然。结尾处还引用诗句，使得全文颇具诗情画意。

一分队获得「探花队」称号的理由是，文章立意精准，文体（议论性散文）特徵鲜明、规范，素材丰富、内容翔实。正文中选用经典素材———格林兄弟、

諾貝爾等人的故事，結合材料，立論獨特，整句導入，文採飛揚。另外，這還是一篇將數學知識和語文寫作相結合的新穎文章，體現了作者跨學科的駕馭能力。

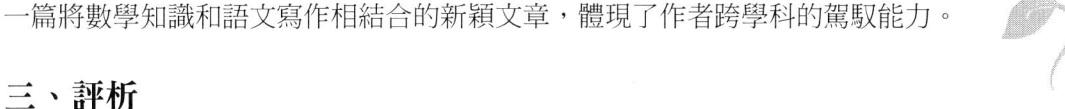

## 三、評析

### 1. 本題堪稱「好問題」

本題（作文材料）平實但富有開放性與進步性，有利於學生寫出個性化的文章。本題取材於日常生活現象，能夠引發學生結合自己的經歷體驗來談所見到的東西，進而「看到」其背後的「東西」。因學生所見不同，認知層次不同，生活閱歷不同，寫出的文章自然也就不同了。

這是一個比喻性的材料作文，編題者的思維創意來自清代文學家李漁的《閒情偶寄》。寫作者在立意時可由果溯因，深刻剖析文章主題。透過同一扇窗戶看到的一幅圖畫，為何會不同？有時甚至還截然相反的原因何在？其實是因為他們的心境不同，所以看到的景物才會有差異或截然相反。境由心造，景由心生，眼前浮現的圖畫就是你心境的外化，學生若從這個角度立意，必能給人一種立意新穎深刻之感，容易拿到高分。本題在設置了較為普遍的入題台階之後，又給那些具有思維深度，善於發現、善於對比、善於思考的學生留有空間，實為成功之舉。

### 2. 學生施教卓有成效

不能不說的是，本次擂台賽的另外三篇未獲獎作文其實也寫得不錯，均有其獨到之處，如四分隊的文章運用劉麗和尼采的人生追求做論據來進行論證，立意高遠。又如五分隊的文章對唐詩宋詞中關於意象的剖析令人叫好。再如二分隊的文章注重對生活的感悟，情真意切。不難想見，如果用傳統的教學方式來上作文寫作課，或者將作文寫作任務佈置為個人的週末課外作業，那是無論如何寫不出如此品位如此優質的作文的，這豈不正好說明瞭任何學科教育者應當是且必須是團隊型教育者嗎？這豈不正好詮釋了任何學科的高效教學的本質屬性必然是學教合一嗎？

### 3. 幾點反思或說明

（1）本節課之所以如此高效，唯一的解釋顯然是：發揮團隊的合力作用，集中團隊的全部智慧，人人當老師教人人寫作文。但如果語文老師（不管小學還是中學）採取臨時拼湊分隊的方式來上擂台課，雖然效果會比傳統方法好一些，但仍遠遠達不到本節課的水平。這就是說，打擂台啟智法並非一蹴而就，其前提是必須建設好優秀的分隊，讓分隊有較高的凝聚力與向心力，以便兩台「發動機」特別是「副發動機」能最大限度開足馬力。

（2）文科學科打擂課的上法與理科有一點區別，即理科學科打擂時選手通常可一邊講一邊板書，但對於文科而言，有時無法做到這一點，比如對於本節課來說，選手們不可能有時間板書，則採用兩種方式替代板書，即要麼用紙質將六篇小作文復印或謄印出來發給每人一份，要麼在多媒體螢幕上放映出來。

（3）經驗表明讓學生寫小作文（字數在五百到八百之間）既能替學生減負，使學生不感到任務繁重，又能循序漸進，逐步有效提升學生的寫作水平，培養學生善於運用精練的文句來表達中心思想的能力，從而避免了將文章寫成廢話連篇、又臭又長、看了厭煩的劣作。再者，這種寫小作文的做法更適宜於小學生與初中生的寫作。

前面五章詳敘了五種直接施教法，下面一章談同樣能開動主副「發動機」的五種間接施教法。

# 第十章　團隊型教育者間接施教法

　　一般來說，團隊型教育者施教時所採用的教育教學語言共有九種，除第七章所述的八種語言外，還有一種教育教學語言為「紙面語言」，即指施教者通過寫或印在紙面上的文字與其他符號來輸出資訊，並作用於資訊接受者的視覺，從而實現資訊傳遞的一種靜態化語言。

　　「團隊型教育者間接施教法」是指施教者（全體師生）主要運用紙面語言，向受教者（全體師生）傳遞各種知識，啟迪其思維，提高其核心素養，發展其成功智力與團隊協作能力的方法。本章談五種團隊型教育者間接施教法（以下簡稱間接施教法）。

# 第一節　間接施教法一：自辦期刊

本節主要談自辦期刊的具體做法，指導學生撰稿的具體方法，幾種常見類型文稿範文及其評價，自主辦刊模式的教學效果與效益。

## 一、創辦學教合一期刊

### 1. 起源

相信絕大多數教師都會有這樣一種體驗：工作中堅持不懈地抽出一定時間閱讀教師專業刊物，如學科教學類、教育理論與實踐類等學術刊物，對自己的專業成長有極大的幫助。我們容易解釋其原因，如以陝西師範大學《中學數學教學參考》（月刊）為例來說明，該雜誌（高中版）編輯部每個月都會收到從全國投來的兩千多篇稿件，從中擇優錄用 20 至 22 篇文稿刊出一期，這份雜誌堪稱全國中學數學教師的智慧結晶，因而研讀之後收穫頗豐。受此啟發，我們將之類比遷移到學生群體中來，遷移到學校、年級或班級中來，即自辦班刊、級刊或校刊。

### 2. 做法

自主辦刊可以多門學科聯辦，也可以某一學科單獨舉辦，可以多個班級聯辦，也可以某一班級單獨舉辦，如《九班學教合一月刊（語文）》《高三理科學教合一週刊》《××校學教合一研究》等，可辦成週刊、半月刊、月刊、雙月刊或季刊等。

欲使辦刊卓有成效，需要切實做到以下幾點。

一是期刊刊名須含有「學教合一」字樣，此舉旨在長期向學生反復做正面且有效的心理暗示，以期聚沙成塔，集腋成裘。

二是須專門成立刊物編委會，如果是辦班刊，則主編與編委在團隊型教育者中招聘（如無特別出色的學生，主編通常由教師擔任）。注意編委會非一成不變，每隔一段時間重組一次，最好讓團隊型教育者全部成員都能輪流做編委至少一次。如果是辦級刊或校刊，則主編與編委在全年級或全校各班的團隊型教育者中選聘，若其他班無團隊型教育者，則可在學生中廣選。

三是投稿與閱讀的對象是全體學生與教師。在先期階段，要求團隊型教育者成員（包括教師）率先帶頭撰稿投稿，並對其提出一定的投稿任務要求。這是團隊型教育者的一項間接施教任務。

四是在減輕學生課業負擔的前提下鼓勵全體學生踴躍撰稿投稿，宜採取下述

措施：①每月專門安排一至數節課為學科論文或文章寫作課；②每兩星期將一至兩天的課外作業佈置為撰寫論文或文章（這一至兩天不再佈置其他任何形式的作業）；③專門安排一至數課時講述學生學科論文的寫作類型、方法與技巧。

## 二、指導學生如何撰稿

### 1. 指導如何確定論題

（1）論題的來源

論題一般是課內教學與課外實踐相結合的產物。其來源包括：學生對教材內容的探究，由熱點問題或自己感興趣的問題引發的探究，由周邊生活環境所引發的探究。如「畢氏定理在三維空間中的推廣應用」「節能減排，低碳生活」等。

（2）論題應符合兩原則

論題要符合科學性、探索性原則。文稿應有一定的科學性，這種科學探索是在學生的實際認知與能力的基礎上，經過一定的努力可以完成的。

論題要符合「小、實、新」的原則。文章題目要小，內容要集中，要切中實際，且或多或少要有新意。可以寫生活中的一件小事、一個問題、一個專題，不必面面俱到。教師宜讓學生自己定題目，可引導他結合所學知識有感，或是身邊發生的事件有感，或是觀察有感來確定題目。如「一類熱點問題的新解法」「一種有效的英語單詞記憶法」等。

### 2. 指導如何蒐集資料

（1）網上查閱

論題一旦確定，緊接著的工作就是收集寫作材料。從網上蒐集研究資料是目前最便捷的方式，蒐集時要有明確的目標，其目標是根據自己的研究方向及所選擇的課題來決定的。在廣泛蒐集的基礎上，要加工、提煉、篩選出對課題研究有直接參考價值的資料，選其精華，去其糟粕。

（2）現場觀察

讓學生親自到現場去看一看、聽一聽、摸一摸，通過「望、聞、問、切」獲得直接經驗，這是蒐集第一手資料的好方式。而調查訪問，則是通過面對面的交談來蒐集資料的方式。其間，教師不僅要引導學生發現問題，而且還要幫助學生分析問題，進而找到解決問題的途徑。

### 3. 指導如何構思

文稿的構思過程是一種直覺的過程，教師應調動學生的直覺，使其形成一

種感性活動。教師的指導，不僅在於拓展學生的思維，使其悟出論文的構思，而且還要幫助學生尋找寫作方法和內容，思考寫作意義和寫作需要。其構思方法主要有：

（1）放射思維法

放射思維法就是指導學生根據題目圍繞一個中心點，展開思維，利用思維的廣闊性與發散性進行構思的方法。

要點思維法

要點思維法就是引導學生在為主題服務的前提下，把蒐集到的複雜混亂的資料內容，列出綱目、分類組合，通過分析、類比和精選，從中提煉出要點的構思方法。

（3）自我思維法

自我思維法就是結合自己寫作與思維的特點，感知哪種格式符合自己所寫內容的一種構思方法。「怎樣跳出文稿的條條框框，寫出自己獨創的一筆」？「怎樣安排材料使文稿有較強的針對性？」等等，都是應用自我思維法構思時需考慮的事情。

4. 指導如何寫作

當學生有了論題、材料和構思以後，要指導學生迅速思索、整理材料，搜尋準確、鮮明的觀點，放開思路，把要寫的內容雲集筆端，筆隨思路而言。若思路中斷，再仔細想一想，想出多少寫多少，暫不考慮字詞的對錯及句子是否連貫，待一氣呵成寫畢全文後，再回顧反思，仔細修改逐步完善，最終使之成為合格文稿。

## 三、指導學生撰稿例說

以一篇初中生寫的生物實驗類論文為例。

1. 確定論題

初二（6）班四分隊在做完「顯微鏡下觀察草履蟲」實驗後，在教師的指導下擬定

了「誰是最可愛的水精靈———研究草履蟲後的領悟」的標題。正標題採用提問式，副標題補充詮釋。

2. 構思引言

教師指導學生構思引言，寫出文章的緣由及做此研究的目的動機。文首為：

大自然里多數生物是由多細胞構成的，但我們卻認識了一種特殊的單細胞生物（草履蟲）。初聞其名以為它是生存在草叢中的小蟲子，後經網上搜索才知道它是生存於水里的小生物。

寥寥數語即道明瞭撰稿的動機和緣由。

3. 構思正文

正文應先扼述實驗的材料及其來源，運用何種研究方法、研究步驟及相關儀器等。論文的第二段為：

草履蟲非常微小，僅有 230 微米左右，故只有用顯微鏡才可觀察其真貌。實驗伊始，先製作該蟲的玻片標本，從大燒杯中取了一滴該蟲的培養液，將其滴在載玻片上，再放了幾絲棉纖維，然後小心翼翼地扣上蓋玻片，將製成的玻片標本置於顯微鏡下觀察。

借助顯微鏡，四分隊成員將肉眼無法看清的水下小精靈描繪得惟妙惟肖，草履蟲的可愛形象躍然紙上。論文第三段為：

我緩慢地上下左右移動標本，在一處游移物較多處看到了幾隻草履蟲在快速轉動，身體像圓柱體。我凝神觀察，進一步看到了細胞核和草履蟲形狀，它活像一隻倒轉的「草鞋」，且游動極快，片刻即悄無蹤影。我一路尾隨，手推著標本不停地移位，終於又發現了一隻草履蟲在不停地咬著什麼，我猜測它可能在進食。

實驗激發了學生的探究興趣。通過教師的指引，學生瞭解了草履蟲的生活習性。論文第四段為：

經網上查閱知，草履蟲是用口溝進食，再形成食物泡，食物在食物泡里消化吸收，而後將殘渣通過胞肛排出體外。

最後學生聯想與感悟到草履蟲對人類水資源的淨化，將這一感悟寫在文末：

草履蟲是一位很出色的水質清潔工，它每小時能形成 60 個食物泡，每個食物泡含 30 個細菌，故一隻草履蟲每天能吞下 4 萬多個細菌！儘管它只是一種微小的單細胞生物；儘管我們因肉眼看不見它而常常忽視其存在，但它確確實實存在，默默地為人類奉獻，替人類打造一個乾淨的水世界。草履蟲堪稱是最可愛的水中精靈啊！

文章末段起到了情感昇華的作用，它歌頌了一種默默奉獻於社會的極普通的人，他們不嫌自己的地位卑微與力量薄弱，為建築夢想不停地勞作，不求名不求利，他們堪稱是最可愛的人！

## 四、學生稿件選摘與評價

學生論文的類型按照內容和性質可以劃分為：解題類、提煉類、糾錯類、研究類、實驗類、創新類、學法教法建議類、生活應用類等。

1. 解題類文稿

**一道橢圓方程題的「成果延拓」**
高二（1）班五分隊

數學寫作課上，我分隊幾人對一道橢圓問題討論後，不僅解決了問題，還得到了很多意外的結論。

題目　已知橢圓方程式為$\frac{x^2}{a^2}+\frac{y^2}{b^2}=1(a>b>0)$，A、B分別是橢圓的左、右兩個頂點，P是橢圓上的任意一點（異於A、B），聯結PA、PB，記直線PA的斜率是$k_{PA}$，直線PB的斜率為$k_{PB}$，求證：$k_{PA} \cdot k_{PB}$為一定值。

求解這個題目並不困難，可設$P(x_0, y_0)$是橢圓上任意一點，$k_{PA}=\frac{y_0}{x_0+a}$，$k_{PB}=\frac{y_0}{x_0-a}$，$k_{PA} \cdot k_{PB}=\frac{y_0^2}{x_0^2-a^2}$ 又因為點$P(x_0, y_0)$在橢圓上，所以$y_0^2=b^2(1-\frac{x_0^2}{a^2})=-\frac{b^2(x_0^2-a^2)}{a^2}$，帶入得$k_{PA} \cdot k_{PB}=-\frac{b^2}{a^2}$。

此題解好以後，我們分隊內幾名隊員各自核准瞭解答過程，老師對我們的解答表示了肯定，同時還引導我們結合近期所學內容，思考還可以在其他哪些知識中找到關聯？

一名隊員提出在雙曲線中可能也有類似的性質，於是，我們進行猜想論證，發現了下面一道變式題：

變式題：已知雙曲線$\frac{x^2}{a^2}-\frac{y^2}{b^2}=1(a>0, b>0)$，A、B分別是雙曲線的左、右兩個頂點，P是雙曲線上任意一點（異於A、B），聯結PA、PB，記直線PA的斜率是$k_{PA}$，直線PB的斜率為$k_{PB}$，則$k_{PA} \cdot k_{PB}=\frac{b^2}{a^2}$。

我們還發現例題、變式題中涉及三點的位置關係，即點P是曲線上任意一點，A、B兩點是左、右兩個頂點，它們關於原點對稱。

老師在分隊討論到變式題時，參與了討論，並追問我們：

若A、B兩點改為曲線上任意關於原點對稱的一對點，點P仍然是曲線上任

意的一個點，結論是否還成立？

我們立即開始驗證，很快得出兩個結論：

結論1：已知橢圓方程式為 $\frac{x^2}{a^2}+\frac{y^2}{b^2}=1(a>b>0)$，P是橢圓上任意一點，A、B是橢圓上關於原點對稱的一組點（異於點P），聯結PA、PB，記直線PA的斜率是$k_{PA}$，直線PB的斜率為$k_{PB}$，則 $k_{PA} \cdot k_{PB} = -\frac{b^2}{a^2}$。

結論2：已知雙曲線方程為 $\frac{x^2}{a^2}-\frac{y^2}{b^2}=1(a>b,b>0)$，P是雙曲線上任意一點，A、B是雙曲線上關於原點對稱的一組點（異於點P），聯結PA、PB，記直線PA的斜率是$k_{PA}$，直線PB的斜率為$k_{PB}$，則 $k_{PA} \cdot k_{PB} = \frac{b^2}{a^2}$。

評價：這個分隊的學生在一次數學活動課上由一道題目出發，經過變式追問、成果延拓，得到了很有意義的結論。學生對這兩個結論有了深刻的印象，做客觀題時就可以快速突破問題、獲得解答，減少「隱性失分」，當然這也說明瞭學生已具有波利亞倡導的「解後回顧」意識。

2. 提煉類文稿

### 雙曲線函數的性質及應用

高三（2）班團隊型教育者某成員

雙曲線型函數即圖像為雙曲線的函數，自1997年至今其在高考中的應用已漸成熱點。目前最常用的是以下三種：① $f(x)=ax+\frac{b}{x}(ab>0)$；② $f(x)=ax+\frac{b}{x}(ab<0)$；③ $g(x)=\frac{ax+b}{cx+d}(ad \neq bc, c \neq 0)$。其中①與②的雙曲線互相共軛（前者的張口小於後者），其漸近線為x=0與y=ax；③的圖像為等軸雙曲線，其漸近線為 $x=-\frac{d}{c}$ 與 $y=\frac{a}{c}$。這三類函數只有①的函數存在極大值點與極小值點：當a>0且b>0時分別為 $-\sqrt{\frac{b}{a}}$ 與 $\sqrt{\frac{b}{a}}$；當a<0且b<0時分別為 $\sqrt{\frac{b}{a}}$ 與 $-\sqrt{\frac{b}{a}}$。至於上述函數的單調區間，畫出圖像即知（以下略）。

評價：作者（學生）把中學數學中的三類熱點函數通過其圖像的共同特徵巧

妙地串聯在一起，統稱為「雙曲線函數」，這是一個創舉。其他同學閱讀此文後，會對原本「各自為政」的三種常用函數形成系統化、一體化的認識，便於記憶和應用，解答相關問題時會大大縮短思維鏈條，符合思維論與認識論的規律。

3. 糾錯類、生活應用類文稿

<u>「照像（相）」與「攝影」是同義詞還是近義詞</u>

初二（4）班團隊型教育者某成員

　　一個星期天，我去大街上欲拍幾張學生證上需貼用的正面頭像照片。街上拍照的營業店雖有好幾家，但奇怪的是有的營業店大門上方所掛店名牌上寫著「照像館」，而有的則寫著「攝影部」，進去一問才知都是拍照片的，這就是說，人們通常認為「照像」與「攝影」是同義詞。

　　這兩個詞究竟是同義詞還是近義詞呢？要解答這個問題，還是讓我們先運用科學知識來作一分析。查閱相關科學輔助教材知，「像」與「影」的正確概念為：「像」是由物體發出或反射的光線，經過光學器件作用後匯交而成的實像或其反向延長匯交而成的虛像。而「影」是指由發光物體發出的光照射到不透明物體上，在物體後方形成一個光線照射不到的黑暗區域。所以「影」是光的直線傳播而形成的。例如一個人在明媚陽光的照射下能在地面上看到自己的影子。

　　由此可知，「像」與「影」實際上是兩個截然不同的概念。而用照相機拍照是光線經照相機的鏡頭即凸透鏡折射後，在底片即光屏上形成一個倒立縮小的實像。因此，科學嚴謹地講，「照像」與「攝影」既非同義詞亦非近義詞，拍照的專營店理應稱作「照像（相）館」，稱作「攝影部」是不科學與不嚴謹的。

　　評價：這篇文章富有創意（雖然照像也應改為照相），它是語文學科、科學（物理）學科及日常生活知識相結合的創新類文章。學生將學到的科學文化知識應用於生活實際是學教合一教學所大力提倡的，撰寫此類文章不但能提高惰性智力（以適應目前的應試教育），但更重要的是能有效提高其成功智力（素質教育目標之一）。

## 五、自主辦刊模式的教學效果與效益

　　經實驗與理論兩方面的探索表明，自主舉辦班刊、級刊或校刊，由師生投稿（多為學生）、審稿會使全體學生獲得下列益處。

　　1. 有助於汲取集體智慧的結晶

　　在對學生做抽樣調查時，學生普遍認為自主辦刊是一條充分發揮學生的教

育者作用、發揮團隊型教育者間接施教功能的極佳途徑。他們認為，儘管有全國性的學生學習刊物可以訂閱，如《數理化學習》《高中生語數外》等，但他們卻更有興趣閱讀同班同學或同級同學寫的文章，因為這類文章更貼近本班的教學實際，更易解決本班同學當前所面臨的具體問題。而全國性刊物所載文章都是針對全國各類學校（重點或非重點等）學生的具有一般化指導意義的文章，沒有像具有班級（年級）特色的自辦刊物那樣含有較強的自我針對性與實際指導意義。

另外，從心理學角度也容易解釋學生為何更青睞於研讀自辦刊物，這是因為閱讀者與撰文者都是相互熟知的同學，兩者既有較近的心理距離，又存在某種程度的競爭心理，這是驅使學生特別愛看自己同學文章的一個心理原因。打個比方，教師在瀏覽教學教研期刊時，突然發現有一篇論文為同校同教研組老師所撰，他就會立即產生心理學中所述的「自己人效應」，下意識地以濃厚的興趣首先閱讀該文。

2. 有助於提高成功智力

（1）有助於提高分析性智力

學習心理學與語言心理學告訴我們，語言與思維之間有著密不可分的關係。寫作需要寫作者組織內部語言，使其完全可以被理解，因此必須對意義網路進行主動建構，因而寫作有助于思維。寫作也是一種學習方式，它能使學生主動地進行意義建構，使學習者能夠按照自己的步伐前進，而且它提供了獨特的反饋資訊，因為寫作者能馬上讀到自己寫在紙上的思維，能促使學生分析、比較事實，綜合相關材料，深入思考並內化某個重要概念，因而寫作有助於提高學習能力。總之，寫作論文能有效培養寫作者的分析性智力。

（2）有助於提高創造性智力

中國教師給學生佈置課外作業的常規模式是做練習題，做練習題一般僅能起到鞏固已學知識，夯實「雙基」，提高解題技能等普通作用。但創作論文則與此迥然相異，它不是簡單的知識與方法重現，它需要動用聯想與類比，需要進行直覺思維，捕捉靈感，需要深度想象、大膽質疑與潛心探究，因此撰寫論文與其說能提高學生的學業水平，不如說更能提高學生的想象力與優化學生的思維品質（發散性、批判性、獨創性與嚴謹性），從而有助於提升學生的創造性智力。

（3）有助於提高實踐性智力

學生撰寫論文，常常需要做一些前期準備工作。如尋找與蒐集相關材料或資料，參加某一項實際活動，進行某一內容的小實驗，做一次專項調查或訪談，組織一次小範圍的集體研討，做一次技術性的操作演練或設計等。此外，刊物編輯

部內的學生編委佔大多數，且採用輪換制，廣泛鍛鍊了學生的有關工作能力。以上種種均有助於提高學生的實踐性智力。

3. 有助於輕鬆、快樂而有效地學習

學生自撰的學生論文在校內刊物上發表，說明自己的學習研究成果被老師與編委會認可，並且又發揮了教育者作用，做了幫助別人的好事，其內心的喜悅是無與倫比的，這會大大激發他們學習鑽研的興趣，而其他同學也會爭相效仿，樂此不疲。學習心理學告訴我們，強烈的愛好與興趣會自發產生強大的學習動力，並且這種學習是一種真正意義的輕鬆、愉快、事半功倍的學習。而事實上有不少學困生正是憑藉這一途徑最終轉變為非學困生甚至優等生的。

4. 有助於促進教學反饋

對於教與學來說，最常見的反饋形式往往是學生每天的課內外作業以及定期的考試，這些形式固然是教學反饋的重要方式，但是呈現形式往往都是學生的解題步驟（冰冷的美麗）。而通過寫作學生論文來反饋學生的學習過程，則能看到學生「火熱的思考」，如能看到學生對概念的理解、對解題策略的感悟、對同類問題的積累等。

# 第二節　間接施教法二：自編講義

本節主要談自編學教合一講義的一般做法、說明事項與教學收益，以及具體學科學教合一講義的編擬要領。

## 一、團隊型教育者是講義的最佳編寫者

建構主義學習論認為：個體的學習不是在一片空白或完全相同的背景下進行的，他已有的知識經驗、信念、個性、情感等都不同程度地參與其中。由於個體經驗的不同，學生對同一問題便會形成理解上的差異，表現在解題中就是對資訊的表徵、轉化不同，選擇的解題思路不同，自然就出現了對同一問題的不同解法。學生解法的差異性正是教師可以利用的豐富資源，引導學生從不同的角度解決問題，能使掌握知識的層次更具有深度和廣度，思維更深刻，有利於在今後的解題中做出快速的選擇，提高思維的敏捷性和靈活性，促進認知結構在動態的發展過程中更加優化。

如學生在解答問題：設函數 $f(x) = \sin(2x + \varphi)$ $(-\pi < \varphi < 0)$，$y =$

$f(x)$圖像的一條對稱軸是直線$x=\dfrac{\pi}{8}$。求$\varphi$的值。

出現下述兩種方法：

解法1：$\because x=\dfrac{\pi}{8}$是函數$y=f(x)$的圖像的一條對稱軸，$\therefore \sin\left(2\times\dfrac{\pi}{8}+\varphi\right)=\pm 1$．$\therefore \dfrac{\pi}{4}+\varphi=k\pi+\dfrac{\pi}{2}$，$k\in Z$．$\because -\pi<\varphi<0$．$\therefore \varphi=-\dfrac{3\pi}{4}$。

解法2：$\because y=f(x)$圖像關於直線$x=\dfrac{\pi}{8}$對稱，$\therefore f\left(\dfrac{\pi}{8}+x\right)=f\left(\dfrac{\pi}{8}-x\right)$，令$x=\dfrac{\pi}{8}$，則有$\sin\left(\dfrac{\pi}{2}+\varphi\right)=\sin\varphi$，即$\cos\varphi=\sin\varphi$，又$-\pi<\varphi<0$．$\therefore \varphi=-\dfrac{3\pi}{4}$。

解法1是基於對三角函數圖像的特殊性做出的解答，解法2是基於對一般函數圖像軸對稱做出的解答，具有更一般的意義與推廣價值。教師可以通過對兩種方法的比較分析，引導學生體會兩種方法的區別與聯繫，認識從特殊到一般與從一般到特殊的解題思想，促進解題方法的交流，有利於認知結構的優化。

由上述分析可知，作業講評課或試卷分析課的講義最適宜由團隊型教育者編寫。

## 二、學教合一講義

### 1. 含義

為敘述方便及利於積極暗示，拙書把團隊型教育者編寫的講義簡稱為學教合一講義。

編寫這種講義通常由學科教師一人執筆。有時為了達到某種教學目標，也可由團隊型教育者學生成員執筆。講義內容則由多名團隊型教育者成員提供。

### 2. 編印要點

在批閱學生作業或試卷時，教師挑選部分重難點習題或試題的各種學生解法（不太繁的通法與不太巧的巧法）或典型誤解，然後略加修改後編進次日作業講評課或試卷分析課的講義，印發給學生。編撰講義時須注意：

其一，學教合一講義上登出某學生的解法時，應注上該生姓名；若該生解法恰與老師的方法相同，則仍注該生姓名。

其二，學教合一講義上登出某生的誤解（作為反面教材）時，不注該生姓名，僅寫「某學生」。

其三，學教合一講義上最好能出現教師的解法（如果與所有學生的解法均不

類似的話）。

其四，文科的學教合一講義亦可採用一題多論或一題多寫的方式。如針對某一文科題將多名學生的解答同時印上，或將多名學生的作文同時印上，課上師生共同品味，評出最合理的解答或最優秀的作文。

其五，學教合一講義里的答題部分通常以填充形式出現，或者不出現填充形式改注以恰當的提示語，旨在啟發與拓展學生的思維，優化學生的思維品質。

此外，教師在前一日佈置作業時，宜向學生講明：如果作業答案中出現多題一解、一題多變、一事多寫、發現問題、提出問題、尋獲規律等創新成果時，將給予優先錄用。這種做法一則鼓勵學生發散思維、放手探究，二則可使講義內容多樣化、趣味化與創新化，三則可使「學教合一講義」名副其實。

## 三、說明事項與教學收益

運用上述模式教學須特別注意以下幾個不易引起人們重視的細節，如能予以恰當處理則會給教學帶來諸多裨益。

1. 人手一份講稿

團隊型教育者編成的講義務須印發給全體學生人手一份。這樣做的裨益是：由於解題主要過程（步驟）或相關提示語已印在講義上，故施教者無須詳講每一種解法的程序與步驟（學生會自看），根據「教學要暴露思維過程」的原則，施教者只需點破「題眼」———這種解決問題的思路是怎麼被發現的，解決問題的途徑是如何被找到的，思維受阻點是怎樣被突破的（若學生的整體基礎很差則另當別論），而後將各種方法間的區別與聯繫做一簡述、歸納、提升即可。這樣講既使話語精練，突出重點，啟迪思維，又能節省教學時間，且使聽者容易集中注意力。另外，對於文科科目的研究類問題亦可同樣處置。

2. 署上答者大名

為什麼講義上登出的學生解法務須標上該生姓名？因為這樣做至少能帶來以下三點好處：

第一點，根據學生心理學、暗示心理學的相關論述，當自己的作業題解法被署名刊登在老師的講義上，該學生會產生強烈的成就感與榮譽感，而且通過這條途徑發揮教育者作用，既提高了自己又幫助了別人，何樂而不為？

第二點，根據暗示心理學所述的榜樣效應，當發現自己身邊的同學的作業題解答被署名刊登在學教合一講義上，會產生較強烈的模仿慾望與激勵效應，驅使

其自覺地、認真地、創造性地完成作業，以期自己的作業成果能被老師錄用。

第三點，在學生座談會上，學生一致歡迎這種做法，他們紛紛提出：相比閱讀老師或書本上的問題解決方法，他們更喜歡閱讀自己班同學的問題解法；相比接受老師或書本上的方法，他們更易接受也更易掌握自己同學的方法。這就是柯爾效應！

3. 試行學生組稿

值得研究的是編印講義的工作究竟由教師完成為妥，還是由非教師的「團隊型教育者」成員完成為妥？這是一個有爭議的問題，因為無論由前者還是由後者完成均各有利弊。由前者完成質量相對較高，由後者完成則能有效且均衡地發展其成功智力中的分析性、創造性、實踐性能力（事實已說明這確是一次很好的鍛鍊機會），但有兩點不利，一是不能確保講義的質量，二是會增加後者的負擔。故較為折中的，相對妥善的辦法是：

首先，先由後者初步完成此項工作（可以由一人或數人合作完成），但同時要削減其時間相當的教學任務或工作任務（如完成家庭作業，打掃場地衛生等），然後再由前者作終審與修改；

其次，不能每次總讓極少數尖子學生負責此項工作，而應讓所有團隊型教育者成員輪流工作。隨著團隊型教育者隊伍擴增到全班學生，則應讓全體學生都有鍛鍊和發展成功智力的機會。

下面針對若干門學科例談學教合一講義的具體編擬要領。

## 四、數學學教合一講義編擬例說

1. 講義示範

### 《多元函數最值問題》學教合一講義

【作業題】設 a>0，b>0，a+b=5，則 $\sqrt{a+1}+\sqrt{b+3}$ 的最大值為_____。

解法1（陳正剛提供）：通過換元轉化為線性規劃問題。

令 $\sqrt{a+1}=x$，$\sqrt{b+3}=y$，則 $a=x^2-1$，$b=y^2-3$，由 $a>0$，$b>0$ 知 $x>1$，$y>\sqrt{3}$，$a+b=x^2-1+y^2-3=x^2+y^2-4=5$，於是得 $x^2+y^2=9(x>1,y>\sqrt{3})$。

如圖 10-1 所示，由線性規劃知，當且僅當 $x=y=\dfrac{3\sqrt{2}}{2}$ 時，$x+y$ 有最大值 $3\sqrt{2}$。

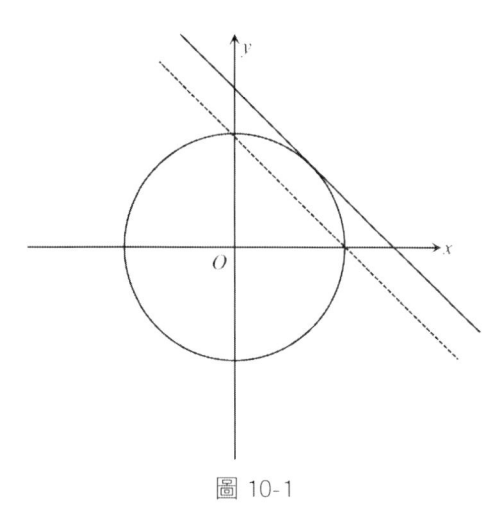

圖 10-1

解法 2（王振達提供）：應用基本不等式 $(m+n)^2 \leq 2(m^2+n^2)$，由 a+b=5，知 $(\sqrt{a+1}+\sqrt{b+3})^2 \leq 2[(a+1)+(b+3)]=18$，以下請同學們自主完成。

解法 3（錢興提供）：應用向量形式的柯西不等式 $|\vec{m}|^2 \cdot |\vec{n}|^2 \geq |\vec{m}\cdot\vec{n}|^2$。設向量 $\vec{m}=(\sqrt{a+1},\sqrt{b+3})$，$\vec{n}=(1,1)$，以下請同學們自主完成。

解法 4（教師提供）：運用函數思想。

由 a+b=5 知 $(\sqrt{a+1}+\sqrt{b+3})^2 = 9+2\sqrt{(a+1)(b+3)} = 9+2\sqrt{-\left(a-\dfrac{7}{2}\right)^2+\dfrac{81}{4}}$，以下請同學們自主完成。

解法 5（周義來提供）：運用導數方法。

設 $g(a)=\sqrt{a+1}+\sqrt{b+3}=\sqrt{a+1}+\sqrt{8-a}$，則 $g'(a)=\dfrac{1}{2}\left(\dfrac{\sqrt{8-a}-\sqrt{a+1}}{\sqrt{a+1}\sqrt{8-a}}\right)$。設 $h(a)=\sqrt{8-a}-\sqrt{a+1}$，易知函數 $h(a)$ 在區間 $(0,5)$ 上單調遞減，由 $h(a)=0$ 得 $a=\dfrac{7}{2}$，所以當 $a\in\left(0,\dfrac{7}{2}\right)$ 時，函數 $g(a)$ 的性質式（　　　　　）；當 $a\in\left[\dfrac{7}{2},5\right)$ 時，函數 $g(a)$ 的性質是（　　　　　）。

（註：請同學們把括號內填上。）

以下請同學們自主完成。

解法 6（張慶祥提供）：運用數列思想。

由 a+b=5 得 a+1+b+3=9，所以 a+1，9/2，b+3 成等差數列。以下請同學們自主完成。

解法 7（王亞軍提供）：運用高等數學思想。

構造拉格朗日函數 $L(a,b,\lambda)=\sqrt{a+1}+\sqrt{b+3}-\lambda(a+b-5)$．

則 $L_a=\dfrac{1}{2\sqrt{a+1}}-\lambda=0$．

$L_b=\dfrac{1}{2\sqrt{b+3}}-\lambda=0$．

$L_\lambda=-(a+b-5)=0$．

解得 $a=\dfrac{4}{4\lambda^2}-1$，$b=\dfrac{4}{4\lambda^2}-3$．由 $a+b=5$，得 $a=\dfrac{7}{2}$，$b=\dfrac{3}{2}$．所以 $\sqrt{a+1}+\sqrt{b+3}$ 的最大值為 $3\sqrt{2}$。

（註：拉格朗乘法日數實際上是借助於求多元函數極值點求函數的最值，這種方法一般用來求限制條件下的最值問題，操作簡單，也是通性通法，在競賽題中經常用到。）

解法 8（馬練提供）：運用方程式思想。

令 $\sqrt{a+1}=u$，$\sqrt{b+1}=v$，$u>0$，$v>0$．以下請同學們自主完成。

誤解（某同學）：令 $\sqrt{a+1}+\sqrt{b+3}=t$，由 $a+b=5$ 知，$\sqrt{a+1}+\sqrt{8-a}=t(t>0)$．等式兩邊平方整理後得

$-4a^2+28a+32-(t^2-9)^2=0$．將該式視作關於 $a$ 的一元二次方程，則該方程式必有解，故由 $\Delta\geq 0$ 可解得 $-3\sqrt{2}\leq t\leq 3\sqrt{2}$．又 $t>0$，所以 $\sqrt{a+1}+\sqrt{b+3}$ 的取值範圍是 $(0,3\sqrt{2}]$．故得 $\sqrt{a+1}+\sqrt{b+3}$ 的最大值為 $3\sqrt{2}$。

（注：$\sqrt{a+1}+\sqrt{b+3}$ 的取值範圍是 $(0,3\sqrt{2}]$，這是一個偽命題，為什麼？）

【變式題】（鐘芳芳、胡達軍提供）設 x，y 為實數，若 $4x^2+y^2+xy=1$，則 2x+y 的最大值是 _____ 。

解法1（鍾芳芳提供）：將 $4x^2+y^2+xy=1$ 化為 $\left(\dfrac{\sqrt{15}}{2}x\right)^2+\left(y+\dfrac{x}{2}\right)^2=1$……①

設 $\begin{cases} u=\dfrac{\sqrt{15}}{2}x \\ v=y+\dfrac{x}{2}\end{cases}$，則 $\begin{cases} x=\dfrac{2}{\sqrt{15}}u \\ y=v-\dfrac{1}{\sqrt{15}}u\end{cases}$，故①式化為 $u^2+v^2=1$，$2x+y=\sqrt{\dfrac{3}{5}}u+v$。

於是原題等價轉化為「若 $u^2+v^2=1$，求 $t=\sqrt{\dfrac{3}{5}}u+v$ 的最大值」。

設 $u=\cos\theta$，$\theta\in R$，則 $t=\sqrt{\dfrac{3}{5}}\cos\theta+\sin\theta=\dfrac{2\sqrt{10}}{5}\sin(\theta+\varphi)$，其中 $\tan\varphi=\sqrt{\dfrac{3}{5}}$。故得 $2x+y$ 的最大值為 $\dfrac{2\sqrt{10}}{5}$。

解法2（胡達軍提供）：設 $x=\rho\cos\theta$，$y=\rho\sin\theta$，代入 $4x^2+y^2+xy=1$，得 $\rho^2=\dfrac{2}{5+3\cos 2\theta+\sin 2\theta}$。設 $a=2x+y$，$t=\tan\theta$，則可化為關於 $t$ 的方程式（　　　　　）。

討論：若（　　　　　　　　）；

若（　　　　　　　　　　）。

綜上，所求最大值為 $\dfrac{2\sqrt{10}}{5}$。

（注：請同學們把括號內的式子填上。）

【規律總結】（張平、柳又村提供）：略。

2. 講義評析

需要說明的是，上述講義雖然僅選登了兩個題目，而且還是兩個客觀題（小題），表面上看似乎整堂課的教學內容偏少，但由於這兩題是高中數學的經典題與近幾年的熱點題，並且在學生的作業本上提煉了各式各樣的正解與誤解（這就是充分利用「團隊型教育者」智慧總和的一條措施，這麼多方法單憑教師一個人是很難想到的），故這堂作業講評課的教學內容實際上並不少，而且知識、思想、方法與技巧的覆蓋面很廣：覆蓋了三角函數、解析幾何、不等式、函數、方程式、線性規劃、向量、數列等知識及其綜合運用，覆蓋了數與形相結合的思想、函數與方程式的思想、轉換與化歸的思想、座標思想以及高等數學思想等多種思想方法。

再者，這份講義含有一個學生提供的變式題，在課上討論該變式題及其解

法時，受講義內容的啟發，多位團隊型教育者成員或分隊又提供了該題的另外四種解法：

解法3（團隊型教育者成員A提供）：同講義中的解法1，將原題等價轉化為「若 $u^2+v^2=1$，求 $t = \sqrt{\dfrac{3}{5}}u + v$ 的最大值」。

建立平面直角座標系 uOv（圖 10-2），則 $u^2+v^2=1$ 表示單位圓。當動直線 $\sqrt{\dfrac{3}{5}}u + v - t = 0$ 與圓相切時，t 取到最值。故由圓心到切線的距離 |OP| 等於半徑，求得 t 的最大值為 $\dfrac{2\sqrt{10}}{5}$。

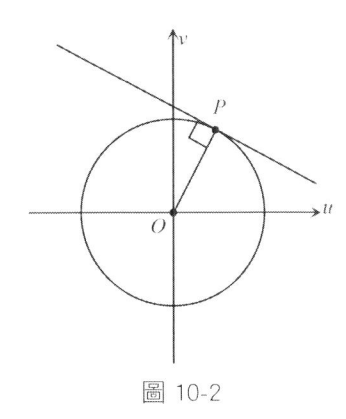

圖 10-2

解法4（團隊型教育者成員B提供）：設 $a = 2x + y$，則得 $xy = \dfrac{a^2}{4} - \dfrac{4x^2 + y^2}{4}$，代入 $4x^2 + y^2 + xy = 1$，得 $4x^2 + y^2 = \dfrac{4-a^2}{3}$。因為 $\dfrac{4x^2 + y^2}{2} \geqslant \left(\dfrac{2x+y}{2}\right)^2$（當且僅當 $2x = y$ 時取等號），故 $\dfrac{4-a^2}{6} \geqslant \left(\dfrac{a}{2}\right)^2$，解之即得。

解法5（團隊型教育者成員C提供）：由 $4x^2 + y^2 + xy = 1$ 得 $(2x+y)^2 = 4x^2 + y^2 + 4xy = 1 + 3xy = 1 + \dfrac{3}{2}(2x \cdot y) \leqslant 1 + \dfrac{3}{2}\left(\dfrac{2x+y}{2}\right)^2$，即 $8(2x+y)^2 \leqslant 8 + 3(2x+y)^2$，故得 $(2x+y)^2 \leqslant \dfrac{8}{5}$（當且僅當 $2x = y$ 時取等號），下面略。

解法6（三分隊集體提供）：設 $a = 2x + y$，則 $y = a - 2x$，代入 $4x^2 + y^2 + xy = 1$，得關於 x 的一元二次方程式 $6x^2 - 3ax + (a^2 - 1) = 0$，由 $\Delta \geqslant 0$，可解得 $-\dfrac{2\sqrt{10}}{5} \leqslant a \leqslant \dfrac{2\sqrt{10}}{5}$。

（以下略。）

學生提供的以上第 3~6 種解法均有獨到之處，大大增強了教學效果。由此可知，這份學教合一講義所發揮的學教作用著實不可小覷。

## 五、物理學教合一講義編擬例說

1. 講義示範

### 《自由落體運動》學教合一講義

【作業題】一物體自 45 米高的甲處由靜止開始自由下落至地面乙處，求最末一秒內該物體經過的位移 $\Delta h$（取重力加速度 g 為 $10m/s^2$）。

解法 1（王斌仁提供）：

易得物體從甲處自由下落至乙處的時間 $t = \sqrt{\dfrac{2 \times 45}{10}}\ s = 3s$。

設最後一秒鐘前物體剛好自由下落至丙處，即物體從丙處落到乙處的時間恰為 1s。則物體從甲處至丙處的時間 $t_1=2s$。從而物體在 $t_1$ 時間下落的高度為 $0.5 \times 10 \times 2^2$ m 即 20m，故知 $\Delta h$ 應為 45m-20m 即 25m。

解法 2（張玲提供）：所設同法 1。

因為 $t_1=2s$，所以物體從甲處到丙處的速度 $v_1=10 \times 2m/s=20m/s$，從而 $\Delta h=(20 \times 1+0.5 \times 10 \times 1^2)m=25m$。

解法 3（馬驊提供）：所設同法 1。

由法 1 得 t=3s，故物體從甲處落到乙處時的速度為 $v_2=10 \times 3m/s=30m/s$。

由法 2 得 $v_1=20m/s$。

由物體從丙處落到乙處可得 $v_2^2-v_1^2=2g\Delta h$，故解得 $\Delta h=25m$。

解法 4（教師提供）：

由上面知 $v_1$、$v_2$ 值。

物體從丙處落到乙處的平均速度為（　　　）$=\Delta h/\Delta t$（$\Delta t=1$），故 $\Delta h=25m$。

注：請同學們把括號內的式子填上。

解法 5（張芳芳提供）：

設第一秒內、第二秒內、第三秒內的位移分別為 A、B、C，當初速度為零時，A:B:C=（　　　），故 $\Delta h=$（　　　）$=25m$。

注：張芳芳同學採用了比例法，請其他同學填上括號內的式子。

解法6（周美菲提供）：

第一秒內的位移 A=（　　）=5m

所以 Δh=（　　）·A=25m。

注：請自主填空。

解法7（王復禮提供）：

由法6知 A=5m，通過畫圖像可得第三秒內的位移 C=5A=25m。

注：王復禮同學妙用了形數法。請其他同學畫出該圖像。

解法8（教師提供）：

設時間間隔 T=1s，自靜止始經過連續相等時間間隔的位移差是 C-A=（　　）=2gT$^2$，所以 C=A+2gT$^2$=25m。

注：請自主填空。

解法9（柯西金提供）：由法3知 $v_2$=30m/s。

假如物體以 $v_2$ 的速度從乙處豎直上拋，則至甲處時的速度為（　　）。

物體從丙到乙的時間等於物體以 $v_2$ 速度豎直上拋從乙到丙的時間。於是，從乙到丙的位移 =Δh=（　　　　）=25m。

注：柯西金同學運用了逆向思維。請其他同學填空。

解法10（葉菲菲同學提供）：由法3知 $v_1$、$v_2$ 值。

運用牛頓第二定律 F=ma 可得，物體由丙至乙，F=m（　　）=m（　　），所以 Δh=（　　　）=25m。

注：請自主填空。

解法1（趙又村提供）：由法3知 $v_1$、$v_2$ 值。由丙至乙，運用動能定理，W=（　　）=（　　），由此解得 Δh=25m。

注：請自主填空。

解法12（丁一丘提供）：由丙至乙，由機械能守恆定律得，

mgΔh+（　　）=（　　）+1/2m$v_2^2$，由此可解得 Δh=25m。

注：請自主填空。

【規律總結】（五分隊集體提供）：略。

2. 講義評析

該學教合一講義的一個鮮明特點是解答中的部分內容以未知形式即填空形式出現，這一新舉措既能啟發學生的思維又能吸引學生的注意力。分析馬斯洛的認知心理學可知，注意是心理活動對特定對象的指向性與集中性，學生的注意力無法長久持續地保持高度集中狀態，而蒐集整理全班學生的精華解法並以部分填空形式出現，符合「同體效應」與「部分未知效應」等心理學規律，有利於把學生的不隨意注意轉化成隨意注意，從而輕鬆地提高了學生的學習效率。再者，該講義僅含一個題，這道題的十二種解法幾乎囊括了物理力學中必修一、必修二的主要規律，更重要的是它體現了各知識點之間的緊密聯繫，故極大地激發了學生的興趣，達到了事半功倍的學習效果。

## 六、其他學科學教合一講義編擬例說

略。

# 第三節　間接施教法三：命卷考試

新課程新理念，命卷、考試與評價三位一體的改革創新是關鍵。本節主要談上述改革創新的若干辦法與措施。

## 一、學生自主命卷，發揮教育者作用

讓學生自主編擬試卷而產生的教學效果顯然優於一般模擬試卷訓練，這是因為通過學生自主命卷不僅能有效提高學生的學習成績，而且能提高學生的創新思維能力；不僅能增強學生的學習興趣（學生對自主命卷有新鮮感，而對練習型的模擬訓練有厭倦感），還能充分發揮學生的教育者作用。故在期中或期末復習階段，採用老一套的復習模式———知識回顧→講授例題→強化訓練，是一種事倍功半甚至「事倍功零」的被老師牽著鼻子走的被動復習方式，宜採取學生命制期中或期末試卷推薦卷的積極主動的自主復習方式。

## 二、編擬試卷的要領與辦法

宜安排一課時專門講述命制試卷的方法要點

1. 選題

選題就是選用現成的題目作為試題，在選題時應注意試題的代表性，試題內

容貼近同學的實際，試題平時同學沒有做過。必要時選題可適當改動，如改變題目的描述方式，改變題中的數字、個別文字等，但必須保持原題的基本風格、基本解法和難度。

2. 改題

改題是指以一個現成的題目為基礎，經過修改成為一個適用的試題。可以改變題中條件的文字參數；可以用同類型概念或可比性的性質替代原題的條件；可以用等價命題、逆命題、否命題取代原命題；可以對原題做一般化或特殊化處理；可以改變題目中的條件或結論；可以變更題型或改變提問方式或將其變化為探索性、開放性的題目等。

3. 編題

編題是指根據命題要求編制新穎的試題，是命題的重要手段。但對學生命題來說，要求是比較高的，可嘗試進行，逐步提高編題能力。

4. 成卷

將所選、所改、所編的試題，按題型、數量、分值、難度，考慮前後順序，合成一份試卷。

5. 解答

解答所有試題，檢查試題之間的相對獨立性，檢查試卷的文字閱讀量和運算量，根據檢查情況，適當調整試題或更換試題。

6. 制定評分標準

規範給出參考答案、科學給分尺度和評分標準。

## 三、命卷的任務落實與基本要求

1. 具體佈置命卷任務要求

將全班學生分成若干個分隊，每個分隊 6 人左右（注意盡量將學生按學習成績上、中、下進行搭配）。每次編試卷要求每個分隊提供選擇題 10 道，填空題 6 道，小綜合題（包括作圖、改錯、簡答題等）6 道，大綜合題 4 道。對每個分隊要求選擇、填空、小綜合題有兩道是指定內容的，另兩道不限，大綜合題內容不限。各類試題應有基礎題、中等題和提高題。學生所給考題均應給出正確解答（如有多種解法，也盡量寫出），並給出評分標準。全班收到的選擇、填空、小綜合題、大綜合題分別為 100 多道、70 多道、70 多道、50 多道，教師最後綜合各組試題編試卷時，學生編題佔 75%，教師可以做一定的改變（如數字改變、圖

形改變、維數變換等），教師編題佔 25%。整張試卷含 45% 的基礎題，35% 的中等題，20% 的提高題。成卷時，在每題題後標明供題分隊。這是一份基本上由團隊型教育者命制的試卷，其質量遠遠高於單獨由教師命制的試卷。

例如，高二上學期學完平面解析幾何之後，期末考卷的命制任務可做如下安排，如果全班被劃分為七個命題分隊，則可對七個分隊的命題內容分別指定為：①直線的傾斜角與斜率，直線的方程式；②直線的交點座標與距離公式；③圓的方程式，直線、圓的位置關係；④橢圓與雙曲線；⑤拋物線；⑥直線與圓錐曲線的位置關係；⑦曲線與方程式。

2. 注意事項

（1）在佈置試卷的命制任務期間，不能再佈置其他任何形式的課外作業，以免增加學生的學業負擔。

（2）每個分隊領到命題任務後，可以由分隊長再將命題任務細分給各隊員，將責任落實到人，以防止個別隊員出工不出力。當然，凝聚力強的分隊不會出現這種現象。

## 四、改革答卷方式，實行多維度評價

培養學生的成功智力需要利用考試方式與考試評價做出積極的導向。為此，我們可以給每一位學生的考卷打上以下兩種不同類型的評價分數。

1. 常規評價分數

常規評價分數的評分方法與傳統的閉卷考試的評分方法基本相同，但考慮到試卷由團隊型教育者命制，故具體評分時有下面兩點不同。

其一，對入選題的供題組的每個學生酌情獎勵 2 至 3 分，以鼓勵學生編選好試題。

其二，學生的供題或解答，如有錯誤，應酌情扣 2 至 3 分。在考試時，供題分隊的學生若答錯其所供的試題，則除扣除本題分之外，還須再扣所獎分的兩倍，以防止學生亂供題和加強考查學生對供題及其變式的適應能力。

例如，在某次考試中，某分隊學生供題：

過 $\triangle ABC$ 的兩條邊 AB 與 AC 分別向外作兩個正方形 BAFG 與 ACDE，其中 AB 與 AC 分別是三角形與正方形的公共邊，試證明線段 FC 與 BE 等長。

經綜合分析後，決定入選該題，但將上題的「正方形」改為「正五邊形」作為試題。變式題與原供題解法實質是一樣的，都是利用全等三角形及多邊形的內

角和知識來證明，這就要求供題分隊的學生有一定的應變能力。

該分隊學生供題入選，每個學生獎 2 分。若該分隊某一學生答錯上題，除扣除該題分數外，還應再扣 2×2=4 分。

2. 創意或創新評價分數

創意或創新評價分數的評分方法不同於上述評分方法，它一般須通過兩條途徑給出評分（注意沒有嚴格的標準）。

途徑之一，試卷上設置若干個考查發散性思維、表現創意和創新的題目，通過學生對這類題目的解答程度來判分。如語文科試題，可以通過寫比喻句、給故事安排情節、給亂句重組、看圖說話以及命題作文等，以此考查學生的創意和獨創性。再如數學科試題，可以用開放性試題讓學生應用所學的知識去分析和探討某個現實問題；還可以借鑒心理測量方法讓學生用若干簡單的幾何圖形，盡可能地組合成有創意的不同物體的圖形。

途徑之二，通過學生在解答常規試題時所表現出來的非常規思維予以主觀判分。如學生在答題中對某些常規題目提出合理的質疑，或給出所謂問題的標準答案後再給出有創意的新答案，或給出這些常規試題的多種不同角度的解法，或給出新穎的獨具一格的簡捷方法，或給出某試題的強化命題如引申題、拓廣題及其相應解法，對於以上種種情況，教師酌情給予一定的分數（這是一種定性的評價分數）。然後將上述兩條途徑中所獲的兩個分數加起來即為學生在該次考試中所得的創意或創新分（這是一種定性和定量相結合的評價方法）。

毋庸置疑，讓團隊型教育者而不是單獨讓教師來執行命卷任務以及評價方式的改革具有諸多裨益，且收效明顯，是傳統考試制度的一種成功革新。

# 案例 1　某校六年級學生自擬的試題

一、單選

1.Which is_____, the snail or the snake？

A.slow　B.slower　C.the slow

2.—Do　you　like_____, Gogo？‐Of course, let's go

.A.swim　B.swimming　C.swiming

3.—How____does Jenny go swimming, Tony？ Twice a week.

A.often　B.many　C.much

4.Tony must good at ice-skating.

A.is   B.be   C.are

5.We must listen ____our teacher.

A.to   B.in   C.for

6.let's _____swimming, Gogo.

A.goes   B.going   C.go

7.—How____is the hat, Tony？—100yuan.

A.often   B.many   C.much

8.Do you have money, Ben？I want to buy some books.

A.a   B.many   C.any

9.There _____some milk in the botle.

A.are   B.is   C.am

10.Look, my father is looking _____a bag of chips！

A.for   B.to   C.in

二、漢譯英

1.She usualy _____（去釣魚）with her father.

2. I play computer game_____（一次） a month.

3.The shoes are（80）yuan.（一定要用英語來表示）

4.They_____（有時）take the subway get home.

5.I bought a _____（雙，對）of socks.

三、連詞成句

1.Canada, to, How, go, you, do（？）

_____

2.bike, I, to, Sometimes, by, school, go（．）

_____

hospital, It♪s, to, the, next（．）

_____

am, to, going, I, buy, a, comicbook（．）

_____

going, you, Where, this, are, afternoon（？）

四、閱讀短文，回答問題。

My name is Lisa. My favorite sport（運動）is hiking. There's a nice hil（山）in my town（鎮）I can get there by bus. I usu ally go hiking once a week. Sometimes I play ping-pong with my friends. I also like to ride my bike. I always ride my bike to school. My favorite animal is elephant. It 』s very big.

1. What's Lisa 』s favorite sport？
2. What's her favorite animal？
3. How does she get to school？
4. How often does she go hiking？
5. Is the elephant small？

## 第四節　間接施教法四：交流手冊

本節主要談學教合一手冊的札記辦法與技巧，有關說明與注意事項，以及手冊的交流價值與功能。

### 一、凝聚並利用集體智慧的一條佳徑

在學教合一式教學中，要求每位學生備有一本學科札記手冊或習題訂錯本（統稱作學教合一手冊），把教訓最深刻的易錯題連同錯解、辨析與正解，或者感悟最深刻的學習心得與規律性知識方法記錄在筆記本等手冊上。他山之石，可以攻玉，每隔二至八周專門安排一至幾節課讓全班同學相互傳閱選摘他人札記本中的精髓，也可以課後相互之間借閱。這是充分利用集體智慧與團隊型教育者智慧的一條有力措施，但欲使其有顯效，關鍵是要提高各學生筆記本中內容的價值。欲提高其價值，關鍵是要做到以下兩點：

（1）先由老師講述記學習型手冊（包括訂錯本）的方法與技巧。

（2）再由團隊型教育者發揮領頭羊的間接施教作用，即團隊型教育者成員輪流將自己的筆記本掛在教室內的牆上給全班同學做示範或參考，一般每周換掛兩次，每次掛5本左右。

## 二、札記的方法要領

教師須向學生講清楚以下若干札記要點。

1. 記知識結構

韓愈早在《進學解》中就曾說過:「記事者必提其要,纂言者必鉤其玄。」因此,每節新授課教師都應要求學生建構知識體系。知識結構涵蓋了一堂課的主要知識點,而且揭示出知識點之間的內在聯繫,是課堂知識的濃縮與精華,所以,學生應該把它記下來。為了更為直觀,提倡用各種示意圖、表格等呈現知識結構。

### 案例 1　團隊型教育者成員的示範性札記之一

**《生活與哲學》第七課第一框的內容提煉表**

| 聯繫的特徵 | 原理內容 | 方法論啟示 |
| --- | --- | --- |
| 普遍性 | A. 一切事物和周圍事物聯繫著。<br>B. 事物內部各部分、要素相互聯繫。<br>C. 世界是一個普遍聯繫的有機整體。 | 堅持用聯繫的觀點看問題,反對用孤立的觀點看問題。 |
| 客觀性 | 聯繫是事物本身所固有的,不以人的意志為轉移。 | A. 要從事物固有的聯繫中把握事物,切忌主觀隨意性。<br>B. 人們可以根據事物固有的聯繫改變事物的狀態,調整原有的聯繫,建立新的聯繫。 |
| 多樣性 | 世界上的事物千差萬別,事物的聯繫也是多種多樣。 | 注意分析和把握聯繫的各種條件,一切以時間、地點、條件為轉移。 |

當然,記的時候不需要千篇一律,更不要一字不落。比如上表中普遍原理的內容、客觀性的方法論要求寫上序號即可。這樣做既能節約時間,又為課後回憶留下空間。

2. 記疑點

學貴質疑。小疑則小進,大疑則大進,不懷疑,則不能見真理。新課程強調學生對於問題探究過程的全程參與,強調分析問題、解決問題的親自體驗,在探究活動中,學生們的交流、評價、表述、解釋等都是開放性的,彼此未必完全一致,凡自己存在疑問的地方可以記錄下來課後再求教老師,或通過自己思考來解決,防止存在「夾生飯」。例如,學完《生活與哲學》第七課第二框後,幾位同學不約而同都提出這樣的問題:如何理解整體與部分的關係在一定意義上說就是系統與要素的關係?這一定是因為教師沒有對「一定意義」做必要的闡述。可見,學生的疑問有時源自學生自身的問題,有時源自教師。幫助學生解決疑問的

過程，是師生共同成長的過程。

3. 記反思

要養成解題後反思的習慣。學生做過的題目很多，錯的也很多，錯題老師講了，學生訂正了，可是下次遇到同樣的題目或者相似的題目還是錯，原因是我們的學生沒有把錯題整理到糾錯本上，或者是即使整理到糾錯本上了，也只是簡單地把解題過程抄寫一遍，當時還記得，但過一段時間就忘記了。因此要求學生把訂正過的錯題，按題型、知識點整理到一起，並分析錯誤原因，寫出反思過程，以備以後反復復習，直到掌握為止。此外，還可對其他領域如學習方法優劣、考試失利原因等進行反思並記錄在案。

## 案例2　團隊型教育者成員的示範性札記之二

關於考試答案正確率低下之分析

學生自己在平常完成學科作業的過程中，正確率還是比較高的，但只要一進行學科考試，自己的正確率卻低得可怕，以下是我分析的幾個原因：

（1）自己在解題的過程中非常不自信，總是擔心在解題過程中會出現什麼錯誤，雜念過多，導致自己不能一氣呵成將題目解完。

（2）有些題目的解題過程十分複雜、麻煩。對於這樣的題目，學生心中自然而然地產生一種由內而外的抗拒感，而自己又不得不解，在這種矛盾中，正確率自然而然就下降了。

（3）考試往往都有時間的限制，而正是由於這個，自己心裡總是想著若是要完成這張試卷，時間完全不夠，於是就不斷地催促自己去完成，心一急，正確率自然下降。

（4）考試不僅是一次對自己學科上的檢驗，也是對自己的虛榮心得到滿足的希望。考試結束之後，若有個不錯的分數，心中自然洋洋得意，而若沒有一個像樣的分數，在同學面前便會抬不起頭來。於是，在自己虛榮心的催促下，產生了一種無形的壓力，導致自己在解題過程中有些緊張，正解率下降。

（5）粗心，是很多同學一直存在著的一個致錯因素，在考試過程中，也許會看漏了某些重要條件，或者把「原子」看成了「分子」等等，都是自己經常犯的錯誤。朝著錯誤的方向進行解題，正確率自然下降了。

（6）計算能力差，也許是我們學生一直存在的一個致命性的因素。在初中三年，一直用計算機代替自己的大腦，有時候連簡單的加減乘除都要用計算機來替自己完成。所以，久而久之，自己在計算方面連一個小學生都不如，正確率自

然下降。

當我們面對考試，若持有一種自信、淡定、勇往直前的心態，而且在平常完成作業之餘，加緊鍛鍊自己的計算能力，並且努力改正自己粗心的毛病，相信必會提高我們的正確率。

4. 即時整理

培根說過：我們不應該像螞蟻單只收集；也不要像蜘蛛只從自己肚中取絲；而應該像蜜蜂，既收集又整理，這樣才能釀出香甜的蜂蜜來。可見，學生不僅要記筆記，更應該整理筆記。課上的記錄只是臨時的筆錄，系統性、完整性、邏輯性差，所以教師要引導學生及時整理，使其避免出現再看時自己看不懂、想不全、講不通的情況。課後整理就是在原筆記基礎上進行補充、修改、完善，這也是一個知識鞏固和再回顧、再領悟的過程。同時，筆記內容的整理實際上是學生思維的加工過程，學生對自己參與的探究活動進行概括和提煉，不僅能夠創新思維，產生新的問題、解釋或結論，而且對提高思維質量和思維能力大有裨益。

## 案例3　團隊型教育者成員的示範性札記之三

### 直線方程式的應用

在直線的綜合運用中，涉及這樣幾種問題：求點關於一點的對稱點、一點關於一條直線的對稱點、一條直線關於一點的對稱直線方程式、一條直線關於一條直線對稱的直線方程式等。

（1）求點關於一點的對稱點

這應該是求對稱點中最容易的類型，我們可以運用數形結合，在座標系中直接得出答案。

（2）求一點關於一條直線的對稱點

首先根據對稱點的性質，我們知道這點與對稱點的連線與直線$l$垂直平分，所以，我們可以根據兩個等式關係來求這個對稱點的座標。由於垂直，可得兩點連線的直線方程式的斜率與直線$l$的斜率的乘積為$-1$；兩點連線的中點在直線$l$上，所以根據中點座標公式，再建立一個等式。

（3）求一條直線關於一點的對稱直線方程式

求一條直線關於一點的對稱直線，其中一個隱含的條件就是兩條直線平行，所以我們也可以建立兩個等式關係：①兩條直線斜率相等或都不存在；②求這條直線上的任意一點關於這點的對稱點。

（4）求一條直線關於一條直線對稱的直線方程式

求這樣的問題，我們可以分兩種情況討論，看兩條直線有無交點。若兩條直線無交點，則這兩條直線平行，那麼我們要求出那條對稱直線可以直接看圖，或進行計算；若兩條直線有交點，則求出交點座標，然後在已知直線上找任意一點關於這條直線的對稱點，通過兩點我們可以確定對稱直線的方程式。

以上四點就是常見的求對稱點或對稱直線的解題思路。

若是碰到類似入射光線、反射光線的題目或是求兩條線段之和的最小值等類型的題目，都是以上四點的伸展和引申，我們可以在題目中靈活運用，方便解題，在題目中找到更好的辦法，精益求精。

這樣的整理還有一點好處：由於整理的過程即深思的過程，故學生不僅在本子上整理了，而且在腦子裡也記住了，這樣久而久之，學生就能形成系統的知識庫。

## 三、重視下列四個「不能」

1. 札記不能影響聽與思

學生聽、想、說與記筆記在時間上是存在一定衝突的，聽清、聽懂、理解別人的發言是記的前提，想是學生參加活動的核心，積極思考才能產生與他人共鳴或相對的觀點，這樣才能促進活動向縱深發展。在探究過程中，教師要引導學生認識到：參加活動是第一位的，記是第二位的，記筆記不能干擾、中斷思維和交流的進程。教師要通過時間分配、活動安排等方法引導學生先集中注意力參加活動，在活動停頓的時間適時提醒學生進行高度概括和簡要記錄。

2. 札記不能沒有技巧

除了教給學生札記的方法之外，教師尚須教給學生記錄的技巧。比如，記錄要點、關鍵詞，用自己能明白的符號進行速記等，以提高記錄的速度。

3. 札記不能沒有動力

為調動學生記筆記的積極性，可以每學期開展兩次班級優秀課堂筆記評比活動。因為學生們每隔一段時間相互間輪換傳閱各同學的筆記本，即學生最瞭解本班同學筆記本的質量之優劣，所以評比結果由全班學生無記名投票決定，對勝出者予以大力表彰，鼓勵大家的積極性。

4. 札記不能沒有交流

記筆記固然能使自己獲益良多，但交換筆記，傳閱札錄他人手冊之精華，

則獲益更是呈幾何級數般遞增。如全班以四十人計，則一條精髓能換成四十條精髓，此等美事何樂而不為耶？再者，間接施教法四的本質屬性就是交流傳閱手冊，交流傳閱手冊就是學教合一。

## 第五節　間接施教法五：比武兩招

眾所周知，教師之間舉行的各種教學比武（如上課比賽、說課比賽、說題比賽、論文答辯比賽、教學設計比賽等）既能促進參賽者本人的專業成長，又能為旁觀者或旁聽者提供大學課堂中學不到、書本里看不到的實際場景下的現場教育，這是一種充分發揮集體智慧、充分利用集體資源的好辦法。我們可將此類比遷移到學生中來，即在學生之間開展各種學習大比武，同樣能收到良好效果，這是一條充分發揮團隊型教育者作用的新途徑。

此外，為減輕學生的課業負擔與消除學生的「考試厭倦症」，宜取消各種名目的非學期考試（如單元考、抽樣考、月考等），而以學習大比武這種新鮮的學生感興趣的方式取而代之，這既是對傳統考試方式的一種革新，又完全符合學教合一論中的「學賽合一論」。

比武項目之一：章末總結研寫比賽

當學生學完學科中的一章，寫章末總結的重要性是不言而喻的，故將研寫章末總結作為一個比賽項目實為必要。教師宜先向學生交代清楚研寫的基本要求與基本辦法以及比武的基本規則等。

## 一、研寫總結的要求與辦法

1. 基本要求

（1）寫出本章的知識脈絡，最好採用方框圖、圖表、專題、樹狀圖等形式來編織知識之網；

（2）指出本章的重點、難點，並標上醒目的記號；

（3）選用代表性示範題來揭示本章重要的知識點和重要的思想方法，要求寫出選題的目的，復習哪些知識點和思想方法及技能技巧，既要注意一題多法，也要注意一法多題，並要寫出解後評論；

（4）錯例剖析，不僅要求寫出錯因，還要用盡可能多的方法給出正確解答或論述；

（5）學習本章的反思感悟（包括本章的學法及學習本章的經驗教訓）。

2. 基本辦法

寫某一章的總結時，靠全章學完後的瞬時性寫作是不妥當的，正確的辦法是在學習該章過程中一開始就注意不斷積累，記錄在案（最好直接注在課本里）。

（1）對典型的題目或優秀小範文及時分門別類並整理記錄下來；

（2）對一些學有所得的地方寫下自己的題記（心得體會）或評註；

（3）對一時不能理解的問題，提倡自己先獨立思考，實在想不出再與同學討論或問老師，但必須有自己對問題的初步思考意見，或指出思維的障礙之處，搞懂後記下自己思維欠缺之處；

（4）要敢於用批判的觀點去學習別人的經驗，在學習過程中要有自己的創新，如給出更多或更優的方法，探索相關問題能否遷移或推廣。

## 二、比武的步驟與規則

每學（教）完一章，不做該章的單元測驗，而要求每位學生寫一個章末總結並全程參與評比優秀章末總結。

第一步：各個「學教合一」學習分隊（每隊六人左右，各隊學生的平均成績基本相同）將本分隊同學撰寫的章末總結先在隊內評選，評出一份該分隊的最佳總結遞交全班評選；為了保護個別學生的學習熱情，允許有學生毛遂自薦，直接將自己的總結（隊內未選出）遞交全班參賽。

第二步：教師將各分隊遞交的隊級優秀章末總結統一排版印在一至兩張八開紙上（若有個人直送的總結也一起排上），然後印發給全班學生人手一份。

第三步：全班同學認真閱讀，比較優劣後進行無記名投票（教師也參與投票），並嚴格採用民主方式———按票數的多寡決出前三名，分別稱為冠、亞、季軍。

第四步：將這三篇最優章末總結連同作者大名及所屬分隊名稱，一並作為快訊刊登在特印的快報上，也可刊登在班刊或級刊上，並可送給兄弟班級同學閱讀，以惠及他班。

上述過程即為實現學教合一的過程。

# 三、獲獎的章末總結選錄

## 科學學科

### 《糖類與蛋白質》總結

初二（4）班五分隊　魯國

糖類與蛋白質都是烴的衍生物，其結構較複雜，分子中具有多種官能團，且多為高分子化合物。

（一）糖類

1. 單糖

（1）葡萄糖　它是一種多羥基醛，為重要的單糖；它無法水解成更簡單的糖，有還原性。

（2）果糖　它是葡萄糖的同分異構體。

2. 低聚糖

即水解後能生成兩個或數個分子的單糖。

（1）二糖　它是最重要的低聚糖。

（2）蔗糖　它是最常見的二糖，無還原性，水解後生成兩分子單糖。

（3）麥芽糖　它是蔗糖的同分異構體。

3. 多糖

即水解後能生成多個分子的單糖。

（1）澱粉　它是重要的多糖。

（2）纖維素　它是重要的多糖。

二者共性：都是高分子化合物，都無還原性。

（二）蛋白質

1. 氨基酸

即為蛋白質的水解生成物，既顯鹼性又顯酸性。

2. 蛋白質

即由多個氨基酸結合構成的高分子化合物。

3. 蛋白質的性質

（1）少量的鹽能促進蛋白質溶解，多量的鹽能使蛋白質從溶液中析出。

（2）蛋白質在加熱、重金屬鹽等作用下，會發生變性而凝結。

## 語文學科

### 《複句結構類型》總結

初一（2）班三分隊　馬驥

複句結構共有八種類型：

| 類型 | 關聯詞語 | 舉例 |
| --- | --- | --- |
| 並列複句 | 也　又<br>一邊……一邊……<br>既……也……<br>不是……而是…… | 大路既平坦又寬闊。 |
| 承接複句 | 就　便　於是 | 每次吃完飯，她就睡覺。 |
| 遞進複句 | 不但（僅）……而且……<br>並且　甚至<br>更　何況 | 這位學霸甚至都不知道什麼是菜刀！ |
| 選擇複句 | 或者……或者……<br>要麼……要麼……<br>是……還是……<br>不是……就是……<br>與其……不如……<br>寧肯……也不…… | 寧肯玉碎也不瓦全。 |
| 轉折複句 | 雖然……但（可）是……<br>儘管……卻（也）……<br>然而　不過　只是　卻 | 儘管天寒心卻很熱。 |
| 因果複句 | 因為……所以……<br>既然……就……<br>之所以……是因為……<br>因而　因此 | 既然著了火，就應趕快滅火。 |
| 條件複句 | 只要……就……<br>只有……才……<br>不論（管）……都…… | 只有從嚴治黨，黨才永放光芒。 |
| 假設複句 | 如果……就……<br>即使……也……<br>哪怕……也…… | 哪怕犧牲自己也要戰鬥到底。 |

## 四、教學效果與效益

通過章末總結的研寫與比武（比武的過程就是團隊型教育者間接施教的過程）可獲得下列較好效果與較高效益。

1. 使學生學習的主動性增強

寫總結的最大困難是找不到自己滿意的例題。為此，學生要參考許多資料（由學生自己選購、去圖書館借或上網查閱），選題過程就是學生復習溫故、加深理解、探索求真的過程。這一過程中的多個環節對培養學生學習的主動性都很有幫助，當學生遇到問題一時不能解決，在那裡苦思冥想，處在時而豁然開朗、時而又陷入困境的狀態時，當同學之間就某一問題爭論得面紅耳赤時，當他們對某一問題進行聯想而有新的發現時，寫總結都能極大地調動學生學習的積極性與主動性，並使之得以保持與穩定。

2. 使學生逐步掌握學習方法

學生剛進初一或高一時，課堂上多數人只是聽，課後做完要交給老師的作業就不知做什麼了，他們希望老師多進課堂上課。後來，由於寫總結，逐漸認識到必須從課堂獲取第一手材料，一些平時只「坐」不「做」的同學開始動筆做適當記錄或練習，課堂上討論和提問的人越來越多。相當一部分同學課後能主動找些與課堂教學同步的問題來做。

3. 使學生的個性得到充分張揚

儘管寫總結有前面的基本要求，但在關鍵的第（3）、（4）、（5）項給學生很大的自由發揮餘地。有人把一章知識按知識點、思想方法等分類，如一位同學在高中數學三角函數一章的思想方法欄目下，又分為轉化的思想、對應的思想、變換的思想、整體的思想、分類的思想、數形結合的思想。有人按教材中的自然段來寫，到一章結束已基本寫好，再選一些有代表性例題。部分同學對選題目的、解題後的評論寫得很到位。有人的版面安排得很漂亮，關鍵點、注意點用不同的彩筆書寫或勾畫出來，便於復習或以後查閱。所有這些，都能有效地調動學生學習的自主性和探索性。

4. 使學生的分析、歸納、總結問題的能力得到有效的培養

總結的（1）、（2）部分實際上就是要求學生把書由厚變薄的過程，對學生歸納、總結和概括能力要求較高，要把分散在一章中的定義、定理、公式、重要結論運用樹圖或表格有機組織起來，確實不容易，從這部分可以看出該生對一章內容的宏觀理解程度。後面三部分則是由薄變厚的過程，通過一些典型例題的解

答以及選題目的和解題後評論要能反映一章的全貌，想在某些地方有所創新，就要在課後有目的、有計劃地深入鑽研，無形之中就使研究能力得到培養，同時還培養了總結概括能力和文字表達能力，這實際上是對綜合素質的培養。

5. 使團隊型教育者的教育作用得到最大限度的發揮

由上可知，在章末總結的寫與評的過程中，凝聚了集體智慧，人人都汲取享受了智慧結晶，多數同學在團隊型教育者的幫助下學會提出問題並通過自己學習、群體研討、查找資料去解決問題。這說明章末總結的寫與評具備了研究性學習的特徵，值得在教學中繼續堅持。

## 比武項目之二：學生論文研寫比賽

關於教師指導及評價學生撰寫論文的方法以及學生自主撰文的裨益等在本章第一節中已有詳述。下面闡述評比優秀學生論文的一般辦法及選錄三門主要學科的獲獎論文。

## 一、一般評比辦法

1. 評分標準

（1）文科文章：實用性與針對性佔30%，科學性與正確性佔15%，創新性佔15%，生活性佔15%，短小精悍與內容豐富佔10%，構思、意境與文筆優美佔15%。

（2）理科文章：實用性與針對性佔30%，科學性與正確性佔20%，創新性佔20%，短小精悍與內容豐富佔15%，文筆優美佔15%。

2. 一般步驟

第一步　分隊評選

各班各分隊評出隊級優秀學生論文兩篇，遞交班級評比。注意，學生遞交送評的論文可以是在校內期刊上發表過的，也可以是臨時撰寫的。

第二步　班級評選

首先，由七名執行教員（分隊長）組成評委會，在各分隊遞交的十四篇學生論文中初評出六篇准優秀學生論文；其次，由教師審核把關，確定無誤；再次，全班學生以投票方式在六篇學生論文中評選出三篇；最後由該班教師做終審通過，並上交年級參評。

第三步　年級評選

首先，由年級期刊編委會負責評出十篇准優秀學生論文，然後遞交備課組老

師審核；其次，對十位作者進行論文答辯，確定六篇學生論文為獲獎論文，其中一等獎設一篇，二等獎設兩篇，三等獎設三篇；最後，由備課組老師終審裁定。

第四步　優質資源共享

將獲獎的六篇論文發表在期刊上（注意寫上作者姓名及所屬班級與分隊），以饗全年級學生。

二、獲獎論文選錄

語文學科

## 高考現代文閱讀的兩種解法
高三（7）班一分隊　錢貝爾

（一）整體把握文意的方法

現代文閱讀，首先要從整體閱讀上下功夫，即從整體上快速把握文章主旨。考試時間很緊，對文章的背景、基本內容、細節、段落層次等做全盤把握，實際上根本做不到，對文章的大體走向有個基本的認識就可以了。整體把握重在整體，目的在於弄清大意，不在瞭解細節。整體把握的內容大致包括四個方面。①宏觀文意：主題的大致範圍；②思路脈絡：結構模組（全文意思大致可分為幾塊）；③相關背景：標題中包含的資訊，文中透露的時代背景，注釋提供的背景資訊；④情境基調：情感基調，遣詞造句的基本風格。

整體把握文意，是解題的前提。要善於抓住體現思路的標誌性詞語，這樣就能避免對字面意思的孤立的理解。一切理解或回答，都不能與作品的主旨相衝突。如果在答題過程中遇到困難，也應該沿著文章的思路，從文章主旨的角度去思考、去解答，這樣的解答即使與標準答案不完全符合，也常常八九不離十。

整體把握文意的一般方法有：

（1）抓住中心句、主旨句。有些文章有中心句、主旨句，以及所謂「文眼」等。比如，我們都知道《荷塘月色》中「這幾天心裡頗不寧靜」就是所謂的「文眼」，抓住這一句，就能進一步理解朱自清為什麼用那樣細緻的筆觸描寫月下荷塘和塘上月色———那是為了排遣內心的失落和憂愁。為什麼想起江南採蓮，也是由於朱自清太寂寞了，他的內心「頗不寧靜」，渴望著熱鬧（「但熱鬧是他們的，我什麼都沒有」）。

（2）抓住文章的「神光所聚」。如果文章有明顯的中心句、主旨句，那是很好辦的，但高考一般考散文，散文的特點是「形散」，因此難點在於在閱讀時

必須不斷地對各種意念進行整合。要把握各個意義環節的共同指向，即「神聚」之所在。

（3）注意過渡性句子和段落。過渡性句子和段落是作者總體思路轉換的信號。抓住這些句子，有利於迅速把握文章的思路和結構。

（4）初讀之後，找出最重要的、最能表現文章主旨的一個或幾個句子。然後反觀全文，看看這一個或幾個句子能不能在總體上包括文意。這既能確認自己找出的句子是否正確，又能借此理清全文的總體思路。

（二）篩選、整合和轉換的方法

答題的過程，就是從原文篩選資訊、加以整合併進行表述的過程。

一般方法有：

（1）摘取原文，找到與題幹相關的詞語與句子。篩選資訊的方法是：根據題幹的指向尋找關鍵詞（從原文篩選）；區分主要資訊和次要資訊（從篩選資訊中進行再篩選）。

解答現代文閱讀題有一個總的原則，就是所有答案都顯示或隱匿在閱讀材料中。因此，認真閱讀原文，立足原文進行篩選，是答題的關鍵。一定要懂得：任何題目的答案，在文章中都是有跡可循的。

（2）歸納、概括，實際上是對有關資訊進行整合。歸納資訊，是把相同的資訊組合起來，形成要點；概括資訊，是把資訊梳理歸納，分點作答。歸納是一種綜合文意的能力；概括能力的考查是對閱讀能力的高層次、高難度的檢測。

（3）語言轉換，指的是把含蓄曲折的表達變換為明確而直接的表達。例如：某年高考的「請解釋『張家界絕對有資格問鼎諾貝爾文學獎，假如有人把她的大美翻譯成人類通用的語言』這句話的含義」，很顯然，張家界是一個風景優美的地方，它怎麼能得到諾貝爾文學獎呢？可見這裡的「諾貝爾文學獎」是表示一種極境，與「大美」一詞相呼應。由此可以看出，這句話的意思是「得到諾貝爾文學獎的應該是國際上最好的文學作品，張家界則是世界上最美的山水風景」。

把含蓄的、富有暗示性的文學語言轉換成明白直接的一般語言，需要把握文學語言的比喻性、象徵性；同時，緊密結合原語言，揣摩原文意思，確保轉換後原意不變。

## 例說判別式的推廣應用

高三（9）班六分隊　丁一村

（一）一道模考題引發的新問題

本學期我校高三數學一模試卷第17題為「已知實數x滿足 $x^2-2x\sin\frac{\pi}{2}x+1=0$，則x的值集為，_____」此題雖較新穎但並不難解（先配方成 $(x-\sin\frac{\pi}{2}x)^2+\cos^2\frac{\pi}{2}x=0$，再應用正、餘弦性質即得），擬此題的初衷是為了考查配方法與三角函數、集合等知識。但未料竟有近半同學棄配方法而擇判別式法（考後詢知），他們將常系數一元二次方程式的判別式隨意遷移到變系數一元二次方程式中來，得出如下解法：原方程式有實根，必須且只需 $\Delta=(-2\sin\frac{\pi}{2}x)^2-4\geq0$，即 $(\sin\frac{\pi}{2}x)^2\geq1$，但 $(\sin\frac{\pi}{2}x)^2\leq1$. $\therefore (\sin\frac{\pi}{2}x)^2=1$. $\therefore \sin\frac{\pi}{2}x=\pm1$. $\therefore \frac{\pi}{2}x=2k\pi\pm\frac{\pi}{2}$，故得x的值集為 $\{x\mid x=4k\pm1, k\in Z\}$。

但此答案顯然錯誤，如當k=1時，x=3或5。把x=3代入原等式左邊得 $3^2-2\times3\times\sin\frac{3}{2}\pi+1=16\neq$ 右邊。導致錯誤的原因是不等式 $\Delta\geq0$ 的解集非原方程式的解集。那麼，對於這類變系數一元二次方程式問題，我們能否用判別式解？即能否將判別式推廣？如何推廣？下文將要討論。

（二）判別式在解高次、超越方程式中的推廣應用

本文中，設 a(x), b(x), c(x) 均為x的實函數，$\Delta(x)=b^2(x)-4a(x)c(x)$。

（1）定理1　若方程式 $a(x)x^2+b(x)x+c(x)=0$（以下簡稱其為「方程式 *」）有實數解，則該實數解必是不等式 $\Delta(x)\geq0$ 的解。

簡證：當方程式 * 有實根 $x_0$，使 $a(x_0)\neq0$，則有 $a(x_0)x_0^2+b(x_0)x_0+c(x_0)=0$，經配方並整理後得 $\left[x_0+\frac{b(x_0)}{2a(x_0)}\right]^2=\frac{\Delta(x_0)}{4a^2(x_0)}$。易知 $\left[x_0+\frac{b(x_0)}{2a(x_0)}\right]^2\geq0$，

$4a^2(x_0)>0$，$\therefore \Delta(x_0)\geq0$ 成立。當 $a(x_0)=0$ 時，顯然有 $\Delta(x0)=b^2(x0)\geq0$。這表明，若

$x_0$ 是方程式 * 的實數解，則 $x_0$ 必是 $\Delta(x) \geq 0$ 的解。

推論：設方程式 * 的實數解集為 M，不等式 $\Delta(x) \geq 0$ 的解集為 N，則 $M \subseteq N$。

即 $\Delta(x) \geq 0$ 有解僅是方程式 * 有實數解的必要條件，而未必是充分條件，亦即 $\Delta(x) \geq 0$ 的解未必都是方程式 * 的解，故由 $\Delta(x) \geq 0$ 得到的解必須代入方程式 * 進行檢驗，以捨去增根。如前述模考第 17 題由判別式法得到 $x=4k \pm 1$（$k \in Z$）後尚須驗根：將 $x=4k \pm 1$（$k \in Z$）代入原方程式得

$(4k \pm 1)^2 - 2(4k \pm 1)\sin\frac{\pi}{2}(4k \pm 1) + 1 = 0$，化簡後得 $16k^2=0$，即 $k=0$，故僅有 $x=\pm 1$ 為原方程式根，即該題的正確答案應為 {-1，1}。

（2）應用舉例

例 1　證明方程式 $3x^2+2(\cos x-1)x+2=0$ 無實根。

證明：假定原方程式至少有一個實根，則必有 $\Delta \geq 0$ ①，$\therefore \Delta = \cdots = 4[(\cos x-1)^2-6]$，而 $|\cos x| \leq 1$，$\therefore -2 \leq \cos x-1 \leq 0$，$\therefore (\cos x-1)^2-6 \leq 4-6<0$，$\therefore \Delta<0$ ②。

①、②矛盾，故方程式無實根。

例 2　求方程式 $x^4-2x^3-5x^2+4x+6=0$ 的整數根。

解：化原方程式為 $(x^2-2x-5)x^2+4x+6=0$。令 $\Delta \geq 0$，即 $16-24(x^2-2x-5) \geq 0$，即 $3x^2-6x-17 \leq 0$，解得 $1-\frac{2}{3}\sqrt{15} \leq x \leq 1+\frac{2}{3}\sqrt{15}$，其中整數 $x=-1,0,1,2,3$，分別代入原方程式檢驗知 $x=-1$ 和 $x=3$ 是方程式的解。

故原方程式的整數根是 $x=-1$ 及 $x=3$。

（三）判別式在有關不等式問題上的推廣應用

（1）定理 2　定義在某實數集 D 上的函數 $f(x)=a(x)x^2+b(x)x+c(x)$，對於 D 上任意一值 x。

①均有 $a(x)>0$ 且 $\Delta(x)<0$，則不等式 $f(x)>0$ 在 D 上恆成立；

均有 $a(x)<0$ 且 $\Delta(x)<0$，則不等式 $f(x)<0$ 在 D 上恆成立；

若均有 $f(x)>0$ 且 $a(x)>0$，則不等式 $\Delta(x)<0$ 在 D 上恆成立；

若均有 $f(x)<0$ 且 $a(x)<0$，則不等式 $\Delta(x)<0$ 在 D 上恆成立。

證明：略。

（2）應用舉例

略。

關於判別式的推廣應用,非局限於上述幾類,尚涉及其他一些領域,如求解某一類含參題、範圍題以及求部分函數的值域、極值或最值等。囿於篇幅,不再贅述。

**英語學科**

both, either 與 neither 的用法

初一(8)班四分隊　馬丘丘

(一)這三個詞都用來談論兩者:both 意為「(兩者)都」,either 意為「(兩者中)任意一個」,neither 意為「(兩者)都不」。若要指三者或三者以上,分別用 al 意為「(三者)都」,any 意為「(三者中)任何一個」,none 意為「(三者)都不」等。比較:

He has two sons; both of them are clever.

He has three sons; all of them are clever.

He has two sons; either of them is clever.

He has three sons; any of them is clever.

He has two sons; neither of them is clever.

He has three sons; none of them are clever.

(二)它們既可用作代詞,也可用作形容詞。用作形容詞時,both 後接複數名詞,而 either 和 neither 之後要接單數可數名詞。如:

Both of the brothers are here. / Both brothers are here.

兄弟倆都在這兒。

Either of the books wil do./ Either book will do.

兩本書中哪一本都行。

Neither of the stories is interesting. / Neither story is interesting.

兩個故事都沒有趣。

註:代詞 both, either, neither 用作主語時,both 之後的謂語動詞總是複數,either 和 neither 後的謂語動詞通常用單數。

(三)這三個詞都可用作連詞,但搭配和意義各不相同。總的說來,要注意它們應連接兩個平行對等的句子成分(即同為兩個主語、謂語、賓語、狀語等):

（1）both……and……表示兩者兼有。如：

She was both tired and hungry. 她又累又餓。

He speaks both English and French. 他既說英語又說法語。

（2）either……or……表示兩者或兩種可能性中任擇其一。

如： He must be either mad or drunk. 他不是瘋了就是醉了。

You can either write or phone to request a copy. 你可以寫信可打電話來索取一本。

（3）neither……nor……表示兩者都否定。如：

It's neither cold nor hot. 天氣既不冷也不熱。

He neither knows nor cares what happened. 他對所發生的事既不知道也不關心。

註：以上連詞連接主語時，both……and……一般只與複數謂語連用，either……or……和neither……nor……則通常根據就近原則，要求謂語動詞與最鄰近主語的人稱、數保持一致。如：

Eitheryouor I am wrong. 不是你錯就是我錯。

Neither he nor she was at home. 他和她都不在家。

（4）注意下面兩個同義句：

兩邊都有商店。

正：There are shops on both sides.

正：There are shops on either side.

兩個我都不要。

正：I want neither of them.

正：I don』t want either of them.

雖然十種施教法都是兩台學教合一「發動機」的開動方法，但就一般而言，五種間接施教法相比五種直接施教法較為容易開動「發動機」。接下去的重要問題是如何合理選用十種開動方法。

## 下篇

# 團隊型教育者施教法若干要點補述

# 第十一章　怎樣選用施教法與全書點睛

　　本章主要談怎樣合理選用團隊型教育者施教法、學教合一論補遺、昇華與全書點睛等。下面的第一、二節對十種施教法做特點概括與補充詮釋，以利選用施教法時做到有的放矢。

# 第一節　各種施教法的主要特點

## 一、五種直接施教法的主要特點

法一：分隊負責制教育法

法一是一種包含範圍甚廣的教育教學方法、模式等，它分為課堂德育、課堂教學、課外教育（包括心理教育）三個方面。在課堂教學方面，只要同時實行團隊型教育者施教制、分隊負責制、三梯次作戰制的一切教學方法與教學模式均含於其中。再者，法一又可視其為一種教育教學指導思想，其核心思想主要是兩個方面：一是馬卡連柯的平行教育論；二是學教合一論中的「人隊合一論」「三戰合一論」「以德促智論」「智力因素與非智力因素合一論」。

除團隊型教育者施教制這個大前提外，法一最大的特點、關鍵之關鍵是分隊教育論與分隊負責制。即運用法一是同時開動了兩台學教合一「發動機」。

法二：議會兩級議事法

相比法一而言，法二是一種以智育為主、以課內教學為主的相對狹義的施教法。

法二有四個最主要的特點：一是在課堂教學中實行「雙層級議事」，即分隊議與課堂議，有時還會自發形成「兩黨議」；二是議題設計分教師設計與學生設計兩類；三是學生設計議題有三種方式，個人單幹制、分隊合作制與教師啟迪制；四是運用法二既可培養惰性智力又可培養成功智力，至於側重培養什麼智力則取決於①議題由誰設計，②若學生設計則用哪種方式，③教師在議事中以何種方式介入。若單一考慮培養惰性智力（即應試能力），則議題應由教師擬定且教師介入宜早宜深。這是一種比較常用的基本上適用於各種課型的施教法（但對於新授課，法二尚須與別的教法相結合才適用該課型）。

運用法二的指導原則是「學議合一」「人隊合一」「隊隊合一」。就多數情況而言（如上某些非新授課型），運用法二同時開動了兩台「發動機」。

法三：聯動式八語式啟智法

法三是一種教學方法與教學藝術相結合且以後者為主的施教法，它專用於課內教學，由於「有形聯動」與「無形聯動」的雙管齊下（合二為一）、「八種教育教學語言」的多管齊下（合而為一）及「聯動」與「八語」的和諧合一，故而導致課堂教學生動、形象、直觀、有趣、愉快及深入淺出，廣受學生歡迎。

法三還有一個特點是既適用於應試教育下的課堂教學（尤其是新授課教學），又適用於素質教育下的課堂教學。此外，在發展成功智力方面它更擅長於提高分析性智力。

　　應用法三獲得高效的程度一般取決於兩類聯動合一、聯動與八語合一的深度。

　　法四：小品表演式啟智法

　　法四既是一種片段式或非片段式學法教法，也是一種新穎的教學藝術或教學技巧。它通常需要數人相配合在課內表演一至數個與當前教學密切相關的小品動作或小品（超）短劇，它具有獨樹一幟的超強的藝術感染力，每個片段式小品動作都會引發學生哄堂大笑，學生對其的評價滿意度超高。它在課堂切入、突出重點、突破難點、加深理解、增進記憶、引導類比與聯想、啟迪思維、開發元認知與想象力等方面有其難以替代的獨到之處。

　　其他的特點還有：法四常與別的施教法結合應用；法四的學生施教作用較法三大；法四與法三均須遵循因材施「動」原則；法四的施行尤要遵循「教笑合一」原則。

　　法五：打擂台啟智法

　　法五是一種完全由團隊型教育者學生成員在課上執教的教學模式，教師僅在幕後作精心策劃、指導而已。再者，這種施教法不是部分學生而是全班每一位學生都在十分專注而努力地施教（首先是分隊內施教，其次是課堂上施教），因而收效特別顯著。其理論支撐是「學賽合一論」；其軟肋是不能連續數天運用法五及上新授課一般不太適合運用法五。此外，在發展能力上它更擅長於提高創造能力、實踐能力與團隊協作能力。

　　補述一點，若僅欲提高昇學考試成績，則在總復習階段採用法五中的「六步式」不失為一條捷徑，但前提是各分隊要有較強的凝聚力與向心力。

　　形象地講，運用法五能將兩台「發動機」同時開足最大馬力，對「學教合一」的推動力達到了最大值（當然有可能存在別的更佳的開動方法）。

## 二、五種間接施教法的主要特點

　　法一：自辦期刊

　　顯然法一既是一種教學方法又是一種學習方法。作為前者，它可以運用於習題課、探究課、復習課等；作為後者，它可以替代學生普遍感到厭倦的「訓練，

訓練，再訓練」的重複型作業模式，而且經驗表明寫一篇小論文的實際效果遠勝於做十幾份強化訓練試卷。法一的又一個鮮明的特點是全班學生有意無意地充當了實際施教者，這是因為學生一般都喜好品讀自辦期刊中自己同學的作品，於是水到渠成地凝聚了全班師生或全年級師生的集體智慧，真正做到了讓整個集體來教授集體中的每一個成員。

法二：自編講義

精選學生作業中解決問題的各種新穎或出色的思想方法（包括某些學科的優秀作文），可充當反面教材的典型誤解（包括有某種典型失誤的作文），以及一題多答、一題多論、一題多變、一事多寫、發現問題、提出問題、尋獲規律等創新成果，集萃匯編成一份可用來上講評課、習題課、復習課的講義，這無疑是最大限度發掘並利用集體智慧的一種高效教學手段或措施。因此法二的最重要特點是能在短期內明顯提高學生的應試能力，故欲在考試中獲得高分，法二顯然是「不二人選」。但在培養創造力上法二遜於法一。

法三：命卷考試

法三具有一箭三雕的作用：一方面，學生通過自主命卷，復習鞏固並加深理解了已學知識，有效提高瞭解決問題的能力，這比舊的復習模式「知識回顧→講授例題→強化訓練」要強好多倍，而且學生也喜歡這種新的復習模式；另一方面，採用法三能充分施展全體學生的教育者作用；再一方面，由團隊型教育者命制的試卷，其質量遠超由教師一個人命制的試卷。因此，法三通常適用於上復習課與考試課。法三的另一個特點是既能培養學生的應試能力又能培養學生的成功智力與團隊協作能力。

法三的理論支撐是「命卷、考試、評價三位合一論」。

法四：交流手冊

特點之一：學生手冊記錄了五方面精要內容，一是教訓最深刻的易錯題及其錯解、辨析與正解；二是各類創新性問題及其創新性解法；三是文科中的優秀範文；四是感悟最深刻的學習心得與學習方法；五是各學科各分支中帶有規律性的知識與思想方法技巧。

特點之二：「手冊傳閱課」是拙書研究者獨創的一種新式課型，它是一種特殊形態的變相復習課，它是「讓全體受教者同時兼任施教者」這一理念發揮極致的一種新課型。長期的實踐證實了在臨考前上「手冊傳閱課」能大面積有效提升考試成績。

法五：比武兩招

章末總結研寫比武既能作為一種自覺的鞏固性復習性作業，又能達到「把書越讀越薄」（知識方法系統化）的目的。

　　小論文研寫比武既可代替學生不感興趣的訓練型作業，又能加深對其某一知識領域或某種思想方法的透徹理解以至達到創新，能有效發展學生的創新和實踐能力。西方國家已於上世紀將中學生研寫論文列入日常教學計劃。

　　學教合一論中的「以賽促學論」印證了採用法五能使全體學生的教育者作用發揮到極致，從而達到了既定的教育教學目標。

　　就以上五類間接施教活動來說，是否需要開動「副發動機」，應根據團隊型教育者成員的數量與諸多實際情況而靈活地決定。總之，無論是直接施教還是間接施教，「主發動機」的開動是絕對的，「副發動機」的開動是相對的。

## 第二節　十種施教法的補充詮釋

### 一、團隊型教育者施教法何以須含十種施教法

　　首先，不能不承認中國目前絕大多數學校依然在實行早已被國人貶為「智力屠夫」的應試教育，甚至有少數被稱為「應試集中營」或「考試機器流水線製造廠」的激進主義學校在實行更為極端的、全封閉軍事化的、泯滅人性的「超級應試教育」。在這種緊張與疲憊至極的教學環境下，如果再讓教學方法單一，教學模式不變，那麼學生很易患「厭學症」。為此，根據當前的教育現狀與學生「喜新厭舊」的心理特徵，學教合一教學需要而且必須輪流交替使用十種（或以上）施教法。

　　其次，基於各學科的課型不同，教學任務不同，學生情況不同，教材內容與特點不同以及教師的專業素養與能力強弱不同等，我們的施教法應有多種多樣的不同形式或方式與之相匹配。關於這方面內容放在下一節予以專門論述。

　　再次，這樣做也在一定程度上符合了拙書序言裡提出的「教學有法，教無定法，貴在得法」這樣一種教育規律。

　　當然，拙書介紹的十種施教法未必最優，也未必要一一使用。借此機會呼籲讀者朋友在「學教合一」尤其是「讓受教者同時兼任施教者」的大前提（總原則）下，自主創新出更多更佳、超越本書的施教法。這也是出版拙書的目的之一。

## 二、五種直接施教法的關係

「分隊負責制教育法」（以下簡稱「法一」）是一種具有思想指導性或原則指導性的既包含智育又包含德育，既包含課內教育又包含課外教育的宏觀型教育教學方法（模式），「議會兩級議事法」（以下簡稱「法二」）與「打擂台啟智法」（以下簡稱「法五」），既是一種教學方法又是一種教學模式，「聯動式八語式啟智法」（以下簡稱「法三」）與「小品表演式啟智法」（以下簡稱「法四」），既是一種教學方法又是一種教學技巧與藝術。

根據第四章至第八章對法一、法二、法三、法四、法五所下的定義可知：

法一與法五屬於包含與被包含關係（至於為何將法五單獨列出，皆因其標新立異又效果卓殊）；法一與另三種直接施教法（法二、三、四）屬於包含與被包含關係（當法二、三、四實行分隊教育制與三梯次作戰制時），或者不屬於包含與被包含關係（當法二、三、四不實行分隊教育制或三梯次作戰制時）。

## 三、教師與學生的施教作用誰更大

囿於篇幅，在團隊型教育者施教中，將教師成員的施教作用簡稱為「甲」，學生成員的施教作用簡稱為「乙」。注意「乙」非指一個學生成員的施教作用，而指「團隊型教育者」的全部學生成員施教的合力作用。

一般而言，對於生源相對較好的班級，甲小於乙，否則，甲稍大於乙；對於年級較高的班級，甲小於乙，否則，甲稍大於乙（此處附插一句，照此規律，從理論上講，可推測「團隊型教育者施教法」更適用於大學教育）。

此外，對於十種施教法而言，若不考慮生源優劣、年級高低等其他所有因素，則僅有團隊型教育者直接施教法三這一種施教法，甲稍大於乙，而餘下的九種施教法皆為甲小於乙。當然這是在成功造就主副兩台學教合一「大推力發動機」的前提下得出的結論。

## 四、採用施教法的若干注意事項

1. 關於直接施教法

欲培養學生的創新能力，教師自己首先要善於創新。由於直接施教法一是一種涵蓋面極廣的方法或模式，因此該法可以不斷地探索與創新，運用該法時具有很大的靈活性、自主性與開放性。

對於直接施教法三與四，初出茅廬的青年教師首次運用時，課堂紀律可能難

以維持，但請別退縮，當你第二次運用時，情況會有所改善，當你運用了一周後，學生會喜歡你的教學風格。於是他們就會認可你的教學水平，會尊重你並會自覺地守紀。當學生由於你運用法三的語言或法四的動作而笑個不停時，只要你稍作示意，他們就會馬上停息下來，這說明你已在學生心目中樹立了威信。

對於直接施教法二與五，由於操作的難度相對大些，故在實行學教合一教學之初不宜即運用。一般當「團隊型教育者施教制」與「分隊負責制」的基礎打得較好時方可運用，而一旦成功運用則顯然會大大加快學教合一教學的發展。另外，直接施教法五是十種施教法中體現學教合一思想最明顯最徹底的一種。

2. 關於間接施教法

對於五種間接施教法，勿因「間接」之名而誤思其義，即勿誤以為其教學收益必弱於五種直接施教法。因為直接施教法與間接施教法的差別主要是：前者必定應用口頭語言，後者必定使用「紙面語言」。而這兩種語言本身並無絕對的優劣之分，只有相對的優劣之別，故直、間接施教法只有相對的瑕瑜之異（詳見下一節）。當然，基於年級、學科、課型、教學內容、教學要求、學生水平與能力等方面的諸多因素，間接施教法的採用頻率一般略低於或明顯低於直接施教法，且年級越低頻率越低。以上都是由「實踐———認識」的循環往復而獲得的再認識。

3. 關於施教法的採用

為了避免教師在十種施教法的採用過程中處於盲目狀態，並努力使施教法的選用成為一種更加科學、合理的過程，教師在教學過程中應遵循下一節所述原則來選擇施教法。

# 第三節 選用施教法的原則與辦法

## 一、以學擇法的原則

「以學擇法」是指以學生、學習內容、學科的實際情況來選擇施教法。

1. 學生

學生是教師以學擇法首先要考慮的一個因素。

（1）年齡

根據年齡的差異，學生會在認知、心理、身體動作等方面呈現出群體差異。

再者，儘管一個班級學生的年齡大致相當，但由於每個學生發展的速度存在差異，因而也會客觀存在個體差異。

例如，小學低年級學生生性好動，隨意注意持續時間相對較短，具有活躍、好奇心強等特點，故宜多選用直接施教法三、四與間接施教法五等，因為這些施教法中包含多種形象生動的教學語言與小品表演動作，能提升他們上課的興趣與熱情，從而能自覺主動地發揮教育者作用。再如，對於中學生尤其是高中學生而言，根據其年齡與心理特徵，宜多采用直接施教法一、二、五以及間接施教法一、二、三、四等。

（2）水平與能力

教師選用何種施教法應與學生的水平、能力和傾向相適應，或者說，施教的內容與方法應盡量符合學生的水平程度與能力傾向。

例如，對於學生整體水平較高、能力較強的班級，宜多選用學生成員施教力度相對較強的直接施教法五、直接施教法二與四、間接施教法一至五等，以便盡最大可能提高或發揮學生成員的施教效率、效果與作用。

2. 學習內容

學習內容也即教學內容。學習內容制約著施教法的選擇，學習內容異則施教法亦異。教師在選擇施教法時首先須分析教學內容，一般而言，對教學內容的分析可從三個方面進行：其一是建構教材內容的知識體系；其二是確定知識點；其三是確定教材內容的重點和難點。

即便是同一門學科也由不同板塊構成，例如物理學科主要包括理論和實驗兩大塊，理論知識多采用直接施教法一、二、三、五與間接施教法一、二、四，通過施教者的口頭語言、「紙面語言」等多種語言，使抽象的科學知識為學生所掌握，而實驗課則須採用直接施教法一、二、四與間接施教法五等。（說明：在保持分隊教育制與三梯次作戰制的前提下，演示、實驗、手工活動等方法或措施均含於直接施教法一）。再如對於寫文科（語文、英語）小作文或理科小論文，則宜採用直接施教法五，因為應用這種施教法能使學生的小作文或小論文寫成精品（參見第九章第五節）。

3. 學科

不同的學科具有不同的特點，在知識內容、智力操作、態度等方面表現出不同的特徵，因而十種施教法儘管可通用於各門學科，但從實踐來看，不同的施教法在不同的學科中使用的頻率仍存在一定程度的差異。

例如語文、英文等學科的特點是語言文字的訓練（以練促記、以寫促學），

以及借助於語言文字領會所傳遞的思想內容與道德觀念等，這決定了語文、英語等教師多會採用直接施教法一、二、三、四及間接施教法一、二、四等以語言為載體的施教法。再如物理、化學、數學等自然學科注重學生通過親自探索獲取新知，教師多會採用直接施教法一（含實驗與演示）、二、三、五及間接施教法一、三、五等以探究為主的方法。對於體育、美術、音樂、勞技等實踐性較強的學科，直接施教法一中的演示、觀察、操作、練習等方法則是常用方法。

## 二、以教擇法的原則

「以教擇法」是指以教師自身的特點、教育（學）目標的特點來選擇施教法。

### 1. 教師

施教法不能自發地作用於學生，必須通過教師這個中介才能有效發揮作用。每一種施教法都有其特點與適用範圍，並非每一位教師對每一種施教法都能運用自如。一種施教法能否被成功地應用於教學，並促進師生發展，還要取決於教師的知識水平、教學才能，自身的個性特點、教學風格，以及教師自己能否心甘情願地兼任以學生為師的第二受教者。

例如對於剛執教鞭的青年教師而言，五種間接施教法最容易被其成功操作；對於個性極度內向、不善交際且表達藝術差的教師，採用直接施教法三、四有一定的難度，但若其一旦掌握了這兩種方法，則能有效彌補其上述先天不足；對於未處理好師生關係甚至造成師生對立的教師，宜學會並應用直接施教法四，因為採用此法有利於拉近師生間的心理距離；對於口才不好，說話表述不清楚甚至患有口吃的教師，宜多採用團隊型教育者學生成員施教力度較大的施教法，如直接施教法五、直接施教法二與四以及間接施教法一至五；對於脾氣暴躁，自制力弱的教師，宜多採用間接施教法及直接施教法一與五（當然這種不良性格品質教師必須憑藉自身的意志力逐漸克服掉）；對於口才佳，表達力強但學科功底較弱的教師宜多採用直接施教法三、四及間接施教法二、四、五；對於學科專業功底非常扎實、解題能力極強但教學藝術水平十分低下的教師，宜多採用直接施教法一、二、五與間接施教法一、三、五；等等。

### 2. 教育（學）目標

教育（學）目標是教育（學）活動實施的方向和預期達成的結果，是一切教育（學）活動的出發點和最終歸宿，也是評價教育（學）效果的直接依據。一般地，施教法的選用必須是以教育（學）目標的高效實現為宗旨的。

為了選擇最優的施教法，教師就必須懂得有關教育（學）目標分類的知識，

能夠把總的、較為抽象的教育（學）目的分解為具體的、可操作的教育（學）目標，並且根據這些目標來確定採用何種施教法進行學教合一教學。

例如教育目標為某個具體的德育目標（比如第五章第四節中案例3所述的德育目標），則一般多選用直接施教法一；若教學目標為提高學生的創造力，則一般多采用直接施教法二、四、五及間接施教法一、三、五等；若教學目標為提高學生的元認知能力，則一般多采用直接施教法二、五及間接施教法一、五等；若教學目標為某學科某一具體的知識目標（比如第六章第七節例所述的知識目標），則一般多采用直接施教法一、二、三、四及間接施教法二、三、四等。

## 三、以法擇法的原則

「以法擇法」是指以施教法自身的特點來選擇施教法。為什麼施教法本身也應該成為教師選擇施教法考慮的一個因素？這是因為，一般地，除直接施教法一外（它的涵蓋面較廣），每一種施教法都有其相對的優缺點，都有其適用範圍。

比如直接施教法五通常不適合上小學新授課，間接施教法二比較適合上各年級各學科的講評課或復習課，直接施教法二比較適合上探究課、復習課、實驗課與習題課，直接施教法三比較適合上新授課、講評課與方法課，間接施教法一、三、四、五比較適合上作業課、活動課，而直接施教法四通常不適合單獨應用於整節課等。再者，從年級的高低來看，直接施教法一、二、五與間接施教法一、二、三、五比較適用於較高年級，而直接施教法三、四與間接施教法四則比較適用於小學中低段年級等。

另一方面，十種施教法之間還有一個聯合應用的問題。如聯合採用直接施教法三（或四）與間接施教法二比較適合上講評課，聯合採用直接施教法一與間接施教法四（或五）比較適合上復習課，聯合採用直接施教法二與間接施教法一比較適合上探究課與活動課，聯合採用直接施教法三與四比較適合上新授課，而聯合採用直接施教法一、三、四（或直接施教法一與二）則適合上所有的課型，等等。

教師在選擇施教法時不能為了方法而方法，也不能完全依據自己的喜好隨意選用施教法，而應該從教育（學）目標、教育（學）內容、學生等多種因素出發，考慮各種施教法的適用性及運用的條件，十種施教法本身無絕對的優劣之分，只有適用與否的區別。

## 四、以境擇法的原則

教學大都在課堂中進行，課堂的規模大小、教學情境等都需要教師採取適宜的施教法。

1. 班級規模

班級規模是教師選擇施教法需要考慮的一個重要因素。班級規模的大小會影響到教師選用施教法，如小班制由於學生數少，更便於團隊型教育者施教，故宜多采用直接施教法二與五，直接施教法四中的整節課小品表演式，間接施教法三、四、五。而對於班級規模較大但空間狹小的課堂來說，就不宜採用直接施教法四中的「全場小品表演法」，宜採用直接施教法一、三、五與間接施教法一、二、五等。

2. 教學情境

所謂教學情境既是指師生所處的課堂環境，也指施教者在教學過程中創設的課堂情境。學生所處的物理環境，如學校的各種硬件設施，各種軟件設施，如教室的陳設與佈置，課桌椅的先進程度（是否屬於「學教合一」式課桌椅），學校的衛生、綠化以及施教者的責任心等。教學情境也是指具有一定情感氛圍的教學活動。良好的教學情境能充分調動「團隊型教育者」各成員的積極性，啟發大家思維、開發大家智力，是提高教學實效的重要途徑。教師在選用施教法時，要重視實際的教學情境，又要為施教法的運用創設一定的情境。

總之，我們既要根據以上原則又要結合實際的或特殊的情況，靈活地選用施教法，交替使用十種施教法以及聯合應用若干種施教法。再則，我們不贊成將十種施教法當成定式，而主張見微知著、活用創新，即在學教合一思想尤其是「讓全體受教者同時兼任施教者」觀點的指導下，結合實際，理性施行，智慧組合，突出部分，靈巧變式，革新運用。

下一節的論述可謂是全書的點睛之筆。

# 第四節　學教合一論昇華與全書點睛

學教合一論理念除前面已闡述的十幾條外，尚有下述幾條。其中的幾條理論將起到全書的畫龍點睛作用。

# 一、「學教合一論」的其餘觀點

學教合一的「合一性」和「同一性」

由開首第一章第三節對「合一」的含義所作的解釋可知，學教合一的主要屬性有兩條：第一，學與教（學與教所指代的事物在第一章第三節已述）在一定條件下有機統一，融合成一個相輔相成、相待而成、互補互促、密不可分的整體———謂之「合一性」；第二，學與教在特殊條件下一時性嬗變成同一種事物———謂之「同一性」。譬如學法與教法之合一屬於同一性，學生與教師之合一屬於合一性，而學習與教授（動詞）之合一則屬於：①同一性（應用直接施教法二、五及間接施教法四施教時），②合一性（應用間接施教法一、二、三、五施教時），③同一性或合一性（應用直接施教法一、三、四施教時），等等。

2. 各段各班各科「學教合一」之大合一論

如果同一個班級各學科教師出於局部的自身利益而各自為政，並從孤立視角來培育學生，使時間和精力有限的學生再被缺乏科學性規劃的繁重的學科知識任務所迫，長此以往，學生便會養成擅長積累知識而缺乏思考創新與建構的習慣。因此學教合一教學最好在每一門學科均同時同步實施，在同一個班級內組建各學科統一的「團隊型教育者」與劃編統一的學教分隊，建構利於年級學科內、學科間教師互助互學，教學相長和各學科相互滲透的機制，對學生的性別、年齡、特徵以及教師任教學科的特點、知識點、學段、課型等，進行分析、整合與協作研究，進而造成

各年級各班級各學科的學教合一之大合一，形成具有共同願景的班級、年級、學校三級「學教合一」教學聯盟，從而使共享與多贏獲得利益最大化。

建構上述「學教合一」教學聯盟尚需獲得校長的鼎力支持。對國家利益與民族命運有擔當的好校長理應做到：尋找思想的突破口，拿起「發現」的武器，為學校鑄就靈魂，創建適合教師和學生共同成長的環境，讓師本教育完全走向生本教育。

3. 德、智、心、體四育合一論

「四育」指德育、智育、心育、體育，其中心育包括心理暗示教育、心理素質教育與心理健康教育。「四育」宜齊頭並進，合四為一，如此可發生1+1+1+1>4的效應，有力促進學教合一教學。對於心育的幾個分支，相比較而言，學教合一教學更倚重心理暗示教育，故下面對拙書中出現過的心理暗示方法作一提煉總結：

自我暗示，人格暗示，評價暗示，表情暗示，獎勵暗示，考核暗示，證件暗示，簽約暗示，情境暗示，榜樣暗示，口號暗示，家教暗示，情感暗示，團隊暗示，期望暗示，班風暗示，制度暗示，環境暗示，認知暗示，行為暗示，信念暗示，動機暗示，眼神暗示，語言暗示，動作暗示，身教暗示，好友暗示，權威暗示，同體暗示，聯動暗示，文字暗示，形象暗示，比較暗示，刊名暗示，署名暗示，物性暗示，統計資料與實驗資料暗示，被培訓與被指導暗示，新理念與新方法暗示，重複刺激暗示，等等。

應注意心理暗示是一把雙刃劍，它分為正面暗示與負面暗示兩類，若教師誤用了負面暗示，則會造成較大的損失。曾有這樣一位語文教師，他每次閱卷時故意將自己任教的兩班學生考卷分數壓低（扣分過嚴），於是該兩班的語文考試平均分每次都低於其他平行班，即在年級排名中每次得倒數第一，這個假象旨在刺激學生奮起直追，以圖在升學考試時能名列第一。豈料偷雞不成反蝕一把米，在升學考試中真的變成了倒數第一！這是因為學生反覆接受了這樣的負面暗示：我們的語文老師水平不高，我們的語文成績上不去了。因此教師在採用心理暗示術時務必要辨清該法屬於正面還是負面暗示。

4. 個體發展與集體發展合一論

學教合一教學緣何如此高效有眾多原因，如果我們從辯證法的角度去分析，又會得出如下理由。

（1）第一種循環往復

「眾人拾柴火焰高」。在學教合一教學進程中，隨著每一個個體（學生）的水平與能力的提高，整個集體的施教水平與能力也相應提高，然後反過來優秀集體又推進每一個個體的水平與能力更上一層樓，從而形成了這樣一種良性循環：個體發展促進集體發展，反之集體發展同步促進個體更大發展，即像永動機一樣發生了雙向同步推進的不停頓現象，這是導致學教合一教學高效性的原因之一。

（2）第二種循環往復

教師既是教育者又是異於學生的第二受教育者。在這種思想的指導下，教師能夠從學生處獲得大量有益的資訊，例如教師能更加透徹地瞭解到學生的實際學情，從而使教學內容、難度與進度每每準確符合學生整體的最近發展區。教師自身的獲益反過來又提升了「團隊型教育者」的整體水平，而整體水平上去了又會加速教師專業水平的發展，於是出現了另一種良性循環：教師與學生集體之間的雙向同步推進現象。

（3）結論

綜上可知學教合一教學的一個本質特徵是：在這種教學中，個體與集體始終是相互聯繫、相互影響、相互推進、同步發展的。而非「學教合一教學」的教學，僅是單向地由個體推進集體而無集體推進個體，至少無顯著的集體推進個體，因此其教學效果顯然遠遜於學教合一教學。恩格斯的自然辯證法學說不難印證上述觀點。

5. 施教法與「發動機」合一論

實現學教合一固然美好但並非易事（當然亦非高不可攀），通常需要多重因素多管齊下，發揮綜合效應才能獲得成果。雖然各種因素未必都要滿足，但其中最關鍵、最重要的兩個因素———優質「發動機」及其好的開動方法（團隊型教育者施教法）卻是必須雙管齊下的。如果「發動機」非優質甚至是劣質的，那麼好的開動方法甭說有十種，縱然有一百種一千種也無濟於事，仍然實現不了真正的學教合一；如果沒有「發動機」的開動方法或者沒有好的開動方法，那麼「發動機」無論何等先進，也依然產生不了動力或者產生不了足夠大的動力，即仍舊實現不了學教合一。因此這兩個最主要的因素是唇齒相依、缺一不可的！這也解釋了一般意義上的合作互動教學（其含義見下文），為什麼不能與學教合一教學畫等號。

此外，施教法的優化與「發動機」的優化這兩個要素亦需合一，統一進行比較分析，綜合研究，協同「作戰」，達到共贏。

6. 初級階段存在論與互動教學進化論

（1）互動教學的含義

互動教學是指一般意義上的合作交流、共同探討、互學互促的教學，即應用先進教學方法、模式而引發片段式或全程式生生、師生互動的教學，相較於非開始階段的學教合一教學，其特徵是：兼任施教者的受教者人數不足，或上述受教者的施教質量欠佳，或其餘幾個主要的「合一」未完全實現。

（2）論點概述

經驗表明學教合一不可能一蹴而就，往往需要經歷一個從量變到質變的過程。因此學教合一教學客觀上存在初、高級兩個階段：初級階段的學教合一教學不屬於真正的學教合一，僅僅是一般的互動教學，而高級階段的教學才真正實現了學教合一。即學教合一是互動教學不斷發展以至發生蛻變的完美結局，或者說學教合一教學實質上由互動教學進化而來。

（3）可能出現的反常現象

在學教合一初級階段的某些情況下，比如當所教班級為高三畢業班，或學習

普遍比較勤奮自覺的學生班級，或經濟欠發達地區的非低年級學生班級，若以短期內的應試成績作為唯一的衡量尺度，則學教合一教學可能遜於「滿堂講」教學。但是隨著時間的推移，這種暫時的考分反常現象將會一步一步地逆轉，而一旦進入學教合一高級階段就會水到渠成地發生根本性逆轉。

7. 大推力促成進化論與進化提速論

（1）不斷增大「發動機」推力促成進化

實現互動教學向學教合一的進化，不但需要建構兩台「發動機」，更需要定期將「發動機」升級為第二代、第三代、第四代……，唯有逐步將「發動機」的推力提升到或接近於最大值，才能完全達成學教合一。

（2）不斷創造主客觀條件加速進化

怎樣加快上述進化的速度？這需要不斷研究創造各種主客觀條件，力求多措並舉，多策並用。譬如若具備第四章所描述的兩個客觀條件———「學教合一」課桌椅與低、高層教學媒體，則可加速推進分隊建設，促使「副發動機」提前造就，並促使「副發動機」提前升級換代，於是整個初級階段的時間幾乎可減少到原來的一半，提早進入了高級階段。再譬如若能設計出更有效的「發動機」開動方法（更能誘使「發動機」開足馬力），則顯然也能縮短初級階段時間。這就是說，如果具備「天時、地利、人和」的所有有利條件，則其所產生的作用效應無疑能疊加，從而形成較大的合力，加快上述進化的過程，提前實現學教合一。

8. 其餘論點簡述

（1）學習的對象多元化

如果學教合一中的「學」指代「學習」，那麼這個「學習」不應狹隘地僅理解為學習文化知識，還應包括學習勞動技術、體育技能、研究與實驗的方法，以及培養（發展）各種能力（智力）等。譬如，若「學習」是指培養實踐力，則學教合一即指（在培養實踐力上）培養與被培養合一。

（2）修正「突出『雙主』」

「突出學生的主體地位」應當升級為「突出學生的施教者地位」，「突出教師的主導作用」應當改提為「突出教師的幕後主導作用」。

註：「突出幕後主導作用」是指兩個方面———其一，在造就「發動機」上突出主導作用；其二，在為順利應用各種施教法而在課前做策劃、指導、安排、協調等一系列準備工作上突出主導作用。

（3）修正「尊師愛生」

隱含了等級思想的「尊師愛生」觀點迄今仍在中國廣為傳播與提倡，但這個看似「正確」的觀點實質上會嚴重誤導教師和學生，不利於教師的教與專業成長，不利於學生的學與健康成長，違背了當今時代的發展潮流，拙書呼籲應將「尊師愛生」改提為「師生互尊互愛」。

（4）「民主是個好東西」

從嚴格意義上講，學教合一教學應當是且必須是「純粹民主」式教學，絕非「有限民主」式教學，不承認這個觀點不可能將學生的施教作用發揮到頂峰。

（5）教師應為第二教育家

學科教師不能只鑽研本學科知識，還須鑽研教育教學理論與心理學理論，否則，即使學科知識功底十二分扎實也不能成為真正的教師。從這個意義上說，今天的中小學教師應該成為「第二教育家」與「第二心理學家」。

## 二、學教合一全程總結

從學教合一理論出發直至學教合一實踐成功，其全過程可用流程圖總結如下：

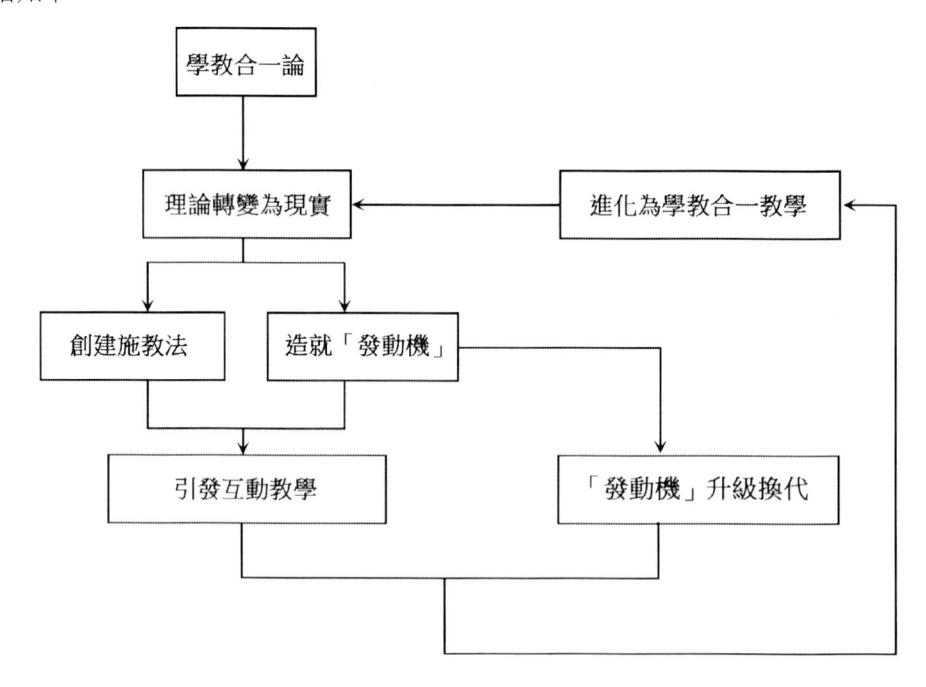

```
           學教合一論
               │
               ▼
    ┌──→ 理論轉變為現實 ←──── 進化為學教合一教學 ──┐
    │       │       │                              │
    │       ▼       ▼                              │
    │   創建施教法  造就「發動機」                  │
    │       │       │                              │
    │       ▼       ▼                              │
    │   引發互動教學  「發動機」升級換代 ──────────┘
    │                    │
    └────────────────────┘
```

## 三、其他補充說明

### 1. 為何過度夯實「雙基」反而扼殺智力

早前美國的一項心理學與生理學聯合實驗研究證實，一個人若知識太過夯實反而致其成功智力尤其是創造性智力發展嚴重受阻。這是因為創造力與遠距離聯想密切相關，只有憑借遠距離聯想才能突破常規實現創新，而遠距離聯想須借助於人腦的低覺醒狀態。研究表明，知識太過夯實會使人腦長期處於高覺醒狀態而非低覺醒狀態，從而使人的成功智力無法正常發展。

### 2. 反對學教合一極端化

在大力推行學教合一的同時也要嚴防將學教合一搞成極端化。即不能千篇一律地將每一節課都上成學教合一課，也不能將每節課內的所有環節都成為學教合一的環節，否則違背了教育規律也違背了馬克思主義哲學。必須具體問題具體分析，針對實際情況做出科學判斷。一般地講，大多數課以及課內大多數環節宜實行學教合一。

### 3. 教改應名實相符

毋要為改革而改革，更毋要借改革之名，行應試教育之實。改革只是手段，培育人才是目的。班級教學改革不是為了讓人看到我們在改革，而是為了盡可能消除應試教育的弊端，為了我們的摯友（學生）學得更好，為了摯友的核心素養的養成，為了摯友茁壯成長，為了摯友一生的幸福與成功。

### 4. 教師培訓需要改革

一方面，實行學教合一教學本身具有提升教師專業素養的功能；另一方面，國家對教師的培訓需要做整體變革，根據學生核心素養培育的要求，重新建構教師培訓的目標、課程、模式等。

### 5. 學科教材仍需改革

21世紀初國家對基礎教育的全套教材進行了大刀闊斧的改革，其面貌煥然一新。但頗感遺憾的是新教科書上設置的例、習題全都是有答案的問題，解決這類問題能夠培養學生的分析性智力但較難培養創造性智力，而沒有答案的問題才與創造、創新相關聯。故教材仍需改革，或者由一線教師自主改革，即在一個單元的教學中自行添加適量的無答案問題。

### 6. 重新界定教育者與高效教學

為什麼有許多教學方法（模式）曾經轟動一時頃刻又銷聲匿跡了呢？最關鍵的原因是：其一，未認識到或者未完整清醒地認識到課堂教學的最佳施教者非教

師而是團隊型教育者；其二，誤用形而上學的觀點指導研究教學方法（模式），即不與其他教育因素尤其是建構大推力「發動機」一類的人的因素相結合，而單一片面地研究教學方法（模式）；其三，主觀上未領悟出班級教學中最本真的內涵是客觀存在的學教合一。

歷史潮流滾滾向前不可阻擋。時至公元 2017 年，我們應當怎樣科學地定義教育者？客觀地講，團隊型教育者不僅是班級教學的最佳教育者，而且是班級教學的真正意義上的教育者。換言之，學科教師一個人已經不能成為當今創新時代課堂教學的合格教育者，已經不能勝任符合新世紀新的教育規律與理念的班級教學工作；或者說，「學教合一」的教學是高效教學，非「學教合一」的教學已經不是真正意義上的高效教學。這是不以人的意志為轉移的教育歷史發展的必然趨勢。

# 第十二章　怎樣培養學生的成功智力

　　培養學生的成功智力是學教合一教學的一個極其重要卻又難度頗大的教學任務,為此本章專論如何培養成功智力問題。

# 第一節　培養成功智力的策略與方法

根據斯騰伯格在《成功智力》《成功智力教學》及多篇論著中的闡述，培養成功智力的基本策略可以一言以蔽之：將多種多樣的教學方法有機地整合起來，根據需要和可能，平衡使用不同類型的教學方法，均衡發展學生的智力。

## 一、培養分析性能力的策略與方法

斯騰伯格認為，分析性智力主要包括惰性智力與元認知能力兩部分。關於惰性智力的培養，中國傳統教學對此已積累了相當豐富的經驗，並取得了十分豐碩的成果（這是任何西方國家都望塵莫及的）。因此，培養分析性能力的重點與難點應是培養元認知能力，只有發展元認知能力，才能從根本上發展中國學生的分析性智力。

由蘇聯教育家馬赫穆托夫及巴西教育家保羅・弗萊雷首提的「問題教學」理論已日益成為當今較為先進的教學理念。實踐證明，在探究並解決問題的教學過程中致力於提高學生的元認知水平是最為有效的，具體而言有以下一些策略或方法。

1. 探索途徑，確定方向

面對一個問題，如何根據探究的終極目標，選擇恰當的途徑和方法，確定思考的大方向？即要求學生經常性地向自己提出如下問題：「探究解決這一問題有哪些思路？」「沿著某種思路，能否最終達到教學目標？」「所選擇的方案是否為可能方案中較好的一個？」「有無其他更簡潔的方案？」等等。根據這些答案做出綜合評判。

2. 求解全程，時刻監控

宜加強對探究解決問題全過程的監控，讓監控機制時時處於「戰備狀態」。要求學生經常性地向自己提出如下問題：「為探究解決問題選擇的『中途點』是否恰當？」「當前的探究教學活動正在達到怎樣的子目標？」「它離最終目標還有多少距離？」「探究或解題過程是否存在著疏漏或隱蔽的錯誤？」「遇到『此路不通』該如何『另闢蹊徑』？」等等。根據這些情況隨時加以調整。

3. 初獲結論，慎重反思

問題的探究與解決獲得初步結果以後，要冷靜、周密地加以審視，要善於及時反省。要求學生經常性地向自己提出如下問題：「這個結果可靠嗎？」「與已知條件是否相左？」「這個結果合理嗎？」「與實際問題的符合程度如何？」「與

預期目標或預估結果是否

大致吻合？」「這個結果周全嗎？」「有沒有例外的情況？」「有沒有遺漏符合條件的結果？」等等。根據這些情況隨時加以修正。

## 二、培養創造性能力的策略與方法

一般來說，中國學生的分析性智力尤其是惰性智力明顯強於西方大國的學生，但創造性智力則明顯弱於他們。因此，加強創造性能力的培養已成為當今中國教育教學的必然趨勢。在課堂教學中培養學生的創造性思維能力有以下策略與方法。

1. 塑造有利於創造的創造個性

採用各種方式對學生進行理想教育、創造人格力量的教育、現實教育和生存教育，從而在精神上培養學生創造的需求，塑造有利於創造的個性，引導學生去發現理論背後閃光的人文精神，去感受先知先哲的智慧與人格魅力。

2. 鼓勵與激發學生的探索欲與求知慾

為了不斷激發學生的求知慾，可經常給學生創設有變化又能激起新奇感的學習環境。在整個課堂的教學中，隨時注意學生的情緒和反應，及時調整教學內容、節奏，巧妙設計問題情境，善於駕馭語言技巧，將圖文聲逼真的多媒體課件等融入具體教學過程中，讓學生每一節課都有新的感覺、新的發現及成功的體驗，並產生強烈的求知慾望和萌動的創新意識。

3. 要培養學生想象的能力

想象是指在知覺材料的基礎上，經過新的組合而創造出新形象的心理過程。也可以解釋為對於不在眼前的事物想出它的具體形象。根據想象的定義，我們可以看出，培養學生想象的能力對培養學生的創造性思維十分重要。（例如，在當前買方市場情況下，假如你是空調生產廠的廠長，你將怎麼辦？假如你是該省的省長，你將怎麼辦？講到西部大開發時，假如你是政府總理，你對西部開發採取的步驟是怎樣的？面對美國提出的敘利亞政府使用化學武器問題，假如你是外交部發言人，你作何評論？）

4. 要培養學生的發散性思維

發散思維又稱求異思維或輻射思維，是指從一個目標出發，沿著各種不同的途徑去思考，探求多種答案的思維，與聚合思維（又稱求同思維）相對。不少心理學家認為，發散思維是創造性思維的核心，它對創造性智力的形成起著至關重

要的作用。因此，教學中要注重開發學生的發散性思維，即培養學生思維的多向性與廣闊性，避免考慮問題的單一性與偏狹性，克服思維的定式，敢於標新立異，拓寬思路。具體而言，教學中教師要經常鼓勵學生換個角度去思考問題，如「還有別的新想法嗎？」「對這個問題的解決你想了哪些可能性？」「這個問題能夠變式或延拓嗎？」「這一件事或這一個景象有哪幾種不同的敘述、論證或描述方法？」「對某一個物件有無多種用途？」等。教師提出問題，追求的目標不是唯一答案，而是使學生產生盡可能多、盡可能新、盡可能前所未有的獨創的想法、見解和可能性。

5. 要培養學生的類比與歸納思維

類比思維是從兩個對象之間在某些方面的關係中受到啟發，從而使問題得到解決的一種創造性思維；歸納思維是通過對若干個別事物的觀察和思考，並經過分析、比較，上升到一般結論的另一種創造性思維。它們都是發明創造的基礎，都是學科教學應當重點培養的思維形式。教學過程中可以通過幾個概念或幾個內容之間的關係進行類比訓練；可以通過解決問題的方式或方法的相似性進行類比訓練；可以通過對解題思路、解題方法或解題步驟的提煉進行歸納訓練；可以通過對知識結構或論述要點的總結進行歸納訓練等等。

## 三、培養實踐性能力的策略與方法

有關文獻資料顯示，中國中小學生不僅創造力弱於西方大國的中小學生，而且實踐能力同樣如此，故培養學生的實踐性智力的重要性不亞於培養創造性智力。在課堂內外培養實踐性能力主要有以下幾種策略與方法。

1. 在課堂上指導或模擬實踐

（1）以學教合一常規課為載體，指導實踐

在中小學各學科課堂上關鍵是要讓學生明確實踐的意義、弄清實踐的要求、掌握實踐的方法。我們以學教合一常規課為載體，對學生實踐予以指導。學教合一常規課的基本架構是「學———議———練」。據此，通過「學」讓學生對教材的內容質疑問難、發散求益；通過「議」與「練」讓學生聯繫所學知識思考研究自己耳聞目睹的現象和事實，從而深化自己的認識。在此基礎上，我們可以指導學生確定實踐的目標、探尋實踐的方法、追求實踐的效果。通過對實踐的有效指導，學生的實踐觀念、實踐意識得到了很大的增強，實踐方法、實踐技巧有了較大的提高。

（2）以學教合一活動課為形式，模擬實踐

學教合一活動課是以充分發展學生基本素質為目的，以學生必需的知識與經驗為主要內容，通過設計一定的活動項目與方式，強化和鞏固學生的知識和技能的一種課型。學教合一活動課的獨特形式使各學科加強實踐環節、抓住好的時機，因為我們不能在常規課堂上脫離教學內容專門去解決實際問題，那樣做既無必要也不現實。由此採用這一形式，對實踐進行創制、重組或再現，設計出了諸如「案例分析（政治）」「建模應用（數學）」等許多好課型，加強了學科的實踐性。其中尤為突出的是創設情景教學模式———採取表演形式，追求直觀形象（語文），從而獲得事半功倍的效果，使學科教學極具魅力。

2. 在各類活動中的常用實踐方法

（1）調查法

調查是指研究者通過查閱文獻資料、觀察、訪問、座談來獲取材料，從而認識事物的一種方法。特別是實地考察等直接調查，可以提高學生參與社會活動的能力和表達能力等。例如，請根據寧波市大氣中 $SO_2$ 濃度年平均值圖，分析哪些市（縣）區 $SO_2$ 濃度較高，變化情況如何，然後調查並分析產生的原因，向當地環保部門獻計獻策，治理環境污染。

（2）實驗法

實驗一般是指在人為控制的條件下研究事物變化，從變化結果中抽象出科學結論的一種方法。在選擇實驗材料、設計實驗時可充分展現學生的才華，培養學生創造性智力；在實施實驗過程中也可以培養學生實驗操作等實踐性智力。例如：媽媽從水族館買回了水草，讓小練放在水族箱中，並告訴小練這樣就會使水中有較多的氧氣讓魚兒呼吸，充滿疑惑的小練想讓這幾株水草釋放出更多的氧氣，那麼，有哪些方法讓水草釋放出更多的氧氣呢？能通過實驗來證明自己的設想嗎？

（3）技術性設計法

技術性設計是指學生根據要求設計某個器材或工程等，然後實施方案的過程。「兒童的智慧在他的手指尖上。」通過技術性設計可以提高學生的動手操作能力。例如，利用實驗室中易找到的器材組裝沼氣發生器，這個裝置至少要能產生和收集 $10cm^3$ 的沼氣，請學生先根據設計思路合作繪制一張設計圖，然後再進行組裝，並制取沼氣。

（4）實際應用法

實際應用是指學生將學到的各學科專業知識隨時應用於現實生活中遇到的各類實際問題。例如在教學圓柱體的側面積、表面積以及體積的計算方法後，經教師的啟示，學生在熟悉的校園中就能發現許多與圓柱體有關的實際問題：「怎樣

求香樟樹幹下端刷漆部分的面積？」「如何求貼『馬賽克』部分的面積？」「操場邊路燈燈管底座都刷上了綠漆，那底座猶如一根圓柱鐵管被斜切成了兩半，如果要求出刷漆部分的面積，該如何應對呢？」等。在解決諸如此類現實問題的活動中，學生或獨立思考，或相互商討，想到了多種不同的方法，使學生在動手操作中，在實踐中獲得了成功的體驗，提高了實踐的興趣，不僅鍛鍊了實際工作能力，而且產生了繼續應用和改進方法的學習動力。

## 四、若干歸納與說明

（1）為了幫助讀者更好地理解並掌握成功智力教學的方法、目標與任務，綜合前面的闡述，將培養成功智力的三大類方法加以濃縮概括，提煉出具有一般指導意義的抽象化方法（列表對比），並以此作為成功智力的教學任務，見表12-1。

表12-1 成功智力的教學任務

| 成功智力 | 教學任務 |
|---|---|
| 分析性智力 | 比較　對比　分析　判斷　評價　批評　解釋 |
| 創造性智力 | 發明　發現　想像　求異　質疑　構思　假設 |
| 實踐性智力 | 調查　設計　應用　展現　操作　使用　示範 |

（2）本節的分類論述可能會使讀者造成這樣的誤解，即成功智力的分析性智力、創造性智力和實踐性智力只能或者需要分類培養，其實不然。斯騰伯格認為，在任何年級、任何科目都可以而且應當（一般而言）將培養、發展學生的分析性智力、創造性智力、實踐性智力融於一體。讓學生學會分析問題，將知識應用於實踐，並在實踐中有所創造。

# 第二節　如何糾正形而上學的培養方式

斯騰伯格提出的成功智力是分析性、創造性、實踐性三種能力（智力）的合稱，培養成功智力即培養這三種能力，而培養這三種能力離不開辯證法思想的指導。

## 一、幾種常見的形而上學培養方式

1. 孤立地培養三種能力

在傳統智育中，教師往往注重與學業成績或認知發展有所關聯的分析性能力的培養，而幾乎不考慮另兩種能力（創造性與實踐性）的培養。在目前新課改形勢下及新課程理念指導下，有些學校專門開設創造思維訓練課程，初衷在於突出創造能力的培養，但往往又陷入另一個誤區，即只讓學生提出新異的解決問題的方法（運用創造能力），而未對學生提出的方法進行比較和分析，找出最佳方法（須運用分析能力），並應用於實踐（須運用實踐能力）。有些學校開設實踐性課程，但往往又只局限於讓學生動手做，而未考慮到分析、論證學生動手操作的必要性、可行性與創造性，

　　等等。斯騰伯格雖然強調，並不是每節課都必須要有三種類型的活動，教師應該選擇那些最適合該課的教學內容和學習目標活動；但同時也明確指出，不要專門地以一種能力為目標，在以某一種能力或最多兩種能力為重點的同時，盡力提供一個三種能力兼備的框架。而我們目前的智育中各種思維的訓練缺乏內在的相互協調、平衡與統一，以致孤立地培養三種能力，未兼顧到整體功能的實現。此情形下的智力培養讓「成功」難以企及。

　　2. 片面地培養三種能力

　　在中國目前的智育中，人們對三種能力（或稱三種智力）培養的認識是片面的，重視的程度是不同的。總體狀況是，歷來重視分析能力的培養，創造能力的培養新近才被突出關注，但仍未被多數教師真正落實，而實踐能力的培養則嚴重滯後，不說在實際行動上，即使在目前的理論研究上也很少涉及實踐能力的培養。另外，雖然分析性智力在當前智力培養中仍處於主導地位，但由於對其理解的偏差，人們只注重與學業成績直接相關的智力即惰性智力的培養。實際上，分析性智力除了惰性智力以外，尚包括元認知能力。斯騰伯格認為，儘管人們都有自己偏愛的智力類型，但在實際生活中，我們並不是只運用單一類型的智力。每個人的智力，都是分析性、創造性和實踐性智力按不同比例結合而成的三元智力（成功智力）。所以，我們需要培養各種類型的智力，而非片面培養其中的某一種。

　　3.「靜止地」培養三種能力

　　目前中國的智育還存在著企圖用分析能力的訓練方法和教學方式統一地培養學生分析、創造和實踐能力的傾向。這種完全屬於形而上學「靜止論」的統一的能力培養模式難以達到預期的效果。因為，不同類型的能力培養，其目標、方法和評價手段等都是各有特色的，具有差異性。更為重要的是，不同學生的能力模式也是各不相同的，三種能力成分在不同學生身上各自所佔的比重存在著個體差異性。學生基於自身獨特的能力模式，呈現出迥然不同的智力傾向、思維風格和

行為特點。智力培養應針對上述差異實施與學生智力模式相匹配的個性化的培養方式，協助學生充分發揮自己的能力優勢，盡量改正並彌補自己的能力弱勢。

## 二、糾正的要領與辯證的培養方式

1. 平衡培養三種能力，重點發展核心元素

三種能力本身並無好壞之分，優劣之別。雖然它們在個體身上所佔的比例相異，但可共同構成一個完整的能力綜合體，直接推動個體走向人生的成功。由於中國以往智力培養的嚴重缺陷，促使當今大力提倡創造能力培養也是理所當然、無可厚非的，但我們也不能忽視分析能力和實踐能力的價值與作用。因為，創造性的工作更需要應用和平衡三種能力。沒有分析能力，創造者則無法弄清楚創造性思想的含義並對其加以檢驗；沒有創造能力，則產生不了創造性的思想和行為方法；沒有實踐能力，則難以將新異的想法付諸實踐並取得行為的成功。可見，三種能力在實現人生成功中各有自己特定的作用與功能，它們互相聯繫、互相協作、缺一不可。因此，智力培養宜辯證而平衡地發展三種能力。在此基礎上，可結合學生及智力培養的實際狀況，有選擇地重點發展三種能力中的某些核心元素。譬如，分析能力中元認知能力的訓練、創造能力中發散思維能力的訓練等等。

2. 鑒別學生能力種類，揚優補弱地發展智力

首先，教師要尊重學生能力種類的差異，應讓學生認識到三種能力絕無優劣之分，關鍵是要平衡發展三種能力。唯有如此，學生才能客觀對待並敢於暴露自身能力種類與特點。其次，教師要善於鑒別學生的能力種類，通過讓不同學生使用自己所偏好的方法學習，從而讓不同能力種類的學生，不僅能在與自己能力種類相適應的活動中發揮自己的優勢能力（順應學生已有的能力種類），還能在擴展性活動中彌補自己的弱勢能力（擴展學生已有的能力種類）。鑒別學生能力種類的方法有以下幾種。一是問卷法，即將分析、創造和實踐能力劃分成各個小項目編製成問卷，讓學生挑選自己最喜歡的項目；或創設需要運用分析、創造和實踐能力的情境，調查學生更願意承擔哪一方面的任務並說明緣由，以此來瞭解學生的能力偏好。二是觀察法，即仔細觀察學生在學校中的行為表現，根據他們穩定的行為傾向來鑒別學生的能力種類。此外，還可輔以訪談法，通過與學生家長交流溝通來瞭解學生在校外的情況，從而驗證並補充校內的鑒別結果。

3. 建立三元評估制度，促進成功智力發展

評估是教學發展方向的指揮棒。長期以來，只關注評價學生學業成績的考試制度，導致教師只重視培養學生分析性能力中的惰性智力。因此，建立三元評估

（即對三種能力同時予以評估）制度勢在必行。應用三元評估法的意義在於：①它可考察教師實施三種能力培養學生的情況，它要求教師始終在自己所教所評內容中保持分析、創造和實踐能力的平衡，當然，落實這一要求的時間和空間跨度是十分靈活的，既可在一堂課上，也可在某一教學單元中，還可在整個學年段的課程中體現；②它可檢驗學生三種能力的訓練與開發情況，它要求採取多種形式，創設不同的學習情境，讓學生在活動中運用分析、創造和實踐能力，從而對學生的成功智力水平施以評價。另外，在目前難以改變單一考試評價制度的現狀下，可參照鑒別學生能力模式的問卷法，適當調整考試的題型來檢驗學生在分析、創造和實踐方面的智力水平。

## 第三節　培養成功智力的課例

### 一、語文學科課例

1. 激發學習的自主性，用分析能力發現好的解決辦法

《花潮》（選自小學六年級語文課案例，有更改。原作者鄔烈英。）

分析性智力指的是有意識地規定心理活動的方向，以發現一個問題的有效解決辦法，包括確認問題所在，明確定義問題，形成問題解決策略。在教學中要求教師能創設出教學情境，為學生提供尋找解決問題策略的氛圍，引導學生主動探究，發現好的解決辦法，由此培養學生的分析性能力。

《花潮》一課教學伊始，教師首先出示了一組圖片，目睹繁花盛葉，學生不禁感嘆道：真是一片壯闊的花海！板書「花海」後，課件展示課題———「花潮」，與學生們的「花海」形成了對比，在他們的心中產生了一絲疑問。此時，教師立刻追問：「你們看到過潮水嗎？印象中潮水是怎麼樣的？」同學們紛紛回答潮水是一望無際的、氣勢磅礡的、翻滾的、有潮聲的、波濤洶湧的……教師幫助總結道，潮水既有動感，又有聲音，並播放了特別製作的「花潮」動畫。帶著對潮水的理解，及課件的熏陶感染，「為什麼要把海棠花比作潮水」的問題便在學生心中自然形成了，於是，同學們自由朗讀課文，找到了描寫花潮的相關自然段，開始了研讀。

2. 打開思維的八度空間，用創造能力找對問題

在接下來的教學過程中，教師要培養學生的獨立性和自主性，引導學生質疑、調查、探究，鼓勵學生對文本的質疑和對教師的超越，贊賞學生獨特和富有

個性化的理解和表達，愛護學生的批判意識和懷疑精神，從而發展學生的創造性智力。

在《花潮》一課的教學過程中，教師嘗試了三次適度的想象。首先，在理解「每棵樹都在微風中炫耀著自己的鼎盛時代，每一朵花都在枝頭上顯示著自己的喜悅」一句時，教師請同學們把自己想象成一棵樹或一朵花，嘗試炫耀自己的鼎盛時代，顯示自己的喜悅。同學們立刻激動起來，有的說：「我會盡力綻放自己的美，把所有遊人的眼光吸引過來。」有的說：「我會趁微風來臨之際，賣力地擺弄自己的身姿。」還有的說：「我會盡量站直自己的腰板，招攬所有人的目光，讓大家看看玉樹臨風的典範。」……結合「有風，花在動；無風，花也似潮水一般地動。在陽光照射下，每一個花瓣都有它自己的陰影，就彷彿多少波浪在大海上翻騰」，教授了學生什麼是「聯想」以後，教師又讓學生就「你越看得出神，你就越感到這一片花潮正在向天空、向四面八方伸張，好像有一種生命力在不斷擴展」談談感受。學生們表示感受到海棠花你爭我奪，互不相讓的友好競爭；似乎親眼看到了明艷的海棠花和陰影互相輝映，形成了波瀾壯闊的花潮，不斷湧向遊人，直逼遊人的眼簾。在研讀完第四自然段後，教師問：「圓通公園裡的海棠花開得那樣燦爛，吸引了眾多遊人的目光，面對著一望無際、無限爛漫的海棠花，作者生出了無限感嘆，產生了眾多聯想，讓我們領略到了充滿磅礴生命力的美，你能體會到作者當時看花的心情嗎？」於是又進一步拉近了學生與本文的距離，加深了學生對課文的感悟與理解。

3. 給予信任與機會，用實踐能力解決實際問題

語文綜合性學習包括能提出實際問題，有目的地蒐集資料，共同討論；在生活中嘗試運用語文知識和能力解決問題；組織有趣味的語文活動，在活動中學習語文；嘗試寫簡單的研究報告；學習初步的策劃等。通過綜合性學習能有效發展學生的實踐性智力。

在朗讀、感悟第四自然段後，學生觀賞到了花潮，感覺到了花兒蓬勃向上的活力，看到了花兒靜靜地綻放，聽到了花兒竊竊的私語，通過賞析感受到了自然的生命和靈性。同時，也能夠深切體會到聯想給文本帶來的張力。於是，在學習完課文對海棠花描寫的片段之後，教師提供了幾幅風光圖，請學生聯想，選擇其中的一幅畫面寫一段話。學生展開了他們的聯想之翅，特別有靈感。有的寫道：「望著在無盡的草原上閒庭散步的綿羊，我彷彿看到一顆顆飽滿的珍珠散落在這碧綠的油畫毯上。」有的寫道：「春姑娘的一聲令下，小溪打破了晚冬的沈寂，開始了他們歡快的馬拉松賽跑，一路歡暢，吸引了沿途的修竹、翠柏、碧梧為他們吶喊助威。」有的寫道：「桂林的山恰如溫柔害羞的少女，或站或坐，或躺或

屈膝而靠，她們都沈浸在了漁翁的唱詞之中。」還有的寫道：「天波府佇立在霧氣騰騰之中，彷彿是仙人也艷羨人間的嫵媚，將遙不可及的天府坐落在了凡間，真想去窺探一番呀！」此時此刻，學生的聯想之翅盡情飛舞，課堂中湧現了他們無窮的智力「花潮」。於是，教師這樣結束了課堂教學：「大自然有無窮的奧妙等待我們去發現，只要你走進大自然，你就會有更多新的發現。走，現在就行動！讓我們用心去體會，用心去感受，發現生活中的勃勃生機，盎然生氣吧！」

課堂教學雖然結束了，但學生對大自然的觀察、探索和感悟毋庸置疑將會延續。

## 二、化學學科課例

《二氧化硫的性質和應用》（選自高一化學課教案，有更改。原作者魏春玲，陳迪妹。）

1. 本節課教學目標制訂如下

分析性目標：（1）根據 $SO_2$ 分別與 $H_2O$、品紅、$H_2O_2$ 和 $BaCl_2$ 反應的實驗現象分析確定其性質；（2）根據 $SO_2$ 的性質分析硫酸型酸雨的形成及防治措施。

創造性目標：（1）根據已有知識，設計實驗驗證 $SO_2$ 是酸性氣體，證明它的還原性和漂白性；（2）思考 $SO_2$ 的乾燥與蒐集方法及尾氣處理的可行性措施。

實踐性目標：（1）通過查閱資料，蒐集資訊，瞭解硫酸型酸雨的形成原因、原理、危害並提出積極有效的防治措施，嘗試撰寫一篇調查報告；（2）以小組為單位設計一期以環境保護為主體的畫報展覽，在社區開展宣傳保護環境的活動。

2. 教學過程及三元活動（分析性、創造性、實踐性）（見表 12-2）

表 12-2 教學過程及三元活動

| 教師實施的步驟及策略 | 學生三元活動設計 |
|---|---|
| 情境導入：二氧化硫———食物的「化妝品」。央視《生活》報導：銀耳竟用硫黃熏，致癌物超標百倍。 | 蒐集資料，聯繫生活，瞭解銀耳美白的原理及危害，發展分析性能力。 |
| 實驗演示：$SO_2$ 的水溶液酸鹼性測試———PH 試紙，得出酸性氧化物的概念。 | 提出其他合理方案：滴加藍色石蕊試液，發展創造性能力。<br>回憶歸納酸性氧化物的通性。 |

| | |
|---|---|
| 實驗演示：$SO_2$ 的品紅漂白性檢驗。分析比較：$Cl_2$ 和 $SO_2$ 漂白原理的不同。設計探究實驗：（1）在氯水和 $SO_2$ 水溶液中分別滴入石蕊和品紅試液。（2）在已通過 $SO_2$ 漂白的品紅溶液（無色）的試管和使品紅試液褪色的氯水試管的上面各放一小塊紅色花瓣，加熱試管。發散歸納：從漂白機理、反應本質、褪色特點對 $SO_2$、$Cl_2$、$Na_2O_2$、$HClO$、$O_3$、$H_2O_2$ 活性炭的漂白進行分類比較。 | 提出其他合理方案：鮮花綠葉等遇到 $SO_2$ 褪色，發展創造性能力。分析不同物種的漂白原理，培養比較分析能力，發展分析性智力。學會分類思考問題，尋求資料獲得支持，明白分析現象要從其本質、原理去考慮，全面認識事物，在分析性和創造性智力方面取得平衡。 |
| 實驗演示：$SO_2$ 使酸性高錳酸鉀褪色的還原性驗證實驗。探索論證：二氧化硫具有還原性嗎？可設計哪些方案？如何選擇試劑？交流討論：核心關鍵（選擇合適的氧化劑，發生現象明顯的氧化還原反應，如顏色變化等）。 | 提出合理方案：處方1：二氧化硫能否使氯水、溴水溶液褪色。方案2：二氧化硫能否使 $FeCl_3$ 溶液褪色，並可加入 $BaCl_2$ 溶液進一步檢驗。方案3：二氧化硫的水溶液，先滴加氯化鋇溶液，再滴加過氧化氫溶液，振盪。發展分析性和創造性智力，並能合理配合取得平衡。 |
| 歸納總結：$SO_2$ 的物理性質和化學性質。 | 分析歸納知識點，強化知識的內化和學習。 |
| 圖片展示：中國酸雨和二氧化硫每年造成的經濟損失，總結二氧化硫在生活、生產中的功過。啟迪昇華：通過觀看圖片，思考你能為減少二氧化硫引起的大氣污染和酸雨污染做些什麼？你能提出哪些合理化建議？ | 查閱資料，瞭解硫酸型酸雨的形成原因、原理、危害並提出積極有效的防治措施，嘗試撰寫一篇調查報告。以小組為單位設計一期以環境保護為主題的畫報展覽，在社區開展宣傳保護環境的活動，以發展實踐性智力。 |

### 3. 本課時的三元評價方案

三元評價即對分析性、創造性、實踐性目標的達成程度進行評價。本節課的三元評價可從以下幾方面進行：一是進行卷面形式的試題測試法；二是對學生的課堂表現進行評價；三是對課外研究性學習情況給予評價，即對學生撰寫的「硫酸型酸雨的成因、危害及防治」調查報告，及以環境保護為主題的畫報展覽和在社區開展的宣傳保護環境的系列活動進行評價。

知識可以加速度被注入，但成功智力無法加速度培養。若我們一味醉心於加速注入知識，則勢必會錯過成功智力發展的關鍵期，而成功智力一旦錯過了發展關鍵期則永遠無法彌補。

由於歷史與現實、主觀與客觀的種種因素，在今後一個較長的時期內，被莘莘學子視同「監獄教育」的應試教育恐怕仍然是中國主流的教育模式。但是我們中小學教師通過改進教育教學方式和方法，通過多樣化的先進教學，特別是實施學教合一教學，可以摒除或部分摒除應試教育弊病，這是處於這個特殊時代的教師必須承擔的雖然艱辛卻十分光榮的歷史使命和民族責任。

# 後記

　　學教合一論詮釋了：為什麼課堂必須互動，為什麼通常意義上的互動教學尚非真正意義上的高效教學，為什麼互動教學（學教合一初級階段）可以發展成為以及怎樣發展成為高效教學（學教合一高級階段），等等。那麼，學教合一論是如何產生的？現借卷末一隅概而言之。

　　我任高一語文代課教師期間，由於當時沒有考試壓力，因此隨心所欲地上了幾節這樣的課：第一步，讓學生輪流講一則小故事，或一件事，或一條新聞，且允許虛構；第二步，大家討論誰講得好；第三步，人人自擇上述事例寫一篇記敘文或通訊報導；第四步，寫畢讓學生互批他人作文；第五步，全班評論誰的文章寫得好。結果無心插柳柳成蔭，學生格外歡迎這種上課方式，正是這一偶發事件成了我日後革新教法的原動力。

　　在朱玉墀等教授的教導下，開始了課堂教學研究，並在畢業後開始研究互動式教學方法。雖然實踐成功（能引發課堂互動），但學生的考試成績卻落後於平行班，於是轉而研究如何讓學生的「動」蛻變為「教」，這不但需要進一步改革教學方法，而且更需要採取一系列教學方法以外的特別措施，其中最關鍵的是造就學教合一「發動機」，一台不夠再造一台……

　　教改終於喜獲碩果，學教合一論亦相伴而生！

丁平

國家圖書館出版品預行編目（CIP）資料

高效教學新突破：「學教合一」的理論與實踐 / 丁平 著. -- 第一版.
-- 臺北市：崧燁文化，2019.09
　　面；　公分
POD版

ISBN 978-957-681-896-7(平裝)

1.教學研究 2.教學設計 3.中小學教育

523.3　　　　　　　　　　　　　　　　　　　　108011293

書　　名：高效教學新突破：「學教合一」的理論與實踐
作　　者：丁平 著
發 行 人：黃振庭
出 版 者：崧燁文化事業有限公司
發 行 者：崧燁文化事業有限公司
E - m a i l：sonbookservice@gmail.com
粉絲頁：　　　　　網址：
地　　址：台北市中正區重慶南路一段六十一號八樓815室
8F.-815, No.61, Sec. 1, Chongqing S. Rd., Zhongzheng Dist., Taipei City 100, Taiwan (R.O.C.)
電　　話：(02)2370-3310 傳　真：(02) 2370-3210
總 經 銷：紅螞蟻圖書有限公司
地　　址：台北市內湖區舊宗路二段121巷19號
電　　話:02-2795-3656 傳真:02-2795-4100　　網址：
印　　刷：京峯彩色印刷有限公司（京峰數位）

本書版權為西南師範大學出版社所有授權崧博出版事業股份有限公司獨家發行電子書及繁體書繁體字版。若有其他相關權利及授權需求請與本公司聯繫。

定　價：550元
發行日期：2019年09月第一版
◎ 本書以POD印製發行